中国社会科学院创新工程学术出版资助项目

# 城镇化中的农户

无锡、保定农户收支调查
（1998~2011）

## THE FARMERS
## WITH THE URBANIZATION

A SURVEY OF HOUSEHOLD INCOME AND EXPENDITURE IN WUXI AND
BAODING (1998-2011)

赵学军　隋福民 等　著

社会科学文献出版社
SOCIAL SCIENCES ACADEMIC PRESS (CHINA)

# 内容简介

1929~1998 年，中国社会科学院经济研究所及其前身，对□□北保定农村进行了四次大规模的调查，学术界称之为"无保调□□中国社会科学院经济研究所组织力量，对无锡、保定的 4 个村 4□支情况进行了追踪调查。本书就是基于此次调查数据与 1998 年□□数据，对城镇化进程中农户收支变化情况所做的分析研究，力□□末到 21 世纪第一个十年间农户收入与支出的变化，这为观察今□发展提供了鲜活的案例。本书分析了 1998~2010 年无锡、保定□□展情况，阐明了农户收支变化的地域政治、经济、社会背景；研□□收入与消费结构的变迁，并探究了此结构变迁的主要原因；阐述□□支结构的历史变化，剖析了农户收支变化的主要特征；以及对无□□东村、保定南邓村与固上村农户收支变化进行个案研究，论述□□年各村收支变化的主要特点，比较了无锡、保定两地农户收支变□□总结了其变化的地域特征。

# 目　录

# 图目录

# 表目录

# 导　言

本书是对江苏无锡、河北保定农户收支情况的追踪调查与分析研究，笔者力图诠释 20 世纪末到 21 世纪第一个十年间农户收入与支出的变化，这为观察今天农村经济的发展提供了鲜活的案例。

## 一　研究基础

本书既然是对无锡、保定农户收支状况的追踪调查，就有必要在开卷之首简要追溯无锡、保定农村调查（以下简称"无保调查"）的来龙去脉。[①]

20 世纪 20~30 年代，中国社会各界高度关注农村经济社会问题，出现了学者（包括外国学者）及官方组织人力进行农村调查的热潮。当时的农村调查主要分为三类：一是农村及农业概况调查，二是农户经济调查，三是农村经济专题调查。著名的金陵大学农经系卜凯（John L. Buck）教授先后组织的两次全国性农村调查、中华平民教育促进会李景汉主持的定县社会状况调查与定县土地调查、国民政府实业部所属中央农业实验所的全国农业调查等，都发生在这一时期。尽管当时调查者的出发点或目的不同，但他们基本都采用了人类

---

[①]　本部分主要依据史志宏《无锡、保定农村调查的历史及现存无、保资料概况》，《中国经济史研究》2007 年第 3 期，同时参见曹幸穗《民国时期农业调查资料的评价与利用》，《古今农业》1999 年第 3 期；侯建新《二十世纪二三十年代中国农村经济调查与研究评述》，《史学月刊》2000 年第 4 期；汪效驷《江南乡村社会的近代转型——基于陈翰笙无锡调查的研究》，安徽师范大学出版社，2010。

学和社会学的理论方法，因此调查得到的资料以及调查者撰写的调查报告，在不同程度上具有科学性与学术性。

中央研究院社会科学研究所陈翰笙组织的无锡、保定农村调查，是 20 世纪 20～30 年代农村调查热潮中规模较大的一次调查活动。陈翰笙最初拟在江南、河北、岭南三地选取村庄作为农村调查的重点考察对象，认为"江南、河北和岭南是中国工商业比较发达而农村经济变化得最快的地方，假使我们能彻底地了解这三个不同的经济区域的生产关系如何演进，认识这些地方的社会结构的本质，对于全国社会经济发展的程序，就不难窥其梗概，而对挽救中国农村的危机，也就易于找出有效的办法了"[1]。1929 年 7～9 月，陈翰笙组织的调查团对无锡 22 个自然村的农户做了挨户调查，之后通信调查了 55 个自然村的概况和 8 个市镇 1207 户的经济生活。1930 年，陈翰笙率调查团北上，与陶孟和领导的北平社会调查所合作，对河北清苑县 11 个村共 1773 户农户做了入户调查，并考察了 78 个自然村和 6 个农村市场的概况。1933 年，陈翰笙又组织了对广东 16 个县及番禺 10 个典型村 1209 户农户的调查，并对 50 个县 335 个村进行了通信调查。

陈翰笙把这次调查的项目分为分村经济、村户经济、城镇分业、农户抽样四种。"第一种注重分配。第二种注重生产。第三种注重交换。第四种注重消费。第一、二两种各自独立。第三、四两种则系补充性质。"[2] 其中的入户调查涉及耕种、畜养、副业、农产买卖、捐税、地租、借贷、消费等内容，力图反映农家经营中的各种经济关系。因为首次无保调查与当时共产国际及国内思想界关于中国社会性质的争论密切相关，调查的组织者"企图通过农村经济调查，了解实际情况，从而认识中国农村社会性质和农村中的革命任务"[3]，此次调查的内容偏重农业生产关系，所以此次调查的组织者被学者称为农经学中的"生产关系学派"；又因调查者无论是在调查设计，还是在后续研究中都

---

① 陈翰笙：《四个时代的我》，中国文史出版社，1988，第 46 页。
② 陈翰笙：《中国农村经济研究之发轫》，载陈翰笙、薛暮桥、冯和法合编《解放前的中国农村》（第二辑），中国展望出版社，1986，第 6 页。
③ 陈翰笙：《解放前后无锡、保定农村经济（1929 年至 1957 年）前言》，转引自史志宏《无锡、保定农村调查的历史及现存无、保资料概况》，《中国经济史研究》2007 年第 3 期。

以马克思主义理论为指导，他们也被学界称为农村调查中的"马克思主义学派"。

1958年，中国科学院经济研究所（1978年后改称中国社会科学院经济研究所）与国家统计局组成联合调查组，赴陈翰笙当年调查的农村做追踪调研，但由于种种原因，岭南的调查没能延续，无锡、保定的调查村庄也从原来的无锡22个村、保定11个村改为无锡、保定各11个村。为了便于比较各个历史阶段无锡、保定农村经济社会的变化，这次追踪调查把与重大历史事件相关的时间节点——1936年（全面抗战爆发前一年）、1948年（新中国成立前一年，无锡为1948年，保定市为1946年）增设为观察年份，以做补充调查，这使无保调查切中时代的脉搏，更清晰地反映了无锡、保定农村社会变迁的历史过程。此后，中国社会科学院经济研究所又与其他单位合作，分别于1987年、1998年对无锡、保定农村进行了第三、第四次调查，这些对无锡、保定农村的调查，被学界称为"无保调查"。

在对无锡、保定农村的四次调查中，无保调查形成了自己的调查"模式"。首先，调查村庄固定在第二次无保调查选定的无锡和保定的22个村；其次，调查内容主要是村经济概况与农户家计，同时依据调查时社会关注的问题，增加相关调查项目；最后，农户家计调查采用入户调查的方式，第一、第二次调查为挨户调查，后因调查村庄人口增长，第三、第四次调查改为抽样调查。

毋庸赘言，跨越70年之久的无保调查"是中国近、现代农村调查史上绝无仅有的对同一地域的农户经济实况长时段的连续追踪调查"[①]，凝结了几代学者的心血。历次调查所获得的资料已形成农民家庭经济与农村经济发展的数据链，不仅为我们研究半个多世纪以来的中国农民家庭和农村经济发展变迁提供了珍贵资料，而且为我们的后续调查奠定了基础。

## 二　研究背景

中国是历史悠久的农业大国，截至2010年11月1日，全国（大陆）农

---

① 史志宏：《无锡、保定农村调查的历史及现存无、保资料概况》，《中国经济史研究》2007年第3期。

村人口仍有 6.74 亿，占总人口数的 50.32%，能否解决好农业、农村、农民问题，事关经济社会发展的全局。发轫于 20 世纪 70 年代末的中国农村经济改革，是一系列农村经济制度的变革，也是中国政府解决"三农"问题的重大举措，使农村经济社会发生了翻天覆地的变化，对农村居民收入产生了巨大影响。

## （一）农村改革

20 世纪的农村经济改革重点体现在两个方面：一是经营体制的变革，二是逐步建立市场经济体系。20 世纪 70 年代末 80 年代初，家庭联产承包责任制取代了集体经营体制，赋予了农民家庭经营决策权与收益权，极大地调动了农民的生产积极性，提高了土地与劳动生产率，促进了农业产量的快速增长。1984 年，我国粮食产量达 40730.5 万吨，比 1978 年增长 33.6%，农业总产值达 2380 亿元（不含林牧渔业），比 1978 年增长 1 倍多。[1] 农村经济改革对 1978～1984 年农村产出的增长做出了显著贡献，"各项改革所致的生产率变化构成产出增长的 48.64%"[2]，其中家庭联产承包责任制对粮食作物产量增长的影响为 30%～50%[3]，对农村产出的贡献率为 46.89%[4]。

20 世纪 80 年代中期，农村改革的重点转向流通体制，改革的目的是逐步实现从计划经济到市场经济的过渡。在流通体制改革初期，政府提高农产品收购价格，逐渐缩减派购品种，扩大农产品市场交易范围，允许农民在完成征购任务后，进入流通流域从事农产品交易活动。至 1985 年，国家取消了农产品统购派购制度，除粮棉油等重要农产品继续实行合同订购外，大部分农产品进入市场流通，实行自由购销、多渠道经营。由此，市场主体开始多元化，农产

---

[1] 参见国家统计局国民经济综合统计司编《新中国五十五年统计资料汇编 1949－2004》，中国统计出版社，2005，第 42、45 页。

[2] 林毅夫：《制度、技术与中国农业发展》，格致出版社、上海三联书店、上海人民出版社，2014，第 64 页。

[3] 黄季焜：《六十年中国农业的发展和三十年中国改革奇迹——制度创新、技术进步和市场改革》，《农业技术经济》2010 年第 1 期。

[4] 林毅夫：《制度、技术与中国农业发展》，格致出版社、上海三联书店、上海人民出版社，2014，第 64 页。

品市场网络建设逐步完善，农民销售农产品有了更多的选择，市场在资源配置中的作用逐步增强。

另外，家庭联产承包责任制实行后，农业生产效率大幅提高，公开的农村剩余劳动力形成，促使政府改革原有的农村劳动力管理制度。20 世纪 80 年代以来，政府关于农村劳动力流动的政策多次发生变更，总的趋势是控制流动——允许流动——规范流动。由于劳动力管理制度的改革打破了对农村劳动力流动的禁锢，农民获得择业与流动的自由，从 20 世纪 80 年代中期以来，农村劳动力转移的数量呈上升趋势，从 1984 年的 4000 多万人增加到 20 世纪末的近 1.4 亿人[①]，这为增加农民家庭收入开辟了新路径。

世纪之交，中国已处于工业化中期，工业化水平不断提高。然而，农村经济发展出现低潮，粮食价格持续跌落，粮食产量连年减产，尤为突出的是，农民家庭的人均纯收入增长速度下降，粮食主产区农民收入增长幅度低于全国平均水平，许多纯农户的收入持续徘徊甚至下降，城乡居民收入差距扩大，一度缓解的"三农"问题再次凸显。

针对农业与农村发展中出现的矛盾与问题，政府顺应经济社会发展的要求，按照统筹城乡经济社会发展的思路，改变通过索取农业剩余支持工业发展的战略，坚持工业反哺农业、城市支持农村和"多予少取放活"的方针，深化农村综合性改革，调整国民收入分配关系，采取了一系列强化支持与保护农业、农村经济社会发展的措施，其中主要包括以下几个方面。

一，取消农业税。实行家庭联产承包责任制后，农民家庭既是独立的生产经营单位，也是缴纳农业税的主体。国家统计局农村住户调查结果表明，20世纪 80 年代中期以后，农民的税费负担急剧增加，国家与农民之间的分配关系亟须调整。2000 年，政府开始在部分地区试行农村税费改革。2004 年，政府又在部分地区进行免征农业税试点。2005 年，除河北、山东、云南 3 省外，全国（大陆）28 个省份都已停止征收农业税。2005 年 12 月，全国人大常委会决定，自 2006 年 1 月 1 日起全面取消农业税。农业税全面废止后，农民负担大幅减轻，与税费改革之前的 1999 年相比，农民每年减负总额超过 1000 亿

① 张晓山、李周主编《中国农村改革 30 年研究》，经济管理出版社，2008，第 149～150 页。

元，人均减负 120 元左右。① 据统计，2006 年农民人均税费负担约占当年农民人均纯收入的 0.3%。②

二，改革农村社会保障制度。随着家庭联产承包责任制的实行，原有依托集体经济组织分配农业剩余产品而存在的农村社会保障体制难以为继，农村的社会保障制度面临严峻挑战。从 20 世纪 90 年代起，国家对农村社会保障制度的改革做了多方面的积极探索，其中获得突破性进展的是建立了新型农村合作医疗制度（以下简称"新农合"）与农村最低生活保障制度。新农合下，由政府向参合农民发放医疗补贴，以在一定程度上减轻农民患病就医的经济负担。2007 年，全国 2451 个县（市、区）建立了新农合，参合农民达 7.3 亿人，参合率为 86.2%；新农合基金支出为 346.6 亿元，受益人次为 4.5 亿人次。农村最低生活保障制度最初在部分有条件的地区试行，2007 年在全国范围内推广，这扩大了低保的覆盖面，享受低保待遇的农民人数快速增长，从 2001 年的 304.6 万人增加到 2007 年的 3451.9 万人。③

三，实行农业直补政策，完善农业补贴制度。2004 年以来，政府相继推行粮食直补、农机具购置补贴、畜牧良种补贴、农业生产资料综合补贴等政策，把部分财政收入转移支付给农业经营者，引导农民改善经营，提高农产品的市场竞争力。

四，建设社会主义新农村。2005 年 12 月，中共中央十六届五中全会通过《中共中央关于制定国民经济和社会发展第十一个五年规划的建议》，提出统筹城乡经济社会发展、加快改变农村经济社会发展滞后的局面、扎实稳步推进社会主义新农村建设的总体规划，并按照"生产发展、生活宽裕、乡风文明、村容整洁、管理民主"的总体要求，把推进现代农业建设、促进农民持续增收、加强农村基础设施建设、加快发展农村社会事业、全面深化农村改革、加强农村民主政治建设等作为建设新农村的重要任务。该建议是解决

---

① 《专访财政部部长金人庆：农业税走进了中国历史》，《人民日报》2005 年 12 月 31 日，第 2 版。
② 张晓山、李周主编《中国农村改革 30 年研究》，经济管理出版社，2008，第 237 页。
③ 张晓山、李周主编《中国农村改革 30 年研究》，经济管理出版社，2008，第 332、339 页。

"三农"问题的纲领性文件,颁布后立即得到了各地的积极响应,并很快进入了实施阶段。

## (二)农村经济的发展变化

在改革的推动下,1998～2010年,农村经济有了长足发展。

首先,农业产出大幅增长。1998～2010年,全国粮食产量从51229.5万吨增加到54647.7万吨,增长6.7%,农林牧副渔总产值从24541.9亿元增加到69319.8亿元,增长近2倍。①

其次,农村产业结构与就业结构迅速转变,非农产业增加值迅速增长,就业结构发生很大变化。1992年,农村非农产业增加值达到7196亿元,占农村创造的GDP的份额超过了1/2,达到56.2%;2006年,该增加值份额已超过了70%。与此同时,农村非农产业就业人口增加,1992年农村第一产业、第二产业、第三产业的就业比重依次为77.9%、13.6%、8.5%,2006年则变为57.3%、20.5%、22.2%。②

再次,有利于资源配置的农村市场经济体系初步形成。1985年政府用合同定购制取代统购派购制之后,农产品购销体制进入"双轨制"时期,由国家定价的农产品减少到38种;1991年,国家定价的农产品进一步减少到9种。农产品价格形成机制发生深刻变化,政府调节价格的农产品种类越来越少,交易主体在价格形成中的作用日渐增强,农民依据市场传递的信息开展经营活动,市场配置资源的功能增强。除此之外,农村要素市场逐步发育,2005年,农村生产要素的市场化程度为60.6%,其中,劳动力的市场化程度为80%,土地的市场化程度为52%,资金的市场化程度为50%。③

最后,农民收入增长。农村经济的发展带动农民家庭收入的增长,尤其是在2004年中共中央、国务院颁布《关于促进农民增加收入若干政策的意见》后,综合性农村改革给予农民更多的实惠,农民家庭人均纯收入有较大幅度的

---

① 中华人民共和国国家统计局编《中国统计年鉴2011》,中国统计出版社,2011,第330、477页。
② 李周:《改革以来的中国农村发展》,《财贸经济》2008年第11期。
③ 李周:《改革以来的中国农村发展》,《财贸经济》2008年第11期。

增长。1998 年，农民家庭人均纯收入仅为 2162 元，2004 年增加到 2936.4 元，2010 年又增加到 5919 元，与 1998 年相比，2010 年的农民家庭人均纯收入增长约 1.74 倍。农民家庭消费结构也明显改变，恩格尔系数从 1998 年的 53.4% 下降到 2010 年的 41.1%，下降了 12.3 个百分点[①]，农民的生活水平得到一定程度的提高。但是，由于同期城镇居民人均可支配收入的上涨幅度大于农村居民人均纯收入的上涨幅度，城乡居民的收入差距不仅没有下降，反而从 1998 年的 2.51 倍上升为 2010 年的 3.23 倍，如果考虑到城镇居民获得的社会保障高于农村居民，那么城乡居民的收入差距会进一步拉大。

## （三）本书的主要问题

"三农"问题的核心是农民问题，而农民收入的增加则是解决农民问题的关键。改革开放以来，各项政策的实施促进了农民收入的增加，农民家庭的收支状况大为改观，农民家庭的物质生活得到很大改善，但与城镇居民相比，农村居民收入增长缓慢，城乡居民的收入依旧存在较大差距。如何提高农民的收入水平，缩小城乡居民的收入差距，仍是目前亟待解决的问题。以往有关农民收入的研究成果大多不能从历史变迁的宏大背景中把握所研究的问题，或者说，它们缺乏历史感，而历史感对于研究农村制度变迁下的农民家庭经济恰恰是不可或缺的。

本书从历史的角度观察农民家庭经济的变化，研究 1997～2010 年农民家庭收入与支出的变化，我们关注的主要问题有以下几个。①中国幅员辽阔，各地经济社会发展不平衡，农民家庭收支的变化有着怎样的区域发展环境。②农民收入增长的主要特征是什么。③农民家庭收入与支出结构有哪些变化。④农民增收对农民家庭消费有什么影响。⑤农村改革以及惠农政策对农民增收的作用如何。⑥不同地区农民家庭收入的差距是缩小了还是扩大了。本书将无锡、保定农民家庭收支变化置于 1998～2010 年区域经济制度变迁与经济社会发展的历史时空中加以考察，以深刻揭示不同地区农民家庭收支变化的主要动因，加深对中央政府、地方政府与农民家庭经济之间关系的认识，为政府决策提供借鉴。

---

① 中华人民共和国国家统计局编《中国统计年鉴 2011》，中国统计出版社，2011，第 330 页。

## 三　研究方法

目前，采用农村调查方法研究农村经济发展状况的学术成果已经很多，但对固定村庄的追踪调研仍较为少见。如前文所述，无保调查资料有其独特的学术价值，适用于对农民家庭经济状况做中长时段的考察。从现实关怀与资料特性两方面考虑，笔者认为，首先，选择以1998年无保调查获得的数据为基础，追踪调查特定村庄、特定农户的收支状况，可获得比较真实可信的数据；其次，追踪调查特定村庄农户收入、支出的数量变化与收入、支出的结构变化，能够较客观地反映农户经济的变化；最后，无锡、保定分别处于中国南、北方，资源禀赋各不相同，农民收入水平、结构也有差异。追踪调查两地村庄农户收支状况有利于深化对不同区域、不同类型经济发展规律的认识。

2011年，以中国社会科学院经济研究所研究人员为骨干的"无锡、保定农村调查：1998～2010年农户收支调研"课题组，在中国社会科学院国情调研经费的资助下，深入无锡、保定农村进行实地调查，并采用在调查获得的数据的基础上进行量化分析的方法，展开了对农户收支状况的调研活动。

### （一）"农户"的含义

中国传统社会中，"农户"的含义是比较清晰的。但是，改革开放以来，中国逐渐打破了城乡二元社会经济结构，如何界定"农户"，学术界已出现多种标准。一是以户籍制度为划分标准，农民家庭住在农村，属于农村户口，他们被称为"农户"；二是以居住地为划分标准，农民家庭住在农村，是农村居民家庭，他们也被称为"农户"；三是以从事的主要职业为划分标准，农民主要从事农业劳动，农民家庭被称为"农户"。出于历史对比的考虑，本次调研在确定"农户"含义时，更多地考虑了户籍特征，即1998～2010年属于农村户口的家庭，是我们调研的对象。

### （二）调查村庄的选定

自第二次无保调查开始，调查村庄固定在无锡的11个村与保定的11

个村。受多种因素的影响，课题组无力对第四次无保调查的 22 个村 3000 多户农户做入户调查，便从 22 个村中选取 4 个村，其中无锡两个村，保定两个村。

无锡地处长江三角洲，近代便有"民族企业摇篮"的美誉，改革开放后又是乡镇企业蓬勃发展之地。在城乡一体化发展的过程中，大量农村人口向非农产业转移，原有 11 个村中的大部分村庄已不复存在，农户迁入城镇，变为社区居民。我们选定玉东村与马鞍村为调查村庄是出于两个方面的考虑：首先，它们是原有 11 个村中所剩无几的仍保有农业经营及农村面貌的村庄；其次，在第四次无保调查后，相关课题组成员对两个村的情况做过追踪调研，积累了相关资料，便于展开深入研究。

与无锡相比，保定原有 11 个村中大部分村庄仍主要从事农业经营，本次调查有较大选择样本的余地。一般认为，农业生产的发展经历了传统的自给自足农业、混合的多种经营农业、专业化与现代化的商品农业三个阶段。改革开放后，华北地区农业逐步向混合的多种经营农业转变，保定固上村与南邓村农业经营分别以种植瓜果与饲养奶牛为主，本次调查选定固上村与南邓村作为调查村庄，旨在观察并分析混合的多种经营农业对农民增收的影响。

## （三）调研设计

本次调研是对无锡、保定有关村庄的追踪调查，因此，本次调查设计在考虑与上次调查口径衔接的基础上，参照学界公认的国家统计局农村住户调查的指标，突出了农户收支的主题。调研沿袭第四次无保调查村经济概况调查与入户调查相结合的办法，设计了村经济概况调查表、农户收入支出调查问卷、访谈提纲等，其中村经济概况调查表内含人口与劳动力、土地利用情况、工商企业情况、村经济收入、村财务收入、村集体收入使用情况、村劳动力情况（就业结构）7 个调查项目；农户收入支出调查问卷共有 162 个问题，主要调查家庭人口与就业状况、家庭土地占用及农业经营情况、家庭日常消费、家庭生产经营与固定资产投资支出、家庭收入情况，访谈提纲则依访谈对象分为村干部、普通农户、企业主、务工人员、养殖户、种植户 6 种。

### （四）调研过程

无锡、保定的调研工作大致分为三个阶段。第一阶段：为了圆满完成无锡、保定的调研任务，2011 年 3 月，课题组启动调研前期准备工作，分头收集有关无锡、保定两地社会经济发展的文献资料。第二阶段：同年 7～12 月，课题组三下无锡、保定，进行田野调查。①在无锡、保定两市政府的支持与协作下，课题组全体成员先后赴无锡、保定两市考察，与两市发改委、统计局、农工办、农业局等部门的人员及区县乡干部进行座谈，了解 1997 年以来无锡、保定地区经济社会发展情况，确定调查村庄。②根据前几次无锡、保定农村调查资料，课题组参照国家统计局农村调查项目，设计调查问卷，并多次召开调查问卷讨论会，征询相关专家意见，修订问卷。③当课题组第二次到无锡、保定时，课题组成员先后对无锡玉东村、马鞍村与保定固上村、南邓村共计 40 户农户做试调查，针对试调查中发现的调查问卷不合理的部分，对其做进一步修改。④当课题组第三次去无锡、保定时，课题组成员对上述 4 个村 401 户农户的家计做抽样调查，同时组织多场村干部座谈会，走访村里的工厂、学校、商店，对部分调查农户进行访谈。第三阶段：课题组在田野调查获得的大量数据的基础上建立数据库，并对数据进行分析，课题组成员分头撰写调研报告。

### （五）本书的结构

本书除导言外共有九章，第一章、第二章分别介绍了 1998～2010 年无锡、保定的经济社会发展状况，阐明农户收支变化的地域政治、经济、社会背景；第三章研究无锡农户收支结构的变迁，探究其收支结构变迁的主要原因；第四章阐述保定农户收支结构的变迁，剖析其收支变化的主要特征；第五章至第八章依次是对无锡玉东村与马鞍村、保定固上村与南邓村农户收支变化的个案研究，论述了 1997～2010 年各村收支变化的主要特点；第九章以农户收入、支出水平和结构为重点，比较无锡、保定两地农户收支变化的异同，总结其变化的地域特征。

# 第一章　无锡社会经济发展状况

世纪之交和 21 世纪的第一个十年，是无锡经济社会转型发展的关键时期，也是由全面建成小康社会迈向基本实现现代化的跃升时期。无锡以科学发展观为指导，坚持率先发展、创新发展、和谐发展，在 2005 年全面建成高水平小康社会的基础上，又以富民强市、率先基本实现现代化为奋斗目标，大力优化产业结构、优化城乡建设格局、优化综合发展环境，促进了经济社会全面协调可持续发展，幸福安康、和谐宜人新无锡建设取得显著成效。

## 一　经济增长和结构变迁

20 世纪 80 ~ 90 年代，无锡先后抓住农村改革、浦东开放等重大历史机遇，率先推进市场化改革，努力扩大对外开放，实现了经济社会发展的巨大跨越。但经济发展中也积累了若干矛盾，特别是结构性矛盾。1997 年和 2008 年无锡两度遭遇国际金融危机的严重冲击，2007 年因太湖蓝藻暴发而发生的"水危机"，进一步推动了无锡加快经济发展方式的转变。1998 ~ 2010 年，无锡积极应对国际国内经济形势的变化，创新发展理念，破解发展难题，大力调整、优化经济结构，提高经济运行质量，赢得了又一个"黄金发展期"。

### （一）经济增长

1998 ~ 2010 年，特别是 21 世纪的第一个十年，无锡从自身的发展实际出发，借鉴国内国际先进城市转型发展的成功经验，把握科技、生态、文化、民生"四个觉醒""四个自觉"，努力转变发展方式，推动创新发展，全市经济持续、快速、健康、协调发展。

### 1. 经济总量、增速和水平

1998 年以来，无锡以率先基本实现现代化为目标，抢抓发展机遇，推动经济平稳快速发展，城市综合实力不断得到提升。1998 年，无锡地区生产总值为 1052.01 亿元，突破千亿元大关，经济总量跻身全国大中城市前十位。2005 年，无锡地区生产总值达 2808.84 亿元，比 5 年前翻了一番。此后，无锡经济规模更是大步跨越，2006 年达到 3000 亿元，2008 年突破 4000 亿元，2010 年为 5793.30 亿元，跨上 5000 亿元台阶，经济总量稳居全国大中城市第九名。由于国有企业产权制度改革和战略调整，无锡经济增长速度曾在 20 世纪 90 年代后期一度有所放缓，但很快重返快速轨道。"十五"期间，按可比价格计算，无锡经济年平均增速为 14.5%，超出"十五"计划年均增速目标4.5 个百分点；"十一五"期间，按可比价格计算，无锡经济年平均增长12.5%，实现了快速增长的预期目标，增速高于江苏省及全国平均水平。无锡经济发展的人均水平同样位居江苏省及全国前列。2000 年，无锡人均地区生产总值（现价）为 27653 元，折合为 3332 美元；2008 年为 10788 美元，突破10000 美元大关，提前两年实现"十一五"规划目标；2010 年，无锡人均地区生产总值按常住人口计算为 92166 元，折合为 13780 美元，在全国大中城市中排第十名，这为无锡率先基本实现现代化奠定了基础。

### 2. 经济发展形态

21 世纪以来，无锡加快经济转型步伐，经济发展开始由投资驱动型向创新驱动型转变，由资源依赖型向科技依托型转变，由生产制造型向设计创造型转变。无锡以打造创新型城市为目标，通过推进"530"计划、"千人计划"和"人才特区"建设，集结科技创业人才、创业团队，科技研发力量不断壮大。2009 年，全市各类专业技术人员达 50.54 万人，比 2005 年增长 50.3%。无锡由此加快了科技研发机构建设，建成了一批创新创业孵化器。2010 年，全市共有国家和省级工程技术研究中心 239 家，国家和省级重点实验室、公共技术服务平台 39 家，国家和省级科技创业服务中心 37 家，一批产学研合作研发基地相继建成启用。科技研发投入相应递增，2010年，无锡全社会研究与开发费用投入为144.0亿元，占地区生产总值的比重为2.50%，比2000年提高了1.4个百分点；全市专利申请量为32690件，授权量为26448件，均比2000年增长20倍以上，一批国家、省和市级科技计划项目有序实施、推进。企业的创新主体地位进一步确立，新落户无锡的科技创业企业有3000家以上，其中1/3已建成运行，传感网、新能源、新材料等八大战略性新兴产业快速增长。2010年，全市高新技术产业产值为5798.18亿元，2000～2010年以30%以上的平均增速增长；高新技术产业增加值占全市规模以上工业增加值的比重达到45.7%，比2000年提高25.1个百分点。其间，无锡先后获得"全国科技进步先进市""国家火炬创新试验城市""国家可持续发展实验区"等15块有关创新发展的国家级牌子。

### 3. 经济增长动力结构

无锡坚持深化改革、扩大开放，实施"经济国际化"战略，大力扩大对外开放，统筹利用国际国内两个市场、两种资源，推动地区经济加快发展。在此期间，无锡把握中国加入世贸组织的重大机遇，积极克服世界经济危机的严重影响，不断优化出口产品结构和市场结构，突破非关税壁垒，应对反倾销压制，对外贸易持续快速增长。2010年，全市外贸出口总额达362.72亿美元，连续10年保持20%以上的增速，外贸出口成为无锡经济快速增长的重要推动力量。与此相对应，根据"扩大内需"的战略方针，无锡在稳定增加城乡居民收入、完善各类社会保障的同时，改善商品供应，拓宽服务领域，积极引导消费，2010年实现社会消费品零售额1809.08亿元，该指标连续10年保持15%以上的增速，内需对经济增长的拉动作用日益显现。

21世纪第一个十年，投资仍是无锡经济增长的重要支撑，多年保持两位数的增长态势。在积极稳健的宏观财政、货币政策的引导下，2010年，全市完成固定资产投资2985.65亿元，相较2000年增长7.5倍，有力地拉动了经济增长。其中，无锡利用外资稳定攀升，在世纪之交相继打造了"日资高地"、"韩资重镇"和"欧美板块"，取得了一批重大项目的突破。此后，虽然受金融危机影响，无锡利用外资的增速有所放缓，但质量有了新的提高。2010年，全市到位注册外资33亿美元，较2005年增长64.4%，全球财富500强企

业中的 75 家在无锡投资兴办了 144 家外资企业。与此相对应，无锡民间投资
更加活跃，民营企业和经济组织在 2010 年的投资额达 1314.61 亿元，为 2000
年的 26.8 倍，占当年全市社会固定资产投资的比重达 53.1%。此外，无锡进
一步扩大了在战略性新兴产业领域的投资，战略性新兴产业逐步成为推动地区
经济增长的重要支撑力量。

改革开放以来，特别是 21 世纪第一个十年，无锡经济发展取得巨大成就，
正从工业化后期加速向后工业化阶段迈进。但是无锡经济发展仍具有明显的传
统增长方式特征，主要依靠投资驱动实现经济快速增长，投资率从 2000 年的
29.8% 上升到 2010 年的 51.8%，物质资本投入对经济增长的贡献率年平均高
达 65.5%；而由技术进步和人力资本改善所带来的效率提高尚未成为推动经
济发展的主要动力，无锡的全要素生产率（TFP）在 1996~2000 年年均增长
9.22%，而 2000~2010 年的年均增长率仅为 4.82%，呈下滑趋势；作为创新
发展基础条件的高质量要素的集聚仍显不足，创新资源相对于产业转型升级的
要求还有着较大缺口，高层次专业人才数量、R&D 经费投入、专利特别是发
明专利授权量等相对偏低，与深圳、杭州、南京等城市相比还存在一定差距。
这意味着无锡经济发展方式的根本转变依然任重道远。

## （二）经济结构优化升级

1998~2010 年，特别是 21 世纪第一个十年，在国有经济战略调整的基础
上，无锡坚持推进第二产业与第三产业、开放型经济与民营经济两个"双轮
驱动"，加大产业结构调整转型力度，现代制造业体系进一步完善，现代服务
业集聚发展得到推进，三次产业规模和结构都发生了积极的变化，初步形成了
第二、第三产业相并举、相融合的良好发展格局。

### 1. 农业现代化水平提升

无锡现有耕地 203.25 万亩，其中基本农田面积为 164.82 万亩。20 世纪
90 年代后期以来，无锡积极创新农业经营体制机制，合理配置农业生产要素，
加快推进农业规模化经营、产业化开发、集约化发展，现代农业发展水平不断
提升，农业产业结构得到优化。2010 年，全市农林牧渔总产值为 171 亿元，
农业增加值为 104.94 亿元，分别比 2000 年增长 89.0% 和 118.2%。

高效设施农业发展迅速。1998～2010年，无锡以名品特产为龙头，加快农业生产设施建设，着力培育优质稻米、精细蔬菜、名优果品、名特茶、特种水产、特色花木六大优势农业产业集群，不断提高产业集中度和农业经营效益。2010年，全市高效农业面积达108.3万亩，相当于耕地总面积的53.9%；其中高标准设施农业面积为15.6万亩，占耕地总面积的7.7%；农业亩均增加值达到5162元，比2005年的2200元增长约1.35倍。全市现有市级以上名牌农产品115个，省级以上名牌农产品29个。其中水蜜桃种植面积近5万亩，阳山品牌水蜜桃荣获中国名牌农产品称号，亩均效益为8000元以上。其他如隆元大米、阳羡茗茶、长江三鲜、马山杨梅、璜土葡萄等一批知名农产品的品牌影响力进一步扩大，效益相应提升。

农业园区辐射功能增强。在规划建设农业园区的基础上，无锡注重园区的结构优化和效益提升，通过有效集聚土地、资金、技术、人才等生产要素，增强对面上农业的示范带动作用。2010年，全市有规模千亩以上、亩均效益2000元以上的农业园区116个，经营面积总计27.8万亩，占耕地总面积的比重达15.4%。其中锡山高科技农业示范园区，科技含量高、经济效益好，被誉为"江苏农业第一园"。其他如阳光生态农业园、霞客现代农业园、宜兴外向型农业园、阳山水蜜桃科技园、惠山精细蔬菜产业园等一批现代农业园区，建设起点高，经营规模大，科技创新能力强，辐射带动面广，成为无锡农业现代化的显著标志和重要特色，带动了邻近农村农业的集约发展。全市农业特色村比例达到45.6%，引领地区农业向着现代化方向发展。

农业新兴产业发展强劲。无锡编制了《无锡现代生物农业发展规划》，先后出台了《关于引进国内生物农业领军型创业人才计划的实施意见》《关于加快生物农业发展的实施意见》等政策文件，重点打造"无锡太湖生物农业谷"，重点发展生物育种、生物反应器、生物食品、生物饲料、生物肥料、生物兽药、农业生态环境控制、生物信息八大生物农业新兴产业，明确在创业启动资金、风险投资、生产用地、配套服务等方面对引进生物农业高层次创业人才、发展生物农业项目等给予扶持。2010年，全市有生物农业企业56家，引进生物农业项目22个，其中入选"130"计划的领军型创业人才有28人，产销规模达到25.2亿元，生物农业成为推动无锡现代农业快速发展的新引擎。

生态建设理念融入农业发展。21世纪以来，无锡高度重视生态环境保护和建设，在农村大力实施重点水源保护区建设和沿太湖地区退耕还林、还湖、还湿地建设工程。同时，无锡以生态农业园区建设和养殖场整治为重点，积极开展废水废弃物处理、农业氮磷拦截、农业用水循环利用等，引导农作物秸秆还田和沼气生产利用，使农业的生态效应得到更好发挥，把农业的生态负效应降到最低。2010年，全市化肥、化学农药使用量分别比2005年削减15%和20%以上。"十一五"期间，全市新增造林绿化面积43万亩，无锡在江苏省率先获得"国家森林城市"称号，环太湖生态治理工程被认定为"太湖生态保护与恢复国家示范工程"，长广溪湿地被列入国家级湿地公园名录。此外，无公害农产品、绿色食品、有机食品"三品"的产地认证力度加大，农产品质量安全检测和监管体系初步建立，2010年，全市"三品"农产品生产面积占耕作面积的比重达到59.7%。

**2. 工业转型发展步伐加快**

20世纪90年代以来，无锡围绕构建现代产业体系，加快转变经济发展方式，加快调整产业结构，以信息化为主导的新型工业化呈加速发展趋势。2010年，全市规模以上工业实现产值12733.90亿元，为2000年的4.11倍；实现工业增加值2951.35亿元，为2000年的4.69倍。工业增加值占地区生产总值的比重为51.3%，无论是就业还是税收，工业都是全市经济的重要支撑。

自主创新能力增强。21世纪以来，无锡积极引导工业企业走自主创新之路，核心技术研发、引进技术再创造和科技成果转化应用都取得实质性成效。全市大中型工业企业普遍建立起各类研发机构，2010年建成"三站两中心"的企业累计超过600家，按新标准认定的高新技术企业总数超过640家。2000~2010年，全市工业企业获得国家、省科技计划项目数分别为844个和1064个，10年间有25个项目获得国家科技进步奖。工业企业信息化进程加快，企业网上查询、网上发布信息已经普及，智能化生产和质量控制不断发展，通过网络采购设备原材料、营销产品、提供信息服务等正在展开。根据抽样调查，规模以上工业企业财务管理系统应用率达到85%，办公自动化系统应用率达到64%，并涌现出一批应用效果显著、示范作用突出的优秀企业，信息化建设正向关键业务的深度支持和多系统集成整合方向推进。工业标准化工作得到重视，2010年，由无锡企业参与制定、修订的国家行业标准总计超过800项，有153家企业承担了188项国家、省、市标准化示范试点项目，由无锡企业担纲的国家标准化技术委员会（工作组）达24个，居全国同类城市前列。2009年，全市大中型工业企业研发投入占销售收入的比重为1.07%，比2005年提高0.31个百分点，比江苏省平均水平高出0.28个百分点。全市大中型工业企业研发经费占全市研发经费投入的比重达84.3%，科技进步对工业经济增长的贡献率为55%，比2005年提高5个百分点。

节能降耗扎实推进。根据中央和江苏省的要求，无锡加大力度淘汰落后产能，"十一五"期间累计关停"五小"企业和"三高两低"企业1996家，限期整改高能耗、高污染企业788家，关停搬迁沿太湖企业156家，共计淘汰落后产能设备7000多台（套）。2010年，无锡按期完成国家和江苏省下达的50万吨水泥、2000万米印染布、5万标张皮革和12.5万吨化纤的落后产能淘汰任务。据不完全统计，淘汰这些落后产能每年可减少用能33.5万吨标准煤，减少排放767.6吨COD和4137吨二氧化硫。在淘汰落后产能的同时，无锡更加重视应用新技术、新工艺和新的生产方式，发展循环经济，提高资源综合利用率。2005～2010年，全市累计认定资源综合利用企业112家，这些企业年利用工业废弃物总计达1200万吨；全市共计建成循环经济试点企业72家、试验园区11个，组织实施清洁生产和循环经济项目459个，初步形成"工业固废－建材产品"等10条循环经济产业链；全市工业固体废弃物综合利用率达到98.6%，居江苏省前列。由此，无锡实现节能降耗预期目标，全市万元GDP能耗从2005年的0.92吨标准煤下降到2010年的0.735吨标准煤，累计下降20.1%；万元工业产值能耗从2005年的0.314吨标准煤下降到2010年的0.238吨标准煤，累计下降24.2%，降幅高于江苏省平均水平，在全国同类城市中居于领先地位。

产业布局在集聚中调整。在城市化加速推进的过程中，无锡大力实施工业企业"退城进园"和"退城出市"，加快工业布局调整步伐。2005～2010年，全市累计搬迁入园工业企业3245家，新进园区工业企业7169家，另有部分企业搬迁至苏中、苏北、皖南等地区，共置换土地2.66万亩。在调整和集聚中，企业搬迁结合技术改造和产业重组，实施装备更新、工艺技术更新和生产流程更新，实现了生产规模扩容和技术水平提升。"十一五"期间，全市工业投资累计完成 4905 亿元，是"十五"时期的 2.1 倍。其中，工业企业技术改造投资累计完成 3392 亿元，是"十五"时期的 3.4 倍；技改投资占工业投资的比重由 2005 年的 46.5% 提高到 2010 年的 76.4%；技术设备投入占技改投资的比重由 2005 年的 58.1% 提高到 2010 年的 75.0%。工业企业布局调整也促进了产业集群的扩张和产业链的延伸，无锡现有的 29 个制造业分类行业中，在全国占有分工优势的行业有 13 个，其中具有明显区域分工优势的行业有 6 个，它们主要是相对集中并具有较强配套能力的机械设备制造行业。2010 年，全市工业集中区实现工业增加值 1680 亿元，占规模以上工业增加值的 56.9%，比 2005 年提高 5.2 个百分点；建成国家新型工业化产业示范基地 2 个、省级特色产业集群 5 个、省级产业集聚示范区 2 个，分别占全省总数的 28.6%、16.7% 和 10.0%。

民营经济活力焕发。从 20 世纪 90 年代后期起，无锡加快推进国有企业股份制改革和乡镇企业产权制度改革，大批国有、集体企业转为私营企业和股份制、股份合作制企业，民营经济和多种混合所有制经济蓬勃发展。在竞争性制造业领域，民营企业羁绊较少，机制灵活，发展活力更为强劲，在工业经济转型发展中扮演越来越重要的角色。2010 年，民营经济工业投资 732.6 亿元，占全市工业投资总量的 60.5%；2005～2010 年的年均增幅高于外商投资 5.9 个百分点，投资总规模是国有经济的 6.5 倍。2010 年，民营经济工业增加值为 1880 亿元，占全市工业增加值的比重为 63.7%，2005～2010 年年均提高 2.66 个百分点；民营工业企业注册资本为 4253.31 亿元，2005～2010 年年均增长 27.7%；民营工业企业税收收入为 453.92 亿元，是 2005 年的 2.7 倍，占全市税收总收入的 50.5%，民营经济对地区经济和社会发展的积极作用日益显著。2010 年，全市有主营业务收入超亿元的民营工业企业 1522 家，比 2005 年增加 696 家；实现主营业务收入 10983.9 亿元，占全市规模以上工业企业总量的 85.9%。无锡工业企业上市募资尤为活跃，2010 年，全市总计有上市工业企业 62 家，上市企业数位列全省第一；累计首发募集资金 389 亿元，支撑了骨干工业企业的扩张壮大，并呈现多元发展的良好态势。

产业层级不断跃升。科技创新和生态保护推动无锡制造业行业结构在调整中优化升级。原有工业支柱产业优势增强，在历史上和改革开放以来形成的五大支柱产业中，石化、纺织行业有所收缩，向精细、高档方向发展；电子、冶金行业实现产品更新换代，生产组织和技术水平相应提升；机械设备制造行业快速发展，产业链进一步延伸。2010年，全市五大支柱产业现价产值为1.19万亿元，2005～2010年年均增长18.1%，其中机械、电子两个行业产值的年均增速分别为25.9%和17.1%，产值合计占五大支柱产业产值总量的近五成。高技术产业集聚发展，以集成电路、液晶显示器、生物制药为重点的"三谷""三基地"建设扎实推进，一批高新技术企业迅速成长，初步形成一定产业规模。新兴产业迅速兴起，进入21世纪，无锡确定物联网、新能源和新能源汽车、新材料、节能环保、生物技术和新医药等八大战略性新兴产业，工业投资集中投向新兴产业。2010年，新兴产业完成投资430亿元，占全部工业投资的比重为32.5%，实现营业收入4103.7亿元，同比增长28.2%，其中新材料、新能源和新能源汽车行业的营业收入合计占八大战略性新兴产业营业收入总和的比重接近50%，物联网、节能环保行业无论是经营规模还是技术水平都领跑江苏省。无锡制造业的转型升级已初见成效，2010年，全市工业企业全员劳动生产率为21.43万元/人，比2005年提高54.4%，高于苏南五市平均水平；每亩工业用地年均产出工业增加值和利税分别为43.66万元和17.21万元，分别是2005年的1.7倍和2.4倍，在苏南五市中居于领先水平。

### 3. 服务业作用显著增强

进入21世纪，无锡在壮大商贸流通规模、增强城市服务功能的同时，大力促进新兴服务业发展，服务业在扩大内需、增加就业、服务民生、拉动经济增长方面的作用日益突出，无锡初步形成开放、顺畅、健康、有序的发展格局，全市服务业呈现健康快速发展的良好态势。2010年，全市实现服务业增加值2479.57亿元，2000～2010年年均增长14.1%；占地区生产总值的比重为42.8%，比2000年提高5.4个百分点；服务业从业人员达149.12万人，占全部从业人员的比重为39.0%，比2000年提高9.8个百分点；以常住人口计算的人均服务业增加值为52396万元，在江苏省居首位。服务业对于地区经济增长的贡献率明显提高。

传统优势产业稳步发展。批发和零售业、住宿餐饮业、运输仓储业、金融业是无锡服务业的四大支柱，其增加值之和占服务业增加值的比重在 60% 以上。21 世纪以来，无锡传统服务业业态不断优化创新，其中连锁商业蓬勃发展，专业批发市场的集聚度进一步提高，20 多个集多种功能于一体的商务贸易型、都市生活型、城市功能型城市综合体相继落成开业，市级和片区商业中心的"商圈"效应逐渐显现，促进了区域经济的活跃和服务业产业层次的提升。传统运输仓储业开始向现代物流业转型，与专业批发市场、连锁商业电子商务和口岸商务相结合，采用信息通信和网络技术，发展专业配供、仓储配送、中转配载、港口综合服务等第三方物流，为提高运输效能、降低企业物流成本创造了条件。在此期间，基于特殊的经济形势，金融业、房地产业的收入也以每 4 ~ 5 年翻一番的速度在增长。

成长性产业发展迅速。旅游业是无锡服务业的战略性支柱产业，围绕旅游大市、旅游强市建设，无锡努力打造"最安全旅游目的地"和"游客最满意旅游目的地"，着重构建诚信旅游、平安旅游、文明旅游三大服务平台，先后克服 1997 年亚洲金融危机、"非典"、太湖水危机、冰雪灾害等的冲击和影响，不断扩大包括景点景区、旅游设施、服务机构和服务专业人才队伍在内的产业规模，建设并完善灵山、鼋头渚、环蠡湖、清名桥古运河等旅游精品线路，旅游产业核心竞争力得到提升。2010 年，全市接待国内游客 5067.27 万人次，接待入境游客 86.50 万人次，分别比 2000 年增长 216.5% 和 164.0%；实现旅游总收入 748.73 亿元，实现旅游增加值 336.93 亿元，分别比 2000 年增加 5.81 倍和 5.35 倍。进入 21 世纪后，无锡积极实施"文化振兴"战略，围绕文化名城、文化强市建设，着力健全公共文化服务体系，全面繁荣文化事业，文化产业提速增效。无锡作为文化体制改革试点城市，各项改革任务稳步推进，随着体制内文化要素的释放、转移、重新集结，以及人民群众精神文化消费需求的旺盛，新闻传媒、演艺传播、广告会展、创意设计、文化旅游等产业迅速发展。2010 年，全市文化产业增加值为 351.2 亿元，2005 ~ 2010 年年均增长 32.5%；文化产业增加值占地区生产总值的比重增至 6.1%。

新兴产业领先突破。进入 21 世纪，无锡以创新的名义，积极推动新兴服务产业发展，服务外包、文化创意、工业设计等新兴产业，从无到有，呈爆发式增长。其中服务外包产业，积极引进专业人才，争取外包接单，以信息技术外包为主体，全市有900余家服务外包企业，全球服务外包100强企业、全国服务外包50强企业共有26家在无锡投资落户。2010年，无锡接包合同签约金额为31.8亿美元，执行金额为25.1亿美元，分别比上年增长43.2%和45.1%。文化创意产业以动漫设计制作为特色，通过产业规划引领和政策扶持，全市形成文化创意企业460余家，其中动漫企业有157家，经文化部认定的企业有15家。2010年，无锡原创动漫节目共计30350分钟，连续多年居江苏省第一位、全国第二位；实现产值27.08亿元，比上年增长17.7%。工业设计产业与工业流程设计、建筑和设备设计相对接，借助计算机技术，融入文化元素，并向纺织品、服装、家居装潢等行业渗透，开始成为独立的产业。2010年，全市共有工业设计企业170余家，实现营业收入25.0亿元，比上年增长29.2%。

服务业集聚发展初具规模。21世纪以来，无锡以产业规划为引领，以重点项目为抓手，通过整合投资，积极引导服务业向特色园区集聚发展。以文化创意产业为例，无锡共规划产业项目83个，总共投资453.68亿元；建成文化创意产业园区23个，其中省级园区3个、国家级园区2个。在文化产业方面，与无锡博物院、大剧院、文化公园等标志性文化设施建设相对应，一批特色商业和文化服务街区相继建成，它们也发挥了一定的集聚效应。2010年，全市拥有市级以上现代服务业集聚区29个，集聚区实现营业收入2410亿元，比上年增长36.5%；其中省级以上集聚区15个，营业收入占全市服务业集聚区总营业收入的比重为75%以上。全市服务业初步形成九大集聚区，五大市场群，15条特色商业街和空港、水港、信息港"三港"产业集聚带，产业结构布局日趋合理。

这一时期，无锡经济结构调整取得显著成效，全市产业结构和布局得到优化。但由于发展方式的局限，无锡经济发展的结构性矛盾依然突出。服务业发展滞后的状况尚未得到根本改变，服务业增加值占地区生产总值的比重提升不快，服务业内部结构中传统服务业比重偏高，现代服务业比重仅为43%，服务业对新型工业化发展的支撑作用有待加强。制造业结构失衡，金属冶炼加工、化学工业等重化工产业占全部工业的比重，由1998年的54.1%提高到2010年的70.4%，在资源、原材料价格剧烈波动的情况下，这不仅使工业经济效益下滑（同期工业增加值率由 24% 下降为 21.8%），而且加重了城市公共设施和环境负荷。产业投资增长放缓，结构发生偏转，在全社会固定资产投资中，城市建设投资（政府投资）的比重不断提高，而受房地产市场过热的影响，产业投资中制造业投资比重相对下降，2010 年比 2009 年下降了 5.9 个百分点；在产业投资中，外商投资和民营经济投资增速减缓，2010 年的增速分别低于全社会投资平均增速 18.2 个百分点和 15.5 个百分点，这将对后续的经济结构调整和经济持续增长产生长远影响。

## 二　城乡统筹发展的政策和措施

1997 年 12 月，无锡市委、市政府召开了全市农村现代化建设试点镇村座谈会，在总结交流经验的基础上，提出坚持一个目标（基本实现现代化），调整两个结构（经济结构和所有制结构），做好三篇文章（农田向规模经营集中、乡镇工业向工业园区集中、农民向小城镇集中），对全市农村基本现代化建设做出部署。进入 21 世纪后，无锡又根据中央提出的"城乡统筹""建设社会主义新农村"的农村工作新战略，及时完善农村工作指导方针，按照"四个统筹"（统筹城镇规划布局、统筹城乡产业发展、统筹城乡政策接轨、统筹城乡建设管理）推进农村全面小康和现代化建设。无锡城乡经济社会日趋融合，城乡产业布局和基础建设互动共生，城乡社会保障和公共服务实现对接，农村建设成为城市化的重要板块和新的领域。

### （一）改革的政策和措施

从 20 世纪 90 年代初起，无锡就在"一包三改"的基础上对深化农村改革做出部署，但从试点到实施，一直存在激烈的争论，甚至遭遇到强势反对和严厉干预，这使得改革多次出现曲折反复。不过，基层的探索实践始终没有中止。1997 年党的"十五大"召开，情况开始发生转折性的变化。无锡农村从多个层面进行机制体制的创新，大力推进乡镇企业的产权制度改革，推进所有制结构调整，推进各项配套改革，努力构建与市场经济相适应的农村经济体制。

### 1. 乡镇企业产权制度改革

1997年12月，中共无锡市委、无锡市政府发布《关于进一步推进乡镇企业产权制度改革的意见》，进一步明确了乡镇企业改革的指导思想、工作流程、改制企业的组织形式和股权配置、推进改革的相关政策和配套措施等，为全市乡镇企业产权制度改革提供了一个全方位的工作指导大纲。由此逐步统一了全市上下的认识，排除了各方面的干扰，坚持"三个有利于"的原则，把促使企业成为市场主体、实现集体资产保值增值、帮助农民致富和确保社会稳定作为改革的基本目标，推动改革全面展开。

无锡在改革中注意制度改革与资产改组、技术改造、管理改进相结合，通过改革转换发展主体，使企业所有者和经营集团成为企业发展的主导者，促进企业真正成为独立自主的市场主体。改革在对弱小亏企业进行拍卖、转让、租赁，推进存量资产流动、重组的同时，以股份制和股份合作制为主要形式，鼓励企业经营者和员工参股，吸引社会法人入股，扩大投资渠道，集聚社会资金，不断优化资源配置，有效增加资本总量，促进生产力发展。改革实行因企制宜、多路探索，根据不同行业、不同类型企业的实际情况，以存量转股、增量扩股、先售后股、租股结合、联营合股等多种形式进行改制，股权设置中集体股、社会法人股、个人股的比例因各厂情况不同而不同，并不做统一的规定。

无锡通过改革，明确界定产权关系，建立多元化的投资机制和完整的企业法人财产权，改变以往产权性质模糊、投资渠道单一、投资风险集中且无人承担的局面，为乡镇企业建立现代企业制度奠定了基础。这次改革注意规范操作，严格执行政策，严格执行操作程序，对改制企业包括无形资产在内的全部资产进行清理、评估；促使改制企业包括资产流转、改制形式和股权设置等在内的改革方案，分别经过市（县）区农村集体资产管理办公室和乡镇集体资产管委会审定、批准；成立了会计师事务所及其分所，由其负责改革中的资产评估、财务验审、法律咨询、股权登记等工作，较好地做到了保护农民利益、保持社会稳定。在大部分企业改革基本结束后，无锡又集中力量对特意推迟改革的"大而盈""大而亏"企业（简称"两大企业"）进行改转制。这部分企业共有434家，其中集体净资产在1000万元以上的"大而盈"企业有284家，总资产在1000万元以上而资不抵债的"大而亏"企业有150家，因为其规模大，员工多，股权和债务情况相对复杂，又对地区经济的稳定和发展举足轻重，所以各方面的争议也较多。经过深入调查研究，按照"一企一策"的思路，无锡采用整体置换、分块盘活、剥离重组、依法破产等多种形式，最终完成了"两大企业"的改革，这不仅推动"大而盈"企业通过改革构筑发展新优势，而且促使"大而亏"企业资债分离，盘活存量，形成新的增长点。至2000年底，无锡农村累计改制乡镇集体企业27109家，改制面在97%以上。其中组建股份有限公司22家，有限责任公司2844家，股份合作制企业7670家。最多的是通过拍卖转为私营企业的，共9990家，其余为租赁、合资、联营企业，改制中报歇企业3801家。改制企业总资产为606.93亿元，其中集体净资产为189.68亿元。根据改制完成时的统计，有限责任公司和股份合作制企业中乡镇集体股占34.1%，职工股和个人股占51.8%，社会法人股占14.1%；改制中新增股本占股本总额的33.8%。

在乡镇企业产权制度改革的同时，无锡注重推动乡镇工业走集约化发展之路，结合并购控股、资产重组，通过利用外资、股票上市等实现资本扩张，一批优势骨干企业冲破行政地域、所有制、行业界限，走上了规模化、集约化、外向化的发展道路。2000年，全市有乡镇企业集团327家，总资产达363.0亿元，其中，核心企业净资产达175.8亿元；已开业三资企业有1551家，实际利用外资24.7亿美元。此后，特别是在面对2008年国际金融危机冲击时，无锡乡镇民营企业调整营销思路，内外并举开拓市场；调整管理方法，通过节支降本增加效益；调整发展方针，通过科技创新增强核心竞争力，逆势而上，踏上了转型发展的新征程。

**2. 村集体资产股份制改革**

进入21世纪后，农村集体经济组织和集体资产管理面临若干新的情况。一方面，乡镇企业产权制度改革中从企业退出变现的部分资产，开始转向基础设施，社会事业，房地产和股票、债券投资，投资经营和风险规避问题需要妥善处理；另一方面，城市化进程加快，农田被征、农房被拆、大批农民农转非，甚至"村改居"，一些行政村成建制拆迁，村民界限和村集体经济组织成员构成越来越模糊和复杂。在村级集体资产产权不明晰的情况下，行政部门占用、平调、损害集体资产，少数干部侵占、挪用集体资产和盲目决策，导致资产流失等弊病，这些问题迫切需要得到解决。

正是在这一背景下，无锡从地方实际出发，开展了新一轮农村改革——村级集体资产股份合作制改革。2002年，改革首先在北塘区黄巷镇陈巷村进行探路，在取得初步成功后，无锡又在各区进行试点，从2004年起，改革在全市农村全面推开。首先，建立村股份经济合作社筹备委员会，成立由村干部、村老党员、村民代表和村会计参加的清产核资工作小组，全面清理核实村级集体资产；其次，在此基础上，确定股份合作制改革实施方案，制定股份合作社章程；最后，开展人口调查，确定股东资格，根据村龄和劳动贡献份额，设定人口股和贡献股，将清理核实的村级经营性净资产按价值分别量化到人。股份合作社的股权能够确定持股成员占有集体资产的份额，作为按股分红的依据，可以被依法继承，但持股成员不能退股和提现。股份合作社通过民主选举产生股东代表、董事会和监事会成员，以加强对村级资产投资经营的民主管理和民主监督。

在改革中，无锡注意妥善处理好改革与发展、改革与稳定、改革与富民之间的关系，逐一破解资产界定、股权确认、合理分红等现实问题，既规范操作，又人性化处置，形成了按户籍人口持股、按劳动贡献持股、按承包土地持股等多种持股方式。多数村保留集体股归全体股东共同所有，收益用于行政、社会事业和公共福利开支；少数城中村只设劳动贡献股，少数远郊村只设人口基本股，设置充分尊重本村农民的选择和意愿。2010年，全市累计组建村级股份合作社463家，129.35万农民拥有集体资产股权，个人股金总额达到41.90亿元，人均量化集体资产为3239元。股份制改革后，村级发展的内生动力进一步得到激发，资产经营效率相应提高；股东人均年分红在250元以上，30%以上的股份合作社农民年平均红利在千元以上，股金分红正成为农民财产性收入的新的组成部分。

### 3. 农村土地承包和流转制度改革

无锡农村第一轮土地承包大部分在1998年底到期，根据中央关于土地承包期延长30年不变的规定，全市农村在1998年相继开展延长土地承包期的工作。与此同时，随着农村经济市场化程度加深，农业产业结构调整步伐加快，经济作物种植比例大幅提高并相对集中经营；随着城市建设的推进，政府组织实施的市政道路、产业园区、地块开发、生态造林等建设项目，以不同的方式占用、使用农业用地，由此推动农用土地加速流转。新形势下的土地流转面临基层政府推动与市场利益诱导相交叉的情况，土地流转对象、用途日趋多元化，土地价格（租金）上升较快，从地权、租期到补偿、分配的矛盾纠纷显著增多，迫切需要深化土地制度改革，规范流转经营。

2000年，无锡颁发了《关于加强农村集体农用土地流转管理意见》，对农村土地流转的范围、原则、条件、形式等加以规定，并相应规范了土地流转的程序和管理办法。第二轮土地承包后集体农用土地经营权的流转按照"自愿、平等、有偿"的原则，根据不同情况采取不同的流转方式，主要为：①转包，即承包地经营权转给符合条件的其他经营者经营，原土地承包关系不变，接包方按约定对原承包方负责；②转让，承包方将全部或部分土地承包权让渡给第三方，由第三方对村组集体履行土地承包合同的权利和义务，原土地承包关系自行终止；③互换，为便于集中经营和连片开发，集体经济组织或农户之间互相交换承包地块，按原承包期重新签订承包合同；④出租，承包户将承包土地全部或部分租赁给他人经营，收取一定租金，其中还演化出"返租倒包"的特殊形式，即集体经济组织向农户租用承包土地，再发包给个人或法人单位经营。根据规范的流转办法，2005年底，无锡市共流转集体农用土地57.23万亩，占全市耕地总面积的53%；涉及农民99.68万人，占全市农民总数的43%；农民从土地流转中收益6.03亿元，亩均收益为1051.6元。

无锡农业用地经营权流转坚持稳定的家庭联产承包责任制，加强指导，改进服务，注重选好发展项目，切实保护农民利益，从而形成了土地经营的多元投入机制，促进农业结构调整，加快人口和劳动力转移流动，同时也促进了农民经济收入的增加。在农业用地流转的基础上，无锡从2005年起又进行土地股份合作社探索，即通过政策引导，鼓励农民将土地承包权转化为长期股权，把土地经营权委托给合作社统一经营，按照股权从土地收益中获得红利，逐步建立一种"土地确权、两权分离、价值显化、市场运作、利益共享"的新机制。土地股份合作社主要有两种形式：一是纯土地入股，土地一般不作价，发包或租赁收入按入股土地份额进行分配；二是以土地入股为主，同时吸收资金、技术等入股，入股土地作价折股，由合作社经营或对外发包、租赁。其收益分配包括固定型分配（收益保底，盈利不分红），浮动型分配（按盈利分配，收益不保底），混合型分配（有一定收益保底，有盈利分红）。2005年，全市组建各类土地股份合作社147家，入股土地总计7.05万亩；涉及农户

6.12 万户，20.34 万人；当年土地收益分配 6114 万元，亩均 867 元。

2008 年，无锡进一步创新土地股份合作的形式和内容，根据农民自愿原则，增加农民宅基地、房屋产权等物权折价入股的内容，流转的土地用于建设产业园区、标准厂房、公寓楼、服务设施、交易市场等，所获收益按股分配。改革不仅促进了农村土地承包经营权的合理有序流转，推进节约集约用地，而且拓宽了农民增收渠道。一方面，新型合作经济组织面向市场，优化生产要素的配置，增加入社农民的土地股份分红；另一方面，组织农民参加园区生产劳动获得劳务性收入，或者参与商业、服务业经营以增加经营性收入。以无锡市锡山区为例，至 2008 年，该区共组建土地股份合作社 58 家，入社农户达 2063 户，入社土地面积计 4560 亩；年度分红为 382 万元，亩均 838 元；参加合作社组织生产劳动的有 900 多人，他们取得劳务收入近 300 万元，人均约 3200 元。

此外，无锡农村还按照中央和江苏省的部署，分别推进金融体制改革和财税管理体制改革。包括扶持发展农村商业合作银行，不断完善农村金融服务体系，鼓励担保公司、小额信贷公司为农村小微企业和农副业专业经营户提供融资服务；引导大型企业和企业集团股票上市、设立财务公司，发债融资，壮大实力。完善分税制财政体制和土地收益分配体制，无锡在推进农村税费改革中，加强财政资金对"三农"的倾斜力度，提高征地、拆迁补偿标准，切实减轻基层组织和农民的经济负担。据测算，这一时期无锡农民人均年负担不超过 20 元，是江苏省最低水平。

## （二）发展的政策和措施

为了发展农村、做强农业、致富农民，无锡先后出台了一系列为农、支农、惠农的政策措施，如扶持村级集体经济发展、引导社会资金多元投入、推进现代农业园区建设、优先安排纯农户非农就业、增加拆迁征地补偿、率先进行农村税费改革、减轻农民负担等，保护农民权益，促进农村经济发展。其中多渠道增加支农资金投入包括：各级财政预算内支农支出的计划安排和实际完成数量的增长幅度，必须分别高于财政总支出计划和实际增长比例；各级基本建设投资中用于农业的投资，必须保证一定的比例基数，并逐年增加；各级财政科技三项费用于农业科技的比例不低于 30%；采用以奖代补、各级匹配投入、专项扶持、财政贴息等办法，扶持农业发展和农村建设项目，引导工商资本、民间资本等对农业、农村的投入。同时，无锡运用行政督察和经济杠杆，每年对实际投入进行考核，每两年进行一次执法检查，并将考核和检查结果作为下一年度安排支农专项资金的依据。仅 2003～2005 年，全市就有 23.3 亿元工商资本投入农业，其中超千万元的项目超过 60 个。

这一时期，无锡农村工作的重点在于统筹城乡发展，通过加快实施"三个集中"，即农田向规模经营集中、乡镇工业向工业园区集中、农民向小城镇集中，大力推进农业和农村工业集约化发展；通过加强农村"三大合作"组织建设，即发展村级经济股份合作社、土地股份合作社、专业合作社，进一步完善农村经济发展的政策和体制机制。

### 1. 乡镇工业园区建设

结合乡镇企业结构、布局的战略性调整，1997 年，无锡开始规划建设乡镇工业园区，实施"增量入区集中发展，存量逐步调整到位"的方针，引导乡镇工业企业向工业园区集中发展。政府通过适当的政策，从两个方面引导发展规模经营、集约经营。一方面，激励科技创新，鼓励应用先进技术改造传统产业，改进技术装备，改进企业管理，不断实现产品的升级换代；在工业园区建立完善的科技支撑服务体系，为企业科技研发、集成和成果转化应用，提供人才、信息、风险投资等配套服务，以增强乡镇企业的核心竞争力。另一方面，改善金融服务，在帮助企业实现资本扩张、资产重组、股票上市的同时，以园区为载体以外引外、扩大招商，引进外资和外地中资企业，通过合资嫁接、延伸配套等方式，拉长产业链，带动优势产业集群式发展。进入园区的乡镇企业，通过资本扩张和技术进步，产品结构、装备技术结构和企业组织结构得到调整优化，产品的质量、档次和附加值普遍跃升提高。依托乡镇工业园区，乡镇企业最终摆脱了诞生之初的"三就地"（就地取材、就地生产、就地销售）发展模式和"村村点火、处处冒烟"的分散发展格局，走上集中开发、集约发展的新道路，全面提高了新型工业化水平和土地集约利用水平。

到 2010 年，全市共有乡镇工业园区 123 个，其中年营业收入超 50 亿元的园区有 50 个，超 100 亿元的有 9 个；乡镇工业园区产出占全市乡镇工业经济总量的比重达到 78.9%。共有规模以上乡镇工业企业 4893 家，全年营业收入、工业增加值和利税总额分别达到 6744.99 亿元、1290.18 亿元和 471.67 亿元，占全市乡镇工业经济总量的比重均在 70% 以上。其中锡山区电动车、惠山区风电设备、新区电子信息、滨湖区工业设计和创意产业、江阴新桥精纺呢绒、宜兴张渚电线电缆等产业集群已通过省级评审。全市乡镇工业基本形成主体产业相对集聚、基础设施集约共享、综合环境显著改善的新型工业布局。

### 2. 专业合作经济组织发展

从 20 世纪 90 年代后期起，无锡加快了农业产业结构调整，在调整中出现了一批种养殖业专业户、农场和农业企业。但因为多数生产经营体经营规模不大，技术素质不高，市场信息闭塞，面临着市场经营的种种风险，所以迫切需要一种组织机制，来帮助农民和农业生产者实现与市场的良好对接。各类农民专业合作经济组织由此应运而生。

2006 年《中华人民共和国农民专业合作社法》颁布后，无锡接连出台多个文件，明确从简化登记手续、加强信贷支持、减免有关税收、提供财政补贴等方面，给予政策扶持，促进专业合作经济组织健康发展。无锡的农民专业合作社由农村能人或专业大户发起组建，也有依托农产品生产、加工、流通龙头企业兴办的，还有各级农业技术服务部门转变职能后建办的，主要有三种类型：第一类是专业合作社，社员共同出资参股，进行经营合作或劳动合作，具有合作型的组织、管理构架，约占合作经济组织总数的 20%；第二类是专业协会，一般只进行经营合作，没有股份参与，属于会员制的组织结构，会员间的联系较为松散，约占合作经济组织总数的 60% 以上；第三类是专业公司，主要由同业经营者合资参股建立，采用股份公司制和有限责任公司制，组织本身相对紧密，与农户之间建立经营的契约关系，占合作经济组织总数的比例不到 20%。其中一些专业协会、专业合作社还投资创办相关的经济实体。经过多年发展，农民专业合作经济组织的服务能力不断提升，大多数专业协会、专业合作社从单纯的技术服务向市场信息服务、运销服务、产加销综合服务延伸拓展，不仅为社员、会员提供种苗肥药、农机设备，而且在产品包装、加工营销、保鲜储运等方面提供配套服务。一些运行良好的合作经济组织还组织成员和成员单位开展标准化生产，进行质量认证、产地认证，发展跨地区经营，共同打造驰名商标、著名品牌。

2010 年，无锡市共有各类农民专业合作经济组织 260 个，社（会）员达

5.2 万人；资产总额为 3.14 亿元，所有收益为 1.08 亿元；年营业收入为 9.83 亿元，带动参与产业化经营的农户 20.5 万户，促进农民增收 5.1 亿元。农民专业合作经济组织的发展创新了农业经营模式，促进了小农户与大市场的有效对接，减少了中间环节，较好地解决了农产品 "卖难" "买难" 问题；促进了弱产业与强服务的完善配套，强化了产前、产中、产后服务，帮助农民降低了生产和交易成本；促进了传统产业向现代产业的整体跨越，不仅帮助农民学习、掌握科学知识、生产技术，而且引导农民依照合同、章程进行经济活动，增强了农民的市场主体意识和社会责任意识，使其由单纯自由的生产个体转变为联合起来依法经营的市场竞争主体。

### 3. 经济薄弱村扶持

早在 20 世纪 90 年代前中期，无锡市通过城乡挂钩、市区机关与村挂钩等形式，以帮助发展乡镇企业为主要载体，先后开展了两轮经济薄弱村扶持工作。但是随着乡镇企业产权制度改革的推进，通过投资办厂来改变经济薄弱村面貌的做法无法继续，并且由于国家加强对增值税、营业税、所得税的监管，通过减免税收来增加村级收入的做法也不再可行。

对此，无锡市于 1998 年 4 月召开工作会议，研究部署全市第三轮经济薄弱村扶持工作。会上确定扶持 118 个经济薄弱村（实施中实际增加到 134 个村），以 3 年为期推进扶持工作，同时调整脱贫转化标准，要求在建设一个好班子、推动两个文明建设的基础上，使对象村村级集体净收益超过 30 万元，农民年人均纯收入超过 4000 元。全市组织了市、县、区的 162 个机关单位与经济薄弱村结成帮扶对子，选派 213 名后备干部驻村任职，安排一批民营企业家到村里兼职，坚持以改革为动力，以三次产业协调发展为支撑，促进集体经济和多种经济成分共同发展。

与此相配套，无锡市委、市政府实施了 5 条优惠政策：①物价调节、粮食风险、防洪保安等基金中地方留成部分和其他各项规费实行先征后返，作为村集体收益；②新办企业、改制企业的工商登记费、注册资金验资费、土地使用费等行政性收费地方自留部分全部予以减免；③变压器电力扩容地方增容费免缴，用电保证金缓缴，电费优惠；④各专业银行信贷专项切块用于扶持薄弱村发展，各市、县、区财政列出专项给予贷款贴息，主要用于农业机械添置、农村基础设施建设、农副业生产经营周转；⑤经济薄弱村内企业上缴的增值税和所得税的地方分成，全部返还给村，作为集体收益。

到2000年，114个村实现转化达标，达标率为85.1%；134个村实现工业销售收入8.44亿元，有48个村的工业销售收入超千万元；村级可用财力合计3773万元，村均可用财力为28.16万元。此后，在2001年、2004年、2007年，无锡又先后开展了三轮经济薄弱村扶持工作，名为"百村奔小康"工程，每一轮都有100多个村被列为扶持对象。通过结对帮扶、村企挂钩、以企带村，重点帮助薄弱村发展现代农业和配套服务业，增强其经济发展的"造血"功能。在延续第三轮5条扶持政策的同时，无锡重点推进"万户农民扶贫帮困"工程，建成农村低收入农户信息资料库，通过定向帮扶落实各项扶贫措施。第三轮扶持工作使对象村村级集体净收益达标标准提高到100万元，农民年人均纯收入超过6000元，这夯实了一度困难的新农村建设的物质基础。

## （三）建设的政策和措施

进入21世纪以来，无锡进一步明确建设社会主义新农村的目标任务，概括提出"经济发展、生活富裕、社会文明、生态良好、社区整治、管理民主"的总要求，在调整经济结构、促进农业规模经营和工业集约发展的同时，坚持城乡统筹发展，着重通过城市化带动新农村建设，加快农村城镇化进程，初步形成由中心城、中心镇、一般镇和新型农村社区构成、梯度合理、层次鲜明、各具特色的城镇发展体系。

### 1. 城镇空间布局优化

21世纪的第一个十年，无锡先后制定出台30多个政策性意见、办法，全方位探索实施城乡统筹发展新机制，以统筹促改革、促发展，加快构建互促互动、共同繁荣的城乡一体化发展新格局。为统筹发展，无锡修编城市总体规划，同时根据推进"五化"（农村工业化、农业现代化、乡村城镇化、服务社会化、农民知识化）和统筹"四区"（基本农田保护区、工业发展区、商贸服务区、居民居住区）的要求，完善城乡融合的镇村布局规划，引导形成覆盖全市城乡区域范围的"新城—新市镇—新型农村社区"的城镇空间布局结构。

结合新市镇规划建设，无锡在加快农民集中居住的基础上，加大建制镇、行政村撤并和撤镇建街（道）、撤村建居（委）的工作力度，2005年全部完成 20 户以下的自然村落的撤并，2007～2009 年又对面积 70 平方公里以下或常住人口不足 5 万人，以及人口不足 3000 人的行政村进行撤并，特别是城市建成区、规划建成区、建制镇建成区和开发区内的行政村，全部就近并入居委会。其工作重点如下。优化发展格局，按照城市现代化、区域城市化的总体思路，明确以中心城区为核心，以江阴、宜兴两市为两翼，以太湖新城、锡东新城等组团为支撑，以 12 个中心镇为重要节点，形成四级城镇体系；同时按照不同区域的发展潜力和资源环境承载能力，划分优先开发、重点开发、适度开发和禁止开发四类区域，合理引导空间开发秩序。优化产业布局，根据空间结构特点和产业基础，确定沿江发展重化工基础产业和仓储物流业，沿路（高速公路和铁路）发展先进制造业，沿湖（太湖）发展包括旅游、会展在内的现代服务业，以国家级、省级开发区和市级科技产业园区，以及"五群一带"现代农业园区为载体，引导产业结构调整和布局优化。优化生态环境，明确市域范围内的生态功能分区，坚持环境建设与经济发展同步，全面启动农田保护、生态绿地保护、水源地保护、自然景区保护等生态环境基础建设行动计划，促进生态环境与经济、社会协调发展。

在小城镇建设中，无锡适时进行行政区划调整，建立多元化投入机制、市场化运作机制、社会化管理机制，依靠发展现代制造业和提升传统服务业，促进小城镇的兴旺和繁荣。这一轮小城镇建设，以"特色鲜明、功能完善、环境优美、整体提高"为目标稳步推进，前期主要集聚农村人口，稍后又成为城市人口扩散的载体，吸纳来自省内外的大批务工经商人群。全市小城镇常住人口超过 150 万人，建成区面积突破 200 平方公里，形成 10 多个常住人口在 5 万～10 万人的中心镇。随着人口的集聚和设施的完善，以及工商经济和社会事业的发展，小城镇成为连接城市和乡村的枢纽，小城镇居民同样享受了现代城市文明，这深刻改变了城乡面貌和人居环境。

### 2. 农村基础设施建设

农村基础设施是农村经济社会发展和农民生产生活的重要物质基础。进入 21 世纪，无锡注重把基础设施建设的重点转向农村，发挥政府主导作用，统筹城乡一体化建设，努力缩小城乡在基础设施及其功能发挥方面的差距，夯实农村发展的基础。

一是加强整体规划，按照城乡统筹理念，将农村基础设施建设纳入城市总体规划，对城中村、中心村、过渡村、长期保留村等不同类型村落，因地制宜确定切合实际的发展定位，对现有资源、产业环境进行整合优化；考虑未来较长时期的发展，做到通盘规划、有效配置、资源共享、留有余地，防止散乱、重复的大拆大建。二是引导多元投入，着重发挥政府投入的主导作用，把农村基础设施建设放到与城市建设同等重要的地位，加大公共财政支出对农村的倾斜力度；同时吸引民间资本投入，深入开展"村企互动、以企带村"活动，动员民营企业家参与农村基础设施建设，扶持农村经济发展；重点壮大村级经济实力，在成片征用土地时给村预留10%的土地，用于发展经济和兴办公共设施，调动农民建设自己美好家园的积极性。三是重在发挥实效，设施建设坚持实用实效原则，不搞"面子工程""形象工程"；各项工程整体设计，分步实施，尽可能减少失误和浪费；严格按标准施工，不赶工期，不图表面光鲜，实行工程监理制和终身责任制，做到百年大计、质量第一，对百姓负责、对后人负责。四是健全养护管理，一方面，政府相关部门将管理下放到镇、村，指导基层建立长效管理机制；另一方面，依靠村民建立日常管理制度，组织老党员、老村委会主任和热心公益的村民参与管理，安排专人负责对各类设施进行保养、维修、检验，确保设施正常运行并长久有效发挥作用。

2010年，无锡道路总长度达4441公里，全市路网密度达到每平方公里2.2公里；所有乡镇均实现车辆15分钟内驶上快速干道，30分钟内驶上高速公路；所有行政村都通达公交车，公交系统的自然村覆盖率达到67%。其他如农村自来水普及率、入户率、优质水源受益率均达到或接近100%；农村电网改造全面完成，农村年人均用电量突破1000千瓦时；农村有线电视覆盖率、宽带网络覆盖率全面提升，农村居民生产条件显著改善、生活质量显著提高。

### 3. 村庄环境综合治理

从2006年起，无锡以村庄环境综合整治为重要抓手，加强生态保护、环境建设，推进社会主义新农村建设。无锡重点整治村容村貌、河容岸貌，着力打造山清水秀、绿树成荫、空气清新、洁净宜人的农村新型社区。无锡的村庄环境整治，坚持多形式试点、各方面配合、高标准推进，以住宅美化、道路硬化、村庄绿化、路灯亮化、河塘净化、环境优化为主要内容。

　　无锡主要做了七个方面的事情：①拆，拆违章建筑、拆危旧房、拆废旧畜禽棚，相应处理乱搭建、乱堆放；②新，刷新墙壁、整新门窗、翻新旧房，同时保护、整修村里的若干历史文化古迹；③清，清垃圾、清污染物、清河道，包括清除积淤，整修驳岸、护坡；④绿，绿化造林，利用本村地形地貌、树木植被，进行村中景观设计，建造小公园、林荫道，装点花坛草坪，营造良好人居环境；⑤增，增修道路，增添卫生设施，增建文化体育项目，包括配置垃圾箱、垃圾收集房、垃圾清运车，建设小广场、停车场、篮球场、门球场、戏台、茶室等，增添休闲、娱乐、健身设施；⑥治，治理农村污染，主要是修建公共厕所和家庭三格式化粪池，修建污水收集和处理设施，多形式开展农村生活污水处理；⑦管，在环境整治的基础上，加强日常管理，巩固整治成果。

　　整治资金的筹集方式：一是财政支持，这主要针对试点村和需要加以保护的历史名村、位于国家风景区内的村；二是集体出资，这是村庄环境整治资金的主要来源，一些综合实力较强的村用于整治的投资有数百万元至上千万元；三是私人出资，其中包括全体村民自筹资金和民营企业家捐资赞助，此处的民营企业家有在本村范围内的企业经营者，也有在外地的本村籍企业家，但捐资一般都设定具体项目，并限于本自然村的范围内；四是混合出资，这是村庄整治中筹资的主要形式，绝大多数村都是在集体承担出资大头的前提下，再动员社会各方面力量共同分担整治费用的。

　　无锡的村庄环境整治取得显著成效，全面实施第一年（2007年）即整治村庄416个，投入资金2.9亿元，新建、改建道路374公里，铺设排水管31公里，新建、改建公厕247座，增添垃圾箱3313个，安装路灯1153盏，整修翻新建筑物140多万平方米，新增绿化面积400万平方米，建设生活污水处理工程36个，全面建立起"户集、村收、镇运、县（区）处理"的农村垃圾清运处理机制。全市成功建成绿色家园示范镇17个、示范村360个；建成国家卫生镇26个、省级卫生村651个；100%的乡镇建成省级以上环境优美乡镇。这项工作改变了农村环境面貌，水环境和村庄卫生面貌明显改观，由此，无锡建成一批以"园中村""林中村""水边村"为特色的示范村；提高了农民综合素质，在农村逐步引入城市文明，农村开始形成讲文明、爱卫生、保护生态的新风尚；改善了农村干群关系，干部村民一起手，共同打造造福一方居民的美好家园，这成为农村干部服务农民、塑造自身良好形象的结合点；凸显了新农村建设的内在意义，促进了现代城市与传统农村的生活方式有机融合，强化了农村的生态维护和文化传承，增强了农村居民的幸福感。随着广大农民对宜人环境追求的不断提升，环境整治和建设作为一项基础工作，将贯穿新农村建设全过程。

### 4. 公共服务体系完善

完善公共服务体系，实现基本公共服务均衡化、同质化，是消除城乡二元结构、推进和谐社会建设的应有之义。2002年以来，无锡按照先进生产要素向农村流动、基础设施向农村延伸、公共服务向农村覆盖、现代文明向农村辐射的要求，突出抓好基础设施、社会管理、公共服务三大功能建设，努力缩小公共产品供给的城乡差距。加快公共服务设施建设，针对部分基本公共服务"属地化"的特征，在延伸城市服务设施的同时，重视农村各类资源的整合，为服务功能的增强提供物质技术支撑。各级财政和相关单位集中资金，用于学校建设，突破体制和隶属关系的人为分割，以置换、合作、参与等多种形式，实现存量资源的优化配置和增量资源的有效集结。无锡农村巩固九年制义务教育，普及学前三年教育和高中段教育，均达到预定目标，并率先全面落实中央提出的"两免一补"政策。完善公共服务供给模式，在确保基本保障型公共服务的同时，加强政策引导和激励，依靠社会组织增加公益性公共服务；通过授权、委托、招标购买服务，将经营性服务项目推向市场，实现公共服务提供的多元化。在无锡农村，从送戏、送影、送展、送书下乡到乡村图书馆、"农家书屋"、文化信息资源共享工程建设，都体现了公共服务多元供给的积极意义。

为增强公共服务综合功能，无锡注重探索行政性公共服务流程再造，缩短从受理、经办到信息反馈的流程，加强公共服务项目和活动的综合协调，促进工作重心下移和向农村延伸。特别是加强公共服务综合平台建设，形成市级行政服务中心、区级公共事务受理中心、基层社区服务中心三级服务平台，增强就业、保障、养老、救助等社会服务功能。2010年，全市累计建成384家农村社区服务中心，初步形成"七位一体"的农村基层公共服务网络。为深化公共服务体制改革，无锡在全国率先进行社会事业管办分离改革，与此相关，深化管理运作机制改革，完善公共财政预算，规范不同层级政府间的事权和财力分担，探索建立"定向委托、项目管理、合同约束、绩效评估"的政府购买服务新机制，提高财政资金的使用效率。在无锡农村，新型农村合作医疗的分级补助确保到位，社区卫生服务机构运行良好，社区卫生机构健全率、新农合参合率分别达到或接近 100%，农村医疗保险筹资水平和医疗救助水平均在江苏省居于前列。

在推进农村"三集中"的同时，无锡还积极实施"两置换一转化"，即在农民自愿基础上，以土地承包经营权置换城镇社会保障，以农村住宅置换城镇安置房，最终实现农民向市民的身份转化，从而将一批已经脱离农业生产、脱离农村土地的农民，纳入城市社会保障和公共服务的体制范围内。

## 三　社会保障体系建设

1998 年以来，无锡坚持广覆盖、保基本、可持续的方针，社会保险事业加快发展。社会保障制度改革不断深化，取得了一系列制度性突破；社会保障政策进一步规范，城乡之间、不同人群之间的保障模式开始走向统一；各类社会保险的覆盖范围逐步扩大，保障水平随经济发展而得到提升；社会保障信息网络更趋健全，社会保障服务显著改善。无锡社会保障体系建设切合社会保障社会化、制度化、普惠化的大趋势。无锡正在建立与现代市场经济体制相适应的较为完善的社会保障机制。

### （一）完善城乡养老保障体系

无锡是全国最早探索城镇企业职工养老保险社会化的城市，20 世纪 80 年代就开始实行国有、集体企业职工退休费用社会统筹。1986 年，无锡进行劳动合同制职工社会养老保险制度改革试点，20 世纪 90 年代中期建立社会统筹与职工个人账户相结合的养老保险制度，完善了国家、企业、个人三方合理负担的基本养老保险办法。与此同步，无锡不断扩大养老保险覆盖范围，将包括城镇私营企业业主和职工、城镇个体工商户户主和雇员、转入城区的乡镇企业职工、以多种方式就业的外来务工经商人员、灵活就业人员和自由职业者等在内的城镇所有劳动者，逐步纳入城镇基本养老保险。

从 1996 年 1 月 1 日起，无锡全面实施新的基本养老金计发办法，按照国务院确定的基本养老金工资替代率58%的改革目标，加快了基本养老金向基础养老金、个人账户养老金的过渡，在人均基本养老金逐年增加的前提下，养老金工资替代率按企业在岗职工平均工资计算，已由20世纪90年代的85%，平稳下降到2000年的68%，这为建立基本养老保险账户的激励机制奠定了基础。随后，无锡又完善了基本养老金正常调整机制，建立退休人员养老金水平与在职职工工资水平相挂钩的办法。

随着经济增长和职工平均收入的递增，无锡逐年提高基础养老金水平，其间还对新中国成立初期参加工作的退休人员适当增加养老金。2010年，全市企业职工养老保险参保人数达到203.89万人，享受养老保险待遇的人数为49.38万人，年人均养老金近2万元。同时，无锡推行离退休人员基本养老金的社会化发放，全面实现养老金银行卡发放，既解决了养老金的按时定额发放问题，又促进了退休人员与原单位脱钩，使他们由"企业人""单位人"向"社会人"转变，初步实现了退休人员管理服务社会化、网络化、信息化的目标。

无锡在20世纪80年代，率先建立制度化的乡镇企业职工退休金支付办法。随后又以乡镇、村为单位，对乡镇企业本地职工的养老和医疗保险费进行统筹，并不断扩大它们的覆盖范围。从20世纪90年代后期起，无锡全面建立农村社会养老保险制度，根据《江苏省农村社会养老保险办法》（江苏省人民政府令1997年第93号），将农村社会养老保险（以下简称"农保"）工作列入"九五""十五"计划，按照"政府引导、群众自愿"的原则，积极稳妥地推进农保事业发展，重点健全县（市）区、乡（镇）农保机构和聘用村、乡镇企业农保代办员，建立个人账户及农民缴费证和乡（镇）管理所缴费记录卡，并逐步采用计算机管理，做到农保业务、财务、基金、档案管理全程规范化。2005年，全市参加农保的农民超过50万人，领取养老金人数超过15万人，年人均享受养老金超过900元，其中镇村集体给参保农民的补助约1亿元，初步解决了农民的养老之忧，促进了农村的社会稳定和经济发展。

2005年以后，针对农村各类养老保险项目繁多、保障水平不高的情况，无锡着重推进新型农民基本养老保险、被征地农民基本生活保障、企业职工基本养老保险三项制度建设。无锡通过完善政策框架，推行"新农保"，以市（县）区为单位实行农保基金统筹，并由地方财政予以补贴；促进农村劳动力转移就业，使更多的农民被纳入城镇社会保障范围；借鉴被征地农民基本生活保障办法，给予土地承包户相应的社会保障，适当提高其补偿性养老金水平。2010 年，无锡新农保综合参保率达到 92.8%，其中被征地农民 100% 进入基本社会保障范围。领取新农保基本养老金的对象有 41.65 万人，年人均保障水平为 1440 元，被征地农民政府保养金年人均水平为 3588 元（城镇老年居民养老补贴年人均水平为 2054 元）。中共无锡市委已公布《关于加快推进农村改革发展重点实施十大强农惠农工程的决定》，其中在"社会保障全面接轨工程"方面，明确整合农村各项社会保险，加快城乡养老保障接轨。

在发展社会保障事业、扩大保障覆盖面、提高保障水平的同时，无锡注重推进社会保障制度改革，努力完善国家、集体、个人三方合理负担的养老保险费筹集、积累、监管机制。一是稳定企业缴费比例，无锡经济较为发达，但全市企业缴纳基本养老保险费的比例大致稳定在 20%～22%，降低企业用工成本，同时也保护企业参保的积极性。二是增强个人缴费激励机制，随着职工工资收入提高，稳步提高职工个人缴纳基本养老保险费的比例，使之由 6% 提高到 8%，并加强个人账户管理，不断强化按时足额缴费机制。三是实行养老保险基金收支分开，逐步实行基本养老保险费由税务部门征收，做到社会保险费征缴与税务登记、工商营业执照年检协同运作，同时探索建立稳定的养老保险基金来源机制，逐步将基本养老保险基金收支纳入财政预算，尝试通过将国有资产变现等来充实基本养老保险基金，相应强化税务征收、财政协调、社保机构管理的职责。四是建立和完善管理监督机制，按照统一政策、统一规划、政事分开、政企分开的原则，建立社会保险基金监督委员会，加强对基本养老保险基金的监管。农保机构也根据"一手抓发展，一手抓管理"的总体工作思路，建立一系列规章制度和稽核办法，对农保基金的筹集、管理、运营和兑付做出规定，以流程规范化、档案标准化、管理日常化、年审制度化为目标，逐步建立缴付有序、运作有效、监管有力的运行机制，促进农保工作规范有序发展。

## （二）深化医疗保障制度改革

1997 年，无锡作为江苏省职工医疗保险制度改革试点城市之一，参照镇江试点改革的做法，实施"统账结合"的改革方案。这一轮改革的基本思路包括以下内容。一是"基本保障"，即根据经济发展水平和政府财政、企业财务能力，确定合理的保障水平，保障责任从无限责任向基本保障责任转变。二是"广泛覆盖"，保障范围从国有单位扩大到多种所有制企业，基本医疗保险逐步覆盖城镇机关企事业单位职工及退休人员。三是"双方负担"，保险费由单位和个人共同缴纳、合理负担，改变由单位和政府统包的局面。四是"统账结合"，建立医疗保险统筹基金和个人账户，统筹基金主要支付大病（住院）费用，发挥共济作用；个人账户主要支付小病（门诊）费用，发挥支付记账和积累作用。五是"多层保障"，在建立基本医疗保险的同时，鼓励发展多种形式的补充医疗保险，以满足不同层次的医疗需求。

2000年7月，国务院在上海召开全国城镇职工医疗保险和医药卫生体制改革工作会议，要求按照"低水平、广覆盖"的原则，加快建立城镇职工基本医疗保障体系。同年10月，国务院又在无锡召开贯彻上海会议精神的座谈会，要求医疗保险体制、医疗卫生体制、药品生产流通体制三项改革协调配套、同步进行。为贯彻两次会议的精神，无锡根据本地实际情况和运行中出现的新情况、新问题，进一步调整、完善政策，实现保障体制的平稳运行和统筹基金的收支平衡。2010年，无锡市职工医疗保险参保人数达236.46万人，基本实现了对各类用人单位及其职工的全覆盖。

针对城镇非职工居民的医疗需求，无锡从20世纪90年代中期起，探索建立城镇医疗保险制度。灵活就业人员、职工子女、高等学校外地学生等城镇医疗保险参保人员，就医时在制度规定范围内分别按一定比例报销医药费用。医疗保险基金由个人和单位缴费、财政补助构成，其中地方财政补助为大头。居民医疗保险采取定点就医、属地管理的办法，形成医患双方制约、劳动保障部门监督的机制，做到保障医疗保险基金较好地用于病人医疗。另外，无锡通过完善政策措施，不断提高医疗保险基金支付比例、受益率，建立缴费年限与待遇享受相挂钩的激励机制，吸引居民参保，促进参保对象连续参保。2009年无锡市市区参保居民发生门诊医疗费用4273.46万元，其中制度范围内医疗费用为3376.59万元，居民医疗保险基金支付2008.27万元，基金支付比例为59.48%，参保人员实际得益率为46.99%；发生住院医疗费用10401万元，其中制度范围内医疗费用为 8334.87 万元，居民医疗保险基金支付 5379.53 万元，基金支付比例为 64.54%，参保人员实际得益率为 51.72%。此外，无锡还建立医疗救助制度，对困难群体就医给予特殊救济，救助范围从低保人员扩大到发生重大疾病、医疗费用自负过高的人员，救助方式与职工和居民医疗保障体系相衔接，并借助医疗保险信息系统，简化程序，实施实时救助，解决患者自费垫付问题。

针对原来目标定位低、统筹能力弱，与农民医疗服务需求不相适应，农村医药费用支出快速增长，少数农民因病致贫、因病返贫的突出问题，1998 年，江苏省政府批转省卫生厅《关于进一步完善农村合作医疗的意见》，要求经济较发达和有条件的地区积极探索、全面推行家庭账户与社会统筹相结合的新型农村合作医疗保险。根据这一意见，无锡大力推进农村合作医疗保险制度改革，重点建立有效的资金筹集机制，结合农村税费改革，以区、县（市）为统筹单位，形成政府引导、集体扶持、个人投入的筹资模式。在政府建立农村合作医疗扶持资金的同时，鼓励农村集体经济组织、乡镇企业及其他组织资助合作医疗，切实减轻农民的医疗负担。同时，无锡规范医疗卫生机构的诊疗科目、用药目录、服务标准和医药费用的结算方法，对新农合参保者就诊、住院、转诊（进城和异地）及费用补偿的手续办法加以规定，提高新农合的服务和管理水平。到 2010 年，无锡已建立覆盖全体农村居民的新农合（农村中小学生纳入城镇居民医疗保险），实际参保农民达 171.8 万人，参合率达到 99.6%；全市人均筹资水平达到 306 元，结报实际得益率为 44%。从 2010 年起，无锡根据新一轮医改实施意见要求，整合城镇居民医疗保险和新型农村合作医疗保险，提高统筹层次，统一政策设计，统一筹资和待遇支付标准，统一信息管理，整合管理服务资源，增强基金统筹互济和抗风险能力，逐步形成城乡一体的居民医疗保险制度。

与医疗保障体制改革相配套，无锡还注重医疗卫生服务体系建设，加大公共医疗卫生投入，优化公共卫生资源配置，改善就医条件，提高医疗水平，致力于建设配置合理、普惠共享的医疗卫生服务体系。重点是逐步提高城乡基本公共卫生服务经费投入标准，稳步推进疾病防控、卫生监督、应急联动等设施建设和卫生信息化建设，在传染病、职业病、地方病、精神病、慢性病防治方面，让城乡居民享受更好的基本公共卫生服务。同时，无锡加快完善医疗服务、医疗保障、药品供应三位一体的基本医疗体系，优化医疗卫生资源配置，通过功能一体和信息互联，构建综合医院、专科医院和社区服务机构相贯通的城乡医疗服务体系。在城市，无锡加强社区卫生服务机构规范化建设，强化医疗、预防、保健、康复、健康教育和计划生育指导"六位一体"功能，努力实现"小病防治在社区、大病进医院、康复回社区"。在农村，结合乡镇和行政村撤并，调整乡镇卫生院和社区卫生服务站的布局，在纠正一度出现的乡村医疗机构转包、转让给个人的偏向后，着重健全农村三级医疗卫生服务体系，确保每个建制镇至少有一所政府举办的卫生院或社区卫生服务中心，保证每个行政村都有卫生服务站；通过深化乡镇卫生院改革，建立权责明确、约束和激励规范、竞争经营、民主管理的运作机制；切实加强农村医疗卫生队伍建设，提高医卫人员的专业技术水平，努力实现"小病不出村镇"。

### （三）增强住房保障能力

在住房制度市场化改革的大背景下，无锡从2005年前后起，结合危旧房、老新村改造，加快建立以市场调节为主、政府保障相结合的住房供应体系，不断完善城市居民住房保障制度。无锡的城市住房保障方式，主要为：①经济适用房，由政府提供政策优惠，限定套型面积和销售价格，面向城市中低收入家庭的、具有保障性质的定向销售商品房；②公共租赁房，政府提供政策优惠，供给城市低收入和住房困难家庭及新就业人员、外来务工人员租住的保障性住房；③发放租赁补贴，向符合条件的城市特殊困难家庭，按照规定的标准发放租赁补贴，由其自行从市场租赁住房；④实物配租，向符合条件的城市特殊困难家庭提供租赁住房，并按照廉租住房租金标准收取租金；⑤创业人才公寓，在科技和产业园区，购建并举，建立不同层次的公寓房，为科技创业人才提供配置合理、配套齐全、服务优良、生活便利的保障住房。

无锡注重完善住房保障制度，合理界定保障对象范围，根据实际情况多次提高标准，逐步降低申请门槛，扩大申请保障房的范围，并将保障范围从城市低保户、低收入户（家庭人均月收入在750元以下）和住房困难家庭（家庭人均住房面积在16平方米以下），扩大到具备一定条件的新就业人员和外来务工人员。无锡运用多种方式筹集保障房房源，包括由政府出资新建廉租住房，收购商品房用作廉租房，租用企事业单位、社区组织及城乡居民房产用作公共租赁房，采用适当政策鼓励、引导各级各类开发园区和社会其他方面新建、改建保障房等。同时，无锡扩大保障房建设的资金来源，通过多种融资方式筹集建设资金，归集公共租赁房及配套设施的租金收入，接受社会捐赠，增强保障住房建设和供应能力；并在全国率先试点公积金贷款支持保障性住房建设，探索保障房建设实践的创新。2010 年，无锡共交付经济适用房 326 万平方米（建筑面积）；市区累计安置廉租住户 4049 户，其中发放租金补贴 3321户，实物配租 728 户；保障 39 个危旧房改造项目的实施，安置相关搬迁居民19640 户。

在加快保障房建设的同时，无锡还注意规范发展住房租赁市场，完善相关政策，简化租赁手续，鼓励有富余住房的城乡居民家庭出租住房，以增加住房租赁市场的供给；加强住房租赁市场监管，规范租赁中介服务，维护租赁双方的合法权益；进一步完善住房公积金制度，在住房公积金缴存扩面的前提下，允许租房居住的新就业人员按规定提取公积金支付房租。此外，无锡还注意引导商品房市场健康发展，加大商品房开发、建设、调控力度，建立合理的商品房供应机制，形成适应不同消费需求的分层次房地产市场。无锡以适当的政策，引导开发中低价位、中小套型的普通商品房，努力实现供需总量基本平衡、供给结构基本合理、市场价格基本稳定的发展目标。

### （四）提高社会救助、社会福利水平

从 1995 年起，无锡率先在江苏省试行城市居民最低生活保障制度，1998年农村低保制度在市（县）、区全面建立。1999 年，国务院颁布的《城市居民最低生活保障条例》对保障对象的范围进一步加以规范，并于当年 7 月 1 日起将国有企业下岗职工基本生活保障、失业人员救济金、城市居民最低生活保障的标准提高 30%，即低保线由每人每月 140 元提高为每人每月 180 元，2001年又提高为每人每月 220 元。保障金以现金差额补助方式发放，即依照救助原则，在核定家庭人均收入后，对照低保标准，不足部分以补差形式给予。保障金的来源由地方财政在市、县（市）区、乡镇按比例分担，三级财政、民政部门均建立专账管理，它们每年都要接受监察、审计部门的专项检查。低保户

的确定，实行统一的申请、审批程序，逐级上报批准；建立"四表一册一卡"制度，实行"一户一档"管理；除"三无"［无劳动能力、无生活来源、无法定赡（抚）养人］人员每年进行审核外，其他低保对象每季度审核一次。

无锡根据实际情况，对低保对象实施分类施保，对城乡低保对象中的残疾人、孤寡老人、高龄老人、少数民族居民和归国华侨，按照低保标准提高20%发放保障金；城乡低收入户中的重度残疾人、特殊病患者、重症患者，按低保标准享受全额。主管低保的民政部门还与相关部门合作，给予低保对象和家庭辅助性救助和优惠，如就医挂号费免除，诊疗费、住院床位费减半收取；子女义务教育阶段学杂费减免；住房租金享受廉租房待遇或按房改前标准收取；水价、电价、有线电视收费和公交票价分别给予优惠；居民消费价格指数按季平均超过3%时，给予一次性物价补贴等。同时，无锡强化动态管理，对低保对象实行"红蓝卡"区分管理，采取促进就业、参加公益劳动等不同的办法。对有劳动能力和零就业的低保家庭，优先为其推荐政府购买的公益岗位，并为他们提供免费培训，帮助他们申请小额贷款自主创业，实现就业、创业，收入达到标准者按规定办理退保。根据城乡一体、统筹发展的要求，积极推进城乡低保并轨，从2009年7月1日起，除宜兴外，无锡一市七区在江苏省率先实现低保标准城乡并轨、同城一体，并做到"应保尽保"。2010年，无锡共有低保对象41010户，80286人（其中城镇14919户，29932人，农村26091户，50354人）；低保标准由"十五"期末的城镇月人均220元，农村月人均150元，统一提高到月人均420元；建立稳定增长机制，即当年按照上一年度城镇居民人均可支配收入20%的比例、农村居民人均纯收入25%的比例，综合确定当年的低保标准；当年共发放低保金1.6亿元，其中市区0.79亿元，月人均补差180元以上。

无锡进一步完善社会救助机制，以项目化落实、长效化推进、系统化解决为目标，对社会救助做出规范的制度安排，注重社会救助与各类社会保障的有效衔接，优化社会救助资源，基本形成专项救助、临时救助、定向救助、慈善救助相配套的社会救助保障体系。第一，完善临时救助，无锡出台《无锡市市区城乡困难群众临时生活救助实施办法》，对具有本市户籍的常住居民享受低保或人均收入在低保标准以上、2倍以内的家庭，因重病、大病或不可抗拒因素难以维持基本生活的家庭，实行"两级救助机制"，由市民政部门给予一次性最高限额为 3000 元的救助，由市民政部门给予最高限额为 5000 元的再救助，2009 年无锡临时救助 35767 人次，给付救助金 2106.90 万元。第二，实施定向救助，2009 年春节期间，全市普遍对低保户、五保户、残疾人、低收入户等困难家庭发放 300~1000 元不等的一次性生活补助，共支付一次性补助 4810.51 万元。第三，落实专项救助，对无固定收入的重度残疾人给予生活救助，参照当地城乡低保标准 100% 为他们发放生活救助金，2009 年无锡共救助重残人员 11608 人，发放生活救助金 4086.8 万元。第四，发展慈善救助，从 2002 年起，无锡在市区建立慈善医疗救助制度，2007 年救助对象由低保人员扩大到低收入的特殊患病人员，此后，无锡又建立医疗救助结报信息平台，实行实时核报，2010 年，无锡共救助 4.12 万人次，由慈善基金支付医疗救助金 2407 万元。

无锡的社会福利事业以保障妇女、儿童、老年人和残疾人权益为重点，多形式、多层次推进社会福利社会化，社会福利逐步由"补缺型"向适度"普惠型"发展。针对我国提前进入老龄化社会的实际情况，无锡在江苏省率先制定出台了加快老龄事业发展的一系列文件，颁布相关规划、工作纲要、规范化建设标准等，加大政策引导，这对养老福利的完善起到引领、推动、规范、保障作用。

第一，机构养老快速发展，通过鼓励和引导社会力量参与养老事业，各区和重点镇都有一批投资超千万元的敬老院、颐养院项目建成并投入使用，其设施和生活服务达到公寓化、园林化、现代化的较高标准。"十一五"期间，无锡每年新增养老床位均超千张，全市养老床位总数达 1.86 万张，每百名老人拥有床位 2.2 张，位居江苏省前列。第二，居家养老也得到同步发展，全市有居家养老服务机构 210 家，为独居老年人、残疾人、精神病患者提供多种家政服务；设立独居老人、残疾人、特殊困难群体的"信息通"求助电话，构建相匹配的服务网络，包括志愿者和政府出资购买的救助、照料服务，由各级财政补贴的福利性服务惠及人数超过 6 万人。老年人优待水平不断提升，无锡对 80 岁以上老年人发放尊老金，并实现城乡一体提标扩面；对 70 岁以上老年人实行医疗优待，并将施行范围扩大到各级各类医疗机构；为高龄老人购买免费乘坐公交车意外伤害险，这惠及 11.69 万名老人；凡是政府主办的园林景点对 60 岁以上老年人全部免费开放，公交车优惠乘车，外地老年人来无锡，乘车、游览享受与本市老年人同等优待。第三，无锡市妇女服务中心、儿童福利院、特殊教育学校、残疾人康复医院等一批服务设施完成改扩建，设施设备和服务水平位居全省前列。全市各类福利机构拥有床位2.18万张，供养、代养各类社会救助对象1.2万人。全市五保供养对象有5142人，其中集中供养对象有4162人，集中供养率达到81%，供养标准显著提高。

此外，面向烈属、伤残军人、退伍军人、军属等的优抚抚恤，基本实现城乡统筹，优待水平不断提升。除政府举办的福利事业外，慈善总会等社会福利机构也开展了"六个一"等社会福利救助活动，对10000名低保户和社会困难户实施医疗救助、发放生活福利，对1000名非义务制阶段的特困学生提供资助，对1000名低保边缘困难群众发放生活福利卡，对1000名生活困难的孤寡老人提供生活救助，对1000名困难妇女提供就业、创业服务和知识技能免费培训。这些社会福利救助活动累计施惠13.8万人，年度发放慈善福利款物总价达22134万元，由此促进了经济社会协调发展和社会主义和谐社会建设。

无锡的社会保障制度改革已经取得阶段性成果，整体的社会保障水平显著提升，但为了与经济社会发展水平相适应，与城乡居民生活改善的需求和期望相适应，还需要继续深化改革，着力解决实践中存在的若干突出问题。一是提高社会保障的城乡统筹层次，对不同类型的城乡养老保险，不同块面（职工、居民、农民）的医疗保险，加以制度整合，提高统筹层次，增强互助共济能力，着手建立城乡一体的养老、医疗、失业、工伤、生育保险体系。二是规范社会保障管理，城保、老农保、新农保、低保、地保、政府保养金、镇补等多种养老保障方式不相统一、纵横交错，医疗保险有多个主管部门、多套经办机构、多种制度办法，导致服务功能差异、管理资源浪费、待遇享受交叉重复或脱节等情况，无锡在调查研究基础上，探索建立完善的制度，对相关情况加以统一规范，以有效克服管理"碎片化"倾向和制度性摩擦。三是维持适度保障水平，在扩大社会保障覆盖面，消除老年农民、无业城镇居民、外来务工经商人员及其眷属等社保"盲区"的同时，着重提高无连续缴费城镇老年居民、早年被征地农民的保养金水平，提高对大病、重病患者的保障救助水平，提高医疗保障服务水平。根据有关方面研究，2010年，无锡社会保障支出（按常住人口计算的人均社会保障支出）为4100元，显著高于江苏省2009年的平均水平（1459 元）；社会保障程度（社会保障总支出相当于当年地区生产总值的比例）为 3.5%，在江苏省内与南京持平（3.5%，2009 年），而高于苏州（2.5%，2009 年）。但与上海的 7248 元和 8.2%（2008 年）相比，则差距明显。随着老年人口比重的增加，常住人口结构的变化，以及社会各阶层社会保障需求的不断提高，无锡的社会保障水平和保障程度还会相应提升。完善社会保障体系，保持社会保障的适度水平，依然任重道远。

## 四　居民收入增长和生活水平提高

20 世纪 90 年代后期以来，无锡积极贯彻"富民优先"战略，把组织实施"富民工程"作为经济社会发展的重点；2004 年，无锡又提出争创江苏省"两个率先"先导区、示范区的奋斗目标，加快建设幸福安康、幸福宜人新无锡，在发展经济的同时，高度重视保障和改善民生，提高人民生活质量和水平，城乡居民收入显著提高，2010 年无锡城镇居民人均可支配收入为 27750 元，农村居民人均纯收入为 14002 元，分别比 1998 年增长 2.87 倍和 1.88 倍，这是改革开放以来无锡收入增长相对较快、居民得到实惠相对较多的时期。

### （一）居民收入切实增长

无锡坚持以科学发展观为统领，把改善人民生活、增进人民福祉提上重要工作日程，加快推进以改善民生为重点的社会建设"十大工程"，持续加大民生工程投入力度，注重建立劳动者收入增长机制，提升就业和社会保障公共服务水平。随着地区经济总量和综合财力的增长，无锡人民群众生活质量和自我发展能力得到新的提高。

经济快速增长带动居民收入水平提高。21 世纪以来，无锡的经济总量每 4～5 年翻一番，代表人均财富的人均 GDP 以每年 10% 以上的速度增长，地区经济综合实力迈上新的台阶。经济的快速发展直接拉动了就业，就业增加又促进了劳动者收入增长。2005 年全市全社会从业人员为 289.20 万人，2010 年达到 382.34 万人，分别比 2000 年增加 68.13 万人和 161.27 万人。三次产业从业人员比由 2000 年的 22.7∶48.1∶29.2 演变为 2010 年的 6.0∶55.0∶39.0，即农业就业人口减少了 27.3 万人，而制造业、服务业从业人员占全社会从业人员的比例分别提高了 6.9 个百分点和 9.8 个百分点。就业增加和就业结构优化直接促进了劳动者报酬的增加。这期间，无锡相继提高职工基础工资和最低工资标准，增发地方岗位津贴等，指导行业工资稳定增长，全市职工工资总额逐年攀升。2005 年职工工资总额为 132.18 亿元，2010 年达到 319.94 亿元，年均增长 19.3%。2010 年，职工平均工资 49707 元，连续多年位居江苏省前列；年均增长 15.9%，与地区经济增速同步。

收入分配体制改革为居民增收注入动力。无锡稳步推进收入分配体制改革，将按生产要素分配与按劳分配结合起来，鼓励、引导以劳动、资本、技术和管理等生产要素按贡献参与分配，不仅使分配原则与市场经济体制相衔接，调动不同类型、不同阶层劳动者依法经营、工作的积极性，拓宽居民收入来源，促进整体经济效益提高，而且规范分配方式，调节不同人群的分配关系，有利于社会公平的实现。随着改革的推进，企业员工劳动合同制趋于完善，职工工资集体协商制度逐步推广，劳动者的权益越来越多地得到保护，职工工资性收入稳步递增。与此同时，工资性收入以外的其他收入不断增加，居民的就业选择和获得收入的渠道日益多元化。2000 年无锡城镇居民可支配收入中工资性收入占 80% 以上，2010 年这一比例下降至 56.1%。新的渠道扩大了居民收入来源，其增长速度高于工资性收入，这对于居民收入的总量和结构都产生了积极的影响。

非公有制经济兴起促进居民收入增加。20 世纪 90 年代末以来，随着国有经济的战略性调整和国有企业产权制度改革的深化，无锡民营经济和外资经济得到快速发展，在地区经济中的比重不断上升。2010 年，全市有规模以上私营企业 5713 家，占全市规模以上工业企业总数的 71.5%，占内资规模企业总数的 90.6%；其从业人数为 177.73 万人，比 2005 年增长 95.2%。加上个体工商户从业人员 32.88 万人，合计占全市全社会从业人员的比重为 55.1%。与此同时，民营经济的发展平均每年为社会增加 10 万个以上的就业岗位，在吸纳国有、集体经济组织下岗职工，转移农村富余劳动力，安置城乡新增劳动力等方面发挥了重要作用。在优化劳动力资源配置、增加地方税收的同时，也为社会创造大量物质财富，一方面增加了业主经营性收入，另一方面为城乡居民收入增加做出应有贡献。

财产积累发挥增收效应。长期的收入增长给居民带来了一定的财产积累，而财产的积累和投资又转过来促进收入的增加。2010年末，无锡市城乡居民储蓄存款余额为3109.44亿元，是2000年的5.6倍，年平均增长18%以上。与储蓄存款增长相并行的是股票、债券、基金等投资的增加，其他多种理财产品也使居民的财产性收入增加。这期间，城市化进程加快，旧城和城乡接合部村巷大规模拆迁改造，房地产市场活跃，一方面，居民拥有的非自住房产增加，另一方面，不同层次的住房需求上升较快，一部分居民开始投资住宅房产、商业房产，或出租空闲的自有住房，这为他们带来了可观的财产性收入。据估计，2010年全市农民人均土地征用补偿性收入和服务租金收入合计约为550元。

## （二）农民收入稳健增长

无锡农村历来是经济富庶之区，21世纪以来，无锡不断深化农村改革，大力调整经济结构，积极完善分配机制，促进农村居民收入在较高水平上继续增长。特别是无锡在市场经济条件下推动"富民优先"，探索多渠道增收的路径和方法，建立富民监测工程和考核机制，逐步形成多方引导激励、合力促进增收的机制效应。

发展经济实现强村富民。无锡注意发挥农村工商经济起步较早的优势，坚持把做大做强农村经济作为促进农民增收的第一要务，大力推进产业结构转型升级，不断提升农村经济发展的质量和水平。2010年，全市农村实现社会总产值13455.52亿元，乡镇工业实现营业收入10788.20亿元，分别比2005年增长139.9%和138.4%；镇和涉农街道工商两业销售收入达到16577亿元，比2005年增长172.4%，村均可用财力达到486万元。农村第二、第三产业的发展，不仅扩大了农民就业范围，增加了劳动者工资性收入和经营者投资性收入，而且增加了地方财政收入和各级可用财力，为各级政府借助经济杠杆调节社会分配，缓解农民增收不平衡问题提供了必要的物质基础。

深化改革推动合作富民。从2002年起，无锡部署开展村级集体经济股份制改革，以增强村级集体经济发展的内在动力，为农民增收创造条件。村级集体经济股份合作制改革促进了村、组集体经济在市场经济条件下发展壮大，使农民真正成为集体资产的所有者和直接受益者。股份合作组织的股权分红在农民收入中的比重逐年提高。2005～2010年，全市农民人均财产性收入增长两倍，在农民收入中的比重由起初的2.9%提高到4.5%。与此同时，无锡深入推进农村合作经济发展和与之配套的金融、商贸流通体制改革，各类农业和手工业生产合作社、产品运销合作社蓬勃发展，显著增强了农民增收的动力和活力。"十一五"期间，全市累计组建各类农民合作组织1546家，农户覆盖率达到77.4%。农民合作组织在发展现代农业、繁荣农村经济、增加农民收入方面的作用日益显现。

减负补助落实政策富民。根据中央和江苏省有关精神，无锡制定出台各项支农惠农政策，全面实施涉农生产服务性收费公示制度和检查制度，使农民从中获得较多实惠。全市农业税全部由市（县）、区和镇财政承担，既不需要农民负担，也没有让村代缴。同时，无锡加强政策倾斜和转移支付力度，确保相关涉农补助政策落实到位。其中在粮食直补方面，无锡全年122.25万亩水稻田由市、市（县）区两级进行财政补贴，补贴每年为2445万元，受益农民有52万户，180万人。其他如良种、农机、植保和防疫等补贴，每年也有2000多万元，而高速公路、铁路及公共设施建设租地绿化补贴，每年更在6000万元以上。此外，无锡先后出台了包括促进民营经济更快发展"50条"政策意见等在内的政策性文件，为民营经济的发展营造了更加宽松的创业环境，支持农民参与农村服务业，开展产品运销、经纪业务和生活服务经营，每年免费培训5万名农村劳动力，帮助4万名农村富余劳动力实现就业，基本实现了90%以上有劳动能力和就业愿望的农村劳动力稳定就业。

公共服务保障公平富民。无锡通过改善公共服务，促进城乡一体发展，确保农民共享工业化、城市化、现代化的发展成果。按照"标准高于全省、进度快于全省"的工作要求，无锡先后完成农村"五件实事"和"新五件实事"工程，2005～2010年共计投入151亿元，其中各级财政投入130亿元，促进了农村基础设施和生产生活条件的提升改善。除了扩大养老、医疗保险参保面，提升统筹共济水平外，进一步规范征地、拆迁补偿，全面提高补偿标准，并分地区、分层次、分年龄段，逐步建立完善的"以土地换社保"置换补偿机制，较好地保障了农民权益。改水、改厕、农村危旧房改造等加速推进，农村公共交通、自来水全面通达，普及受益率在98%以上。在调查研究基础上，无锡连续开展两期"百村奔小康"工程，针对经济薄弱村进行三年一轮的帮扶，机关事业单位与203个经济薄弱村进行结对挂钩，通过进行全方位、多途径、强力度帮扶，加快经济薄弱村脱贫转化。2009年，村级可支配收入在30万元以下的村全部实现转化，50%以上的经济薄弱村村级可用财力在百万元以上。

### （三）城乡居民收入结构发生显著变化

富民优先战略的实施和一系列富民惠民工程的有力推进，让无锡城乡居民在发展中得到实惠，推动城乡居民生活水平和生活质量较快提升。在收入水平快速提高的同时，无锡居民的收入分配结构也发生了明显的变化。

从城镇居民收入构成看，经营性收入的重要性增强。

工资性收入占比有所下降。受国际经济危机、经济增速回落和部分企业效益下降的影响，居民工资性收入增速放缓，2006～2009年的增速分别为11.5%、15.9%、4.1%、4.4%。工资性收入占家庭总收入的比重也逐年下降，从2006年的60.9%降至2009年的56.1%，其中，在2007年后，职工工资没有大的增长。

经营性收入大幅提高。为促进民营、个体、私营经济发展，无锡不断优化发展环境，消除体制障碍，实施税收优惠政策，努力拓宽创业就业渠道，加快整合服务平台功能，健全投融资体系，扶持中小企业发展。2008年，无锡城镇居民人均经营性收入比上年增长74.7%，占总收入的6.4%，比上年提高2.4个百分点。2009年，更达到2298元，占总收入的比重增至8.5%。

财产性收入增速明显。2007年股市投资行情看好，无锡居民人均财产性收入为911元，同比增长188.3%，占总收入的4%。随着2008年经济危机的蔓延，受到年底央行存款基准利率下调和股市波动影响，2009年，无锡居民人均利息收入同比减少11元，人均股息和红利收入同比减少24元，财产性收入下降为706元，但这与2005年的181元、2006年的316元相比，还是有较大幅度的增加。

转移性收入比重加大。2006～2008年，无锡城镇人均养老金收入年均增长7.3%。2008年，城镇居民转移性收入明显提高，同比增长16.3%，对家庭总收入的增长贡献率达到47.2%；占总收入的31.9%，比上年提高1.6个百分点。离退休人员养老金标准的提高、城市建设步伐加快带来的拆迁补偿增多、生活水平提高后互相赠予水平的提高都为转移性收入增长创造了条件。

从农村居民收入构成看，工资性收入成为主要来源。

随着城市化进程的推进，越来越多的农民走进工商企业。2006～2009年，农民人均工资性收入持续稳定增长，从6633元增加到8950元，增加2317元，增长34.9%。占农民纯收入的比重保持在71.3%～72.9%，明显高于城镇居民的工资性收入占比，这说明农民增收对工资性收入的依赖性很强。

经营性收入是增长的稳定基础。21世纪以来，无锡加大对农业生产的扶持力度，高效农业、休闲农业、设施农业逐步推广，家庭经营中第二、第三产业收入相应增加。2006～2009年，农民家庭人均经营性收入从1507元增加到2079元，增加572元，增长38.0%。但经营性收入占农民纯收入的比重为16.8%，与2005年的19%相比，下降2.2个百分点。

财产性收入成为增长的新动力。随着各类新型农村合作经济组织的建立，农民获得的各类组织的股份分红逐步提高，另外，农民土地出让收入和房屋租金收入也不断增加，这些都推动农民财产性收入快速增长。2005～2009年，农民人均财产性收入从230元增加到533元，增加303元，增长131.7%；人均财产性收入占人均纯收入的比重由2005年的2.9%提高到2009年的4.3%，提高1.4个百分点。

转移性收入比重上升。随着减轻农民负担的各项政策措施出台，农业各项生产性补贴增加，农村社会保障制度逐步完善，退休金、失业救济金、拆迁补偿金等不断增加，各方面对农民的转移支付力度加大，无锡农民转移性收入实现快速增长。2005～2009年，人均转移性收入从305元增加到841元，增加536元，增长175.7%；人均转移性收入占人均纯收入的比重由2005年的3.8%提高到2009年的6.7%，提高2.9个百分点。

## （四）居民收入的横向比较

无锡城镇居民收入在江苏省位居前列。但由于在长三角地区中，浙江相对较为富裕，包括深圳、厦门、宁波、青岛、大连等在内的沿海经济中心城市经济迅猛发展，在长三角和沿海的经济中心城市中，无锡经济水平的排名一直处于中游水平。从收入水平看，无锡城镇居民可支配收入曾长期位居江苏省第二，近年来居苏州、南京之后而排第三；而在长三角地区则列上海、宁波、杭州、绍兴等之后，位列第七。从收入增幅看，近年来，苏中、苏北地区经济增速加快，无锡与之相比经济发展明显迟缓；在长三角地区，由于上海市和浙江省的居民收入基数较高、增速不快，无锡的居民收入增幅（10.8%）与之相比基本持平而略偏低。从收入结构看，无锡城乡居民工资性收入占比超过60%，与江苏相关城市相似而略高，这与近年来无锡连续提高企事业单位在岗职工工资有关；而在长三角地区，由于浙江省的个体私营经济更具活力，无锡居民的经营性、财产性收入占比与杭州、宁波等相比则明显偏低。

由于社队工业、乡镇工业起步较早，无锡农村富裕程度相对较高。尽管20世纪90年代农民收入一度徘徊不前，但其仍在江苏省和长三角地区保持领先水平。2010年，无锡农民人均收入水平在江苏省仅次于苏州而居第二，在长三角地区16个城市中排名第五。从收入增幅来看，2008年之前，无锡在长三角地区城市中的排名大体保持第三、四位，2008年开始，其位次有下降趋势，主要是低于苏南、苏中地区的城市而高于上海和浙江各地。与农民收入水平更高地区的城市相比，无锡农民人均纯收入的构成呈现"两高两低"的特点，即工资性收入、转移性收入略高，而经营性收入、财产性收入较低。2006~2010年，无锡农民人均工资性收入要比苏州高69~246元，转移性收入也比苏州高19~83元，这主要得益于无锡完善农村各项社会保障制度；无锡农民人均经营性收入与苏州的差距从370元扩大到602元，人均财产性收入与苏州的差距也从207元扩大为277元，这是无锡在农民人均纯收入方面与最优城市存在差距的两个主要方面。

无锡城乡居民的富裕程度，无疑在全国处于领先水平，但在长三角地区和沿海经济中心城市中并不属于最高水平。2009 年，无锡城镇居民人均可支配收入相当于人均 GDP 的比例为 30.8%，在全国最发达的 15 个经济中心城市中位居第十四；无锡农村居民人均纯收入相当于人均 GDP 的比例为 15.3%，在 15 个经济中心城市中位列第九。尽管近年来这两个比例正在稳步提升，但相对于企业经营盈余和政府财政收入的较快增长来说，其数值偏低，这表明无锡居民收入增长与地区经济发展还不协调。与此相关，反映居民金融资产的城乡居民人均储蓄存款余额，无锡为 4.86 万元，在 15 个经济中心城市中居第四位，相对靠前，这表明无锡城乡居民偏好于储蓄积累。而反映居民消费水平的人均消费支出，无锡为 15619 元，在 15 个城市中排名第 8，属于中游水平，这表明在同类城市中，无锡的居民消费倾向不够强。至于反映居民生活水平的恩格尔系数，无锡为 38.4%，在 15 个经济中心城市中排名第 14，仅低于青岛而高于其他城市，这表明无锡居民的食品支出在全部支出中的比例相对偏高，居民的生活质量尚在提高的过程中。

## （五）收入差距呈扩大趋势

21 世纪以来，无锡注重统筹发展、包容增长，努力促进经济社会的均衡发展，但因为城乡二元结构尚未得到确解，经济结构调整相对迟缓，分配体制改革启动尚不完善，不同社会人群人力资本存在一定差距，无锡的收入分配格局出现若干突出的矛盾。这些矛盾主要是传统产业沿袭粗放型经济发展方式，运行质量和效率较低，难以从根本上增加业者的收入；一些自然垄断和政府垄断行业，因为占有资源的优势，可获取高额利润、形成较高收入；企业普通职工处于弱势地位，工资性收入增长滞后，与经济增长和企业扩张不相适应。就收入差距而言，主要体现在以下几个方面。

城乡收入差距值得关注。尽管无锡城乡发展较为协调，但城乡居民收入差距依然存在。1998～2008 年，城镇居民收入年平均增长 11.0%，高于农村居民收入年均增速（6.5%）4.5 个百分点，城乡居民收入差距呈现持续扩大的趋势，从 1.43 倍逐步扩大到 2.09 倍。2007 年以后，随着一系列促进农民增收的强农富农政策的出台和措施的实施，城乡居民收入差距扩大的速度放缓，2009 年回落至 2.02 倍，2010 年进一步缩减至 1.98 倍。无锡这一指标在长三角地区 16 个城市中位居第四,显著低于江苏省(2.57 倍)、全国(3.33 倍)的平均水平(2009 年)。

行业收入差距显著拉大。在 19 个主要行业中,2008 年,无锡在岗职工工资高于平均水平的有 10 个行业,居民服务和其他服务业在岗职工工资水平由 2005 年高于平均水平,下降为低于平均水平;排在前 5 位的行业及其在岗职工工资数额依次为金融业 8.41 万元,公共管理和社会组织 6.96 万元,信息传输、计算机服务和软件业 6.77 万元,电力燃气及水的生产和供应业 5.87 万元,科学研究、技术服务和地质勘查业 5.30 万元;排在后 5 位的行业及其在岗职工工资数额依次为采矿 0.86 万元,住宿和餐饮业 2.27 万元,批发和零售业 2.70 万元,建筑业 2.85 万元,制造业 3.07 万元。2005 年最高收入行业在岗职工平均工资是最低收入行业在岗职工平均工资的 2.7 倍,2009 年这一比值扩大到 3.7(不计采矿业);其中从业人数最多的几个行业,即制造业(180.52 万人)、批发和零售业(49.92 万人)、居民服务和其他服务业(28.79 万人)、农林牧渔业(24.15 万人)、建筑业(17.64 万人),从业人数合计 301.02 万人,占全部从业人数的 82.6%,他们的工资水平均在平均工资线以下。其中制造业的工资水平不足平均工资的 80%,建筑业、批发和零售业、住宿和餐饮业三个行业的工资水平则不足平均工资的 75%。

人群收入差距逐渐拉开。从城镇居民家庭收入分组来看,2006～2009 年,20% 高收入组与 20% 低收入组的可支配收入比值分别为 4.7、4.9、4.6、4.5,收入差距呈缩小趋势。但 10% 最高收入组与 10% 最低收入组的可支配收入比值,由 2000 年的 6.5、2005 年的 6.86 扩大到 2009 年的 7.99,收入差距明显扩大。特别是企业普通职工与企业经营管理人员,企业职工与事业单位职工、公共管理人员与社会组织管理人员的收入差距明显扩大,这种收入差距还延伸到不同类型退休人员的养老金上。

地区之间、城乡之间、产业部门之间的收入差距扩大的原因,除了经济结构偏差,即新兴产业因技术和市场的优势而平均收入水平高于传统产业外,还在于以下几个方面。第一,资源配置扭曲,一些经济部门和社会人群拥有较多经济资源,从事垄断经营,得以在财富分配中获得较大份额。第二,分配体制分割,单位、人员存在体制内外的区别,即使在体制内也有核心、外围、边缘等的差别，从而在收入分配、福利待遇方面形成明显的体制"鸿沟"，户籍、身份、职级等体制性标志成为收入分配的依据，导致不同人群的收入差距不断扩大。第三，收入分配秩序失范，一些单位违规滥发奖金福利，一些个人利用特权侵吞社会财富，回扣、"礼金"、贿赂等灰色收入、黑色收入渗透社会各个方面。这成为未来收入分配体制改革和收入分配结构调整必须着力解决的问题。

### （六）生活质量提高，消费结构优化

无锡以建设"两个率先"先导区、示范区为目标，致力于保障和改善民生，推动社会发展，优化生态环境。2005 年，无锡在江苏省率先全面建成高标准、高水平的小康社会，城乡居民生活质量显著提高。对照全面小康的四大类 18 项 25 个指标，除城镇居民人均住房建筑面积和文教娱乐及服务支出比重两个指标略有欠缺外，无锡其余 23 个指标均达到或超过规定标准值。2006～2010 年，无锡积极促进居民增加收入，扩大消费，城乡居民的生活正向富裕型、发展型演进，这为率先基本实现现代化奠定了良好的基础。

衣着和食品消费质量提高。2010 年，无锡城镇居民人均衣着消费为 1715 元，占消费性支出的比重为 10.1%；农村居民人均衣着消费为 615 元，占消费性支出的比重为 6.3%。表现为衣着消费观念发生很大变化，穿衣讲究品牌款式，注重品味质地，追求着装的个性和时尚。2010 年，无锡城镇居民人均食品消费为 6357 元，占消费性支出的比重为 37.2%；农村居民人均食品消费为 3375 元，占消费性支出的比重为 34.5%。除肉类外，干鲜果品、鲜奶及奶制品、滋补品等的消费比重提高，净菜、熟制品、外卖等被广泛接受，居民在外饮食消费支出增加。不过，这期间食品价格上涨幅度过大，拉动居民食品消费支出增长较快，同时也导致恩格尔系数出现波动。

居住面积不断扩大。21 世纪以来，无锡城市大规模拆迁改造，房地产市场活跃，不同类型、不同层次的商品房、安置房供应增加，居民住房改善性需求和新增住房需求迅速增长，拉动了居民购房消费。2010 年，无锡市市区居民人均住房面积为 39 平方米，比 2000 年增加 22.2 平方米；农村居民人均住房面积为 58.5 平方米，与前几年基本持平。居民住宅房屋结构、卫生设备、

生活配套设施与设备明显改善。各级政府大力推进旧城改造和新农村建设，加快城中低洼地区、危旧房改造，治理河道，增加绿地，完善各类服务设施，居民居住条件、居住环境发生巨大变化，生活舒适度普遍提高。

交通工具升级换代。随着城市改造步伐加快，无锡市域快速干道和配套支道趋于完善，城乡公共交通日益便捷通畅，城市公共交通的线路和行车密度增加，农村公共汽车通达率提高，居民出行方式选择增多。与此同时，城市治摩（托）、限摩（托）工作得到落实，居民的交通工具得到相应的更新，电动车购买数量不断被刷新。在这一时期，与国内其他城市一样，无锡汽车消费成为新的热点，居民自备轿车成为代步和出行的重要工具。居民家庭拥有汽车数量从空白发展为 2010 年的每百户 27.9 辆，另有助力车 71.2 辆/百户，农村居民家庭每百户拥有汽车（生活用）16 辆，摩托车 78 辆。城镇居民人均交通消费支出为 1411 元，为 2000 年的 40.3 倍。

通信消费快速增长。21 世纪第一个十年是信息化迅速普及的十年。固定电话取消初装费，移动电话机价和话费下调，服务功能增加，移动电话成为人们日常生活必不可少的通信工具。2010 年，无锡城镇居民家庭每百户拥有移动电话 207.2 部，农村居民家庭每百户拥有固定电话 97 部，移动电话 202 部；城乡居民人均通信消费支出分别为 928 元和 413 元，这是 10 年前无法比拟的。在互联网日益扩展、高速宽带逐渐入户、无线网络覆盖范围扩大的情况下，居民家用电脑很快得到普及，2010 年城镇居民家庭每百户电脑拥有量从近乎空白发展到 96.9 台，农村居民家庭每百户电脑拥有量达到 55 台，越来越多的人通过网络了解资讯、购买商品和获取服务。

家庭耐用消费品全面更新。随着居住条件改善，人们对耐用消费品的消费需求提升。从炊厨用具来看，电冰箱、抽油烟机、微波炉、电磁炉及各类电炊具不断更新，以电冰箱为例，2010 年无锡城镇和农村每百户家庭分别拥有 105.3 台和 97 台；从卫浴用具来看，热水器、淋浴器等广泛普及，其中淋浴热水器城乡每百户家庭分别拥有 103.5 台和 90 台；从住卧用具来说，空调与电风扇、电热器相并行，已成为家庭耐用消费品的主打品种，无锡城乡每百户家庭拥有空调数量达到 215.7 台和 146 台；此外，电视机、影碟机、音响设备等向优质、高清、低能耗、低辐射方向发展，其中彩色电视机城乡每百户家庭分别拥有 202.6 台和 173 台，不仅数量增加，而且品种、规格、质量均有很大改观。与此相对应，从 1998 年起，无锡供电部门大力实施配电网建设改造，着力解决低电压供电线路老化、频繁跳闸的问题，实施一户一表"光明工程"，取消对居民家庭的拉闸限电，从根本上改变居民生活用电质量，城乡供电可靠率和电压合格率连续多年保持在 99% 以上。2010 年无锡城乡居民生活用电量达到 43.18 亿千瓦时，大体每 5 年翻一番。

文化消费稳步提升。在物质生活显著改善的前提下，居民对精神文化生活的需求逐步增多，除了教育支出较快增长外，书籍报刊、文化用品、艺术表演、观光旅游、休闲娱乐等的消费支出也稳步增加。2010 年，无锡城乡居民人均教育文化娱乐服务支出分别为 2540 元和 1768 元，分别比 2000 年增长165.7% 和 165.5%；占全部消费支出的比重分别为 14.9% 和 18.0%，比2000 年提高 1.2 个百分点和 5.4 个百分点。严格治理教育乱收费，实施一费制收费方式；公益性文化事业免费向公众开放，全年服务无休息日，使居民在这一方面的消费支出有所减少；住房、汽车、家电等大件商品消费增加，造成教育文化娱乐服务支出比重变化不大。这表明无锡居民的文化消费有着较大的提升空间。

# 第二章　保定社会经济发展状况

保定市属于京津冀经济圈，改革开放以来，经济获得了较快发展，尤其是1998年以来，在政府政策的大力支持下，保定经济不断跃上新台阶，在光伏、新能源汽车等领域取得了一定的成绩。人民生活水平也有了较大提高，无论是收入水平和结构，还是支出水平和项目，都有了显著的变化。

## 一　推进社会经济发展的政策

### （一）乡镇企业的转制

改革开放以来，保定市乡镇企业获得了空前大发展，20世纪90年代初就形成了白沟箱包、蠡县皮毛、容城服装、安新鞋业等11个特色产业和一批特色专业市场。乡镇企业成为保定市国民经济的重要支柱和最具潜力与活力的增长点。"八五"期间，保定市贯彻"积极扶持、合理规划、正确引导、加强管理"的方针，坚持"多轮驱动，多轨运行，放手发展"的原则，推动了乡镇企业的大发展。保定市乡镇企业局统计，1998年，保定市乡镇企业完成总产值880.6亿元，比上年增长23%；完成工业总产值610.3亿元，实现总收入849.8亿元，比上年增长23%；实现利润79亿元，上缴国家税金11.7亿元，比上年增长16.3%；完成出口交货值37.9亿元，比上年增长15.4%。

然而，随着市场经济的发展，保定市乡镇企业遇到的困难和问题越来多，其中结构性矛盾尤为突出。一是单体规模水平严重偏低，竞争力明显不足；二是产品档次、技术水平普遍偏低，效益在低位运行，缺乏发展后劲；三是"十五小"企业偏多，产业政策适应力弱，发展受到限制；四是一些传统优势行业过分庞大，产品趋同，技术趋同，链条短，关联度差，区域不规则竞争加剧；五是资源开发型产业特别是农副产品深加工等新兴产业发展滞后，形不成特色和优势，发展活力受阻；六是外向能力偏弱，对外开放水平偏低。这些问题是影响乡镇企业再发展和二次创业的主要障碍。为此，保定市政府出台了一系列政策措施加快调整和优化乡镇企业结构，以适应新形势的发展。

1999年11月，保定市政府印发了95号文件——《关于加快乡镇企业结构调整的意见》，其主要目的是改善企业布局，理顺产业结构、产品结构和企业组织结构，实现乡镇企业的高效运行、理性发展。保定市以扩大市场，提高社会综合效益为先导，通过政策促动，统筹规划，优化产业素质和产业机构，争取到2005年，以为农村的繁荣稳定和社会经济持续增长做出贡献为指导思想，努力打造特色突出、布局合理、科技附加值高、外向型强、大中小衔接有序、持续高效发展的乡镇企业格局。并坚持和遵循以下几个原则。一是发展和提高并重的原则。乡镇企业结构调整必须在确保经济持续发展的前提下进行，在发展中讲提高，在提高中求发展。二是长期投资与近期效应相结合的原则。结构调整的启动点是资金投入，现在各种资金依然紧缺，必须统筹规划、精心安排，乡镇企业既要适应结构调整的长期需要，又要注意缩短投入产出周期，提高资金的使用效率。三是重点突破、梯次推进的原则。调整和改造的重点放在乡镇工业上，工业调整的重点放在现有十大特色产业上，即毛纺、食品、建材、电器电料、化工、机械、纸塑包装、服装、革制品、有色金属加工。乡镇企业以此为依托带动其他相关产业的发展，以逐步形成大规模、高科技、外向型、集约化发展的格局。四是因地制宜、分类指导的原则。乡镇企业发展较好的地方仍要以发展为重点，但必须符合国家产业政策要求，严防短期行为和走先污染后治理的老路。五是政府调控与市场机制相结合的原则。对于乡镇企业结构调整，行政引导是关键，要杜绝"刮风""一刀切"和盲目随波逐流，要充分利用好市场机制和经济杠杆的调节作用，通过宏观导向和改革推动，将乡镇企业结构调整变成企业的自主行为。

乡镇企业结构调整的主要任务是集中精力解决低水平生产能力过剩，促进结构优化和升级，最大限度地适应市场需求，以求得高效发展。其调整重点和目标为以下几个方面。

一，促进企业上规模。与企业改革相结合，通过"抓大放小"，以资本为纽带，实现合理的企业破产、兼并、重组，形成大中小企业和各种经济类型企业共同发展的格局。

二，提高企业外向度。树立全方位对外开放的观念，巩固现有国际市场，积极开拓北美、非洲、欧洲等新市场，鼓励企业境外招商、境外办企。

三，改造提高产业水平。运用各种政策手段，集中力量对传统产业分期、分批进行整治、调整与重组。强化产业政策的制定实施、行业规划和行业调控与管理工作的力度，加快"四改一提高"步伐。

四，发展农副产品深加工业。以当地资源为依托，注重科技，瞄准市场需求，建设贸工农基地，推进农产品产加销一体化进程，大幅度提高农产品商品转化率。

五，推进科技进步和产销对接。通过校、研、企联系，加强基础科学研究，增强攻关和研究成果转化的能力；通过科技进步，淘汰落后工艺，不断开发适销对路的新产品，提高企业竞争能力。

六，建设工贸小区。对形成规模和气候的经济区域，按照小城镇建设的要求，统一规划，合理布局，滚动开发，加强管理，在小城镇建设发展乡镇企业工贸小区。

各级政府及有关部门通过制定产业发展规划、产业政策和实施各种配套措施，建立调整企业结构的动力机制、运行机制和约束机制，用间接的经济手段推动结构调整朝预期的方向发展。主要工作措施有以下几个方面。一是抓好以"四改一提高"为宗旨的乡镇企业500工程。二是建立企业科技进步机制。①强制提取折旧。②提高科技开发费比重。③实施退税政策。④提高企业研究开发费占销售收入的比重。三是建立乡镇企业融资机制。①鼓励、支持乡镇企业按有关规定，多形式、多渠道筹集发展资金；鼓励农民以集资入股、合资、合作、合伙等形式直接融资，兴办企业；支持有条件的乡镇企业集团申报组建财务公司及发行股票。②县级以上财政依法建立乡镇发展基金。③增加对乡镇企业的信贷投入。④农开、扶贫、产学研等专项资金要划出一定比例支持乡镇企业发展。⑤继续实行招商引资奖励办法。四是建立乡镇企业项目管理机制。①依据《中华人民共和国乡镇企业法》建立乡镇企业审批登记制度，控制低水平重复建设和污染项目建设，乡镇企业新上项目须经乡镇企业主管部门审批后方可实施。②经市乡镇企业局推荐，市计委、市经贸委审批的乡镇企业重点项目要纳入全市重点计划，给予优先扶持。③市、县、乡要建立项目建设责任制度，定目标、定责任、定奖惩，形成齐抓共管氛围，提高建设质量。④工商、税务、经委、科委、计委、土地、环保及大专院校、科研单位等，要主动为乡镇企业提供服务，以创造良好的发展环境。五是实行新的产业发展战略。在巩固发展现有产业的基础上，鼓励乡镇企业发展新型产业。要做到八优先：优先发展农副产品加工业，优先发展矿产资源开发业，优先发展交通运输业，优先发展旅游业，优先发展饮食服务业，优先发展文化娱乐业，优先发展房地产开发业，优先发展咨询、信息、劳动等服务业。六是积极推进乡镇企业改革。①通过股份制或股份合作制改造，规范破产，组织联合，鼓励兼并，盘活存量资产，壮大企业规模。同时，支持实力强、效益好的乡镇企业兼并国有企业。②鼓励和支持乡镇企业组建集团，特别是跨地区、跨行业、跨所有制的企业集团，有关部门应在集团的组建、登记备案、资金投放、信贷扶持、申请自营进出口权以及用地用电等方面给予扶持。③积极扶持外向型经济发展。④鼓励乡镇企业出让部分股权给外商，进行设备更新、技术改造，并按"三资"企业注册登记。七是加强乡镇企业工贸小区建设，优化乡镇企业布局结构。①尽快制定乡镇企业工贸小区分级管理办法，使小区建设规范发展。②凡在小区内置业的个人，要帮助他们解决户籍、子女入学等问题。③凡在国家、省、市确定的工贸小区内兴办的企业，城建部门一律免征城镇建设配套费；电力部门收取电力增容贴费，一律执行规定标准下限，对增容数额超过100kW以上的企业，电力增容贴费可在年内分次收取。④小区占用土地免征5年使用费，之后按规定标准50%征收，征收费用的50%留给小区，用于小区滚动发展。

经过不断加大改革力度，结构调整，保定市乡镇企业的经营形式和经营机制向着市场经济要求的方向逐步转变，经营效益进一步提高。据乡镇企业局的统计，2003年保定市乡镇企业完成总产值1831亿元，比1998年增长1.08倍，

其中完成工业总产值 1246.5 亿元，比 1998 年增长 1.04 倍；完成增加值 456.7
亿元；实现总收入 1744.2 亿元，比 1998 年增长 1.05 倍；实现利润 159.2 亿
元，比 1998 年增长 1.02 倍；上缴国家税金 22.4 亿元，比 1998 年增长
91.5%；完成出口交货值 76.5 亿元，比 1998 年增长 1.02 倍。

### （二）产业政策

"九五"以来，保定市积极调整产业结构，抢抓机遇，加快发展，经济实
力日益增强，产业结构不断优化。全市经济总量由 1998 年的 593.95 亿元增至
2010 年的 2050.3 亿元，增长 2.5 倍。人均 GDP 由 1998 年的 5717 元增至 2010
年的 18462 元，增长 2.23 倍。三次产业结构比由 1998 年的 25.5 : 41 : 33.5 调
整为 2010 年的 14.8 : 51.9 : 33.3，第二产业比重大幅度提高。三次产业构成比
例进一步改善，各行业、产业内在联系和衔接进一步加强，产业链条逐步形成。

#### 1. 现代农业

保定大力发展现代农业，加快农业产业化进程，进一步巩固农业基础
地位。

一，在确保粮食安全，确保粮食稳定增产的情况下，保定市加大力度实施
了农业产业结构调整，实施了"一木二菜三林果"的战略。充分利用各地农
业资源禀赋，发挥优势、取长补短、突出特色、加快发展，农业结构调整成效
显著：定州、望都、清苑、徐水、定兴、高碑店、涿州等地发展为全市的粮食
主产区，形成了以定州、望都、徐水及南市区、北市区、新市区为中心的奶牛
养殖业区，以高碑店、徐水、容城等地为中心的生猪养殖基地，以定州、徐
水、定兴、博野、顺平等地为中心的无公害蔬菜生产基地，以顺平、满城、唐
县、曲阳、阜平、涞水、易县、涞源等西部山区县为核心的林果生产基地。通
过农业结构调整，全市的农业格局变化显著，粮食作物与经济作物种植面积比
达到 75 : 25，畜牧业占农林牧渔总产值的比重由 1998 年的 28.3% 增至 2010 年
的 31.5%，蔬菜种植业产值连续多年居种植业首位，2009 年为 103.5 亿元，
占当年农林牧渔总产值的 21%。林果业产量也逐年提高。

二，大力扶持农民专业合作组织，推进传统分散的小农生产方式向规模
化、专业化、集约化的现代高新农业生产方式转变。《保定市人民政府关于扶

持农民专业合作社发展的意见》（保市政〔2009〕206号）中指出，鼓励和支持各级农村合作经济组织联合会、农村生产经营大户、涉农企业及社会各方面力量，围绕农村主导产业和特色产业创办农民专业合作社。按照服务农民、进退自由、权利平等、管理民主的要求，扶持农民专业合作社加快发展，使之成为引领农民参与国内外市场竞争的现代农业经营组织。农民专业合作社的设立由工商管理部门受理、审查、核准，对审查合格的农民专业合作社，5个工作日内颁发营业执照。工商管理部门颁发营业执照不收取费用，不进行年度检验。对农民专业合作社创办养殖小区和从事农产品临时性收购、初加工用地，可不办理建设用地审批临时手续。农民专业合作社从事种植业、养殖业、林果业以及相应的加工、贮藏等的用电执行省电网售电价中的农业生产用电类电价。农民专业合作社建立农业科技示范基地、养殖基地所需用地，在不改变农用地用途的情况下，依法由村集体经济组织按照平等协商、自愿、有偿的原则，采取承包经营权流转的方式予以解决。合作社兴办农产品加工企业，涉及农用地转用的，优先安排农用地转用指标。对农民专业合作社销售本社成员生产的农业产品，视同农业生产者销售自产农业产品，免征增值税；增值税一般纳税人从农民专业合作社购进的免税农业产品，可按13%的扣除率计算抵扣增值税进项税额；对农民专业合作社向本社成员销售的农膜、种子、种苗、化肥、农药、农机，免征增值税。

截至2010年末，保定市依法注册的农民专业合作社达到1664家，农村土地流转面积已达70.3万亩，占家庭承包耕地面积的6.7%。农民专业合作社在优化农业生产要素配置，促进优势产业发展，增强农产品市场竞争力，完善农业社会化服务体系，提高农民组织化程度和农民整体素质，促进农业增效、农民增收和建设现代农业等方面发挥了积极的、不可替代的作用。

三，积极推进农业产业化经营。《保定市人民政府关于加快构建现代产业体系的意见》（保市政〔2009〕113号）中提出，改造提升传统种植业，加快发展特色农产品种植养殖业，大力发展绿色食品加工业，打造"京南绿色农产品生产加工供应基地"。大力推进先进适用技术在农业中的推广应用，积极发展集约农业、高效农业和绿色农业。大力开发无公害农产品、有机食品和其他生态类食品，做大绿色食品种植加工和生态观光等产业，实现传统农业向现代农业的转变。瞄准京津市场，依托特色农产品种植、养殖优势，努力提高深加工水平，培育壮大绿色食品加工业。依托蒙牛、伊利、康师傅、汇源、喜之郎等知名企业和品牌，巩固壮大乳制品、方便食品和饮料、酒产品制造等优势行业；改造提升果蔬加工、调味品和粮油加工等基础好的行业；开发培育特色食品、绿色食品、有机食品加工等市场前景广阔的行业，进一步提高食品加工业的整体规模和实力。重点建设以高碑店食品加工基地为核心的环京津食品加工产业带，以定州黑龙泉食品产业园为核心的保南种养殖和食品加工带，以顺平食品工业园为核心的保西绿色食品、特色产业加工带。

截至 2008 年底，保定市共有亿元以上的主导产业 15 个，农业产业化龙头企业 106 家，它们共带动 97 万户农户参与到农业产业化之中，农户从产业化中得到的户均纯收入为 12657 元，极大地促进了农民增产增收。2010 年，保定市农业产业化经营总量为 450.3 亿元，农业产业化经营率达到 57%，比 1997 年的 13.5% 提高了 43.5 个百分点。

**2. 新型工业**

保定坚持走新型工业化道路，坚持节约发展、清洁发展、安全发展的发展理念，全力推进节能减排，大力发展以"中国电谷"为代表的现代新型工业，以长城、河北长安、中兴三大整车企业为代表打造"华北轻型汽车城"，同时大力发展纺织服装产业，建立"华北纺织服装产业基地"，着力打造现代制造业基地。另外，保定在生态文明建设、低碳发展方面进行了大胆尝试，以探寻绿色 GDP 增长的有效途径，努力促进经济社会又好又快发展。

（1）大力发展以"中国电谷"为代表的新能源产业

保定国家高新区是 1992 年 11 月 9 日经国务院正式批准建立的全国第 53 个国家级高新技术产业开发区。为推动高新区发展，保定市先后制定了《关于加快保定市国家高新技术产业开发区发展的决定》和《保定市人民政府关于加快产业园区建设的意见》，对高新区的发展给予了一系列优惠政策。保定国家高新区形成了新能源与能源装备、新材料、电子信息、生物工程、精细化工等产业，经济保持了强劲的发展势头，入区企业达 2000 多家，2010 年实现工业总产值 784 亿元，同比增长 46.5%。尤其是近年来，保定国家高新区以新能源与能源装备产业为特色，打造"中国电谷"，取得了跨越式发展，新能源与能源装备产业保持着 50% 以上的年均增速，2010 年实现工业总产值 492 亿元，形成了光伏发电装备、风力发电装备、新型储能装备、高效节能装备、输变电装备和电力自动化装备六大产业体系，涌现出英利公司、中航惠腾公司、天威集团、国电联合动力、风帆股份公司等多个骨干龙头企业，形成了独具特色的区域创新平台和产业聚集优势。保定国家高新区获批七个国家级基地，保定由于在可再生能源产业方面取得的成绩，被世界自然基金会列为"中国低碳城市发展项目"首批启动的两个城市（上海和保定）之一。"中国电谷"正担负起中国可再生能源产业制造中心、技术中心、信息中心的重任。

第一，光伏产业达到国际一流水平。保定市光电装备产业已建立起以多晶硅、单晶硅、薄膜电池为主的光伏电池产业格局，形成太阳能光伏产品研发、制造、应用的完整产业链，并在光热发电、太阳能电站、太阳能建筑一体化技术领域取得突破，形成了完整的产业体系。龙头企业英利公司 2007 年在纽交所上市，建成了世界领先的全产业链的多晶硅电池生产体系，产品出口欧美多个国家。2010 年，英利公司光伏组件产量达到 1000 兆瓦，实现销售收入 136.4 亿元，国际市场占有率达到 10%，产品销量位居全球第四。英利公司已成为国内唯一真正实现从硅料生产到光伏系统工程的全产业链光伏企业，已迈向国际顶级光伏企业。在应用服务方面，其承接的 62 兆瓦葡萄牙茂拉光伏电站项目是国际上最大的光伏电站项目。而电谷大厦在世界光伏电站与建筑一体化探索方面做出表率。英利集团成为"金太阳工程"光伏系统主供应商，天威薄膜电池等重大项目也成为光伏产业的重要内容，"中国电谷"在光伏技术产业化、规模化、国际化方面已经走在世界前列。

第二，风电产业实现集群化发展。"中国电谷"已经形成涵盖风电叶片、整机、控制等核心设备制造的产业链条。相关企业有 20 多家。在叶片领域，保定市已建成中国最大的风电叶片制造基地，2010 年叶片产能达到 5000 兆瓦。龙头企业中航惠腾公司已成为国内最大的风电叶片生产企业，其产值从 2005 年的 1 亿元增长到 2010 年的 25 亿元，拥有 0.6~2.5 兆瓦 15 个系列叶片的研发和产业化经验，产品广泛分布在国内 16 个省的 90 个陆上和海上风场，并成功出口美国、俄罗斯等多个国家。在整机领域，2010 年，保定市已具有

1000 台风电整机生产规模。其中国电联合动力公司步入国内风电整机行业四强，实现销售收入 56 亿元；惠德公司出口美国的 10 台兆瓦级风电整机已顺利并网发电，实现了中国风电机组出口零的突破。在风电控制领域，中国风电控制系统领军企业——保定科诺伟业公司 2010 年的产能超过 1000 台。在风电叶片配套领域，保定市拥有顺恒玻璃纤维、国和机电、天翼复合材料等 6 家企业，形成了完全国产化的风电叶片配套产业体系。

第三，输变电与"电"字号产业优势突出。保定市在该产业拥有多个领军企业和强大的自主创新能力。以天威集团、风帆股份公司为代表，保定形成了包括核电与超大型变压器制造、新型储能以及节电设备制造、配电设备制造、输变电设备制造等在内的完整的电力装备制造产业。天威集团是世界著名的核电变压器和超大型变压器制造商，保定国家高新区已拥有各类变压器制造设备、电力输送装备、变电设备等电站建设装备制造体系。传统电力设备与新能源电力产业发展相互交融、相互促进。2010 年，天威集团变压器产量持续超 1 亿千伏安；实现销售收入 150.6 亿元，同比增长了 38.4%。天威集团新能源产业规模化步伐加快，与输变电产业形成发展"双支柱"。龙头企业风帆股份公司以启动用铅酸蓄电池、工业铅酸蓄电池和新型绿色环保电源、新型锂电池等支柱产品为主业，是规模最大、技术实力最强、产品品种最多、市场覆盖面最广、市场占有率最高的启动用铅酸蓄电池核心骨干企业之一。2010 年，风帆股份公司中标成为"金太阳工程"的并网逆变器及储能铅酸蓄电池设备供应商，迎来了新的发展机遇。

除此以外，"中国电谷"电力自动化、节电、储能设备产业在国内同行业中也保持领先地位。在节电与电力自动化领域，企业达到 60 余家；拥有以大电网稳定系统、大型电动机节能内馈调速技术为代表的多项重大自主创新技术，它们成为"中国电谷"持续发展的新生力量。在储能设备领域，保定市形成以铅酸蓄电池为代表的传统电池和以新型锂电池为代表的绿色环保电池两大支柱产品序列，它们处于国内领先地位。

第四，品牌聚集能力持续增强。"中国电谷"吸引了中国国电、中国兵装、中航集团、日本三菱、美国江森等国内外知名企业。2006 年至今，其经济发展水平一直保持着 30% 以上的高速增长，成为区域经济强有力的带动引擎。在"中国电谷"新能源产业的拉动下，2010 年科技部火炬中心颁布的国家高新区评价结果显示，保定国家高新区在 54 个国家级高新区综合排名中位列第 23，较以前有大幅提高。

（2）打造"华北轻型汽车城"

2004 年，中国汽车市场进入了一个平稳低速增长的时期，而以皮卡、SUV等轻型车为主导产品的保定汽车业，在纷繁复杂的市场竞争中却异常活跃。2004 年，其完成了整车销售 16 万辆，汽车出口连续两年超万辆，皮卡、SUV继续多年保持全国销量第一的骄人业绩。面对市场变化，保定汽车产业紧紧围绕差别竞争、错位发展不放松，积极引导企业走自主化创新、规模化增长、资本化运营、信息化突破、国际化发展之路，加大项目建设力度，加强市场开拓力度，使自身在全国同行业中继续保持领先地位。2005 年，保定市避开轿车竞争热点，实行产业配套、双轮驱动，深挖细分市场，实施国内外市场双重战略，进一步确立技术和品牌两大战略支持，全力打造"华北轻型汽车城"。

第一，全力支持长城、河北长安、中兴三大整车企业，全力支持凌云、风帆、立中等零部件企业做大做强，实现保定市汽车产业的跨越式发展。

第二，加快汽车产业国际化发展步伐。积极创造条件，加快与国内外著名汽车企业联手的步伐，在整合中做大做强，在整合中抢得先机、赢得市场。

第三，加快零部件工业集群化发展。保定市已经全面启动长城汽车配件园、河北长安汽车配件园、凌云汽车配件园和国家高新技术产业开发区汽车配件园四大园区建设，全力加快建设超过 20 亿元的零部件在建项目。

第四，大力开拓汽车市场。充分发挥好保定汽车的车型优势、价位优势，进一步加大中小城市和农村市场的开拓力度，让保定汽车占据更大的市场份额。

第五，加强对汽车产业的引导和服务。成立保定市汽车行业协会，加强信息沟通、技术服务、交流协作和行业自律，打造强化行业服务的平台。

（3）继续发展"华北纺织服装产业基地"

保定市纺织服装产业历史悠久，为加快做强做大纺织服装产业，全力打造

"华北纺织服装产业基地"整体性品牌,《关于加快纺织服装产业发展的若干意见》(保市政〔2006〕198 号)提出加大对纺织服装产业发展的政策扶持力度。大力支持纺织服装产业园区建设,为企业提供优质、低成本的发展平台。引导企业"退城进园"。通过搬迁改造求得新的发展,切实增强企业的市场竞争力。搬迁企业建设在原有规模内按有关规定,减免相关费用,超出部分,有关部门及承接园区给予优惠;搬迁企业在原厂址所占用的水、电、气使用指标、排污指标,可以随搬迁转移至新址,超过原有指标部分,规费缴纳由相关部门给予优惠。大力推进先进适用的专业市场建设,发挥其对经济的拉动作用。加快"纺织服装产业带"的基础设施建设,促进保定纺织服装产业带的形成。优先保证纺织服装服饰产业项目用地,并对相关费用予以优惠。对于新增土地,投资达到一定规模,符合产业政策的新上项目,给予优先安排。2006 ~ 2010 年,对新上的一次性投资 1000 万元(含)以上的纺织服装项目,除上缴国家、省的有关费用及支付农民的土地补偿费外,对市(含)以下征收的地方规费,给予自投产之日起 2 年内分期缴纳的优惠;对一次性投资5000 万元(含)以上的纺织服装项目,给予自投产之日起 3 年内分期缴纳的优惠;对一次性投资 1 亿元(含)以上的纺织服装项目,给予自投产之日起 5年内分期缴纳的优惠。

减免大项目建设相关费用。2006 ~ 2010 年,保定市对新投资 1000 万元(含)以上的纺织服装项目应缴地方性的城市基础设施配套费、旧城改造费、再就业资金、地形图收费、劳动防护设备效果鉴定费、新工艺的劳动卫生评价费、建设项目卫生评价费、城市绿化用地补偿费等费用予以免收。土地勘测费、地价评估费减半收取,按程序办理。鼓励企业吸纳下岗失业人员,2006年至 2008 年底,在企业增加的岗位中,当年新招用持再就业优惠证并与企业签订一年期限劳动合同的人员,可享受相应期限的岗位补贴 300 ~ 500 元/人和社保补贴(补贴标准按有关规定执行)。坚决淘汰落后生产能力。对列入《产业结构调整指导目录》的限制和淘汰类纺织项目,严格控制、禁止投资。高污染、高能耗的企业要强行限制和淘汰。对淘汰类纺织工艺设备,禁止转移,防止低水平产能的扩张。营造良好的融资环境。积极协调金融部门帮助企业规范财务管理,对科技含量高、产品市场好、发展潜力大的纺织服装企业予以重点融资支持；组织建立企业信用担保体系，推动对企业的信用担保；积极开展加强银企对接的活动，密切企业与各金融部门的联系，沟通融资渠道，为企业融资创造条件，引导社会资本投向和支持企业发展。鼓励纺织服装产业实行多种形式的融资方式，解决发展中的资金困难。建立纺织服装产业资金协调会议制度，对重点纺织服装产业项目，各商业银行要优先列入信贷计划。

2010年，保定市有纺织服装企业12000多家，拥有三利、启发等4个全国驰名商标和18个省级著名商标；形成了高阳纺织、蠡县毛纺、容城服装、安新羽绒和鞋业、白沟箱包、定兴礼帽等纺织服装特色产业集群。保定正倾力打造"一带""四城""十园"的发展新格局。同时，北京纺织工业实施产业区位转移，一批企业先后在保定投资落户。随着京津冀经济一体化和首都经济战略的推进，两地合作不断加深。本着优势互补、合作共赢的原则，双方就建立纺织服装产业长期战略合作形成基本框架。双方约定：北京纺织控股有限责任公司将保定"华北纺织服装产业基地"作为产业梯度转移的首选，积极引导所属企业与保定纺织企业合资合作，实现北京纺织业与保定纺织业在产业链条上的延伸和衔接；保定市政府将举全市之力支持北京打造"时装之都"，积极融入北京"时装之都"建设，为项目建设和产业合作优化投资环境、提供政策支持。双方还就建立纺织产业科技成果转化推广平台、市场营销和会展平台，以及加强纺织协会技术、人才交流达成初步意向。

### 3. 现代服务业

保定市大力发展现代服务业，不断满足经济社会发展需要和城乡居民需求。2008年，保定市政府下发《国务院关于促进服务业发展的若干意见》，提出重点发展以服务京津为主的文化休闲旅游业，着力发展为支柱产业服务的物流业、金融保险业，大力发展以繁荣城市、活跃农村为重点的城乡服务业。以企业为基础，以项目为支撑，以品牌为先导，深化改革，创新机制，整合资源，全面提升服务业整体发展水平。

一，现代物流业。发挥区位、交通和产业优势，加速与京津对接和融合，大力引进成熟的物流组织，采用先进的物流技术和管理经验，培育发展具有较强竞争力的现代物流产业群，打造京津冀都市圈重要的现代物流基地。发展专业物流，依托保定市重点产业，重点建设服务主导产业发展的新能源和能源设备制造业物流园区、汽车产业物流园区和纺织物流园区；加快建设以服务地方特色经济为主的白沟小商品、安国中药材、定州蔬菜、容城服装等县域物流园区。发展第三方物流，结合高速公路网建设，在重点枢纽地带积极引进和大力发展一批规模大和竞争力强的大型物流企业，重点是第三方物流企业；加快与京津的对接融合，根据京津产业转移中的物流需求，加快建设陆运口岸、市交通物流中心等一批重大物流项目，努力建设成为京津冀都市区内重要的物流中心。

二，金融保险业。适应市场经济要求，活跃金融市场，优化金融结构，按照"一主三次"城市发展空间布局，集中打造"一主"金融保险核心区，建设以涿州和白沟·白洋淀温泉城为核心的环京津金融保险服务区，以定州为核心的保南金融保险服务区。完善金融体系，加大金融对内对外开放力度，着力加强与京津金融合作，积极吸引更多股份制银行和外资银行落户保定；拓展商业银行业务范围，在每个县（市）设立分行，充分发挥融资功能，促进地方经济发展；健全政府投融资机构，做大市级担保机构规模，推动建立区域性、主导性担保机构，不断扩大资本规模，充分发挥促进企业发展的融资平台作用；增强金融创新能力，完善保险经纪、投资咨询、金融租赁等机构的运作机制，创新金融服务，拓展中间业务，形成比较完善的金融市场体系。积极发展保险业，培育保险市场、优化险种结构，支持民营资本进入金融保险市场，积极发展各类保险经纪公司、保险代理公司和评估机构，构筑多元化、多功能、高效有序的区域性金融保险体系。

三，休闲度假旅游业。充分发挥保定市"中国历史文化名城""中国优秀旅游城市"两大优势，突出"文化古城、山水保定"主题，重点发展红色旅游、文化生态旅游、休闲度假购物旅游，打造环京津休闲度假旅游胜地。①完善基础设施服务。做好配套道路、公共交通和服务设施的规划和建设，优化旅游路线、提升景区档次；出台规范旅游业发展的政策措施，提高人员素质和服务水平。②做好景点开发改造。实施精品战略，重点建设华北明珠白洋淀、涞水野三坡、历史文化名城核心区等精品景区，积极培育保定历史文化名城游、"两白一城"休闲商务游、文化生态乡村游等精品线路，加快建设京南温泉湖泊休闲、京西南观光休闲和保定文化休闲三大功能区。③发挥产业带动作用。

积极对接京津市场，通过休闲度假旅游业延长服务链和产业链，带动会展服务、体育健身、餐饮娱乐等配套产业快速发展。《保定市人民政府关于全面落实河北省环京津休闲旅游产业带发展规划的实施意见》（保市政〔2009〕187号）提出，突出保定休闲旅游特色，实现与京津优势互补，错位发展。

此外，保定市把动漫产业作为保定新兴战略性产业，将其作为文化产业的重要组成部分，以"市场拉动原创"的方式推动动漫产业创新发展。保定市相继出台了《保定市关于建设文化大市规划纲要（2006—2010年)》《关于推动动漫产业加快发展的实施意见》《关于鼓励和扶持动漫产业发展的若干意见》等一系列文件，为动漫产业的发展提供了政策支持和环境保障，推进了动漫产业迅猛发展。2007年，保定市被确定为"国家动漫产业发展（保定）基地"。借此东风，保定市明确了一个重点建设项目——"亚洲影像 IT 文化观光都市项目"。该项目是一个集动漫、游戏产品、影像、IT、演出、人才培养等功能于一体的综合基地，现已被确定为"文化部国家动漫游戏产业振兴基地河北大学培训中心""中央电视台第七频道动画影片指定制作基地"。

保定市先后建立了两个动漫基地，搭建了动漫产业发展平台。一是保定动漫产业园。该产业园是河北省入驻企业数量最多、科研与制作水平最高、年产量最大、唯一具备产业化运作基础的动漫产业园。已有入驻企业 15 家，入驻企业注册资金总额逾亿元，员工总数近 300 人。园内企业制作了大型动画电影《麋鹿传奇》和原创动画片《豆丁的快乐日记》等多部优秀作品。二是国家动漫产业（保定）基地。2007 年 4 月，河北大学动漫产业基地在园内成立。2008 年 6 月，河北大学被文化部市场司授予"国家动漫游戏产业振兴基地河北大学人才培训合作院校"、团中央大学生产学研实训基地。同年 10 月，经新闻出版总署批准，"国家动漫产业发展（保定）基地"揭牌。

### （三）新农村建设政策措施

2005 年 10 月，中国共产党十六届五中全会通过《中共中央关于制定国民经济和社会发展第十一个五年规划的建议》，提出"建设社会主义新农村是我国现代化进程中的重大历史任务"，要按照"生产发展、生活宽裕、乡风文明、村容整洁、管理民主"的要求，扎实推进社会主义新农村建设。2006 年中央一号文件《中共中央国务院关于推进社会主义新农村建设的若干意见》，为新农村建设指出了具体工作方向。保定市委、市政府非常重视新农村建设，将其作为"三农"工作的重点工作来抓，制定了《保定市社会主义新农村建设"十一五"规划纲要》，明确了保定市新农村建设工作的总体要求：以统筹城乡发展为基本途径，以发展现代农业为着力点，以壮大县域经济为重要支撑，坚持"一立（工业立县）一特（特色鲜明）一主（民营为主）三化（农业产业化、农村工业化和农村城镇化）四村（产业强村、文化兴村、生态建村、民主治村）四新（发展新经济、建设新环境、培育新农民、落实新政策）"，加快全市社会主义新农村建设步伐。

一是把新民居建设作为重要抓手。2009 年，保定市制定了《保定市关于推进农村新民居建设的实施意见》，全市启动 122 个村的市级新民居示范建设项目，在此基础上，每县（市、区）每年至少再选择 2～3 个行政村开展新民居示范建设。村村都要在搞好村庄规划的前提下，建设体现区域特点，适应农民群众生产生活需要的示范样板房，通过典型示范、政策扶持、宅基地管理等措施，激励引导农民按照新民居要求新建或翻建住房。新民居建设标准参照燕赵新民居优秀设计方案，以"三新六有"（三新即结构体现新设计、建设采用新技术、外观呈现新面貌，六有即有干净整洁的厨房、有安全卫生的饮水设施、有沼气或其他清洁能源、有太阳能或其他淋浴设施、有卫生型厕所、有节能取暖设备）为标准引导农民对住宅进行建设或改造，实行"一户一宅"，宜改则改，宜建则建。同时，保定市紧紧围绕解决农民群众生产生活中最关心、最直接、最现实的问题，以"五通五有"（五通即通自来水、通有线电视、通宽带、通柏油路、通客运班车，五有即有标准化的幼儿园、有卫生室、有村民活动中心、有村级组织活动场所、有农家店）为基本内容，不断完善公共服务设施，促进农村民生改善；以文明生态创建活动为载体，以"四化一处理"（四化即村内道路硬化、街道亮化、街院净化、村庄绿化，一处理即生活垃圾实现集中收集处理）为基本内容，深入开展村庄综合整治，加快改善农村人居环境。

二是深入开展"驻、联、帮、解、促"活动，推动新农村建设。2007 年，保定市开展了万名干部"驻千村、联万户、帮民富、解民忧、促和谐"新农村建设帮扶活动。这次"驻、联、帮、解、促"活动总的安排可概括为："两批""半年""全覆盖""三阶段"。"两批"，就是帮扶活动分两批进行，两批的工作任务、方法步骤基本相同。"半年"，就是每批活动开展半年左右时间，第一批进驻 3000 个左右的村，到 7 月底结束；第二批再进驻 3000 个左右的村，从 8 月初开始，到年底结束。"全覆盖"，就是全市 6200 多个行政村全部派驻工作队，并进行一轮帮扶。"三阶段"，就是每批帮扶活动按照宣传发动、驻村工作、总结巩固三个阶段进行。保定市委、市政府对帮扶工作明确提出了"五个一"的要求，即帮助村里建设一个团结干事的好班子；帮助农民谋划一条增收致富的好路子；帮助农村化解消除一批矛盾隐患；帮助村里办成一批好事实事；帮助制定一个切合实际的新农村建设规划。政策制定后第一批工作队员就有效地开展了工作，市里成立了专门办公室，制定了考核方案，并组织专门人员以明访或暗访的形式对下乡工作人员进行督导检查，对完不成帮扶的，不允许撤回，从而确保新农村建设各项工作顺利进行。工作队共帮助培训乡镇干部 12800 多人次，帮助理顺村级组织关系 403 个，完善村级组织规章制度 4753 条，新建和维修"两室"3175 间。在经济建设方面，为各村筹集帮扶资金 5128 万余元，帮助新上致富项目 1042 个，培植农业龙头企业 310 个，提供农产品销售服务 1380 余项。

三是进行新农村建设试点，实施"五十乡和百村"示范工程。即在全市选择 56 个乡（镇）和 106 个经济基础强、班子基础牢、群众基础好的村作为全市新农村建设联系示范点。保定市下发了示范点工作方案，为使所有示范点完成村庄建设规划，准备用 3～5 年时间完成试点村的示范村改造计划，重点开展以"五新一好"（建设新村镇、发展新产业、培育新农民、组建新经济组织、塑造新风貌、创建好班子）为主要内容的新农村建设活动，积极探索多种模式推进新农村建设的有效方法。按照"四个一批"的要求，保定市在城郊结合城市拓展重点项目建设，规划建设社区型农民新村，引导农民向新区集中、向居民转变，形成城郊工业园区服务的配套环境；在公路沿线和景区周围，从整治村容村貌入手，重点加强村庄道路、农田水利、公共服务和市场设施建设，打造一批环境整洁、景观生态、村风文明、市场繁荣的示范村和旅游文化村；在山区和库区等，根据地理位置、生产条件、自然资源、村风民情等情况，分类打造一批生态村、产业村、科技村、特色村。

四是加强市校合作，共同谋划新农村建设。为利用高等院校的理论和技术优势，保定市政府与河北农业大学协商，共同组建了"河北新农村研究中心"，并筹建6个研究所和开发部。由学校院系领导和市直部门负责人共同牵头，进行新农村建设有效途径的研究和项目合作。合作研究的重点在农村经济发展的着力点、农民增收致富的有效途径、农村街道和基础设施的建设规划、环境保护和村容整治的措施等方面；项目合作主要是由河北农业大学提供项目可行性研究和技术支持，政府部门把握投资方向和政策，并为项目提供各种支持。

### （四）支农惠农政策措施

随着国家支农惠农政策的实施，截至2010年，尤其是2004年以来，中央连续7年下发"一号文件"支持"三农"工作。农村综合改革稳步推进，农村税费改革和农业补贴的顺利执行，"工业反哺农业，城市支持农村"政策的推行，使保定市农民的负担大为减轻，农村各项社会事业发展迅速。

一是落实国家各项支农惠农政策，让农民得到更多实惠。①认真落实中央关于"两个重点（把基础设施建设和社会事业发展的重点转向农村）、两个主要（财政新增教育、卫生、文化等事业经费和固定资产投资增量主要用于农村）、一个加大（逐步加大政府土地出让金用于农村的比重）"的要求，做到"三个继续高于"（财政支农投入的增量继续高于上年、固定资产投资用于农村的增量继续高于上年、土地出让收入用于农村建设的增量继续高于上年），进一步加大支农资金的投入力度。②全面落实农村税费改革，取消农业税，切实减轻农民负担；实施对种粮农民直接补贴，增加良种补贴、农资综合补贴、农机具购置补贴和重大农业技术推广专项补贴，以调动广大农民的种粮积极性，切实保障国家粮食安全；政府通过价格杠杆，切实保护广大农民的经济利益。

二是加强对支农惠农专项资金使用情况的检查监督。保定市人民检察院在涉农检查工作中，紧紧围绕关系农民群众切身利益、问题易发领域的涉农专项资金的管理、使用和发放进行检查监督，依法惩治和预防涉农职务犯罪，净化农村法治环境，确保中央各项强农惠农政策落到实处，推动法律监督工作进一步深化。保定市、县两级检察机关在开展涉农检查工作中，坚持预防在先，以法律宣传为先导，开展了形式多样的法律政策宣传活动，不断增强农民的法制意识和各级干部的自律意识。在加大宣传预防的同时，保定市、县两级检察部门多措并举，有针对性地开展涉农专项资金的检查监督。保定市检察院与市农业局联合制定了《关于对强农惠农资金管理使用情况进行专项检查监督的实施办法》，市、县两级检察机关对涉农专项资金的使用、落实情况全程跟踪监督，对资金数额较大、群众提出疑问的惠农资金进行重点监督，确保惠农政策落实到位。

三是持续加大对农田水利和农村基础设施建设的投入力度。保定市通过兴修水利、植树造林、开垦荒滩荒地、改造中低产田、退耕还林还草、发展设施农业等从根本上提高了农业的防灾减灾能力。截至 2008 年底，保定市共有大小水库 94 座，水库总库容 32 亿立方米，控制流域面积 10678 平方公里；主要行洪河道 5 条，一般行洪河道 9 条；3 个滞洪区，总面积 1420 平方公里，设计滞蓄水量 27 亿立方米。同时，保定市不断加强农村基础设施建设，截至 2010 年底，全市 6000 多个行政村实现公路、广播、电视、电话村村通。2006～2010 年，保定市共解决了 151.6 万农村人口的饮水安全问题；2010 年解决了 174 个村、17.55 万人的饮水安全问题，项目总投资 8775 万元，其中中央投资 5265 万元，省、市、县配套及群众自筹资金 3510 万元；建成联村供水工程 1 处，单村供水工程 170 处，有效改善了农村饮水环境。

四是不断推进农业和农村经济结构调整，加速农业市场化和现代化进程。①不断通过市场供求关系的变化和人们消费结构的变化引导农产品结构调整。②加快农业产业化的进程。③不断探索农地使用权流转的形式，通过"土地入股"等多种形式加大农地使用权的流转力度，不断扩大农业生产经营规模。

五是坚持把农村教育摆在重中之重的地位，在落实"两基"（基本普及九年制义务教育、基本消除青壮年文盲）的基础上，加快农村教育的全面发展。20 世纪末，保定市九年制义务教育基本普及，全市基本扫除了青壮年文盲。

从 2007 年起，全市农村义务教育全部免除学杂费，各级政府大幅增加农村教育支出，农村职业教育水平不断提升。教育事业的发展使农民素质和文化程度有了显著提高，这为全市实现农村剩余劳动力转移、促进农民增收、推进农业现代化奠定了基础。

六是疏通农村富余劳动力和农村人口转移的渠道，制定一系列推进多渠道转移农村富余劳动力的政策措施。保定市从 2004 年开始实施"阳光工程"培训，按照"政府推动、学校主办、部门监管、农民受益"的原则，提高农村劳动力素质和就业技能，促进农村劳动力向非农产业和城镇转移，实现稳定就业和农民收入增加，推动城乡经济社会协调发展，加快全面建设小康社会的步伐。2006～2010 年，保定市转移农村劳动力 107.7 万人。

### （五）城镇化政策措施

保定市是农业大市，人口的 80% 在农村，城镇化任务十分艰巨。保定市委、市政府坚持工业化、城镇化、农业产业化协同推进的思路，紧紧抓住四个推进城镇化中的着力点和突破口：拓展发展空间问题、推进产业聚集问题、加快城镇建设问题和促进人口聚集问题。保定市制定了一系列政策措施推动城镇化进程。保定市城镇化率 2002 年为 28.5%，2010 年达到 38.8%，比 2002 年提高了 10.3 个百分点。

一是加快发展小城镇，促进农村产业结构调整和农村富余劳动力有序转移；加快农村城市化进程，推动农村经济增长方式和经济体制的转变。《关于加快发展小城镇的意见》（保发〔1999〕8 号）和《关于加快小城镇建设的若干实施意见》（保办字〔2000〕72 号）中提出，按照政府调控、统一规划、合理布局、重点发展、各具特色的原则，强化保定中心城市对小城镇的拉动和辐射作用，重点发展县级小城市及县城镇，合理发展一批地理位置和交通条件较好、人口相对密集、乡镇企业或农村市场具有一定规模的建制镇，逐步形成以中心城市为依托，以小城市及县城镇为重点，以建制镇为基础的城乡发展新格局。同时，保定市制定了相关配套政策。①完善重点发展镇政府的经济和社会管理职能。②下大力气搞好重点发展镇的建设规划。③放开农民进入重点发展镇落户的限制。④下大力气解决重点发展镇的正常建设用地问题。⑤推行以分税制为主导类型的财政管理体制。

二是加快推进产业聚集，优化产业布局，壮大产业集群，加快城镇化进程。《关于推进产业聚集加快城镇化进程的实施意见》（保市政〔2009〕81号）中提出，按照"园区向城镇集中、产业向园区聚集"的原则，重点规划建设一批产业特色明显、配套体系完善、纳入城镇发展总体规划的产业聚集区，使之成为加快实现农业向工业化、农村向城镇化过渡的平台，推进城镇面貌"三年大变样"的重要抓手，实现工业化和城镇化互动的载体。①以业拓园，以园兴城。围绕新能源及能源设备制造、汽车及零部件、纺织服装、食品加工、建筑材料五大主导产业，结合县域特色经济，大力培育优势突出、特色明显的产业聚集区。通过产业聚集推进城镇建设，完善城镇功能；通过打造城镇宜居、宜业环境，吸引投资主体，拓展产业发展空间，从而实现产业聚集与城镇建设的良性互动。②加强基础设施建设。加快产业聚集区道路、通信、水、电、气、集中供热、污水及垃圾处理等基础设施建设，切实保障产业聚集区发展需要。产业聚集区建设与城镇基础设施建设相结合，城镇服务体系建设与聚集区发展相配套，不断增强产业聚集区的吸引力和承载力。③积极鼓励企业入园。对进入产业聚集区，符合国家产业政策且投资500万元以上的新企业，自投产当月起，前两年由同级财政以其所缴纳的增值税和所得税地方留成部分全额奖励企业，后三年以其所缴纳的所得税地方留成部分全额奖励企业，用于企业扩大再生产。

三是加快实施"一主三次"城市发展战略，把"三年大变样"和园区建设作为加快城镇化进程的主要抓手，把创新体制机制作为推进城镇化的重要保障。加快构建科学的符合保定市实际的城镇化发展格局，加快做大中心城市，加快发展三个次中心城市，加快打造环京津卫星城市链，加快推进县城建设。另外，加快落实保障性安居工程建设和"三年大变样"重点工作。

四是加快推进保定市城镇化进程，有序引导人口向城镇转移、人才向城镇集聚。2009年，保定市政府出台《关于贯彻落实省政府〈关于进一步深化户籍管理制度改革的意见〉的通知》，正式启动新一轮户籍制度改革。一方面着眼于推进保定市城镇化进程，再降城镇落户门槛。进一步放宽市区和城镇户口迁移政策，制定了"三放宽、两实行"的户口迁移政策，即放宽城镇基本落户条件；放宽市区落户条件，放宽县（市）城区、小城镇落户条件；实行市区和清苑、满城、徐水、安新四县户籍一体化管理制度，实行人才居住证制度。另一方面强调相关部门整体协调联动，跟进相关配套政策措施。从城镇建设、义务教育、住房保障、基本养老、基本医疗、低保救助、就业评先、土地承包以及生育政策九个方面对完善配套政策措施进行了规定，以加快实现基本公共服务均等化。

### （六）城乡一体化政策措施

保定市委、市政府十分重视城市与乡村、工业与农业、城镇居民与农村居民协调发展，通过体制改革和政策调整，改变城乡二元经济结构，缩小城乡差距，实现城乡在政策上的平等、产业发展上的互补、国民待遇上的一致，让农村居民享受到与城镇居民同样的文明和实惠，使整个城乡经济社会全面、协调、可持续发展。

一是加快推进城乡规划全覆盖。村镇规划是新农村建设的重点。为加强新农村建设规划工作，保定市 2006 年下发了《中共保定市委保定市人民政府关于加强城乡规划工作的决定》，将市规划局更名为城乡规划管理局，将其原有只管城市的职能扩大到全市乡村，具体负责社会主义新农村建设的村庄建设规划工作。各县（市）也都成立了独立的城乡规划管理局，各乡（镇）、街道办事处和村设置了规划管理员，并吸纳专家进规划委员会，制定、完善村镇建设规划。2007 年，在全市范围内开展"1360"工程〔每个县（市）打捆编制一个中心镇总体规划及所辖村的村庄规划；编制三个乡的总体规划和 60 个村庄规划〕，争取县域、乡镇和村庄规划的编制率分别达到 35％和 25％。2008 年，保定完成县（市）域城镇体系规划确定的中心镇总体规划及其镇域内规划编制，乡镇和村庄规划编制率均达到 60％。2009 年，保定完成所有乡镇和村庄的规划编制，基本形成以县域城镇体系规划、乡镇总体规划、村庄规划为主体的村镇规划体系，实现全市城乡规划全覆盖。

二是发挥工业、企业对农业、农村的反哺和支持作用，加快城乡经济发展一体化。按照"以工促农、以城带乡、城乡互动、协调发展"的思路，合理规划产业布局，大力促进城乡经济一体化发展。积极推动农业产业化经营，发展各种形式的农业产业合作组织，提高农民进入市场的组织化程度。培育龙头骨干企业，做好企业和农民的对接，以龙头企业带动农业产业化发展，以农业产业化生产基地支撑龙头企业壮大，从而加快构建城乡经济发展一体化格局，促进农民与企业的双赢。

三是构建覆盖面广、高效畅通、便民利民的城乡一体化流通网络。重点建设、改造农产品批发市场和农贸市场，重点支持超市加基地"农超对接"项目，在满足城市居民"菜篮子"需求的同时，也使种菜的农民得到经济实惠。完善家政服务网络中心服务功能，扩大其服务面。推进"万村千乡"网络与供销、邮政、电信等网络的结合。结合城乡客运一体化建设进程，强化客运市场服务百姓的职能。

四是大力发展农村社会事业，加快城乡公共服务一体化。加大公共财政投入，完善城乡一体的公共教育体系、就业服务体系、卫生服务体系、科技服务体系、文体服务体系、精神文明建设体系和社会保障体系，使农村居民更多地平等享受公共服务。加强对农民的职业教育，提高农村劳动力的职业素质和就业能力，为改善市场竞争状况、提高劳动报酬创造条件，坚持开发与转移就业并重，促进农村富余劳动力向非农产业转移。推进农村义务教育发展，完善新型农村医疗合作制度，建立覆盖全体农村居民的基本养老保险等各项社会保障制度，保障农民在民生方面的基本需求，缩小城乡差距，促进社会和谐。

# 二 经济增长与结构变迁

## （一）经济增长发展

20 世纪末和 21 世纪的第一个十年，保定市不断解放思想，尊重规律，抢抓机遇，超前决策，牢固树立科学发展观，实现了经济又好又快发展。经过不懈努力，保定实现了历史性跨越，从一个典型的传统农业经济市逐步变为一个经济繁荣、人民安居乐业的初具规模的现代化综合城市，经济总量迅速扩大，产业结构调整成绩喜人，人民生活日益富足，综合经济实力显著增强。

### 1. 经济总量、增速和水平

1998 年以来，保定以强市富民为目标，抢抓发展机遇，推动经济平稳快速发展，城市综合实力得到不断提升。1998 年，保定市生产总值为 594 亿元，2005 年达到 1072.1 亿元，突破 1000 亿元大关，是 1998 年的 1.8 倍。此后保定经济发展更是稳步前进，2010 年生产总值实现 2050.3 亿元，首次突破 2000 亿元，比 1998 年增加了 2.45 倍。"十五"期间，按可比价格计算，保定经济年平均增长率为 12.4%，超出五年计划年均增速目标 2.4 个百分点；"十一五"期间，保定经济年平均增长 11.72%，实现快速增长的预期目标，增速高于河北省平均水平。保定经济发展的人均水平也逐步提高，人均财富拥有量快速增长，1998 年人均生产总值为 5717 元，2005 年突破 10000 元大关，达到 10020 元，2010 年人均生产总值为 18462 元，比 1998 年增长了 2.23 倍。

### 2. 经济发展形态

进入 21 世纪，保定加快经济转型步伐，以建设创新型城市为目标，集结科技创业人才、创业团队，科技研发力量不断壮大，科技创新能力明显提高。"十一五"期间，保定市新建英利、国电、立中 3 家"院士工作站"，英利集团太阳能光伏发电技术和国电联合动力公司风电设备及系统 2 个国家重点实验室落户保定，省级以上研发中心达到 16 个。保定市新认定省级工业聚集区 5 个，县级以上园区发展到 40 个，它们成为转型升级、集聚产业的重要平台。2010 年，保定市共有院士工作站 4 家，其中院士 15 人，博士专家 19 人；省级研究所 4 所；重点实验室和工程技术研究中心 21 家；企业技术中心 41 家，其中国家级 6 家，省级 35 家。全年取得国家级科技成果 5 项，省级科技成果 225 项；全年开发新产品 9 项；全年申请专利 1653 项，授权专利 1373 项。2010 年末，保定技术合同成交额达 2.4 亿元，有 24 个项目获省级科技进步奖；全年实施省级以上科技成果推广 11 项。

保定围绕低碳城市建设，构建低碳高效型产业结构、技术先导型产品结构和龙头带动型组织结构，建设先进制造业基地。"十一五"期间，保定市先后被国家部委命名为国家太阳能综合应用科技示范城市、国家可再生能源产业化基地、新能源与能源设备产业基地、国家国际科技合作基地、"十城万盏"半导体照明试点城市、国家光伏发电集中应用示范区等，并被世界自然基金会确定为国内两个低碳城市试点之一。自主创新能力持续提升，紧紧围绕产业升级和重点领域科技创新，在光伏、风电、输变电、装备制造、半导体照明等重点领域突破了一批共性关键技术。科技支撑作用明显增强，围绕光伏、风电、输变电等优势产业，制定了《保定市新能源及输变电产业集群规划》，并通过专家论证，成为全国第二个科技型中小企业创新基金集群项目试点城市，为推进产业技术升级奠定了基础。认定高新技术企业 85 家，科技创新在支撑保定市重点产业振兴、促进经济结构调整升级中发挥了重要作用。

### 3. 经济增长动力结构

保定坚持深化改革、扩大开放，统筹利用国际国内两个市场、两种资源，推动地区经济加快发展。这期间，保定把握中国加入世贸组织的重大机遇，积极克服世界经济危机的严重影响，不断优化出口产品结构和市场结构，突破非关税壁垒，应对反倾销压制，对外贸易持续快速增长。2010 年，全市外贸出口总额达 43.3 亿美元，外贸出口成为保定经济快速增长的重要推动力量。与此相对应，根据"扩大内需"的战略方针，保定在稳定增加城乡居民收入、完善各类社会保障的同时，改善商品供应，拓宽服务领域，积极引导消费。2010 年，保定实现社会消费品零售额 864.2 亿元，是 1998 年的 5.2 倍，连续 10 年保持 10% 以上的年均增长率，内需对经济增长的拉动作用日益显现。21 世纪第一个十年，投资仍是保定经济增长的重要支撑，多年保持两位数的增长率。在积极稳健的宏观财政、货币政策引导下，2010 年全市完成固定资产投资 1472.1 亿元，是 1998 年的 7.2 倍，有力地拉动了经济增长。2010 年实际利用外资 4.9 亿美元，比 1998 年增长 1.1 倍。其中，外商直接投资为 4.7 亿美元，比 1998 年增长 1 倍。在外商直接投资中，制造业占 95.6%。全年新批利用外资合同 16 项，合同总投资为 1.8 亿美元，合同利用外资额为 0.49 亿美元。全年新注册三资企业 15 户，总投资为 2.2 亿美元，注册资本为 0.81 亿美元，其中外方资本为 0.45 亿美元。

改革开放以来，特别是 21 世纪第一个十年，保定经济发展取得巨大成就，正从工业化后期加速向后工业化阶段迈进。但是，保定经济发展仍带有明显的传统增长方式特征，主要依靠投资实现经济快速增长，而由技术进步和人力资本改善所带来的效率提高尚未成为推动经济发展的主要动力；作为创新发展基础条件的高质量要素的集聚还显不足，创新资源相对于产业转型升级的要求有着较大缺口，高层次专业人才数量、R&D 经费投入、专利特别是发明专利授权量等相对偏低。这意味着保定经济发展方式的根本转变依然任重道远。

## （二）经济结构的转变

### 1. 优化产业结构，使三次产业结构更加合理

1998 年以来，保定市为加快农业结构调整步伐，制定了《调整优化农业结构发展规划（1999—2005 年）》和《关于建设沿京石高速公路五个农业科技园区的优惠政策》，进一步巩固和加强农业基础地位；为优化工业结构，增强企业竞争力，出台了《关于加强技术创新推动产业优化升级的实施方案》，用高新技术改造传统产业，促进产业层次和技术水平升级；为大力发展服务业，转发了《国务院关于促进服务业发展的若干意见》，提高第三产业整体水平。2010 年，全市增加值总额 2050.3 亿元。其中，第一产业增加值为 303.7 亿元，比 1998 年翻了一番；第二产业增加值为 1064.1 亿元，与 1998 年相比增长了 3.37 倍；第三产业增加值为 682.5 亿元，与 1998 年相比增长了 2.43 倍。三次产业增加值之比由 1998 年的 25.5∶41.0∶33.5 调整为 2010 年的 14.8∶51.9∶33.3（见图 2-1）。

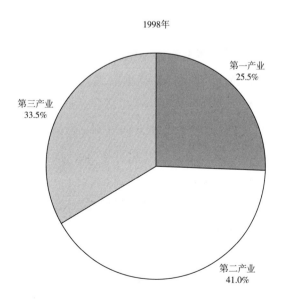

1998年

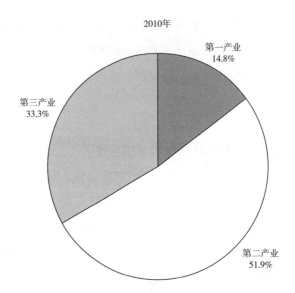

2010年

第一产业
14.8%

第三产业
33.3%

第二产业
51.9%

图2-1　1998年与2010年保定三次产业增加值比重

资料来源：保定市政府办公室。

## 2. 合理调整生产力布局，促进地区经济协调发展

2009年，保定市第十三届人民代表大会第二次会议的政府工作报告提出了"一主三次""工业西进""对接京津"三大战略，作为改变保定市"小马拉大车"状况、推进城镇化、统筹区域发展的突破口。加快建设"一城三星一淀"大保定，提高中心城市对区域经济的辐射带动能力；加快建设三个次中心城市，打造新的区域经济增长极；加快"工业西进"，发挥资源优势，实施工业强县，是改变保定市西部山区贫困面貌、推进城乡统筹发展的重大战略。加快"对接京津"，发挥环京津的区位优势，把整个保定作为京津的大卫星城市来规划建设，统筹推进与京津发展规划、基础设施、产业、市场、人才、技术、文化等多层面对接合作，建设京津产业转移、科技成果转化、农副产品加工、休闲旅游和劳务输出五大基地。

## 3. 逐步推进城镇化，努力实现城乡经济良性互动

扎实推进"三年大变样"，城镇面貌呈现新变化。开通大水系、构建大交通、建设大城市，2008～2010年，保定共实施重点工程150项，拆除危陋建筑976万平方米，完成投资1800亿元，这是保定市城建史上投资最大、项目最

多、变化最大的时期。铁路、公路建设取得重大进展，建设 8 条（段）高速公路，通车总里程达到 657 公里。市区新改扩建主干道 16 条、支路 42 条，道路总里程达到 245 公里；新增公交车 440 台，新开设公交线路 21 条，公交线路达到 56 条。建成 32 座污水处理厂、4 座再生水处理厂和 12 座垃圾处理场、13 座垃圾转运站，城镇污水、垃圾处理实现全覆盖。千方百计地提高农民收入水平，不折不扣地落实各项强农惠农政策，开辟多元增收渠道，逐步缩小城乡差距。坚持财政支出向农村倾斜并逐年增长，支持村庄街道硬化和村容村貌整治，加快改善农村生产生活条件。推进南水北调、水库灌渠配套和农田水利工程建设，发展节水农业。全市 6000 多个行政村实现公路、广播、电视、电话村村通，开工建设省级新民居示范村 310 个。

**4. 着力改善生态环境，注重发展与环境的统一，实现可持续发展**

2010 年 8 月 10 日，保定成为全国首批低碳试点城市之一。全市围绕低碳城市建设推动产业结构优化升级。把新能源和能源设备、汽车及零部件等先进制造业作为全市的支柱产业，提高规模、速度和效益，加快建设"中国电谷"和"华北轻型汽车城"。2010 年，新能源产业销售收入达到 431.2 亿元；汽车产量达到 72 万辆。大力淘汰水泥、造纸、制革、采矿等落后产能，抓好技术改造、节能减排、低碳产品应用等示范工程。加速纺织服装、食品加工、化工医药等传统产业改造升级步伐。电子信息、新型材料等新兴产业快速成长。长城、英利、巨力、天威、国电联合动力等企业迅速崛起，成为行业领军企业。扎实推进全国文明城市、森林城市、园林城市多城同创，"低碳保定"建设迈出新步伐。

这一时期，保定经济结构调整取得显著成效，全市产业结构和布局得到优化。但由于发展方式的局限，保定经济发展的结构性矛盾依然突出，主要是总体发展基础差，工业化、城镇化、农业产业化水平低；传统产业比重大，新兴产业规模小，高附加值产业和服务业比重低，城乡建设和社会建设欠账多，改善人居环境、环境保护、节能减排压力大，调整结构、转型发展的任务艰巨。

# 三　社会保障体系的建设

1998 年以来，保定市以基本养老、基本医疗、最低生活保障制度为重点，着力促进企业、机关事业单位基本养老保险制度改革，积极探索建立农村养老保险制度，全面推进城镇职工和居民基本医疗保险制度，完善失业、工伤、女工生育保险制度。社会保险的管理体制进一步理顺，政策制度不断完善，覆盖范围明显扩大，保障能力显著提高，有效地保障了参保人员的社会保险权益，解除了他们的后顾之忧，初步实现了"老有所养、病有所医、失有所补、伤有所治、育有所保"，逐步建立了参保险种全、资金来源多渠道、保障方式多样化、管理服务规范化的社会保险体系。

## （一）完善城乡养老保障体系

一是城镇基本养老保险不断发展壮大。保定市于 1986 年开始正式启动企业养老保险，从 1988 年只涵盖合同制工人到 2010 年城镇各类企业职工、个体工商户和灵活就业人员都可以参保，城镇基本养老保险覆盖范围不断扩大，参保人员数量逐年增加。2010 年末，全市参加城镇基本养老保险的人数为 107.7 万人，比 1998 年末增加 70.53 万人。企业离退休人员月人均养老金达 1374 元，养老金按时足额发放率为 100%，做到了应发尽发。为保证企业退休人员基本养老金按时足额发放，减轻企业负担，从 2000 年底起，保定市的企业离退休人员基本养老金全部实现社会化发放。

二是机关事业单位养老保险扎实开展。1998 年，保定市启动了机关事业单位养老保险制度改革，相继开展了机关和全额事业单位的合同制工人、差额拨款和自收自支单位全员、聘用与流动人员的养老保险工作。2006 年 7 月 1 日，保定市又开展了全额事业单位工作人员基本养老保险社会统筹，2010 年全市各县（市、区）都建立了全额事业单位养老保险制度。2008 年底，全市机关事业单位参加养老保险职工达到 20.9 万人，离退休人员达到 4.3 万人，分别比 1998 年增加了 16.7 万人、3.7 万人；2008 年养老金社会化发放人数为 4.3 万人，养老金发放金额为 6.7 亿元。

三是农村社会养老保险稳步推进。保定市农村社会养老保险工作起步于 1992 年，"老农保"以个人缴费为主，实行完全个人账户。2009 年，保定市政府出台《关于开展新型农村社会养老保险试点工作的实施意见》。"新农保"坚持"保基本、广覆盖、有弹性、可持续"的基本原则，坚持从农村实际出发，低水平起步，筹资标准和待遇标准与经济发展及各方面承受能力相适应；坚持个人（家庭）、集体、政府合理分担责任，权利与义务相对应；坚持政府主导和农村居民自愿相结合，引导农民普遍参保，探索建立个人缴费、集体补助、政府补贴相结合的制度，实行社会统筹与个人账户相结合，与家庭养老、土地保障、社会救助等其他社会保障政策措施相配套，保障农村居民的老年基本生活。2009 年下半年，保定启动试点，第一批试点为涿州市；2010 年，新增涞源县为试点；此后按照国家和河北省部署，逐步扩大试点。

### （二）深化医疗保障制度改革

保定市在 2000 年底启动运行了城镇职工基本医疗保险制度改革，到 2010 年已初步建立了以基本医疗保险为主体，以公务员医疗补助、企业补充医疗保险、大额医疗保险为补充的多层次社会医疗保险体系，实现了福利型公费、劳保医疗向社会保险型医疗制度的平稳转型。2010 年末，全市参加城镇基本医疗保险的人数为 181.3 万人，其中，参加城镇职工基本医疗保险的人数为 92.2 万人，参加城镇居民基本医疗保险的人数为 89.1 万人。

2005 年，保定市启动了新农合试点工作。2005 年 1 月 1 日，涞源县作为试点县正式启动了新农合工作；2006 年 1 月，涿州市、定州市、望都县 3 县（市）的新农合试点工作正式启动；2007 年，试点县（市）在原增 10 个的基础上再新增 8 个。2010 年末，25 个县（市、区）全部开展农村新型合作医疗，已有 810.6 万农民参加了新型农村合作医疗，参合率为 92.75%。农村新型合作医疗报销医疗费 10.2 亿元，使 1867 万人次受益。

与医疗保障制度改革相配套，保定市还注重完善医疗卫生服务体系，加强公共卫生体系建设，加快医疗资源整合，优化医疗资源配置，同时快速发展传统中医事业。在城市，以居民健康为中心，积极探索社区卫生服务新模式，形成了以城市二级医院为龙头、以街道办事处为依托、以社区卫生服务机构为主体的城市社区卫生服务网络。在农村，本着"让农民不得病、少得病、有病早治"的原则，以卫生部和河北省卫生厅实施的"万名医师支援农村卫生工程"为载体，启动"农民健康保健工程"试点。积极推行新型农村合作医疗，启动"1 带 X"帮扶工程和 81 所"流动医院"，启动乡镇卫生院医生免费培训计划，为乡镇卫生院培养一支"用得上、留得住、永不走"的农村卫生人才队伍，以实现"小病不出村、一般病不出乡、重病大病不出县"的目标。

## （三）完善失业、工伤、女工生育保险制度

保定市在 1986 年启动的失业保险，目前已成为维持失业人员基本生活、促进再就业的一条重要保障线。2010 年末，保定市参加失业保险的人数为 51.8 万人。全年全市领取失业保险金人数为 15513 人。

保定市企业工伤保险于 1996 年 1 月启动，保定市是河北省第一个实行工伤保险市级统筹的市。《工伤保险条例》于 2004 年正式实施后，工伤保险制度有了法律依据，走上了快速发展道路。2006 年，保定市开始实施农民工"平安计划"，将矿山、建筑等高风险企业的农民工纳入工伤保险覆盖范围。2007 年，保定市把事业单位、民间非营利组织工作人员也纳入进来。2009 年，保定市又出台了农民工"平安计划"（二期）方案，将商贸、餐饮、住宿、文体、娱乐等服务业企业、有雇工的个体工商户及乡镇乡村企业的农民工等有相对稳定劳动关系的农民工全部纳入工伤保险的范围。2010 年末，企业参加工伤保险的人数为 43.5 万人，比 1998 年末增加 11.39 万人。工伤保险制度的顺利实施为广大劳动者提供了一份基本的生命保险。

保定市生育保险制度从 1996 年 1 月 1 日开始试行，2007 年出台了《城镇职工生育保险暂行办法》，从 2008 年 1 月 1 日起，新的生育保险制度正式实施。截至 2010 年末，保定市参加生育保险的人数为 51.6 万人，比 1998 年末增加 19.52 万人，不仅保障了女职工生育期间的医疗费用，维护了女职工的合法权益，而且减轻了企业负担。

## （四）增强住房保障能力

以 1998 年为起点，中国住房制度进入了全面市场化的历史新阶段。从 2004 年推行廉租住房政策以来，保定市政府一直把保障性安居工程作为一项民心工程、惠民工程来抓，把解决低收入家庭住房困难作为维护群众利益的重要工作和住房制度改革的重要内容，作为政府公共服务的一项重要职责，加快建立健全以廉租住房制度为重点、多渠道解决低收入家庭住房困难的政策体

系，加强领导、精心组织、强化措施、破解难题、狠抓落实，保障性安居工程各项工作顺利推进。

保定市城市住房保障方式，主要有以下几个方面。①廉租住房制度。2007年，保定市政府出台了《保定市人民政府关于完善城市住房保障制度解决低收入家庭住房问题的实施意见》。从2008年起，保定市将为人均住房建筑面积15平方米以下且家庭住房总建筑面积在50平方米以下的、具有城市常住户口的低收入家庭提供廉租住房制度保障。保障方式主要是租金核减、发放租赁住房补贴，以及提供廉租住房三种方式。②经济适用住房制度。2007年，保定市制定了《经济适用住房销售管理暂行办法》，为住房困难的低收入家庭提供经济适用房，并与廉租住房保障对象衔接。经济适用住房项目由政府确定，由房地产开发企业开发建设，以建设为主，定向供应。③旧住宅小区改善工程以改善低收入家庭居住环境和保护历史文化街区风貌为宗旨，对房屋、道路和各种管线年久失修、服务设施不配套、环境脏乱差但尚能居住的旧住宅小区实施改善工程，内容包括整修房屋，补建、改造配套设施，拆除违章建筑，进行建筑节能改造等。改善工程资金通过"居民出一点、原开发建设单位拿一点、政府补一点、公用设施运营单位投一点"的办法解决。统筹使用土地出让金、城市基础设施配套费、公共事业附加费等城建资金，将其作为政府补贴资金，主要用于道路、排水、消防、绿化等设施的更新、补建和房屋外墙面的粉刷及其他公共部位的维修。供电、供水、供气、供热、电信、有线电视等设施的更新、补建，由各运营单位负责。居民自用部位和设施设备维修，由住房产权人负责。④棚户区（危陋住宅区）改建工程，对不具有改善和保护、利用价值的棚户区（危陋住宅区）进行改建。在改建过程中，对被拆迁居民，按照国家和省城市房屋拆迁管理法规政策取得的拆迁补偿款，免征个人所得税；对拆迁居民因拆迁重新购置住房的，对购房成交价中相当于拆迁补偿价款的部分免征契税，成交价格超出拆迁补偿款的，对超出部分征收契税。⑤多渠道改善农民工居住条件。用工单位要按照"谁用工、谁负责"的原则，为招用的农民工提供符合安全标准和基本卫生条件的居住场所。农民工集中的开发区和工业园区，按照集约用地的原则，统筹规划、集中建设农民工宿舍，实行统一管理，供园区企业租用。在城中村改造时，考虑农民工的居住需求，在符合城市规划和土地利用总体规划的前提下，集中建设向农民工出租的集体宿舍。在有条件的地方，比照经济适用住房建设的相关优惠政策，通过政府引导、市场运作，建设符合农民工特点的住房，以农民工可承受的合理租金向农民工出租。

在加快保障性住房制度建设的同时，保定市以制定完善规划、科学安排建设工程、拓宽资金筹集渠道、加强组织协调调度、实行目标责任制管理等措施，提高保障能力，进一步扩大了保障范围。在继续为人均住房建筑面积15平方米以下的享受城市最低生活保障的家庭提供廉租住房的基础上，从2008年起将保障范围由住房困难的最低生活保障家庭扩大到住房困难的低收入家庭，并做到应保尽保。保障标准为人均15平方米，每户最低30平方米，最高50平方米。保障方式以发放租赁住房补贴为主，以租金核减和实物配租为辅。每平方米租赁住房补贴标准为当地住房租赁市场每平方米建筑面积平均租金与廉租住房租金的差额。实物配租户数达到应保障户数的25%左右，其主要面向孤老病残等特殊困难家庭和其他急需救助家庭。实物配租房源按照大分散、小集中的配建原则，采取"四个一批"的办法解决，即新建一批廉租住房、购买一批符合标准的新建商品住房和存量住房、利用一批现有的公有住房、按照土地出让合同约定由开发企业提供一批新建商品住房。根据国家有关规定，保定落实廉租住房保障资金来源：市（县）土地出让净收益用于廉租住房保障资金的比例不得低于10%，并可根据实际情况进一步适当提高比例；住房公积金增值收益在提取贷款风险准备金和管理费用之后全部用于廉租住房建设；廉租住房租金收入实行收支两条线管理，专门用于廉租住房的维护和管理。

2010年，保定市有廉租住房9437户；新开工廉租住房2584套；新开工经济适用住房项目4个，共计17.22万平方米，2466套；新建公共租赁住房400套；城市棚户区改造已解决8660户居民的居住问题；国有林区棚户区改造解决258户居民的居住问题；农村危房改造基本解决4800户居民的居住安全问题。从2004年以来，全市累计为38552户居民实施了住房保障，其中廉租住房保障户数达23486户、经济适用住房保障户数达7608户、棚户区改造解决低收入住房困难户数达7458户，城市低收入家庭的住房问题得到一定程度的缓解，城镇居民的住房条件得到一定程度的改善。

### （五）提高社会救助、社会福利水平

根据国务院《关于在全国建立城市居民最低生活保障制度的通知》的精神，保定市城市居民最低生活保障制度于 1997 年 9 月全面建立，经过多年的不断健全和完善，基本实现了动态管理下的应保尽保。随着人民生活水平的不断提高和物价上涨，2006 年以来，保定市不断加大城镇低保投入力度，提高保障标准和补助水平，扩大保障面。2007 年，城镇低保标准月人均 150 元，2008 年提高到 217 元；2007 年，补助水平月人均 84 元，2008 年提高到 120.2 元。

根据河北省政府要求，保定市政府出台了《关于建立和实施农村居民最低生活保障制度的意见》和《农村居民最低生活保障制度实施细则》，于 2005 年 12 月全面建立了农村低保制度，经过不断规范和完善，保定市已初步建立了公开、公平、公正的工作运行机制和规范的操作程序。农村低保制度实施以来，保定市严格按照河北省政府的要求，逐年提高保障标准和补助水平。农村低保标准从 2007 年的年人均 676 元提高到 2010 年的 941 元，补助水平从 2007 年的人均 22.35 元提高到 2010 年的 46.59 元。

围绕"以民为本、为民解困"的宗旨，保定市社会福利、社会救助、社会优抚事业有序发展，覆盖人数进一步增加。城乡医疗救助为做好与"新农合"和城镇居民基本医疗保险试点的衔接合作，探索实行多种救助方式相结合的救助模式，真正使医疗救助惠及更多困难群众。农村五保供养力求做到应保尽保、按标施保。加强敬老院建设，尽快提高集中供养率。继续加大社会福利社会化改革力度，加快推进居家为主、依托社区、机构补充的养老社会服务体系建设，加大对老年福利事业的投入，调动社会力量积极兴办老年福利事业，引导社会资金投资兴建各种养老机构，以减轻政府压力。

2010 年，保定市有 34.19 万人享受居民最低生活保障，其中，农村 24.19 万人。3.53 万农村居民得到五保救济。国家抚恤、补助优抚 5.64 万人，其中，定期补助 3.96 万人，定期抚恤 0.57 万人，伤残补助 1.11 万人。2010 年末，全市各种社会福利收养性单位有 148 所，床位达 11205 张，收养各类人员 6659 人。

保定市的社会保障体系建设已经取得了阶段性成果，整体社会保障水平显

著提升，但为与经济社会发展水平、城乡居民生活改善的需求和期望相适应，还需要继续深化改革，着力解决实践中存在的若干突出问题。一是在基本养老保险的基础上，建立多层次的养老保险体系，支持个人储蓄性的养老保险。二是保定市的城镇社会保障制度已经涵盖了养老、医疗、失业、工伤、生育等社会保障项目，实际覆盖率达到 70%～80%，但是农村社会保障体系还很不健全，所覆盖的人数在农村总人数中的比重很小，尤其是在贫困地区的农村，社会保障资金难以保障、救助金额有限等问题突出。因此政府要加大对农村社会保障的财政支持力度，缩小社会保障的城乡差距。三是保定是河北省人口最多的设区市，共有 1100 万人，老年人口有 160 万，占总人口的 14% 以上，已进入人口老龄化城市的行列。大量农民工进城务工导致农村留守老人、留守儿童出现，农村人口老龄化的程度比城镇要高出 2 个百分点左右。因此统筹城乡社会保障体系，加快城乡社会保障一体化步伐是应对日益严峻的人口老龄化形势的必然要求。随着保定市人口老龄化问题日益严峻，养老金缺口不断加大，以及农村留守老人养老问题日益突出，社会各阶层对社会保障水平和保障程度的要求也越来越高。不断完善社会保障体系，提高社会保障水平，促进经济社会协调发展和社会主义和谐社会建设，依然任重道远。

## 四 居民收入的增长和生活水平的提高

20 世纪末以来，保定市积极贯彻"富民优先"战略，把组织实施"富民工程"作为经济社会发展的重点；2008 年，又提出"强市兴县富民"的奋斗目标，加快建设宜居幸福保定。在社会经济快速发展的同时，高度重视保障和改善民生。2006～2010 年，保定市财政用于民生和社会事业的支出达 640 亿元，年均增长 22.3%，高于经济增长速度 1 倍，改善了人民的生活环境和生活条件，提高了人民的生活质量和生活水平。2010 年，保定市城市居民人均可支配收入为 15048.00 元，农村居民人均纯收入为 5446 元，分别比 1998 年增长 1.58 倍和 1.09 倍，年平均增长达到 8.22% 和 6.34%（见图 2-2 和图 2-3）。这是改革开放以来保定市收入增长相对较快、居民得到实惠相对较多的时期，城乡居民收入得到大幅度提高，人民生活向小康型社会迈进。

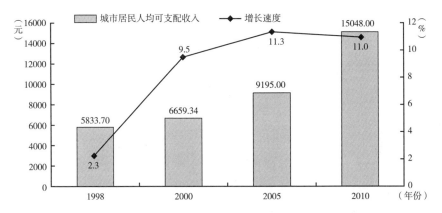

**图 2 - 2 1998~2010 年保定城市居民人均可支配收入及其增长速度**

资料来源：保定市统计局。

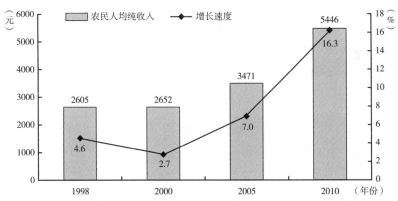

**图 2 - 3 1998~2010 年保定农村居民人均纯收入及其增长速度**

资料来源：保定市统计局。

## （一）切实保障和改善民生

2002 年以来，保定市坚持以科学发展观为统领，把改善民生贯穿各项工作的始终，加快推进以改善民生为重点的"十项民心工程"，持续加大投入力度，注重建立劳动者收入增长机制，提升就业和社会保障公共服务水平。随着地区经济总量和综合财力递增，人民群众生活质量和自我发展能力得到新的提高。

经济快速增长带动居民收入水平提高。21 世纪以来，保定市的经济总量每 6 年左右翻一番，代表人均财富的人均 GDP 以每年 10% 以上的速度增长，地区经济综合实力迈上新的台阶。经济的快速发展直接拉动了就业，就业增加又促进了劳动者收入增长。2005年，全市全社会从业人员为564.2万人，2010年达到592.6万人，分别比2000年增加6.72万人和35.15万人。就业增加和就业结构优化，直接带动了劳动者报酬的增加。这期间，保定市相继提高职工基础工资和最低工资标准，增发地方岗位津贴等，指导行业工资稳定增长，全市职工工资总额逐年攀升。2005年在岗职工工资总额为78.94亿元，2010年达到172.14亿元，分别比2000年增长63.6%和256.8%。2010年在岗职工平均工资达到28089元。

收入分配体制改革为居民增收注入动力。21世纪以来，保定稳步推进收入分配体制改革，将按生产要素分配与按劳分配结合起来，鼓励、引导以劳动、资本、技术和管理等生产要素按贡献参与分配，不仅使分配原则与市场经济体制相衔接，调动不同类型、不同阶层劳动者依法经营、积极工作的积极性，拓宽居民收入来源，促进整体经济效益提高，而且规范分配方式，调节不同人群的分配关系，有利于社会公平的实现。随着改革的推进，企业员工劳动合同制趋于完善，职工工资集体协商制度逐步推广，劳动者的权益越来越多地得到保护，职工工资性收入稳步递增。与此同时，工资以外的其他收入渠道不断拓宽，居民的就业选择和获得收入的渠道日益多元化。2000年，保定城市居民可支配收入中工资性收入占95%以上，2010年这一比例下降至66.23%；新的渠道扩大了居民收入来源，其增长速度也高于工资性收入，这对于居民收入的总量和结构都产生了积极的影响。

非公有制经济兴起促进居民收入增加。20世纪90年代末期以来，随着国有经济战略性调整和国有企业产权制度改革深化，保定民营经济和外资经济得到快速发展，在地区经济中的比重不断上升。2010年，全市有各类民营企业近25万家，是2000年的1.6倍；其中规模以上企业有1000多家。与此相对应，2000年，全市民营经济从业人员为205.3万人，是2000年的1.5倍；民营经济从业人员占城镇职工就业总人数的70%，吸纳了全市60%的城市新增劳动力和50%以上的农村富余劳动力。民营经济平均每年增加近7万个就业岗位，在吸纳国有、集体经济下岗职工，转移农村富余劳动力，安置城乡新增劳动力等方面发挥了重要作用。民营企业在优化劳动力资源配置、增加地方税收的同时，也为社会创造大量物质财富，一方面增加业主经营性收入，另一方面也为城乡居民收入增加做出应有贡献。

财产积累发挥了增收效应。长期的收入增长给居民带来一定的财产积累，而财产积累和投资又转过来促进收入的增加。2010 年末，保定市城乡居民储蓄存款余额达 2024.3 亿元，比 1998 年末增加 1576.39 亿元，增长 3.52 倍。与储蓄存款增长并行的是股票、债券、基金等投资的增加以及其他多种理财产品为居民带来的财产性收入的增加。这期间，保定城市化进程加快，旧城和城乡接合部村巷大规模拆迁改造，房地产市场活跃，一方面居民拥有的非自住房产增加，另一方面不同层次的住房需求较快上升，一部分居民投资住宅房产、商业房产，另一部分居民将空闲的自有住房出租，这也为其带来了可观的财产性收入。

### （二）农民收入稳健增长

保定农村历来是经济欠发达地区，21 世纪以来，保定市坚持把"三农"工作作为重点，不断深化农村改革，大力调整经济结构，积极完善分配机制，持续促进农民收入增长。特别是在市场经济条件下推动"富民优先"，探索多渠道增收的路径和方法，建立富民监测工程和考核机制，逐步形成多方引导激励、合力促进增收的机制效应。

发展经济实现强村富民。保定市以发展现代农业为首要任务，以促进农民增收为基本目标，积极推动第一产业发展。以稳定发展粮食生产为核心，重点提高农产品质量，壮大蔬菜产业，提升科技支撑水平，深化农业体制改革，大力推进现代农业建设，促进农业经济持续平稳发展。同时，保定坚持把做大做强农村经济作为促进农民增收的第一要务，大力推进产业结构转型升级，不断提升农村经济发展的质量和水平，积极推动农村第二、第三产业的发展。农村第二、第三产业的发展不仅增加了农民就业，增加了劳动者工资性收入和经营者投资性收入，而且增加了地方财政收入和各级可用财力，为各级政府借助经济杠杆调节社会分配，缓解农民增收不平衡问题，提供了必要的物质基础。

深化改革推动合作富民。保定着力推进和重点落实好"一免三改革"工作，即免征农业税，进行县乡机构改革、农村义务教育改革、县乡财政体制改革，并协调推进粮食流通体制、农村金融体制和供销社改革；稳定并完善农村基本经营制度，根据依法、自愿、有偿的原则流转土地承包权，发展多种形式的农业规模经营；重视发展农村集体经济，创新农村集体资产管理体制，推进以农村社区股份合作制、农村承包土地股份合作制和农村专业合作经济组织建设为重点的改革，发展农村富民合作经济组织，提高农业的组织化程度。各类农业和手工业生产合作社、产品运销合作社蓬勃发展，显著增强了农民增收的动力和活力。2010年末，全市依法注册农民专业合作社达到1664家，农民合作组织在发展现代农业、繁荣农村经济、增加农民收入方面的作用日益显现；12个县、市基本完成基层农业技术推广体系改革任务，建成区域站74个；农村土地流转面积已达70.3万亩，占家庭承包耕地面积的6.7%；村级集体财富积累机制建设有序推进，建立该机制的村有1420个。

减负补助落实政策富民。根据中央和河北省有关精神，保定制定出台各项支农惠农政策，全面实施涉农生产服务收费公示制度和检查制度，使农民从中获得较多实惠。着力推进和重点落实好免征农业税政策。同时，保定加大政策倾斜和转移支付力度，确保相关涉农补助政策落实到位。其中，国家预拨良种补贴资金18957.222万元，预补贴面积1877.61811万亩；落实花生良种补贴面积67.5万亩，补贴资金815万元；落实中央和河北省农机购置补贴9860.06万元，已落实农机具6857台（套），受惠农户达5562户。积极搞好农村信用社改革，加大政策性支农力度。此外，保定市从2004年开始实施"阳光工程"培训，提高农村劳动力素质和就业技能，促进农村劳动力向非农产业和城镇转移。2006～2010年，保定转移农村劳动力107.7万人。

公共服务保障公平富民。保定通过改善公共服务，促进城乡一体发展，确保农村居民共享工业化、城市化、现代化的发展成果；深化农村流通体制改革，发展农村服务业和农业社会化服务体系，创新农业保险机制，提高农业抵御风险的能力；建立健全农村社会保障体制，加快建立征地合理补偿机制和失地农民基本生活保障制度，创新农村集体土地流转和使用制度，逐步把失地农民纳入城市社会保障体系，在新型农村养老保障体系和合作医疗制度建设上迈出实质性步伐；加强农村环境综合整治，以"生态家园富民工程"为基础，通过一建（建沼气池），五改（改厨、改厕、改圈、改院、改街道），整治村容村貌，逐步实现村街道路硬化、造林绿化、环境净化，彻底改变农村脏、乱、差状况；搞好农村文化活动室、卫生室、体育健身场所等设施建设，活跃和丰富农民文体生活，提高农民的健康水平和生活质量；健全村民自治机制，完善村务公开与民主管理制度；加大各级财政投入力度，促进农村基础设施和生产生活条件的改善；加速推进改水、改厕、农村危旧房改造等，使农村公共交通、自来水全面通达。同时，保定市多方筹集扶贫资金，对贫困地区进行全方位、多途径、强力度帮扶，通过扶持农户发展种植业、畜牧业等特色产业项目，推进与增收项目相配套的基础设施项目建设，加强扶贫培训，提高贫困群众的生产技术和干部的工作能力，加快脱贫转化。"十一五"期间，保定市12.5万人实现脱贫。

### （三）城乡居民收入结构发生显著变化

富民优先战略的实施和一系列富民惠民工程的有力推进，让保定城乡居民在发展中得到实惠，推动了城乡居民生活水平和生活质量的较快提升。在收入快速提高的同时，保定收入结构也发生了明显的变化。

从城市居民收入构成看，各收入来源变化情况如下。

工资性收入是主要来源。2010年其达到10836.58元，比2008年增长27.5%；同时，工资性收入占总收入的比重有所下降，由2008年的69%下降到66.23%。

转移性收入比重加大。各级政府加大了社会保障力度，包括确保养老金足额按时发放，扩大居民最低生活保障覆盖面，提高最低保障支付标准，较好地体现了转移支付的社会稳压器作用，明显改善了城市低收入阶层的生活状况。2010年，城市居民人均转移性收入为4838.32元，占人均总收入的29.57%。

经营性收入和财产性收入从无到有。收入结构呈现多元化，随着社会经济的较快发展，社会分工不断细化，投资就业机会增加，与此同时，保定市出台了一系列有利于个体、私营等非公有制经济发展的优惠政策，以营造良好的创业环境，城市居民从事生产经营的门路拓宽，经营性收入和财产性收入成为城市居民家庭收入的重要组成部分。2010年，保定城市居民人均经营性收入为616.04元，占人均总收入的3.76%；人均财产性收入为71.7元，占人均总收入的 0.44%。

从农民收入构成看，各收入来源变化情况如下。

经营性收入是主要来源。保定市是农业大市，政府十分重视农业的基础地位，通过加快发展高产、优质、高效、生态、安全的现代农业，推进农业大市向农业强市转变。保定不折不扣地落实各项强农惠农政策，开辟多元增收渠道，家庭经营中第二、第三产业收入也相应增加。2010 年，保定农民家庭人均经营性收入为 3828 元，占人均总收入的 55.23%。

工资性收入大幅增长。随着现代农业机械化程度的不断提高，大量的农民进入城市打工，通过打工增加收入以改变自己的生活。2010 年，保定市农民人均工资性收入达到 2645 元，占人均总收入的 38.17%。但外出打工农民大多文化水平不高，缺少专业知识培训，靠卖力气挣钱，这也阻碍了农民工资性收入的进一步增长。

财产性收入和转移性收入成为新的增长点。随着各项减轻农民负担的政策出台，农业各项生产性补贴增加，各方面对农民转移支付力度加大，农民家庭存款增加，农村社会保障制度逐步完善，这使得保定市农民人均财产性收入和转移性收入快速增长。2010 年，人均财产性收入为 248 元，占人均总收入的 3.58%；人均转移性收入为 209 元，占人均总收入的 3.02%。

### （四）居民收入的横向比较

保定市居民收入在河北省内处于中游偏下水平，在河北省 11 个市中排名第 7，低于河北省平均水平。从收入水平看，2010 年，保定市农民人均纯收入为 5446 元，比河北省平均水平低 512 元，相当于省内最高的唐山市的 66%。城市居民人均可支配收入为 15048 元，比河北省平均水平低 1215 元，相当于省内最高的廊坊市的 77%。从收入增幅看，近年来，秦皇岛、沧州、廊坊明显加快，保定则明显迟缓；与京津相比，也有较大差距。从收入结构看，保定居民工资性收入占总收入的 50% 以上，经营性收入和财产性收入比重则较低。

保定与毗邻的京津相比，差距更为明显。2010 年，保定市城市居民人均可支配收入仅为北京市的 51.8%、天津市的 61.9%，农民人均纯收入仅为北京市的 41.1%、天津市的 46.1%，这说明保定市城乡居民的富裕程度还不高，全面建设小康社会的任务依然艰巨。

### （五）收入差距呈扩大趋势

随着保定经济持续快速健康发展，城市居民收入逐年增加，老百姓生活水平稳步提高，但同时，收入差距也有所扩大，特别是不同收入家庭之间生活状况和消费结构出现了很大差异。

造成收入差距扩大的主要原因有：城乡之间的鸿沟尚未消除，经济结构调整相对迟缓导致城乡居民收入差距加大；垄断行业的垄断经营造成不同部门间劳动者收入差异；市场化的资本、技术收益普遍高于一般劳动收益；企业普通职工处于弱势地位，工资性收入增长滞后，与经济增长和企业扩张不相适应；原始积累起点不同，使富人更富；社会保障体系不健全，令贫者更贫。

城乡收入差距有所加大。保定市是农业大市，2010 年，保定城市化率仅为 38.9%，城乡发展不均衡，城乡居民收入差距呈现扩大的趋势。2010 年，保定市城市居民人均可支配收入为 15048 元，农村居民人均纯收入为 5446 元，城市居民人均可支配收入与农村居民人均纯收入之比为 2.76:1，而 1998 年该收入比为 2.24:1，城乡收入差距有所加大。

行业收入差距显著拉大。2010 年末，保定市从业人员为 70.44 万人，在岗职工平均工资为 28089 元。2010 年，在 19 个主要行业中，保定在岗职工工资高于平均水平的有 5 个行业。排在前 5 位的依次为科学研究、技术服务和地质勘查业（59921 元），金融业（46123 元），电力、燃气及水的生产和供应业（41551 元），信息传输、计算机服务和软件业（38589 元），教育业（29992 元）。排在后 5 位的依次为采矿业（10758 元），租赁和商务服务业（14244 元），农、林、牧、渔业（16250 元），住宿和餐饮业（16470 元），批发和零售业（18618 元）。2010 年，最高收入行业在岗职工平均工资是最低收入行业的 5.57 倍。其中从业人数最多的 5 个行业为制造业（16.57 万人），教育业（13.39 万人），公共管理和社会组织（10.18 万人），建筑业（9.81 万人），卫生、社会保障和社会福利业（3.97 万人），合计 53.92 万人，占全部从业人数的 76.5%，除教育业外，其余 4 个行业的工资水平均在平均工资线以下。

不同人群收入差距逐渐拉开。从城市居民家庭收入分组来看，国家统计局保定调查队对保定市 2500 户城市居民家庭基本情况的调查结果显示，2006～2009 年，20% 高收入家庭与 20% 低收入家庭年人均可支配收入差距已由 3.7 倍扩大到 4.6 倍，差距明显加大。特别是企业普通职工与企业经营管理人员、企业职工与事业单位职工、公共管理人员及社会组织管理人员的收入差距明显扩大，这种收入差距还延伸到不同类型退休人员的养老金水平上。

城乡之间、行业之间、不同人群之间收入差距拉大。首先是因为经济结构偏差，因技术和市场的优势，新兴产业的平均收入水平高于传统产业的平均收入水平；其次是因为资源配置不合理，一些经济部门和社会人群拥有较多经济资源，从事垄断经营，得以在财富分配中获得较大份额；再次是因为分配体制分割，单位、人员存在体制内外的区别，即使在体制内也有核心、外围、边缘等差别，从而在收入分配、福利待遇方面形成明显的体制"鸿沟"，户籍、身份、职级等体制性标志成为收入分配的依据，这导致不同人群的收入差距不断扩大；最后是因为收入分配秩序欠规范，一些单位违规滥发奖金福利，一些个人利用特权侵吞社会财富，获取"灰色收入"，这也是未来收入分配体制改革和收入分配结构调整必须着力解决的问题。

### （六）生活质量提高，消费结构优化

随着城乡居民收入水平的大幅度提高，城乡居民消费支出持续增长，同时，居民的饮食观念、饮食方式、饮食标准都发生了较大变化，膳食结构向营养、健康方向发展。消费观念也由数量型向质量型转变，同时也由追求舒适向追求舒适、快捷、文化内涵发展，从追求物质消费向追求精神消费和提高生活服务质量转变。2010 年，保定城市居民人均消费支出为 9626 元，比1998 年增长 1.59 倍。农村居民人均生活消费支出为 3064 元，比 1998 年增长 1.19 倍。

膳食结构明显改善，食品消费质量提高。在食品支出中，副食和其他食品支出增长速度快于主食支出。城市居民家庭恩格尔系数（居民家庭食品消费支出占家庭消费支出的比重）为 37.4%，比 1998 年下降 2.4 个百分点。农民家庭恩格尔系数为 37.3%，比 1998 年下降 6.5 个百分点。主副食消费结构的

变化，标志着人民的食品消费观念从吃饱向吃好的方向转化。从食品消费具体品种分析，粮菜类消费下降，其他如食用油、肉禽蛋类、水产品、奶及奶制品、干鲜瓜果等的消费上升。

衣着实现成衣化、高档化，衣着消费体现时尚、个性。随着收入水平的提高，人们穿着越来越注重美观、舒适、大方，注重服装与个性魅力的协调，从颜色到款式无不精挑细选，各消费层次的品牌服装均受到不同消费层次人们的青睐，越来越多的人已学会把握时尚，穿出自我，彰显个人魅力。

居住条件和居住环境明显改善。1998年，保定市城市居民人均居住面积为9.1平方米，农村居民人均住房面积为23.5平方米。2010年，保定市城市居民人均住房建筑面积为31.1平方米，比1998年增加了22平方米，增长了2.4倍。农村居民人均住房面积为31平方米，比1998年增加了7.5平方米，增长了32%。"十一五"期间，保定市加大财政对民生的投入力度，为2.5万户城市低收入家庭提供了住房保障。市区集中供热面积由127万平方米增加到800万平方米，解决了100多个小区的供暖问题。

交通通信快捷方便。随着生活节奏加快，为满足人们之间信息的沟通和出行方便，家用汽车、程控电话、移动电话等代表新时代特征的交通、通信工具普及率明显提高，发展型、享受型商品步入普通百姓家。2010年末，民用轿车保有量为28.2万辆，其中，私人轿车有26.5万辆。固定电话及移动电话用户总数达1005.2万户，其中，固定电话用户数为171.7万户，移动电话用户数达到833.5万户。国际互联网接入用户数达81.9万户。

高档耐用消费品大量进入寻常百姓家。洗衣机、彩电、电冰箱、空调、手机、家用计算机等新型家电产品的使用，丰富了城乡居民的生活，减轻了家务劳动的强度，提高了城乡居民的生活质量。

教育文化娱乐服务支出增长显著。随着生活质量的提高，城市居民精神文化生活日益丰富多彩，各种健身娱乐活动成为时尚。假日旅游成为城市居民文化消费的重要组成部分，居民家庭用于教育的支出也大幅增长。2010年，城市居民人均教育文化娱乐服务支出达到864元。农村居民在享受物质生活的同时，精神生活也日益丰富，文化娱乐消费支出越来越多。2010年，农村居民人均教育文化娱乐服务支出为207.5元。

# 第三章　无锡市农户收支结构的变迁

　　无锡是中国民族工业的摇篮、乡镇企业的发祥地，改革开放后一直是全国经济发展的样板。20 世纪 80 年代初期到 90 年代末期，无锡创造了乡镇企业异军突起的"苏南模式"，带动了农村经济的快速发展，增加了农户收入，初步改变了农户收入结构。1998～2010 年，适逢我国工业化、城镇化、农村现代化加速发展时期，无锡市政府积极探索经济发展模式的转型，经济发展从投资驱动向创新驱动转变，从资源依赖向科技依托转变，从生产制造向设计创造转变；加快构建现代产业体系，加大产业结构调整力度，"苏南模式"脱胎换骨。1997 年底，无锡市政府对农村基本现代化建设做出了部署，提出"农田向规模经营集中、乡镇工业向工业园区集中、农民向小城镇集中"的"三集中"工作思路。

　　21 世纪以来，无锡市政府又根据中央提出的"城乡统筹""建设社会主义新农村"的农村工作新战略，制定了统筹城镇规划布局，统筹城乡产业发展，统筹城乡政策接轨，统筹城乡建设管理的"四个统筹"工作方针，推进农村全面小康和现代化建设。在推进农村"三集中"的同时，无锡还积极实施"两置换一转化"[①]，从而将一批已经脱离农业生产、脱离农村土地的农民变为市民，将村庄变为社区。同时，无锡还出台了一系列为农、支农、惠农的政策措施，加大转移支付力度，完善社会保障体系，以实现城乡一体化。无锡市社会经济的巨大变化，深刻改变了农民家庭的生产经营方式、收入结构、生活条件与消费支出结构。

---

　　① 即在农民自愿基础上，以土地承包经营权置换城镇社会保障，以农村住宅置换城镇安置房，最终实现农民向市民的身份转化。

# 一　人均收入的增长与收入来源结构的变化

改革开放以来，农户人均收入呈现增长的态势，这已是一个不争的事实。另外，农户收入来源结构也在发生变化。一些学者认为，从全国范围看，人均经营性收入仍是农村居民人均纯收入的主要构成，但其所占比重在逐步下降，对农村居民人均纯收入增加值的贡献有下降趋势；人均工资性收入在人均纯收入中所占的比重逐步提高，对农村居民人均纯收入增加值的贡献有不断上升的趋势；人均转移性收入增长缓慢，人均财产性收入所占比重很小，它们对农民收入的影响不大。① 不过，农户收入结构存在区域性差异，无锡农户收入结构早已出现工资性收入占主导地位的格局。

## （一）人均收入的增长

1997 年，无锡农户人均总收入为 5462 元，人均纯收入为 4849 元。1998年，无锡农户人均总收入、人均纯收入增长较低，分别达到 5519 元和 5018元，较上年分别增长约 1.0% 和 3.5%。亚洲金融危机结束后，1999 年、2000年农户收入增长缓慢，人均纯收入分别比上年增长了 2.2% 和 1.8%。从 2001年起，无锡经济走出低谷，农村居民人均纯收入开始增加。从农户人均纯收入增长情况看，与上年相比，2001 年增长 5.8%，2003 年增长 8%。2004 年、2005年中央启动新农村建设，这两年农户人均纯收入增长率均超过 12%。2006 年，无锡加快推进城镇化建设，农户收入再次出现高增长。2006 年农户人均纯收入增长率虽略下降为 10.9%，但 2007 年、2008 年又超过了 12%，2009 年其降至10%，2010 年又一次达到了 12.9%（见表 3－1、图 3－1）。

农户人均纯收入金额 2002 年接近 6000 元，2003 年达到 6329 元，2004 年提高到了 7115 元，2005 年超过 8000 元，2007 年超过 10000 元，2009 年突破12000 元，2010 年达到了 14002 元（见表 3－1、图 3－1）。

① 如魏君英、何蒲明、黎东升《我国农村居民收入结构变化的实证研究》，《乡镇经济》2008 年第5 期；赵满华《改革开放以来农村居民收入结构变化分析》，《经济问题》2009 年第 5 期；周雪松、刘颖《中国农民收入结构演变及其启示》，《中国农学通报》2012 年第 14 期。

**表 3 - 1    1998～2010 年无锡农户人均收入增长情况**

单位：元，%

| 指标＼年份 | | 1998 | 1999 | 2000 | 2001 | 2002 | 2003 | 2004 | 2005 | 2006 | 2007 | 2008 | 2009 | 2010 |
|---|---|---|---|---|---|---|---|---|---|---|---|---|---|---|
| 人均总收入 | 金额 | 5519 | — | 5977 | 6426 | 6792 | 7223 | 7967 | 9129 | 10005 | 11182 | 12388 | 13454 | 15164 |
| | 增长率 | 1.0 | 1.7 | 6.5 | 7.5 | 5.7 | 6.4 | 10.3 | 14.6 | 9.6 | 11.8 | 10.9 | 8.6 | 12.7 |
| 人均纯收入 | 金额 | 5018 | 5126 | 5220 | 5524 | 5860 | 6329 | 7115 | 8004 | 8880 | 10026 | 11280 | 12403 | 14002 |
| | 增长率 | 3.5 | 2.2 | 1.8 | 5.8 | 6.1 | 8.0 | 12.4 | 12.5 | 10.9 | 12.9 | 12.5 | 10.0 | 12.9 |

资料来源：无锡市统计局《无锡统计年鉴》，1998～2011 年各卷。

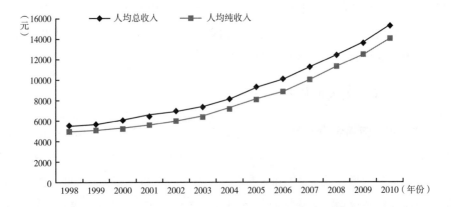

**图 3 - 1    1998～2010 年无锡农户人均收入的增长趋势**

资料来源：无锡市统计局《无锡统计年鉴》，1998～2011 年各卷。

以 1997 年为基点，以当年价计算，2010 年无锡农户人均收入的增长十分显著。以人均纯收入指标衡量，2001 年是 1997 年的 1.14 倍，2002 年是 1997 年的 1.21 倍，2004 年是 1997 年的 1.47 倍，2006 年是 1997 年的 1.83 倍，2007 年则提高到 1997 年的 2.07 倍，2009 年进一步提高到 1997 年的 2.56 倍，2010 年则为 1997 年的 2.89 倍（见表 3 - 2、图 3 - 2、图 3 - 3）。

**表 3 - 2    1997～2010 年无锡农户人均收入增长指数变化（1997 年为 100）**

| 指标＼年份 | 1997 | 1998 | 1999 | 2000 | 2001 | 2002 | 2003 | 2004 | 2005 | 2006 | 2007 | 2008 | 2009 | 2010 |
|---|---|---|---|---|---|---|---|---|---|---|---|---|---|---|
| 人均总收入 | 100 | 101 | 103 | 109 | 118 | 124 | 132 | 146 | 167 | 183 | 205 | 227 | 246 | 278 |
| 人均纯收入 | 100 | 103 | 106 | 108 | 114 | 121 | 131 | 147 | 165 | 183 | 207 | 233 | 256 | 289 |

资料来源：无锡市统计局《无锡统计年鉴》，1998～2011 年各卷。

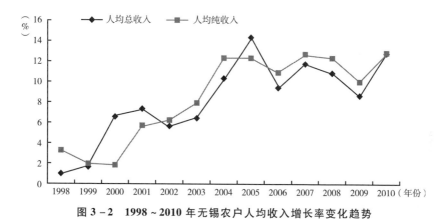

**图 3 - 2 1998 ~ 2010 年无锡农户人均收入增长率变化趋势**

资料来源：无锡市统计局《无锡统计年鉴》，1998 ~ 2011 年各卷。

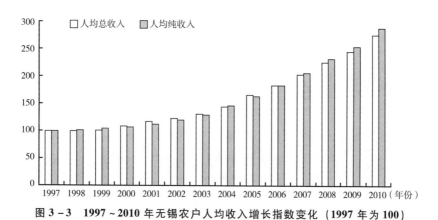

**图 3 - 3 1997 ~ 2010 年无锡农户人均收入增长指数变化（1997 年为 100）**

资料来源：无锡市统计局《无锡统计年鉴》，1998 ~ 2011 年各卷。

此次调查，课题组在无锡所选的调研点是玉祁镇玉东村、胡埭镇马鞍村。比照 1997 年的农户收入水平，1998 ~ 2010 年农户人均纯收入的增长速度是非常惊人的。与 1997 年相比，2010 年马鞍村农户人均纯收入增长 336.1%，年均增长 11.99%；玉东村农户人均纯收入增长 116.3%，年均增长 6.11%（见表 3 - 3）。

从农户人均总收入情况看，马鞍村 1997 年为 6058.1 元，2010 年为 77335.6 元；由于部分农户 2010 年收入中有土地宅基地补偿（属于临时性的收入来源），去掉这部分收入后，2010 年马鞍村农户人均总收入仍高达 18347.8 元，高于无锡市农户人均总收入平均水平；玉东村农户人均总收入 1997 年为 5762.9 元，2010 年为 41230.5 元；去掉土地宅基地补偿后，2010 年

表 3 - 3　1997 年与 2010 年无锡 2 村农户人均纯收入情况

| 村庄＼指标 | 1997 年（元） | 2010 年（元） | 2010 年较 1997 年增长（%） | 1997～2010 年年均增长率（%） |
|---|---|---|---|---|
| 马鞍村 | 4232.65 | 18458.2 | 336.1 | 11.99 |
| 玉东村 | 3856.04 | 8341.1 | 116.3 | 6.11 |

资料来源：1997 年数据来源于中国社会科学院经济研究所"无保"调查课题组《无锡、保定农村调查统计分析报告 1997》，中国财政经济出版社，2006，第 210、211 页；2010 年数据来自 2011 年《无锡、保定农户收支调查》问卷数据库。

玉东村农户人均总收入仍高达 28208.0 元，也高于无锡市农户人均总收入平均水平。从无锡 2 村农户人均总收入平均水平看，1997 年为 5910.5 元，2010 年为 59238.0 元，去掉土地宅基地补偿后，2010 年无锡 2 村农户人均总收入平均仍高达 23277.9 元（见表 3 - 4）。

表 3 - 4　1997 年与 2010 年无锡 2 村农户人均总收入及其结构

单位：元

| 村庄＼指标 | 年份 | 人均总收入 | 人均经营性收入 | 人均工资性收入 | 人均财产性收入 | 人均转移性收入 | 不包括土地宅基地补偿的人均总收入 |
|---|---|---|---|---|---|---|---|
| 马鞍村 | 1997 | 6058.1 | 2594.1 | 2996.8 | 84.3 | 382.8 | — |
| | 2010 | 77335.6 | 7418.7 | 8819.9 | 59434.0 | 1663.0 | 18347.8 |
| 玉东村 | 1997 | 5762.9 | 2821.8 | 2677.6 | 11.9 | 215.5 | — |
| | 2010 | 41230.5 | 15296.9 | 10238.5 | 14103.7 | 1591.4 | 28208.0 |
| 无锡 2 村平均 | 1997 | 5910.5 | 2708.0 | 2837.2 | 48.1 | 299.2 | — |
| | 2010 | 59283.1 | 11357.4 | 9529.2 | 36768.9 | 1627.2 | 23277.9 |

资料来源：1997 年数据来源于中国社会科学院经济研究所"无保"调查课题组《无锡、保定农村调查统计分析报告 1997》，中国财政经济出版社，2006，第 159 页；2010 年数据来自 2011 年《无锡、保定农户收支调查》问卷数据库。

从农户人均纯收入情况看，马鞍村 1997 年为 4232.65 元，2010 年为 75483.4 元；由于部分农户 2010 年收入中有土地宅基地补偿（属于临时性的收入来源），去掉这部分收入后，2010 年马鞍村农户人均纯收入仍高达 16495.5 元，高于无锡市农户人均纯收入平均水平；玉东村农户人均纯收入 1997 年为 3856.04 元，2010 年为 35903.3 元，去掉土地宅基地补偿后，2010 年玉东村农户人均纯收入仍高达 22880.9 元，也高于无锡市农户人均纯收入平均水平。从无锡 2 村农户人均纯收入平均水平看，1997 年为 4044.3 元，2010 年为 55693.3 元，去掉土地宅基地补偿后，2010 年无锡 2 村农户人均纯收入平均仍高达 19688.2 元（见表 3 - 5）。

表 3 - 5　1997 年与 2010 年无锡 2 村农户人均纯收入及其结构

单位：元

| 村庄 \ 指标 | 年份 | 人均纯收入 | 人均经营性收入 | 人均工资性收入 | 人均财产性收入 | 人均转移性收入 | 不包括土地宅基地补偿的人均纯收入 |
|---|---|---|---|---|---|---|---|
| 马鞍村 | 1997 | 4232.65 | 1528.97 | 2996.84 | 84.32 | - 377.47 | — |
| | 2010 | 75483.4 | 6262.0 | 8819.9 | 58738.5 | 1663 | 16495.5 |
| 玉东村 | 1997 | 3856.04 | 1349.83 | 2574.27 | 11.86 | - 79.92 | — |
| | 2010 | 35903.3 | 10087.0 | 10238.5 | 13986.3 | 1591.4 | 22880.9 |
| 无锡 2 村平均 | 1997 | 4044.3 | 1439.4 | 2785.6 | 48.1 | - 288.7 | — |
| | 2010 | 55693.3 | 8174.5 | 9529.2 | 36362.4 | 1627.2 | 19688.2 |

资料来源：1997 年数据来源于中国社会科学院经济研究所"无保"调查课题组《无锡、保定农村调查统计分析报告 1997》，中国财政经济出版社，2006，第 159 页；2010 年数据来自 2011 年《无锡、保定农户收支调查》问卷数据库。

## （二）收入来源结构的变化

1998 年以来，无锡农户收入持续提高。在收入增长的同时，收入来源的结构也出现新的变化，总的趋势是人均工资性收入所占的比重持续增加，人均经营性收入所占的比重逐渐下降，人均财产性收入与人均转移性收入所占的比重上升较快（见图 3 - 4）。

### 1. 工资性收入成为收入结构的主体

1998 年之后，农户工资性收入持续增长，成为收入结构的主体。无锡农户人均工资性收入 1998～2000 年为 3500～4000 元，2001 年为 4048 元，首次超过 4000 元，2004 年为 5241 元，又超过 5000 元，2005 年为 5946 元，接近 6000 元，此后几年，一年一个台阶，2006 年为 6633 元，2007 年提高至 7321 元，2008 年增加到 8048 元，2009 年进一步提高到 8950 元，接近 9000 元，2010 年为 10090 元，突破了 10000 元大关；2010 年，无锡农户人均工资性收入是 1998 年的 2.8 倍（见表 3 - 6）。

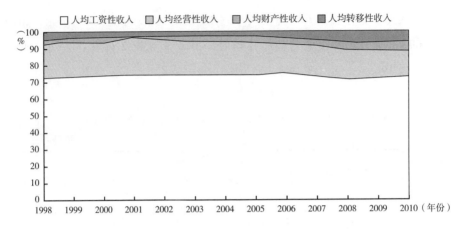

图 3 - 4　1998～2010 年无锡农户人均纯收入结构变化

资料来源：无锡市统计局《无锡统计年鉴》，1999～2011 年各卷。

表 3 - 6　1998～2010 年无锡农户人均总收入结构变化

单位：元

| 指标＼年份 | 1998 | 1999 | 2000 | 2001 | 2002 | 2003 | 2004 | 2005 | 2006 | 2007 | 2008 | 2009 | 2010 |
|---|---|---|---|---|---|---|---|---|---|---|---|---|---|
| 总额 | 5519 | 5612 | 5977 | 6426 | 6792 | 7223 | 7967 | 9129 | 10005 | 11182 | 12388 | 13454 | 15164 |
| 人均工资性收入 | 3568 | 3498 | 3788 | 4048 | 4334 | 4687 | 5241 | 5946 | 6633 | 7312 | 8048 | 8950 | 10090 |
| 在本乡地域内劳动得到的收入 | 3037 | 2578 | 2843 | 3067 | 3201 | 3596 | 3965 | 4218 | 4760 | 5248 | 5761 | 6454 | 7238 |
| 在非企业组织中劳动得到的收入 | 378 | 792 | 738 | 713 | 714 | 778 | 853 | 1088 | 1145 | 1244 | 1379 | 1493 | 1686 |
| 人均经营性收入 | 1507 | 1574 | 1682 | 1923 | 2034 | 2013 | 2161 | 2496 | 2463 | 2736 | 2941 | 2946 | 3288 |
| 种植业收入 | 830 | 912 | 452 | 528 | 438 | 474 | 870 | 1004 | 974 | 950 | 963 | 1042 | 1263 |
| 人均财产性收入 | 80 | 85 | 78 | 79 | 96 | 147 | 173 | 230 | 262 | 362 | 467 | 533 | 630 |
| 人均转移性收入 | 279 | 347 | 356 | 354 | 328 | 317 | 392 | 457 | 647 | 771 | 932 | 1025 | 1156 |

资料来源：无锡市统计局《无锡统计年鉴》，1999～2011 年各卷。

工资性收入快速增加，使得其在收入结构中的比重稳步上升。1998～2010年，从人均总收入看，其所占比重基本在65%左右（见表3-7）；从人均纯收入看，其所占人均纯收入的比重则为71%～75%（见表3-8），这说明无锡农村居民近3/4的人均纯收入来源于工资。

表3-7　1998～2010年无锡农户人均总收入结构变化情况

单位：%

| 指标　　年份 | 1998 | 1999 | 2000 | 2001 | 2002 | 2003 | 2004 | 2005 | 2006 | 2007 | 2008 | 2009 | 2010 |
|---|---|---|---|---|---|---|---|---|---|---|---|---|---|
| 人均工资性收入 | 65 | 62 | 63 | 63 | 64 | 65 | 66 | 65 | 66 | 65 | 65 | 66 | 66 |
| 人均经营性收入 | 27 | 28 | 28 | 30 | 30 | 28 | 27 | 27 | 25 | 25 | 24 | 22 | 22 |
| 人均财产性收入 | 3 | 4 | 3 | 2 | 1 | 3 | 2 | 3 | 3 | 3 | 4 | 4 | 4 |
| 人均转移性收入 | 5 | 6 | 6 | 5 | 5 | 4 | 5 | 5 | 6 | 7 | 7 | 8 | 8 |

资料来源：无锡市统计局《无锡统计年鉴》，1999～2011年各卷。

表3-8　1998～2010年无锡农户人均纯收入结构变化情况

单位：%

| 指标　　年份 | 1998 | 1999 | 2000 | 2001 | 2002 | 2003 | 2004 | 2005 | 2006 | 2007 | 2008 | 2009 | 2010 |
|---|---|---|---|---|---|---|---|---|---|---|---|---|---|
| 人均工资性收入 | 72 | 72 | 73 | 74 | 74 | 74 | 74 | 74 | 75 | 73 | 71 | 72 | 72 |
| 人均经营性收入 | 21 | 22 | 21 | 22 | 21 | 20 | 20 | 19 | 17 | 18 | 18 | 17 | 16 |
| 人均财产性收入 | 2 | 2 | 2 | 1 | 2 | 2 | 2 | 3 | 3 | 3 | 4 | 4 | 5 |
| 人均转移性收入 | 5 | 4 | 4 | 3 | 4 | 4 | 4 | 5 | 6 | 7 | 7 | 7 | 7 |

资料来源：无锡市统计局《无锡统计年鉴》，1999～2011年各卷。

无锡农民工资性收入主要为其在当地工商企业工作的收入。2001年、2002年在本乡地域内劳动得到的收入占人均工资性纯收入的74%，2003～2010年这一比重则保持在80%左右。在非企业组织中劳动得到的收入在人均工资性纯收入中所占比重略有下降，2006～2010年其稳定在17%，常住人口外出从业得到的收入在人均工资性纯收入中所占比重则很小（见表3-9、表3-10、图3-5）。

### 2.经营性收入所占比重逐渐下降

改革开放初期，经营性收入曾在农户收入结构中占据重要地位。1998年之后，虽然经营性收入仍是无锡农户收入的基础，但以农业经营为基础的经营性收入逐渐成为收入结构中的短板，增长缓慢，所占比重逐渐下降。

### 表 3－9　2001～2010 年无锡农户人均纯收入及其结构

单位：元

| 指标＼年份 | 2001 | 2002 | 2003 | 2004 | 2005 | 2006 | 2007 | 2008 | 2009 | 2010 |
|---|---|---|---|---|---|---|---|---|---|---|
| 总额 | 5523.86 | 5859.97 | 6329 | 7115 | 8004 | 8880 | 10026 | 11280 | 12403 | 14002 |
| 人均工资性收入 | 4060.19 | 4334.24 | 4687 | 5241 | 5946 | 6633 | 7312 | 8048 | 8950 | 10090 |
| 在本乡地域内劳动得到的收入 | 3017.54 | 3201.39 | 3690 | 4111 | 4621 | 5316 | 5889 | 6462 | 7218 | 8169 |
| 在非企业组织中劳动得到的收入 | 872.45 | 863.97 | 778 | 856 | 1088 | 1145 | 1244 | 1379 | 1493 | 1686 |
| 常住人口外出从业得到的收入 | 170.21 | 268.88 | 219 | 274 | 237 | 172 | 179 | 207 | 239 | 235 |
| 人均经营性收入 | 1221.00 | 1236.35 | 1286 | 1417 | 1523 | 1507 | 1780 | 2010 | 2079 | 2306 |
| 第一产业 | — | — | — | — | — | 701 | 792 | 880 | 938 | 1073 |
| 农业 | 336.51 | 292.66 | 303 | 386 | 678 | 625 | 602 | 632 | 705 | 896 |
| 林业 | — | — | — | — | — | 22 | 68 | 41 | 54 | 40 |
| 牧业 | 67.11 | 48.11 | 49 | 29 | 57 | 31 | 96 | 171 | 129 | 87 |
| 渔业 | 97.68 | 53.67 | 60 | 78 | 22 | 23 | 26 | 36 | 50 | 50 |
| 第二产业 | 284.04 | 267.58 | 315 | 290 | 206 | 169 | 288 | 380 | 368 | 541 |
| 工业 | 176.56 | 150.22 | 128 | 142 | 98 | 76 | 135 | 209 | 195 | 239 |
| 建筑业 | 107.48 | 117.36 | 187 | 148 | 108 | 93 | 153 | 171 | 173 | 302 |
| 第三产业 | — | — | — | — | — | 637 | 700 | 750 | 773 | 692 |
| 交通、运输和邮电业 | 181.96 | 244.29 | 223 | 253 | 195 | 244 | 270 | 201 | 125 | 171 |
| 批发和零售贸易、餐饮业 | 75.62 | 148.31 | 69 | 127 | 127 | 157 | 203 | 263 | 307 | 274 |
| 社会服务业 | 62.96 | 71.21 | 155 | 114 | 113 | 115 | 108 | 113 | 141 | 137 |
| 文教卫生业 | — | — | — | — | — | 4 | 1 | 0 | 0 | 0 |
| 其他服务行业 | 116.41 | 110.52 | 112 | 137 | 87 | 117 | 118 | 173 | 200 | 110 |
| 人均财产性收入 | 79.11 | 96.03 | 147 | 173 | 230 | 262 | 362 | 467 | 533 | 630 |
| 人均转移性收入 | 163.55 | 193.35 | 209 | 284 | 305 | 478 | 572 | 755 | 841 | 976 |

资料来源：无锡市统计局《无锡统计年鉴》，2002～2011 年各卷。

### 表 3－10　2001～2010 年无锡农户人均工资性纯收入结构

单位：%

| 指标＼年份 | 2001 | 2002 | 2003 | 2004 | 2005 | 2006 | 2007 | 2008 | 2009 | 2010 |
|---|---|---|---|---|---|---|---|---|---|---|
| 在本乡地域内劳动得到的收入 | 74 | 74 | 79 | 79 | 78 | 80 | 81 | 80 | 80 | 81 |
| 在非企业组织中劳动得到的收入 | 22 | 20 | 16 | 15 | 18 | 17 | 17 | 17 | 17 | 17 |
| 常住人口外出从业得到的收入 | 4 | 6 | 5 | 5 | 4 | 3 | 2 | 3 | 3 | 2 |

资料来源：无锡市统计局《无锡统计年鉴》，2002～2011 年各卷。

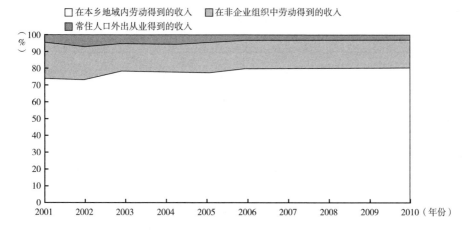

**图 3 - 5　2001～2010 年无锡农户人均工资性纯收入结构变化**

资料来源：无锡市统计局《无锡统计年鉴》，2002～2011 年各卷。

从无锡农户人均总收入结构看，人均经营性收入 1998 年为 1507 元，占 27%。1999～2001 年，人均经营性收入稳定增长，从 1574 元增加到了 1923 元，所占比重略有上升，最高达到了 30%。2002～2004 年增长乏力，仅提高到 2161 元，所占比重维持在 28% 左右。2005～2007 年出现小幅上升，达到了 2736 元，而所占比重却下降为 25%。2008～2010 年，人均经营性收入突破 2900 元，达到 3288 元，而所占比重进一步下降到了 22%（见表 3 - 6、表 3 - 7）。

从无锡农户人均纯收入结构看，人均经营性收入所占比重则还要低一些。1998～2000 年，人均经营性收入占人均纯收入的比重在 21% 左右。2001～2003 年，人均经营性收入增长为 1200～1300 元，所占比重下降到了 20%。2004 年人均经营性收入上升到 1417 元，2005 年、2006 年又分别提高到 1523 元和 1507 元，但其所占比重进一步下降到 17%。2007 年人均经营性收入增至 1780 元，2008～2010 年又增长到 2306 元，但其所占比重下降到 16%（见表 3 - 8、表 3 - 9）。

在人均经营性纯收入中，来自第二产业的人均经营性纯收入所占比重较低，而来自第一产业、第三产业的人均经营性纯收入所占比重则较高（见表 3 - 11、图 3 - 6）。

### 3. 财产性收入日益增长

农户的财产性收入主要来源于土地、房屋和资本三个方面。土地的财产性

表 3 – 11    2001～2010 年无锡农户人均经营性纯收入结构

单位：%

| 指标＼年份 | 2001 | 2002 | 2003 | 2004 | 2005 | 2006 | 2007 | 2008 | 2009 | 2010 |
|---|---|---|---|---|---|---|---|---|---|---|
| 第一产业 | 41 | 32 | 32 | 35 | 51 | 50 | 45 | 44 | 45 | 47 |
| 第二产业 | 23 | 32 | 25 | 20 | 14 | 10 | 16 | 19 | 18 | 23 |
| 第三产业 | 36 | 46 | 43 | 45 | 35 | 40 | 39 | 37 | 37 | 30 |

资料来源：无锡市统计局《无锡统计年鉴》，2002～2011 年各卷。

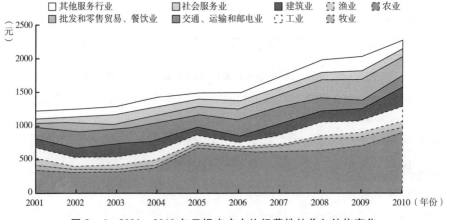

图 3 – 6    2001～2010 年无锡农户人均经营性纯收入结构变化

资料来源：无锡市统计局《无锡统计年鉴》，2002～2011 年各卷。

收入通过农户承包土地的征用或经营权流转而获得；房屋的财产性收入主要是农户出租房屋的租金、出售房屋所得，或被拆而获得的补偿；资本的财产性收入主要是农户获得的金融机构的储蓄利息，民间借贷利息和投资股票、债券、基金等渠道获得的收入。另外，有些地方的农户还有集体财产经营收益分配的收入。

20 世纪 90 年代以来，得益于经济发展、外汇制度改革、城镇化加速等，农户财产性收入呈现提升的态势。1990～2007 年，江苏省人均财产性收入虽然经历了 1993 年、1999 年、2000 年的下降，但总体上呈增长趋势，城镇居民人均财产性收入增长速度慢于农村居民。[①]

---

① 李子联、黄瑞玲：《财产性收入的影响因素：基于江苏省数据的解释》，《上海立信会计学院学报》2011 年第 2 期。

无锡是江苏省的发达地区，1998 ~ 2010 年，其农户收入结构中一个十分显著的变化就是财产性收入所占比例明显提高。

无锡农户人均财产性收入，1998 年为 80 元，1999 年为 85 元，2000 年、2001 年分别下降到 78 元和 79 元，2002 年上升到 96 元。此后人均财产性收入不断升高，2003 年为 147 元，2004 年提高到 173 元，2005 年增长到 230 元，2007 年又上升到 362 元，2008 年达到 467 元，2009 年再冲到 533 元，2010 年跃升为 630 元。1998 ~ 2010 年，人均财产性收入增加了 550 元，增长了 6.9 倍，年均增长 18.8%（见表 3 - 6）。2010 年，人均财产性收入在人均总收入中的比重达到 4%，在人均纯收入中的比重由 2% 上升为 5%（见表 3 - 7、表 3 - 8）。

**4. 转移性收入成为推动农户收入增长的生力军**

随着各级政府财政对农村转移支付的增多，无锡农民得到的转移性收入逐渐增加，转移性收入在农户收入结构中所占的比例逐步提升，成为推动农户收入增长的新支撑。

在无锡农户人均纯收入中，人均转移性收入 1998 年为 265 元，1999 ~ 2003 年处于下降状态，其中，1999 年降为 206 元，2000 年略微回升到 234 元，2001 年再降至 163.55 元，2002 年略升到 193.35 元，2003 年再上升为 209 元，没有超过 1998 年的水平。2004 年后，随着全国新农村建设的推进，政府加大了转移支付力度，农民得到的转移性收入明显增多。2004 年无锡农户人均纯收入中人均转移性收入提升到 284 元，2005 年又上升到 305 元，2006 年增长到 478 元，2007 年又增长到 572 元，增加了近 100 元，2008 年达到了 755 元，2009 年进一步提升为 841 元，2010 年为 976 元（见表 3 - 9）。1998 ~ 2010 年，无锡农户人均转移性收入增长了 711 元，增长 2.7 倍，年均增长 11.5%。

转移性收入的快速增加，改变了其在农民收入结构中的比重。从人均总收入结构看，人均转移性收入所占比重从 1998 年的 5% 上升到 2010 年的 8%（见表 3 - 7）。从人均纯收入看，人均转移性收入所占比重从 1998 年的 5% 上升到 2010 年的 7%（见表 3 - 8）。

从本次调查的马鞍村、玉东村农户人均总收入结构看，与 1997 年相比，2010 年发生了显著的变化。在无锡 2 村农户人均总收入中，人均工资性收入占比 1997 年为 48%，2010 年为 16%；人均经营性收入占比 1997 年为 46%，

2010 年下降到了 19%；人均财产性收入占比 1997 年为 1%，2010 年提升到 62%；人均转移性收入占比 1997 年为 5%，2010 年为 3%（见图 3 - 7、图 3 - 8）。2010 年被调查的无锡 2 村之所以出现这种反常的农户收入结构，是因为这两个村不少农户得到了政府拆迁补偿，这拉高了财产性收入比例。如果扣除土地宅基地补偿，那么 2010 年无锡 2 村农户收入结构变化趋势与无锡农户收入结构变化趋势一致。

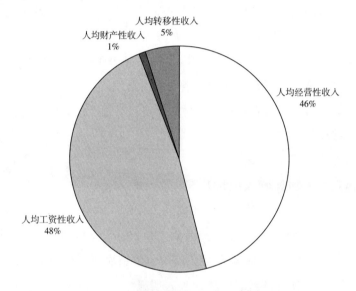

**图 3 - 7　1997 年无锡 2 村农户人均总收入结构**

资料来源：中国社会科学院经济研究所"无锡保定农村调查数据库（1997）"。

2005 年，国家统计局定义的中国中等收入群体（中产阶级）家庭年收入为 6 万～50 万元。2011 年，无锡市农民人均收入为 16438 元，农民家庭户均收入已在 5 万元以上，接近中等收入群体的下限标准。其中，年人均纯收入在 2 万元以上的农民占 28.2%，全市农民中等收入群体的比例为 30% 左右，这说明无锡农村已经形成了规模很大的农民中等收入群体。从总体上看，无锡农民中等收入群体比较复杂，他们中有中小型民营企业家，个体工商户，各类企业中的"白领"（管理、文秘、技术工人等），市场稀缺的中高级专业技术人员，农场主，种田大户，种养专业户，经济发达村的村民，房屋出租者等。无锡农民中等收入群体的基本特征为：具有较强的改革开放

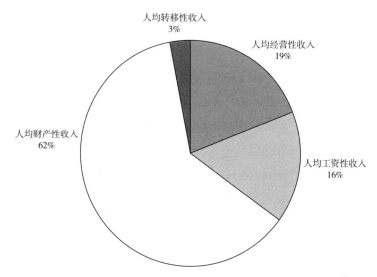

**图 3 - 8 2010 年无锡 2 村农户人均总收入结构**

资料来源：中国社会科学院经济研究所"无锡保定农村调查数据库（2010）"。

意识，具有较强的抗御风险能力，具有良好的创业创新素质，具有良好的公民公德意识。[①]

## 二 家庭支出的增长与支出结构的变化

### （一）家庭人均支出的增长与支出结构的变化

#### 1. 家庭人均支出的增长

1998～2010 年，无锡农民家庭的支出呈现较快的增长趋势。从家庭人均总支出看，1998 年为 4598 元，2001 年增加到了 5169 元，2004 年又提高 6407 元。2005 年之后，家庭人均总支出每年上升的幅度都比较大，2005 年为 7557 元，2006 年为 8451 元，2007 年为 8975 元，2008 年为 9998 元，2009 年突破 10000 元，达到 10636 元，2010 年再提升到 11779 元。1998～2010 年人均总支出增长了 7181 元，增长了约 1.56 倍（见表 3 - 12）。

---

① 张寿正：《持续扩大农民中等收入群体的思考——以无锡为例》，《江南论坛》2013 年第 3 期。

表 3 – 12　　1998～2010 年无锡农户人均总支出

单位：元

| 指标 年份 | 人均 总支出 | 人均经营性支出 | | 人均购置生产 用固定资产支出 | 人均税 费支出 | 人均生活 消费支出 | 人均其他 支出 |
|---|---|---|---|---|---|---|---|
| | | 小计 | 其中：人均种植业支出 | | | | |
| 1998 | 4598 | 374 | 211 | 8 | 40 | 3965 | 211 |
| 1999 | 4398 | 340 | 198 | 25 | 41 | 3794 | 198 |
| 2000 | 4904 | 429 | 131 | 34 | 27 | 3881 | 533 |
| 2001 | 5169 | 553 | 139 | 62 | 57 | 3934 | 424 |
| 2002 | 5515 | 566 | 125 | 209 | 58 | 4019 | 663 |
| 2003 | 5560 | 516 | 131 | 43 | 46 | 4369 | 586 |
| 2004 | 6407 | 522 | 152 | 268 | 13 | 5055 | 549 |
| 2005 | 7557 | 769 | 294 | 107 | 10 | 5830 | 841 |
| 2006 | 8451 | 747 | 319 | 189 | 8 | 6508 | 999 |
| 2007 | 8975 | 788 | 317 | 28 | 8 | 7177 | 974 |
| 2008 | 9998 | 775 | 298 | 75 | 13 | 7943 | 1192 |
| 2009 | 10636 | 720 | 306 | 10 | 6 | 8832 | 1068 |
| 2010 | 11779 | 825 | 332 | 76 | 10 | 9790 | 1078 |

资料来源：无锡市统计局《无锡市统计年鉴》，1999～2011 年各卷。

### 2. 家庭支出结构的变化

在无锡农户人均总支出中，从支出由高到低来看，首先是生活消费支出，约占农户支出的 4/5；其次是经营性支出；再次是购置生产用固定资产支出；最后是税费支出。1997～2010 年，无锡农户人均总支出结构有所变化（见图 3–9）。

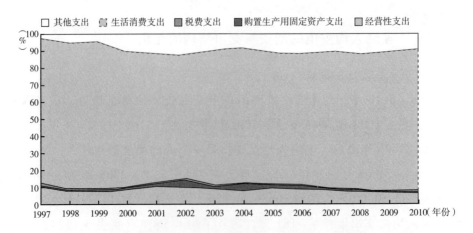

图 3 – 9　1997～2010 年无锡农户人均总支出结构变化

资料来源：无锡市统计局《无锡市统计年鉴》，1998～2011 年各卷。

农户支出分为生产性支出、生活消费支出及其他支出三类，可以发现，1997～2010年，无锡农户生产性支出所占比重在下降，生活消费支出所占比重虽有下降，但变化不大，其他支出所占比重上升明显（见表3－13、图3－10）。

表3－13 1997～2010年无锡农户人均总支出结构变化情况

单位：%

| 指标＼年份 | 1997 | 1998 | 1999 | 2000 | 2001 | 2002 | 2003 | 2005 | 2006 | 2007 | 2008 | 2009 | 2010 |
|---|---|---|---|---|---|---|---|---|---|---|---|---|---|
| 生产性支出 | 12.30 | 9.18 | 9.23 | 9.99 | 12.98 | 15.09 | 10.88 | 11.72 | 11.17 | 9.18 | 8.36 | 6.92 | 7.73 |
| 生活消费支出 | 85.06 | 86.23 | 86.27 | 79.14 | 76.12 | 72.88 | 78.58 | 77.15 | 77.01 | 79.97 | 79.45 | 83.04 | 83.11 |
| 其他支出 | 2.64 | 4.59 | 4.50 | 10.87 | 10.90 | 12.03 | 10.54 | 11.13 | 11.82 | 10.85 | 11.92 | 10.04 | 9.15 |

资料来源：无锡市统计局《无锡市统计年鉴》，1998～2011年各卷。

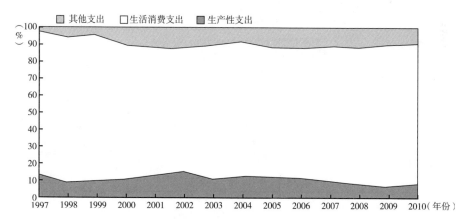

图3－10 1997～2010年无锡农户人均总支出结构变化趋势

资料来源：无锡市统计局《无锡市统计年鉴》，1998～2011年各卷。

## （二）生活消费支出的增长与支出结构的变化

### 1. 生活消费支出的增长

1997～2010年，无锡农户人均生活消费支出呈不断升高的态势。

1997年，无锡农户人均生活消费支出为4026元。1998～2002年，人均生活消费支出下降。1998年为3965元，1999年降到3794元，这两年分别出现1.5%和4.3%的负增长。2000年略有起色，达到3881元，增长

2.3%。2001 年再上升到 3934 元，2002 年才接近 1997 年的水平，为 4019
元，这两年增长率都较低。2003 年之后，无锡农户人均生活消费支出出现
稳步上升的势头，2003 年为 4369 元，年增长 8.7%，2004 年增长到 5056
元，2006 年提高到 6508 元，2007 年又增长到 7177 元，2009 年进一步上涨
到 8832 元，2010 年达到了 9790 元。2004～2010 年的增长率都超过 10%。
1997～2010 年，人均生活消费支出增加了 5764 元，增加了 1.43 倍（见
表 3-14、图 3-11、图 3-12）。

**表 3-14 1997～2010 年无锡农户人均生活消费支出变化情况**

| 指标＼年份 | 1997 | 1998 | 1999 | 2000 | 2001 | 2002 | 2003 | 2004 | 2005 | 2006 | 2007 | 2008 | 2009 | 2010 |
|---|---|---|---|---|---|---|---|---|---|---|---|---|---|---|
| 总额(元) | 4026 | 3965 | 3794 | 3881 | 3934 | 4019 | 4369 | 5056 | 5830 | 6508 | 7177 | 7943 | 8832 | 9790 |
| 增长率(%) | 5.3 | -1.5 | -4.3 | 2.3 | 1.4 | 2.2 | 8.7 | 15.7 | 15.3 | 11.6 | 10.3 | 10.7 | 11.2 | 10.8 |
| 增长指数 | 100 | 98.5 | 94.3 | 96.4 | 97.7 | 99.8 | 108.5 | 125.6 | 144.8 | 161.7 | 178.3 | 197.3 | 219.4 | 243.2 |

资料来源：无锡市统计局《无锡市统计年鉴》，1998～2011 年各卷。

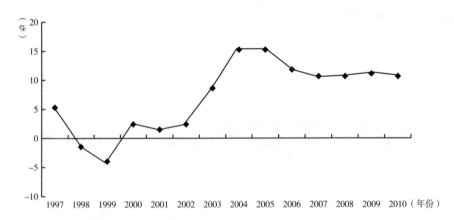

**图 3-11 1997～2010 年无锡农户人均生活消费支出增长率变化趋势**

资料来源：无锡市统计局《无锡市统计年鉴》，1998～2011 年各卷。

### 2. 生活消费支出结构的变化

无锡农户生活消费不仅表现为支出越来越多，而且其支出结构已悄然
变化。

其一，食品支出占生活消费支出的比重下降明显。

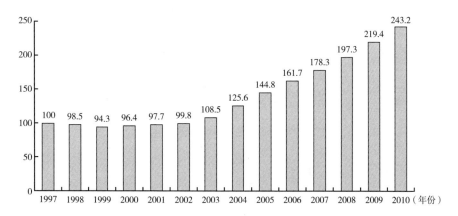

**图 3 – 12  1997 ~ 2010 年无锡农户人均生活消费支出增长指数变化（1997 年为 100）**

资料来源：无锡市统计局《无锡市统计年鉴》，1998 ~ 2011 年各卷。

　　在生活消费支出中，食品支出最大。1998 年无锡农户人均食品支出为
1597.5 元，1999 年下降为 1450.2 元，2000 年增加到 1616.2 元，2001 年、
2002 年又分别下降到 1602.4 元和 1591.3 元。2003 年后，人均食品支出逐渐
增加，2003 年为 1674.5 元，2004 年提高到 1908.0 元，2006 年又增长到
2432.0 元，2007 年提高到 2701.0 元，2008 年达到 2828.0 元，2009 年上升到
2968.0 元，2010 年增加为 3375.0 元。1998 ~ 2010 年人均食品支出增长
1777.5 元，增长了 1.11 倍（见表 3 – 15）。

**表 3 – 15  1998 ~ 2010 年无锡农户人均生活消费支出结构**

单位：元

| 年份 | 人均生活消费支出 | 人均食品支出 | 人均衣着支出 | 人均居住支出 | 人均家庭设备用品及维修服务支出 | 人均医疗保健支出 | 人均交通和通信支出 | 人均文化教育娱乐用品及服务支出 | | | 人均其他商品和服务支出 |
| --- | --- | --- | --- | --- | --- | --- | --- | --- | --- | --- | --- |
| | | | | | | | | 小计 | 用品支出 | 服务支出 | |
| 1998 | 3965.0 | 1597.5 | 260.3 | 396.7 | 396.7 | 226.1 | 318.5 | 427.8 | 125.7 | 301.9 | 121.0 |
| 1999 | 3793.8 | 1450.2 | 242.0 | 697.4 | 449.7 | 149.4 | 300.9 | 423.8 | 113.3 | 310.5 | 80.4 |
| 2000 | 3880.7 | 1616.2 | 262.4 | 635.3 | 273.0 | 202.0 | 361.0 | 368.6 | 90.4 | 278.2 | 162.2 |
| 2001 | 3933.9 | 1602.4 | 270.7 | 512.3 | 2865.5 | 234.3 | 432.5 | 451.4 | 87.9 | 363.4 | 144.8 |
| 2002 | 4018.5 | 1591.3 | 270.6 | 421.3 | 320.1 | 252.4 | 439.9 | 514.5 | 74.5 | 413.8 | 217.5 |
| 2003 | 4369.0 | 1674.5 | 288.3 | 530.9 | 263.6 | 309.1 | 583.2 | 614.6 | 104.1 | 425.4 | 104.8 |

续表

| 指标 年份 | 人均 生活 消费 支出 | 人均 食品 支出 | 人均 衣着 支出 | 人均 居住 支出 | 人均家庭 设备用品 及维修 服务支出 | 人均 医疗 保健 支出 | 人均 交通和 通信 支出 | 人均文化教育娱乐 用品及服务支出 | | | 人均其他 商品和 服务支出 |
|---|---|---|---|---|---|---|---|---|---|---|---|
| | | | | | | | | 小计 | 用品 支出 | 服务 支出 | |
| 2004 | 5055.9 | 1908.0 | 340.9 | 805.0 | 254.0 | 274.0 | 655.0 | 691.0 | 94.0 | 505.0 | 128.0 |
| 2005 | 5830.0 | 2198.0 | 418.0 | 885.0 | 302.0 | 410.0 | 586.0 | 875.0 | 177.0 | 596.0 | 156.0 |
| 2006 | 6508.0 | 2432.0 | 508.0 | 974.0 | 363.0 | 361.0 | 687.0 | 1020.0 | 240.0 | 780.0 | 163.0 |
| 2007 | 7177.0 | 2701.0 | 550.0 | 959.0 | 378.0 | 465.0 | 823.0 | 1153.0 | 1036.0 | 117.0 | 148.0 |
| 2008 | 7943.0 | 2828.0 | 571.0 | 1441.0 | 355.0 | 420.0 | 968.0 | 1217.0 | 983.0 | 234.0 | 143.0 |
| 2009 | 8832.0 | 2968.0 | 560.0 | 1622.0 | 541.0 | 493.0 | 1070.0 | 1387.0 | 1104.0 | 283.0 | 191.0 |
| 2010 | 9790.0 | 3375.0 | 615.0 | 1640.0 | 570.0 | 528.0 | 1107.0 | 1768.0 | 1367.0 | 401.0 | 187.0 |

资料来源：无锡市统计局《无锡市统计年鉴》，1999～2011年各卷。

人均食品支出在人均生活消费支出中的比重却在不断下降。人均食品支出占比1998年为40%，1999年略降为38%，2000～2002年上升到40%及以上。2003～2007年，人均食品支出占人均生活消费支出的比重在38%左右，2008年降到36%，2009年、2010年分别降到34%和35%（见表3-16、图3-13）。

表3-16 1998～2010年无锡农户人均生活消费支出结构变化情况

单位：%

| 指标 年份 | 1998 | 1999 | 2000 | 2001 | 2002 | 2003 | 2004 | 2005 | 2006 | 2007 | 2008 | 2009 | 2010 |
|---|---|---|---|---|---|---|---|---|---|---|---|---|---|
| 人均食品支出 | 40 | 38 | 42 | 41 | 40 | 38 | 38 | 38 | 37 | 38 | 36 | 34 | 35 |
| 人均衣着支出 | 6 | 6 | 7 | 7 | 7 | 7 | 7 | 7 | 8 | 8 | 7 | 6 | 6 |
| 人均居住支出 | 16 | 19 | 16 | 13 | 10 | 12 | 16 | 15 | 15 | 13 | 18 | 18 | 17 |
| 人均家庭设备用品及维修服务支出 | 10 | 12 | 7 | 7 | 8 | 6 | 5 | 5 | 6 | 5 | 5 | 6 | 6 |
| 人均医疗保健支出 | 6 | 4 | 5 | 6 | 6 | 7 | 5 | 7 | 5 | 7 | 5 | 6 | 5 |
| 人均交通和通信支出 | 8 | 8 | 9 | 11 | 11 | 13 | 13 | 10 | 11 | 11 | 12 | 12 | 11 |
| 人均文化教育娱乐用品及服务支出 | 11 | 11 | 11 | 11 | 13 | 14 | 14 | 15 | 16 | 16 | 15 | 16 | 18 |
| 人均其他商品和服务支出 | 3 | 2 | 4 | 4 | 5 | 3 | 2 | 3 | 2 | 2 | 2 | 2 | 2 |

资料来源：无锡市统计局《无锡市统计年鉴》，1999～2011年各卷。

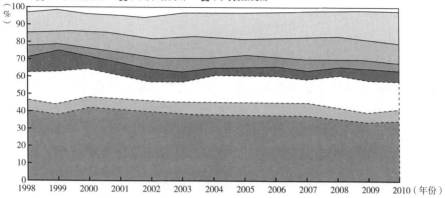

**图 3 - 13　1998～2010 年无锡农户人均生活消费支出结构变化**

资料来源：无锡市统计局《无锡市统计年鉴》，1999～2011 年各卷。

1998～2010 年，无锡农民恩格尔系数呈降低趋势，反映出其生活水平的稳步提高。按照联合国粮农组织的评判标准，2009 年、2010 年无锡农民生活已基本达到富裕水平。

另外，无锡市农民饮食观念也在发生变化。随着生活节奏的加快，人们不愿意为家务所累，越来越多的人开始花钱享受。家人亲友聚集饭店、酒家用餐，购买现成熟食成为时尚。他们不再以简单的主食为主，而是追求营养，讲究方便。人们更加喜欢营养、健康、安全的食品，奶及奶制品成为百姓餐桌不可少的食品，成为旅游、休闲的餐饮佳品及保健饮料。[①]

其二，文化教育娱乐用品及服务支出占生活消费支出的比重显著上升。

虽然食品支出占生活消费支出的比重下降，但是文化教育娱乐用品及服务支出占生活消费支出的比重上升十分显著。

1998～2010 年，无锡农户人均文化教育娱乐用品及服务支出除 1999 年、2000 年有所下降外，其余年份都在上升。1998 年人均文化教育娱乐用品及服务支出为 427.8 元，1999 年略降为 423.8 元，2000 年下降到 368.6 元，2001

---

① 江新：《从食品消费看无锡农民生活变化》，《经济日报》2003 年 4 月 8 日，第 12 版。

年提高到 451.4 元，2003 年增长到 614.6 元，2005 年提升到 875.0 元，2006 年达到 1020.0 元，2008 年又升到 1217.0 元，2009 年再涨至 1387.0 元，2010 年增加到 1768.0 元。1998～2010 年，人均文化教育娱乐用品及服务支出增长了 1340.2 元，增长了 3.13 倍（见表 3-15）。

文化教育娱乐用品及服务支出在生活消费支出中所占的比重增加很多。人均文化教育娱乐用品及服务支出占人均生活消费支出的比重 1998 年为 11%，1999～2001 年保持在 11% 左右，2002 年增长到 13%，2003 年、2004 年都是 14%，2005 年又上升到 15%，2006 年、2007 年再增至 16%，2008 年略降到 15%，2009 年又上升到 16%，2010 年达到了 18%。从 1998 年的 11% 到 2010 年的 18%，上升了 7 个百分点（见表 3-16）。

其三，交通和通信支出占生活消费支出的比重逐步上升。

随着交通和通信的快速发展，无锡农户开始追求方便、快捷的生活，交通和通信支出越来越多。人均交通和通信支出 1998 年为 318.5 元，1999 年略降至 300.9 元，2000 年下降到 361.0 元，2001 年提高到 432.5 元，2003 年增长到 583.2 元，2004 年达到 655.0 元，2007 年增加到 823.0 元，2008 年提升到 968.0 元，2010 年达到了 1107.0 元。1998～2010 年，人均交通和通信支出增加了 788.5 元，增长了 2.48 倍（见表 3-15）。

交通和通信支出占生活消费支出的比重也在稳步上升。人均交通和通信支出占人均生活消费支出的比重在 1998 年、1999 年均为 8%，2000 年上升到 9%，2001 年、2002 年增长到 11%，2003 年、2004 年达到 13%，2005 年降到 10%，2006 年、2007 年保持在 11%，2008 年、2009 年提高到 12%，2010 年为 11%。从 1998 年的最低占比 8% 到 2003 年、2004 年的最高占比 13%，上升了 5 个百分点。与 1998 年相比，2010 年的占比也上升了 3 个百分点（见表 3-16）。

此外，1998～2010 年，家庭设备用品及维修服务支出呈波动式增长，其所占比例也呈降低趋势（见表 3-15 和表 3-16）。人均家庭设备用品及维修服务支出占人均生活消费支出的比例 1998 年为 10%，1999 年为 12%，2000 年、2001 年下降为 7%，2002 年略升到 8%，2003 年再降为 6%，2004 年、2005 年降到 5%，2006 年升为 6%，2007 年、2008 年降为 5%，2009 年、2010 年保持在 6%。

其他支出，如衣着支出、医疗保健支出均有较大的增长，它们在生活消费支出中所占的比重虽有起伏波动，但大致平稳（见表 3 - 15 和表 3 - 16）。1998 ~ 2010 年，人均衣着支出占人均生活消费支出的比重为 6% ~ 8%，人均医疗保健支出占人均生活消费支出的比重为 4% ~ 7%，人均居住支出占人均生活消费支出的比重大体保持在 10% ~ 18%。

从本次调查的无锡 2 村情况看，马鞍村、玉东村农户生活消费支出的变化趋势与无锡市农户生活消费支出的变化趋势基本一致（见表 3 - 17、表 3 - 18）。

表 3 - 17　1997 年与 2010 年无锡 2 村农户人均生活消费支出

单位：元

| 指标<br>村庄 | 年份 | 人均生活消费支出 | 人均食品支出 | 人均衣着支出 | 人均居住支出 | 人均家庭设备用品及维修服务支出 | 人均交通和通信支出 | 人均文化教育娱乐用品及服务支出 | 人均医疗保健支出 | 人均其他商品和服务支出 |
|---|---|---|---|---|---|---|---|---|---|---|
| 马鞍村 | 1997 | 3483.5 | 1575.5 | 267.6 | 259.3 | 251.7 | 414.8 | 555.9 | 113.4 | 45.3 |
| | 2010 | 9663.6 | 2150.6 | 689.4 | 1882.1 | 830.0 | 1037.1 | 535.2 | 1268.3 | 1190.6 |
| 玉东村 | 1997 | 3215.0 | 1808.7 | 250.0 | 241.8 | 113.3 | 120.2 | 442.6 | 194.9 | 43.6 |
| | 2010 | 11874.8 | 2226.2 | 842.2 | 1728.6 | 1612.0 | 1349.6 | 1114.7 | 1342.9 | 1635.6 |
| 无锡 2 村平均 | 1997 | 3349.3 | 1692.1 | 258.8 | 250.6 | 182.5 | 267.5 | 499.3 | 154.2 | 44.5 |
| | 2010 | 10769.2 | 2189.4 | 765.8 | 1805.4 | 1221.0 | 1193.4 | 825.0 | 1305.6 | 1413.1 |

注：1997 年的统计分析原表无"居住支出"项目，以"能源支出"项目代替；列入本表后，其被归为"居住"项目，但实际要高于表中的数值。

资料来源：1997 年数据来源于中国社会科学院经济研究所"无保"调查课题组《无锡、保定农村调查统计分析报告1997》，中国财政经济出版社，2006，第 290、291 页；2010 年数据来自 2011 年《无锡、保定农户收支调查》问卷数据库。

### 3. 耐用品消费升级换代

随着收入水平的增长、生活质量的提高，无锡农民购买的耐用消费品出现了升级换代的趋势。1998 ~ 2010 年，中档耐用消费品已基本普及，电冰箱、洗衣机、抽油烟机、微波炉、热水器、空调等家电成为农村居民的生活必需品。家用电脑、高档手机、家用轿车、高档乐器等高档耐用消费品日益增多，成为富裕家庭的消费新宠。比如，2010 年每百户农户拥有 55 台家用电脑，16 台小汽车，3 件中高档乐器（见表 3 - 19）。

表 3–18 1997 年与 2010 年无锡 2 村农户人均生活消费支出结构变化情况

单位：%

| 村庄 指标 | 年份 | 人均生活消费支出 | 人均食品支出 | 人均衣着支出 | 人均居住支出 | 人均家庭设备用品及维修服务支出 | 人均交通和通信支出 | 人均文化娱乐用品及服务支出 | 人均医疗保健支出 | 人均其他商品和服务支出 |
|---|---|---|---|---|---|---|---|---|---|---|
| 马鞍村 | 1997 | 100 | 45 | 8 | 8 | 7 | 12 | 16 | 3 | 1 |
| | 2010 | 100 | 22 | 7 | 20 | 9 | 11 | 6 | 13 | 12 |
| 玉东村 | 1997 | 100 | 56 | 8 | 7 | 4 | 4 | 14 | 6 | 1 |
| | 2010 | 100 | 19 | 7 | 15 | 14 | 11 | 9 | 11 | 14 |
| 无锡 2 村平均 | 1997 | 100 | 51 | 8 | 7 | 5 | 8 | 15 | 5 | 1 |
| | 2010 | 100 | 21 | 7 | 17 | 11 | 11 | 8 | 12 | 13 |

注：1997 年的统计分析原表无"居住支出"项目，以"能源支出"项目代替，列入本表后，其被归为"居住"项目，但实际要高于表中的数值。

资料来源：1997 年数据来源于中国社会科学院经济研究所"无保"调查课题组《无锡、保定农村调查统计分析报告1997》，中国财政经济出版社，2006，第290、291 页；2010 年数据来自 2011 年《无锡、保定农户收支调查》问卷数据库。

表 3–19 1998~2010 年无锡每百户农户耐用消费品拥有量

| 指标 年份 | 1998 | 1999 | 2000 | 2001 | 2002 | 2003 | 2004 | 2005 | 2006 | 2007 | 2008 | 2009 | 2010 |
|---|---|---|---|---|---|---|---|---|---|---|---|---|---|
| 彩电（台） | 82 | 90 | 108 | 110 | 118 | 124 | 128 | 152 | 156 | 166 | 168 | 169 | 173 |
| 洗衣机（台） | 90 | 88 | 90 | 88 | 91 | 93 | 95 | 99 | 99 | 100 | 101 | 100 | 101 |
| 电冰箱（台） | 54 | 60 | 53 | 60 | 63 | 68 | 71 | 81 | 79 | 90 | 93 | 94 | 97 |
| 摩托车（辆） | 54 | 65 | 77 | 102 | 93 | 102 | 102 | 109 | 101 | 101 | 83 | 80 | 78 |
| 照相机（架） | 14 | 18 | 13 | 13 | 14 | 17 | 19 | 14 | 19 | 21 | 23 | 22 | 23 |
| 抽油烟机（台） | 21 | 25 | 24 | 28 | 36 | 38 | 43 | 54 | 57 | 62 | 64 | 66 | 71 |
| 空调（台） | 19 | 22 | 40 | 46 | 53 | 69 | 88 | 109 | 108 | 126 | 133 | 139 | 146 |
| 微波炉（台） | — | — | 14 | 18 | 23 | 31 | 39 | 55 | 57 | 68 | 74 | 77 | 81 |
| 热水器（台） | — | — | 39 | 43 | 48 | 54 | 58 | 65 | 68 | 78 | 81 | 85 | 90 |
| 小汽车（辆） | — | — | 1 | 2 | 3 | 3 | 7 | 4 | 4 | 6 | 6 | 8 | 16 |
| 固定电话（部） | — | — | 80 | 84 | 90 | 92 | 101 | 99 | 98 | 94 | 100 | 97 | 97 |
| 移动电话（部） | — | — | 30 | 47 | 70 | 91 | 114 | 162 | 171 | 190 | 196 | 198 | 202 |
| 摄像机（台） | — | — | 2 | 1 | 1 | 1 | 2 | 1 | 2 | 3 | 3 | 3 | 3 |
| 影碟机（台） | — | — | 29 | 30 | 36 | 39 | 42 | 33 | 32 | 37 | 34 | 35 | 34 |
| 家用电脑（台） | — | — | 2 | 5 | 7 | 9 | 11 | 19 | 27 | 35 | 40 | 51 | 55 |
| 中高档乐器（件） | — | — | 1 | 2 | 2 | 2 | 2 | 3 | 3 | 3 | 3 | 3 | 3 |

资料来源：无锡统计局《无锡市统计年鉴》，1999~2011 年各卷。

## （三）生产经营性支出的变化

农户生产经营性支出主要包括经营性支出、购置生产用固定资产支出及税费支出三大类。

无锡农户经营性支出总体上呈现上升的趋势。农户人均经营性支出1997年为482元，1998年降至374元，1999年略有下降，2000年有所回升，2001年增加到553元。相对来说，2003年、2004年有所减少，2005年提升到769元。2005年农户农资购买数量显著增加，用肥结构发生变化，购买农资的支出大幅增加，主要原因有：粮价大幅上涨，刺激了农户种植粮食的积极性；农户预期2005年农资价格还要上涨，除及时购足当期所需的农资外，还预购了一部分农资。[①] 此后，人均经营性支出略有波动，2010年增长到825元。1998~2010年农户人均经营性支出提高了1.2倍（见表3-12）。

农户人均购置生产用固定资产支出起伏较大。农户人均购置生产用固定资产支出1997年为51元，1998~2000年减少较多，2001年增加到62元，2002年大幅度增加到209元，2003年又降到43元，2004年提升到268元，之后呈下降态势，2010年为76元（见表3-12）。

农户人均税费支出呈现下降趋势。农户人均税费支出1997年为49元，2000年下降到27元，2001~2003年有所回升，2004年之后一直下降，到2010年降到10元（见表3-12）。

将前述三项支出合起来看，1997~2010年无锡农户生产经营性支出呈波动性增长趋势。1997年三项支出合计为582元，1998年、1999年和2000年三项支出合计低于1997年。三项支出之和2001年超过了1997年，2002年进一步增长，2003年、2004年波动下降，2006年、2007年再度上升，2007~2010年略有起伏，2010年达到911元（见图3-14）。与1997年相比，2010年此三项支出增长了约56.53%。

本书对2010年无锡市玉祁镇玉东村、胡埭镇马鞍村农户生产经营性支出部分内容也做了调查。玉东村农户中很少家庭还有土地，户均租种土地租金为

---

① 郁锡坤：《无锡：农户购买农资增幅不小》，《中国经济导报》2005年4月16日，第D02版。

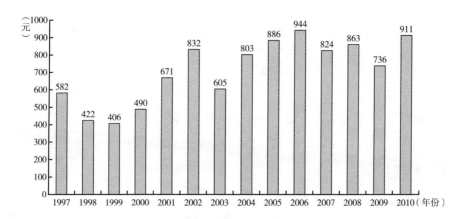

图 3-14　1997～2010 年无锡农户人均生产经营性支出变化

资料来源：无锡市统计局《无锡市统计年鉴》，1998～2011 年各卷。

20 元，户均农业生产经营性支出为 21 元，人均农业生产经营性支出为 4.2 元。玉东村从事工商业的农户较多，户均企业土地使用费为 800 元，人均工商业经营性支出为 18355.6 元。马鞍村则还有部分农户从事农业生产，户均租种土地租金为 189 元，户均农业生产经营性支出为 1395.6 元，人均农业生产经营性支出为 300.7 元。马鞍村从事工商业的农户户均企业土地使用费为 420 元，人均工商业经营性支出为 6864.2 元（见表 3-20）。

表 3-20　2010 年无锡 2 村农户生产经营性支出

单位：元

| 村庄 指标 | 户均租种土地租金 | 户均企业土地使用费 | 户均农业生产经营性支出 | 人均农业生产经营性支出 | 人均工商业经营性支出 |
|---|---|---|---|---|---|
| 玉东村 | 20 | 800 | 21 | 4.2 | 18355.6 |
| 马鞍村 | 189 | 420 | 1395.6 | 300.7 | 6864.2 |
| 无锡 2 村平均 | 104.5 | 610 | 708.3 | 152.45 | 12609.9 |

资料来源：中国社会科学院经济研究所"无锡保定农村调查数据库（2010）"。

## 三　城乡居民收入差距拉大

从 20 世纪 90 年代以来，随着经济的快速发展，中国省域范围内城乡居民收入差距持续扩大，城乡居民收入差距江苏省由 1990 年的 1.66 倍扩大到 2008 年的 2.54 倍。从 2007 年起，城乡居民收入差距江苏省首次超过浙江省，失去了保持多年的省级（不包括上海、北京、天津）最小差距的美誉。[①]

从 1998 年以来，无锡农民收入获得可喜的增长。但是，城乡居民收入差距扩大，这值得关注。总体而言，无锡市城乡居民收入差距低于江苏省平均水平。

1998～2010 年，无锡农村居民人均纯收入从 5018 元增长到 14002 元，增长 1.8 倍，而城镇居民人均可支配收入从 7178 元增长到 27750 元，增长 2.9 倍。城镇居民人均可支配收入增长速度快于农村居民人均纯收入增长速度，这使城乡居民收入差距扩大。

1998 年，城镇居民人均可支配收入与农村居民人均纯收入差额为 2160 元，城乡居民收入比为 1.43∶1。此后，城乡居民收入差距渐渐扩大。1999 年二者相差 2794 元，城乡居民收入比为 1.55∶1；2000 年二者差距为 4547 元，城乡居民收入比为 1.87∶1；2001 年城乡居民收入差距为 3930 元，城乡居民收入比为 1.71∶1；2003 年城乡居民收入差距增长到 5318 元，城乡居民收入比为 1.84∶1；2004 年城乡居民收入差距扩大到 6473 元，城乡居民收入比为 1.91∶1。2005 年以后，城乡居民收入差距进一步扩大。2005 年城乡居民收入差距为 8001 元，城乡居民收入比为 2.00∶1；2006 年城乡居民收入差距增大到 9309 元，城乡居民收入比为 2.05∶1。2008 年、2009 年城乡居民收入差距仍在扩大，分别达到 10872 元和 12325 元，城乡居民收入比分别为 2.08∶1 和 2.09∶1。2009 年城乡居民收入差距为 12624 元，城乡居民收入比为 2.02∶1。2010 年城乡居民收入差距又扩大到 13748 元，城乡居民收入比为 1.98∶1（见表 3-21）。

无锡地区乡村经济的发展居于全国先进行列。20 世纪 90 年代末期以来，在城市产业结构和产业布局调整中，无锡城乡居民收入差距不仅没有缩小，反而呈现扩大的趋势，这值得深思。

---

① 张继良、徐荣华、关冰等：《城乡收入差距变动趋势及影响因素——江苏样本分析》，《中国农村经济》2009 年第 12 期。

表 3 - 21　1998～2010 年无锡市城乡居民收入差距情况

单位：元，%

| 年份 | 数值和增幅 | 城镇居民人均可支配收入 | 农村居民人均纯收入 | 差额 | 城乡居民收入比（数值:1） |
|---|---|---|---|---|---|
| 1998 | 数值 | 7178 | 5018 | 2160 | 1.43 |
| | 增幅 | 3.5 | 3.5 | 0 | |
| 1999 | 数值 | 7920 | 5126 | 2794 | 1.55 |
| | 增幅 | 10.3 | 2.2 | 9.0 | |
| 2000 | 数值 | 9803 | 5256 | 4547 | 1.87 |
| | 增幅 | 23.8 | 2.5 | 62.7 | |
| 2001 | 数值 | 9454 | 5524 | 3930 | 1.71 |
| | 增幅 | -3.6 | 5.1 | 13.6 | |
| 2002 | 数值 | 9988 | 5860 | 4128 | 1.70 |
| | 增幅 | 5.6 | 6.1 | 5.0 | |
| 2003 | 数值 | 11647 | 6329 | 5318 | 1.84 |
| | 增幅 | 16.6 | 8.0 | 28.8 | |
| 2004 | 数值 | 13588 | 7115 | 6473 | 1.91 |
| | 增幅 | 16.7 | 12.4 | 21.7 | |
| 2005 | 数值 | 16005 | 8004 | 8001 | 2.00 |
| | 增幅 | 17.8 | 12.5 | 23.6 | |
| 2006 | 数值 | 18189 | 8880 | 9309 | 2.05 |
| | 增幅 | 13.6 | 10.9 | 16.4 | |
| 2007 | 数值 | 20898 | 10026 | 10872 | 2.08 |
| | 增幅 | 14.9 | 12.9 | 16.8 | |
| 2008 | 数值 | 23605 | 11280 | 12325 | 2.09 |
| | 增幅 | 13.0 | 12.5 | 13.4 | |
| 2009 | 数值 | 25027 | 12403 | 12624 | 2.02 |
| | 增幅 | 6.0 | 0 | 2.4 | |
| 2010 | 数值 | 27750 | 14002 | 13748 | 1.98 |
| | 增幅 | 10.9 | 12.9 | 8.9 | |

资料来源：无锡市统计局资料。

## 四　农户收支结构变化的原因分析

### （一）收入结构变化的原因分析

改革开放后，特别是 1984 年苏南乡镇企业崛起后，农民从业形式发生极大的变化，农民开始大规模分化。据陈东平、浦志军对无锡市华庄镇的研究，20 世纪末，农户已分化为四类：第一类是农转非，户口从村里迁入无锡市市区，成为真正意义上的城里人；第二类是户口迁不成，先暂居在城里务工经商；第三类是原地不动，在本地发展第二、第三产业；第四类则是以农为本，单纯经营农业的自耕农户，这类农户尚未发生分化。这四类中，第一类多属政策性或国家建设征地农转非等各种原因的结果，而第二、三、四类则仍是农民。农民分化促进了农民致富。[1] 20 世纪 90 年代初期，无锡除少数种田大户和农场主可称为专业经营者外，绝大多数农户都是兼业农户。从收入结构来看，农民的收入已不再以农业收入为主，而以乡镇企业务工收入为主。[2] 可以看出，无锡农村工业化、市场化的发展，带来了农户的分化，进而导致农户收入结构的变化。

#### 1. 工资性收入大幅增长

无锡农户工资性收入占其纯收入的比重一般为 71.3% ~ 72.9%，明显高于城市居民家庭的工资性收入占比，一方面说明农民家庭收入对工资性收入的依赖性很强，另一方面说明家庭工资性收入增长是农民家庭收入结构变化的主要原因之一。

#### （1）经济发展，就业岗位增多

1998 年以来，无锡农户收入结构变化的趋势是工资性收入所占的比重持续增加，财产性收入与转移性收入所占的比重上升较快，而经营性收入特别是

---

① 陈东平、浦志军：《经济发达地区农民分化现象考察与思考——以无锡市华庄镇的调查为例》，《南京农业大学学报》（社会科学版）2001 年第 4 期。

② 唐忠：《发达地区农户兼业及专业化经营分析——无锡县农村的调查与思考》，《财经科学》1994 年第 1 期。

来自农业的经营性收入所占的比重逐渐下降。也就是说，工资性收入、财产性收入和转移性收入对农户收入增长的贡献超过了经营性收入对农户收入增长的贡献。农户收入来源结构的变化，是无锡经济社会发展变迁的结果。

无锡农户工资性收入的增长得益于无锡产业结构的调整与民营经济的快速发展。无锡农民的非农就业多在本乡本村企业，远一些的在无锡市或其他社区企业。他们多在当地企业打工，或在社区从事物业管理、清洁、保安等工作。无锡产业结构的调整，民营企业的大发展，为当地农民提供了越来越多的就业机会。

20世纪90年代初期，无锡市已开始探索产业结构调整道路。进入21世纪，无锡市政府在着力调整国有经济战略布局、大力调整产业结构方面，实施了推进第二产业与第三产业、开放型经济与民营经济两个"双轮驱动"，三次产业规模和结构发生积极的变化。企业规模的扩大与企业数量的增多，为当地农民从田间地头走入各类工厂提供了更多的工作岗位。

与国有企业相比，无锡民营企业的发展为社会创造了更为可观的就业机会。民营企业的蓬勃发展，是无锡乡镇企业改制的结果。20世纪80年代，无锡成为乡镇企业的摇篮。20世纪90年代后期，在乡镇企业发展陷入困境后，无锡市政府积极推进国有企业股份制改革和乡镇企业产权制度改革，大批国有、集体企业转为私营企业和股份制、股份合作制企业，这推动了民营经济和多元混合所有制经济的蓬勃发展，民营经济焕发出新的活力。进入21世纪，无锡市政府又先后出台促进民营经济更快发展的"50条"政策措施，为民营经济营造了更加宽松的发展环境。民营企业吸纳当地劳动力就业的能力进一步提高。

在优化服务业结构方面，连锁商业蓬勃发展，专业批发市场集聚度进一步提高，形成了市级和片区商业中心的"商圈"效应。另外，传统运输仓储业、金融业、房地产业也以惊人的速度增长。民营经济平均每年增加10万个以上的就业岗位，在吸纳国有、集体经济下岗职工，转移农村富余劳动力，安置城乡新增劳动力等方面，发挥了重要作用。

另外，在加速推进城市化的过程中，无锡出台了工业企业"退城进园"和"退城出市"政策，大批企业迁入园区，产业布局在集聚中得到调整。迁入园区的企业，在更大程度上方便了周边农户的就业。21世纪以来，无锡城镇化进程加速，农民居住场所向小区集中，这些小区又新增了大批物业管理、清洁、安保及各类服务岗位。

（2）技能培训增强农民的就业能力

在各类企业纷纷创造就业机会的同时，无锡市政府又紧抓对农民的培训，让更多的农民具备到工厂工作的能力与素质。政府加强了农村劳动力培训工作，青壮年农民接受技能培训的比例逐年增加。从近年的培训成效来看，参加技能培训的农民的比例由2005年的73.2%提高到了2010年的95%，无锡每年免费培训5万名农村劳动力，帮助4万名农村富余劳动力实现就业，基本实现了90%以上有劳动能力和就业愿望的农村劳动力稳定就业。无锡市政府还积极支持农民参与农村服务业，开展产品运销、经纪业务和生活服务经营活动。无锡市政府的这些努力，提高了农民的就业技能与就业水平。

除提高农民职业技能，促进农村富余劳动力就业外，国家加强了对劳动者权益的保障。无锡市政府落实国家政策，制定措施提高工资标准，推动工资集体协商。无锡市企业最低工资标准由1998年的280元提高到了2011年的1140元，最低工资标准增长3.1倍，年均增长12.4%。在政府领导下，无锡逐步建立和完善了企业工资集体协商制度，形成党委领导，政府强势推进，政策有效扶持，人大、政协监督，工会具体操作，企业依法实施的运行机制，有效实行工资性收入与企业经济效益挂钩。这些政策措施，对提高农民家庭工资性收入都具有积极作用。

（3）劳动力紧缺推动工资水平上涨

近年来，以珠三角、长三角为代表的沿海发达地区，陷入了企业招工难的困境。一方面，西部大开发、中部崛起、东北振兴区域协调发展政策推动了中西部及东北地区经济发展，当地农民工就地就业，不再"东南飞"；另一方面，劳动力成本上升，且无锡民营企业面临招不到熟练工人的问题。玉东村、马鞍村民营企业主无不感慨用工难的问题，为了留住有经验的工人，企业主不得不提高工人的工资。在企业普遍招工难的情况下，打工者有了选择企业的机会，他们常常从一家企业跳到另一家工资高的企业。外地工人也不稳定，这迫使企业主更加善待本地工人，因为相对而言本地工人比较稳定。近年来，劳动者的稀缺使农户工资性收入有了较大的提升。

课题组本次调查的玉东村、马鞍村，1998年以来农户工资性收入占其总收入的比例显著提高，这正是无锡市农户工资性收入增长的反映。

### 2.经营性收入所占比重下降

无锡曾是中国著名的鱼米之乡。改革开放以来，无锡在推进工业化、城镇化过程中，大量农田消失，农户逐渐失去经营的土地。虽然从全市范围来看，粮食总产量和单产不断增加，在政府多项强农惠农政策的激发下，农民种植积极性不断提高，政府也加大了农业技术创新的支持力度，鼓励高效农业、现代农业的发展，鼓励农业由分散经营向适度经营转变，但无锡市郊许多地方的农户已失去耕地，第一产业家庭经营的基础不复存在。从无锡市来看，经营性收入也是农户收入中的短板，增长趋势缓慢，所占比重逐年下降，人均经营性收入占人均纯收入的比重由1998年的21%下降到2010年的16%。

本次调研的玉祁镇玉东村、胡埭镇马鞍村，在无锡城镇化进程中处于中上水平，两村只剩下少许农田，家庭经营性收入微少。当然，在绝大多数家庭经营性收入消失之后，少数家庭发展起了第二、第三产业，这些家庭的经营性收入成为其收入的主体，但不具普遍性。

### 3.财产性收入来源渠道增多

1997年，无锡农户财产性收入主要来自储蓄、股票、债券等金融类财产，部分家庭出租房屋有房租收入。1998年以来，无锡农户财产性收入增长幅度较高，结构也发生了较大的变化。

农户长期的收入增长带来了一定的财产积累，财产积累和投资又促进了收入的增加。一些农户投资股票、债券、基金以及其他多种理财产品，这增加了其财产性收入，不过就整体而言，这种金融类财产性收入占普通农户收入的比重并不大，不能使农户收入结构发生大的变化。

导致农户收入结构发生显著变化的财产性收入包括房租收入、土地征用补偿性收入、各类集体股份分红收入等。1998年以后特别是2004年以来，无锡的城市化进程加速，旧城和城乡接合部的村巷开始大规模拆迁改造，房地产市场活跃，一些家庭拥有的非自住房产增加，一部分居民投资住宅房产、商业房产，或把空闲的自有住房出租。无锡在加速推进城镇化时，出台了"以宅基地换住房"的政策，不少农户在旧村拆迁改造过程中，得到了超过自用住房以上两三套甚至更多的住房，他们把这些住房出租。无锡经济的发展吸引了大量外来人口前来经商、打工，这催生了房屋租赁市场的繁荣。农户通过出租房屋获得了可观的财产性收入。

无锡市各类合作经济组织的迅速壮大，为农户开创了增加财产性收入的新渠道。2005年末，"四有"示范合作经济组织达138家，2010年增加到1546家，参加各类合作经济组织的农户达到55万户，占农户总数的77.4%，其中，参加土地股份合作和土地流转并取得收益分配的农户的比例高达72.1%。另外，无锡在推进城镇化过程中，摸索出了农村居民用拆迁房权换股权的"富民合作社"的合作方式，这为农户带来了可观的股份分红和租金收入。

农户财产性收入的另一来源是村集体经济的分红。无锡很早就注意把做大做强农村经济作为促进农民增收的要务，以增加劳动者工资性收入和经营者投资性收入。从2002年起，无锡通过进行村级集体经济股份制改革，使农民真正成为集体资产的所有者和直接受益者。

### 4. 转移性收入大幅增长

为落实国家提出的小康社会和基本现代化建设目标，无锡因地制宜，制定了多项加大对农民的转移支付力度的措施。

第一，政府出台减轻农民负担的政策，加大了各类农业生产补贴的力度。无锡制定出台各项支农惠农政策，全面实施涉农生产服务性收费公示制度和检查制度，使农民从中获得较多实惠。2006年，政府取消农业税，增加种粮补贴、良种补贴、农机补贴、植保补贴和防疫补贴等农业生产性补贴，以及高速公路、铁路及公共设施建设租地绿化补贴等多项补贴。这一减一补政策，为仍然从事农业生产的农户增加了收益。由于本次调研的两村农户基本没有农业生产，政府在农业方面的转移支付对它们的收入没有太大影响。

第二，完善农村社会保障制度。2004年，无锡城乡居民全部纳入社保体系，无论是务农还是务工，所有人员都可到基层网点缴纳社保金。被征地农民则按年龄段被分成三类：女满40周岁、男满50周岁的人员一律纳入政府保养范围，从土地出让金中按每亩 5 万元至 6 万元标准建立保养基金，由财政局专户管理使用；16 周岁以下未成年人，从土地出让金中按每人 6000 元至 8000 元标准一次性提供教育补助；其余的有劳动能力人员参加社会保险，按务农 2 年算 1 年工龄的标准，由财政补齐社保金进入个人账户。① 2005 年，新型农民基本养老保险制度在无锡正式实施。"新农保"以职业来划分和确定参保对象，乡镇企业职工、纯农民、被征地农民都有适合自己的养老保险安排，都能够得到社会保险的庇护，第一次真正从"土地养老"转向"社会养老"，形成"城保""农保""地保"三保合一的局面，实现农民养老保险的全覆盖。② 2007 年，无锡市明确提出建立城乡低保标准自然增长机制，农村低保标准不得低于上年度农民人均纯收入的 25%。2009 年 7 月，无锡市初步建立城乡居民社会保障体系接轨框架，正式实施城乡低保标准基本对接，城乡并轨、同城一体，农民低保标准 2011 年提高到了 460 元，做到了"应保尽保"。

第三，在医疗保障方面，无锡实现了从"碎片式"向城乡一体化的并轨，将原来农村合作医疗、城镇居民基本医保、儿童医疗统筹等整合为统一的城乡居民医保制度。无锡结合农村税费改革，以区、县（市）为统筹单位，形成政府引导、集体扶持、个人投入的筹资模式。到 2010 年，无锡已建立起覆盖全体农村居民的新型农村合作医疗制度。

第四，社会养老保险是农民获得转移支付的又一途径。20 世纪 80 年代，无锡以乡镇、村为单位，对乡镇企业本地职工的养老和医疗保险费进行统筹；从 20 世纪 90 年代后期起，无锡全面建立了农村社会养老保险制度。这些年，无锡逐步建立并完善了农村居民"以土地换社保"的置换补偿机制。

第五，拆迁补偿是农户短期内转移性收入暴涨的重要原因。无锡在推进城镇化进程中，进一步统一、规范了拆迁制度，全面提高了补偿标准，并分地区、分层次、分年龄段制定补偿细则，农户获得的货币性补偿比较丰厚。本次调研的马鞍村农户转移性收入超乎寻常，正是不少家庭得到了拆迁补偿的缘故。

① 朱华夏：《无锡社保就业体系城乡并轨——280 多万农民有了和城市居民一样的权益保障》，《人民日报》2004 年 9 月 30 日，第 2 版。

② 马薇：《第一次引入公共财政反哺机制，所有农民老有所养不再是梦——解读无锡"新农保"》，《新华日报》2005 年 9 月 8 日，第 A02 版。

### （二）消费结构变化的原因分析

无锡农户消费结构变化，是无锡社会经济发展、收入增加的结果。

从日常消费支出看，无锡农户恩格尔系数逐年下降，由1998年的40.3%下降到2009年的33.6%，无锡农户已进入富裕行列。在食品消费结构中，肉、蛋、奶等消费支出的比重出现下降，而蔬菜、滋补品等的消费比重提高，这显现出农户食品消费开始注重健康。另外，在农民集中居住后，他们开始享受方便快捷的生活，熟食、外卖等被广泛接受，在外饮食消费支出增加。衣着支出的增长，是因为农民已不再满足穿暖，而开始追求衣着的品质、个性和时尚，穿衣讲究品牌款式，注重品味质地。

家庭耐用消费品支出的增长，除与收入增长有关外，还与城镇化带来的生活条件的改善息息相关。快速城镇化带来农户入住小区楼房及居住面积的扩大。居住条件的改善，拉动了家庭耐用消费品及居住支出的增加。这些年，农户炊厨用具不断更新，电冰箱、抽油烟机、微波炉、电磁炉及各类电炊具已很常见；空调、电风扇、电热器已成为家庭耐用消费品的主打产品；电视机、影碟机、音响设备等向优质、高清、低能耗、低辐射方向发展。

文化教育娱乐用品及服务支出在生活消费支出中所占的比例增加，反映出农户在物质生活显著改善的前提下，对精神文化生活的需求逐步增加，农户在书籍报刊、文化用品、艺术表演、观光旅游、休闲娱乐等方面的支出稳步增加。此外，家庭用于子女教育支出的增加，除了体现出家庭更加注重为子女提供良好的教育外，还反映出家庭用于子女教育的成本的上升。农村小学集中办学，导致许多村级小学被撤并，农户支出了原本不需要支出的校车费、伙食费、寄宿费等费用。升学竞争，导致家长跟风，为孩子报各种辅导班、兴趣班，这又提高了教育支出的比例。

交通和通信支出占生活消费支出的比重上升，是交通工具升级换代，通信设施迅速普及的结果。近年来，无锡市快速干道和配套支道趋于完善，城乡公共交通日益便捷、通畅，农村公共汽车通达率明显提高，农民出行越来越方便。另外，无锡加大了城市交通整治力度，由于城市限制摩托车通行，居民转而购买电动车等交通工具。部分经济实力强的家庭开始购买小轿车，农民拥有的小轿车越来越多。家庭通信消费的快速增长得益于 21 世纪以来信息化的提升。在固定电话取消初装费，移动电话机价和话费下调、服务功能增加后，家庭固定电话和移动电话成为人们日常生活必不可少的通信工具，通信费用则从很小的一部分支出变为大笔开支。

# 五　结语

1998～2010 年，无锡农户收入持续增长，收入结构发生显著变化。总体而言，在农户收入增长的同时，工资性收入所占比重提高，经营性收入所占比重下降，财产性收入所占比重增长较快，转移性收入所占比重提升较多。在支出方面，食品消费支出所占比重下降，文化教育娱乐用品及服务支出所占比重上升明显，交通和通信支出大幅度增加，居住支出水平提高，耐用消费品开始升级换代。从全市看，无锡农户收入结构的变化趋势与全国农户收入结构的变化趋势一致，但农户收入中工资性收入所占比重无锡高于全国水平。从本次调研的正处于城镇化进程中的马鞍村看，农户获得大笔拆迁补偿，导致 2010 年其收入结构中转移性收入异常高。另外，农户获得的财产性收入所占比重无锡也高于全国水平，无锡农户消费支出的趋势也与全国一致。

工资性收入已成为无锡农户收入的主要来源，如何进一步提高其工资性收入却面临一些难题。一方面，由于工资成本上升，无锡一些民营企业开始向苏北、中西部省区转移，这将减少本地人的就业机会。另一方面，无锡市政府倡导产业结构升级，这越来越需要具有一定技能的技术工人，而失去土地的青壮年农民不一定具备到高新技术企业就业的技能与素质。政府在提高这些人的职业能力方面任重道远。

无锡的城镇化进程快于全国。"两置换一转化"政策的推行，造成自然村庄消失，居民小区拔地而起。虽然农民已市民化，但是这些城市新居民的意识仍相对滞后。在一定时期内，他们会不断抱怨生活支出成本的上升。不过，已市民化的农民今后的消费支出、消费观念、消费倾向将更加向城市居民靠近。

# 第四章　保定市农户收支
## 结构的变迁

随着保定经济的发展，保定市农户的收入水平与结构发生了较大变化。无论是从保定市来看，还是从清苑县来看，或者是从各个乡镇来看，都是如此。本次调查的两个村的农户收入水平与结构也发生了较大变化。当然，不同农户之间在收入方面存在一定的差距。在支出方面，从保定市、清苑县和不同乡镇的视角看，与过去相比，也有了显著的变化。这些变化反映了社会经济的发展，表现出一定的历史进步性。

## 一　引言

农户收支是衡量一个地方经济发展水平和农民生活水平的重要指标，也是农村经济变迁的直观反映，更是观察农户行为的重要依据。因此，学界一直对农户收支调查及研究比较关注。关于近代农户收支状况，已有一些学者做了研究①，一些

---

① 主要的代表性成果有：〔美〕卜凯《中国农家经济》，张履鸾译，商务印书馆，1936；〔美〕德·希·珀金斯《中国农业的发展（1368—1968 年）》，宋海文等译，上海译文出版社，1984；章有义《近代中国农民生活程度的变迁趋势》，载章有义编著《明清及近代农业史论集》，中国农业出版社，1997；〔美〕黄宗智《长江三角洲小农家庭与乡村发展》，中华书局，1992；曹幸穗《旧中国苏南农家经济研究》，中央编译出版社，1996；周中建《二三十年代苏南农家收支状况研究》，《中国农史》1999 年第 4 期；郑起东《近代华北的农业发展和农民生活》，《中国经济史研究》2000 年第 1 期；郭谦、王克霞《20 世纪二三十年代山东农家收支状况及其影响》，《山东经济》2006 年第 6 期；李学昌、董建波《1940 年代后期常熟农家收入水平及其相关因素》，《史林》2006 年第 5 期；李金铮《近代长江中下游地区农（转下页注）

人认为近代中国农业是衰退的，农户是入不敷出、生活贫困的①；也有人认为近代农业是发展的，农户生活水平没有下降②。对新中国成立前后，尤其是 20 世纪 50 年代中国农户收支的状况，也有一些研究成果，但不多。③ 这些研究成果多数都利用了 20 世纪 20~30 年代中国农村调查所形成的一些资料，以及新中国成立后 1954 年全国范围内所做的农户收支调查等材料。改革开放后，中国政府关于农户收支的统计资料越来越多。一些学者也利用这些宏观数据做了经济学或者社会学上的探索。另外，很多学者还小规模地就农村的某些问题（包括农户收支）自行进行了调查，并基于这些调查形成了一些研究成果。然而，这些研究成果多数都不是从历史角度出发的。也就是说，学界还鲜有从历史角度对已经积累下来的农户收支调查资料进行较好的开发和利用的成果。

中国社会科学院经济研究所现在拥有四次"无锡、保定农户经济调查"的资料，分别为 1928~1929 年、1957 年、1986 年和 1997 年的资料。为了观察无锡、保定两地农户收支的变化情况，本次课题组在 2011 年进行了小规模的关于农户收支的调查。限于经费，课题组只对无锡两个村和保定两个村进行调查。这些调查形成了一些文本和一些数据。本章基于这些文本和数据，试图对保定市 1997 年以来的农户收支发展变化进行描述和分析。

---

（接上页注①）家的收支对比及其相关因素——以 20 世纪 20—40 年代为中心》，《学海》2002 年第 4 期；李金铮《收入增长与结构性贫困：近代冀中定县农家生活的量化分析》，《近代史研究》2010 年第 4 期；郭爱民《二十世纪二三十年代长三角农家收支、净余率与商品率的计量考察——来自吴江县开弦弓村的经济分析》，《社会科学》2010 年第 8 期。

① 如章有义认为："粗略说来，清朝末年农民生活状况不如鸦片战争前，尤其不如 18 世纪。再由晚清到民国，由北洋军阀时期到国民党统治时期，即使撇开抗日战争和解放战争时期农民进一步陷入水深火热的境地不论外，截至抗日战争前夕为止，基本上又是一代不如一代，从未出现过什么繁荣时期。"见章有义《近代中国农民生活程度的变迁趋势》，载《明清及近代农业史论集》，中国农业出版社，1997，第 237~238 页。

② 如吴承明认为："总的看来，我国近代农业生产力是有一定的发展的，能够适应同时期人口增长的需要。"见吴承明《市场·近代化·经济史论》，云南大学出版社，1996，第 149 页。另外马若孟、慈鸿飞、史建云、徐秀丽都持类似观点。

③ 参见李学昌、董建波《1940 年代后期常熟农家收入水平及其相关因素》，《史林》2006 年第 5 期；常明明《20 世纪 50 年代前期中国农家收支研究——以鄂、湘、赣 3 省为中心》，《中国经济史研究》2008 年第 1 期；李飞龙《20 世纪 60 年代前期北京郊区农民收入分析》，《中国经济史研究》2011 年第 1 期。

## 二　农户收入变化情况

### （一）农户人均纯收入水平的历史变化

#### 1. 保定市农户人均纯收入水平的历史变化

保定在殷商时期为北燕之地，西周至战国时期为燕赵之地。元初至元十二年（1275 年）改顺天路为保定路，辖 1 录事司、7 州、8 县，州领 11 县，"保定"之名自此始，寓"保卫大都，安定天下"之意。明洪武元年（1368 年）改保定路为保定府。1949 年，河北省政府成立，保定为河北省省会，保定市为河北省辖市。1958 年 4 月，保定市划归保定专区。5 月，河北省省会由保定迁至天津。1966 年 5 月，河北省省会由天津迁回保定。1968 年 2 月，河北省省会迁至石家庄。1986 年 5 月，清苑县划归保定市。1994 年，河北省撤销保定地区、保定市，合并建立新的保定市，为河北省辖市。[①]

保定位居京津石三地形成的"Y"字交叉路，且距三地均不足 150 公里，2010 年全市面积为 2.2 万平方公里，总人口为 1120.8 万人，共有 312 个乡镇、6209 个行政村，乡村人口 926.86 万人，占全市人口的 80% 以上，乡村户数 240.68 万户，耕地总面积为 1211.6 万亩，人均 1.09 亩，是河北省农业大市。2010 年，全市实现地区生产总值 2050.3 亿元，人均生产总值 18462 元。[②]

20 世纪 80 年代以前，保定市农民人均纯收入大多在 100 元以下，长期处于低水平发展状态。改革开放实行家庭联产承包责任制之后，这种局面有所改观，农民人均纯收入有了大幅度的提高。1987 年，保定市农民人均纯收入达到 526.4 元。

1992 年，邓小平的南方谈话以及中共十四大对建立社会主义市场经济体制的目标的确定，极大地激发了保定人民的致富热情，农民人均纯收入进一步

---

① 根据保定市政府网站关于建制沿革的介绍整理而成，http：//www.bd.gov.cn/html/bdgov/mlbd/xcdbw.html。

② 保定市统计局编印《保定经济统计年鉴 2011》。

提高。1993 年国家开始土地的二轮延包。保定市的土地二轮延包从 1999 年开始。土地延包的态势让农民在土地使用权上吃了定心丸，这也有利于农村经济发展。1994 年，保定市农民人均纯收入达到 1036 元，首次突破 1000 元大关。1996 年，又一举突破 2000 元大关，达到 2190 元。1998 年，达到 2605 元。1987～1998 年，保定市农民人均纯收入几乎增长了三倍。

从 2000 年开始，保定市进行农村税费改革，落实"费改税"政策，取消农业两税和"三提五统"费，大大减轻了农民的负担。农民所负担的税费由过去的人均 100 多元，减至改革后的人均 50 多元。由于税负降低，农民的农业生产积极性提高，从而带动了农民人均纯收入的提高。2004 年，保定市农民人均纯收入达到 3243 元，突破了 3000 元大关。

2004 年，中央把解决"三农"问题作为经济发展的重中之重。2004～2011 年，8 个指导农村工作的"中央一号"文件公布，它们强调对农业要"多予、少取、放活"，工农业的关系是"工业反哺农业"，城乡关系是"城市支持农村"。在这种方针政策的指导下，从 2004 年开始，保定市取消农业税，这使得农民的负担进一步降低。为了体现"反哺"，保定市不仅不收税，反而出台了各种补贴政策，包括粮食补贴、农机具补贴、良种补贴等，这些措施大大提高了农民的积极性，并使农民人均纯收入进一步增长。2005 年，保定市农民人均纯收入为 3471 元，2006 年达到 3680 元，2007 年达到 3974 元，2008 年达到 4331 元。2009 年，保定市农民人均纯收入达到 4682 元，较 2008 年增长 8.1%。2010 年，保定市农民人均纯收入达到 5446 元，较 2009 年增长 16.3%，比 1998 年增加 2841 元，增长 1.09 倍。[①]

### 2. 清苑县农户人均纯收入水平的历史变化

清苑县历史较长，春秋即有人烟。"明代，清苑县属保定府，并为府治。清代清苑县属直隶省保定府，直隶省亦治此。民国二年（1913 年）废保定府，改置范阳道，治、领清苑县，1914 年，范阳道改名保定道，清苑县仍属之，1928 年，始直属河北省，1937 年，属河北省第一督察区。"[②] 新中国成立后，

---

① 以上关于农民人均纯收入的数据来源于保定市各年国民经济和社会发展统计公报。
② 河北省地名办公室编《河北政区沿革志》，河北科学技术出版社，1985，第 204～205 页。

清苑县属河北省保定专区。1952年，保定市、清苑县在行政区划上分立。1958年，清苑县被撤销。1961年，复置。此后，清苑县一直属于保定市管辖。

清苑县是保定市的一个农业大县，位于河北省中部，县域的东、南两面与保定市市区相连接，县境西邻满城、顺平、望都，东接安新、高阳、蠡县，南依博野、安国。面积867平方公里，辖10乡、8镇、1个城区办事处，266个行政村，6个居委会，人口64.95万。

清苑县有耕地90.6万亩，主要农作物有小麦、玉米，2010年，小麦单产达到416公斤，总产达到19.57万吨，玉米单产达到510公斤，总产达到25.35万吨，是全国粮食生产先进县和全国首批农业机械化示范区。从1998年开始，随着经济的发展，清苑县的产业结构也发生了很大变化。第一、第二、第三产业比从1999年的47.2∶26.6∶26.2变为2010年的24.6∶49.9∶25.5。

清苑县作为保定市所属的一个县，其政策精神与保定市政策精神相一致。清苑县与保定市农民人均纯收入水平的变化趋势也大体一致。改革开放之前，清苑县农民人均纯收入在低水平上徘徊。家庭联产承包责任制激发了农民的耕种热情，他们在单位土地上投入了更多的劳动，家庭生产经营效益大幅度提高。1992年，南方谈话和十四大精神提高了农民生产经营的积极性，随着清苑县非农就业农民的增多，农民的收入进一步提高。1997年，清苑县农民人均纯收入达到3662元。

1998年，清苑县根据中共中央办公厅、国务院办公厅印发的《关于进一步稳定和完善农村土地承包关系的通知》，向承包土地农户颁发县人民政府统一印制的土地承包经营权证。对发证后的土地，农民享有法律规定和承包合同约定的30年承包经营权，不享有所有权。对于一个农业大县来说，土地承包经营权的确定有利于资源配置，农民收入随之提高。进入21世纪，中央把解决"三农"问题摆在全党工作重中之重的位置，2004～2012年，连续制定了9个"中央一号文件"，突出"以人为本"的科学发展观，坚持"多予、少取、放活""工业反哺农业、城市支持农村"等方针，强调走中国特色农业现代化道路，实施统筹城乡经济社会发展的方略，这大大推动了农村的发展。

清苑县委、县政府始终坚定不移地贯彻落实党在农村的各项政策，着眼于"高产、优质、高效、生态、安全"，稳定粮食生产，深化农业结构调整，优化产业布局，促进农业产业化经营，大力发展现代农业；同时，加快农业科技创新步伐，把农业和农村经济的发展转到依靠科技进步和提高农民素质的轨道上来，大力发展农村第二、第三产业，鼓励发展民营经济，推进农村城镇化、工业化；加强农村基础设施建设，改善农业生产条件，加大对农业的支持和保护力度。

这些措施有力地促进了清苑县农村经济的发展，提高了农户人均纯收入。2005 年，清苑县农民人均纯收入达到 3886 元，比"九五"末增加 1008 元。2002 年，清苑县农民人均纯收入为 3071 元，在河北省的 136 个县（市）中排第 44 名。[①] 2003 年，清苑县农民人均纯收入为 3179 元，在河北省的 136 个县（市）中排第 47 名。[②] 2007 年，清苑县农民人均纯收入达到 4511 元，在河北省的 136 个县（市）中排第 53 名，勉强处于河北省农民人均纯收入的上中游。[③] 2008 年，清苑县农民人均纯收入达到 5055 元，在河北省的 136 个县（市）中排第 46 名。[④] 2010 年，清苑县农民人均纯收入为 6183 元，在河北省的 136 个县（市）中排第 51 名[⑤]，与 1999 年相比，增长了 129.9%。

### 3. 清苑县一些村镇农户人均纯收入水平的历史变化[⑥]

除了城区的 1 个办事处，清苑县有 18 个乡镇。由于区位、自然资源以及历史传统的不同，每个乡镇的发展特色、水平是不同的。但是，它们的发展水平总体上都处于增长的趋势。工业基础发达、地理位置优越、自然资源丰富的地区发展相对较快。而主要依靠土地为生的乡镇经济发展稍慢一些，农户的收入水平也低一些。

---

① 《河北经济年鉴：2003》，河北省统计局网站，http：//www. hetj. gov. cn/article. html？id = 1970。
② 《河北经济年鉴：2004》，河北省统计局网站，http：//www. hetj. gov. cn/article. html？id = 2112。
③ 《河北经济年鉴：2008》，河北省统计局网站，http://www. hetj. gov. cn/extra/col20/2106. htm。
④ 《河北经济年鉴：2009》，河北省统计局网站，http：//www. hetj. gov. cn/extra/col20/2009/210106. htm。
⑤ 《河北经济年鉴：2011》，河北省统计局网站，http：//www. hetj. gov. cn/extra/col20/2011/2104. htm。
⑥ 本次课题组在调查过程中，不仅对望亭乡的固上村和温仁镇的南邓村进行了入户调查，而且通过座谈会的形势对清苑县的其他乡镇（如魏村镇等）和乡镇下辖的某些村进行了广泛的调查。这些村基本上都是历次无锡、保定农村经济调查中所调查的村。这些镇则是这些村的上级单位。这些调查对于了解整个清苑县甚至保定市的农村情况都有帮助。

望亭乡。望亭乡辖 14 个村，总人口 36525 人，总户数 8357 户，耕地 40800 亩，人均耕地 1.15 亩。该乡有色金属加工为多年传统产业，企业摊点较多。同时，该乡牛、羊、猪、鸡养殖已形成规模，存栏较大，是农民的主要收入来源。2010 年，该乡农民人均纯收入为 5400 元，比 1998 年增加 2971 元。

何桥乡。何桥乡位于清苑县城正东，距保定市市区仅 5 公里，东临安新、高阳两县，地处三县交界，交通便利。面积 38.8 平方公里，耕地 3.9 万亩，共辖行政村 18 个，5670 多户，共计 2.7 万余人。何桥乡历来是清苑县的工业重乡，有色金属冶炼、深加工等传统行业已具有 300 多年的悠久历史，民间一直流传着"宁舍爹和娘，不舍灰土行"的说法。2010 年，何桥乡农民人均纯收入为 5415 元，比 1998 年增加 2300 元。

何桥乡何桥村。何桥村是何桥乡政府所在地，位于保定市市区以东 8 公里，紧邻高保公路，距离京珠高速 5 公里，距离保沧高速 2.5 公里，交通便利。全村人口 3764 人，人均纯收入 6070 元。耕地 4123 亩，村庄面积 1100 亩。村两委健全，党支部 6 人，村委会 3 人。该村农业主要以种植小麦、玉米为主；工业主要以有色金属冶炼行业为主，共有企业 12 家，其中铜熔炼企业 4 家，锌品废旧加工企业 6 家，化工企业 1 家，其他企业 1 家，从业人员有 1000 多人。1998 年以来，何桥村坚持农业基础地位不动摇，发挥有色金属行业优势，实现了农民的不断增收。农民人均纯收入由 1998 年的 2817 元增至 2010 年的 6070 元，增长幅度较大。

清苑镇东顾庄村。东顾庄村人口 2448 人，人均年收入 6200 余元。全村占地面积 610 亩，硬化路面 5000 多米，深水井 3 眼，田间灌溉配套机井 64 眼。农民收入的主要来源有两个方面。①农业收入。东顾庄村以种植业为主，主要种植小麦、玉米等大田作物。②务工及其他收入。东顾庄村约有 100 辆小拖拉机用于运输业，周边有东启纺织有限公司、东利机械厂、天福锻造厂、鑫峰机械厂、风帆蓄电池等企业，它们吸纳本村就业人数 800 余人。

1998 年以来，该村农民收入水平逐年提高，归因于以下几个方面。第一，机械化水平提高，农业技术投入力度加大。农业技术水平提高，节约了劳动支出，有利于农民用更多的时间进行非农生产，从而既增加了粮食产量，又提高了农民收入。第二，国家政策越来越好。①粮食直补逐年提高，由原来每亩补贴12元增至2010年每亩补贴81元。②新农合的普及，使该村参合率达100%，从而解决了农民因病致贫、因病返贫的问题。③农药补贴，减少了病虫害造成的损失。④收入来源由原来单纯依靠农业生产转为依靠粮食生产和打工收入为主的多元模式，增加了农民收入渠道。据统计，东顾庄村农田种植收入平均每亩地约800元，全村总收入达256万元，每年企业务工及其他总收入达1440万元。

大庄镇。大庄镇地处清苑县、高阳、蠡县三县交界，全镇共辖17个行政村，总面积29平方公里，共有耕地28065亩，全镇有5885户，22920人。该镇农业种植仍是主要产业，全镇呈现南药、北织、东轴承、中商贸的区域分布格局。一是南部八个村以徐庄村、南杨桥村为主，麻山药种植产业形成了一定规模。其中徐庄村于2009年10月成立了清苑县鑫丰麻山药合作社，成立之初合作社仅有社员9户，固定资产投资额为15万元；2010年，社员已达1316户，辐射带动麻山药种植户1207户，除麻山药种植外，从2008年开始很多村民还就近在高阳纺织企业、东间起重设备制造企业务工，工资性收入逐渐成为当地农民收入的重要组成部分。二是北部以草桥村为中心，以纺织业为主，现有中小型纺织企业近百家，纺纱厂2家，从业人员有1420多人，开厂、务工成为附近农民增收的主要渠道。三是东部杨庄村以轴承商贸为主，该村从事轴承贸易的人员有600人，他们遍布全国各大中型城市及轴承专业集散地，村内建有轴承专业市场，有固定轴承商户200余家，并且每逢周二、周日该村有固定的专业轴承集市，该村村民在轴承商贸行业有一定的收入来源。四是中部以大庄村日用商品集贸市场为主，2010年大庄商业街有固定商铺100余户，从业人员500多人，商品种类多、品种全，在周边镇、村有较大影响力。大庄镇基本形成了以商贸为主、以种植为辅的收入格局。

1998年全镇农户人均纯收入为2881元，2010年末，人均纯收入为5236元，增长81.7%。1998年，农户收入以种植收入为主，只有极少农民有务工、经商收入；2010年，多数农户有务工或经商收入，部分农户种植收入已不及务工收入，个别农户务工、经商收入已占到总收入的2/3以上。

魏村镇。魏村镇位于清苑县城西 1.5 公里处，属平原地区，西与满城县接壤，北通 107 国道，保阜高速、京石高速横穿南北，交通便利，位置优越。辖区有 22 个行政村，4 个自然村，面积为 41 平方公里，耕地面积为 2700 公顷，人口为 40392 人。2010 年，该镇有农村经济合作组织 5 家。工业主要包括制香、木器家具、塑料加工、电料生产、大鼓制造、特色工艺品等传统产业，具有中国驰名商标的河北古城香业集团股份有限公司便位于魏村镇，这使清苑县被中国日杂品协会授予"中国香城"美誉。农业主要以小麦、玉米种植为主，该镇有农业部高产示范万亩方田，属典型农业大镇。20 世纪 90 年代以来，魏村镇不断加大农业结构调整力度，草莓种植、特种养殖、设施农业和农作物废弃秸秆综合利用构建的"一区三带"农业模式等正成为农业结构调整的亮点，实现了农业结构调整新突破，农业增效新提升，农民增收新转变。改革开放以来，尤其是 1998 年以来，魏村镇农村经济社会发展、农民就业方式、农民家庭收入与消费结构均发生较大变化，特别是农民人均收入有了较大提升。作为农业大镇和粮食主产区，1998 年以来，该镇小麦、玉米等主要粮食农作物连续 13 年丰产丰收，2010 年农业总产值为 12900 万元，比 1998 年的 10716.6 万元，增长 20.4%；农民人均纯收入由 1998 年的 2962 元增至 2010 年的 5108 元，增长 72.5%。

总体来看，1998~2010 年，清苑县一些村镇农户的人均纯收入都有所增长，只不过增长率有所不同。其中，固上村、谢庄村、东孟庄村、李罗侯村和何桥村发展较快，名义年均增长率分别达到 9.00%、8.14%、8.36%、7.32% 和 6.61%（见表 4-1）。在所有乡镇中，望亭乡发展较快，而魏村镇和何桥乡发展较慢。

### 4. 固上村、南邓村（保定2村）农户人均纯收入水平的历史变化[①]

本次调查在保定选择了两个村：固上村、南邓村。在固上村选择了 101 户农户，在南邓村选择了 100 户农户。在获得了数据之后，课题组对两个村的农户收入及其结构进行了统计。

---

①　为简便统计，本章将固上村、南邓村简称为保定 2 村。

表 4-1　1998 年与 2010 年清苑县一些村镇农户人均纯收入及其增长率

单位：元，%

| 镇村名称 \ 指标 | 1998 年人均纯收入 | 2010 年人均纯收入 | 名义增长率 | 名义年均增长率 | 实际增长率 | 实际年均增长率 |
|---|---|---|---|---|---|---|
| 望亭乡 | 2429 | 5400 | 122.31 | 6.88 | 95.91 | 4.82 |
| 望亭乡固上村 | 2429 | 6829 | 181.14 | 9.00 | 154.74 | 6.89 |
| 何桥乡 | 3115 | 5415 | 73.84 | 4.72 | 47.44 | 2.69 |
| 何桥乡何桥村 | 2817 | 6070 | 115.48 | 6.61 | 89.08 | 4.55 |
| 清苑镇 | 3142* | 5719 | 82.02 | 5.12 | 55.62 | 3.09 |
| 清苑镇东顾庄村 | 2790 | 5914 | 111.97 | 6.46 | 85.57 | 4.40 |
| 温仁镇蔡家营村 | 2730 | 4853 | 77.77 | 4.91 | 51.37 | 2.88 |
| 谢庄村 | 2884 | 7374 | 155.69 | 8.14 | 129.29 | 6.05 |
| 魏村镇 | 2962 | 5108 | 72.45 | 4.65 | 46.05 | 2.62 |
| 魏村镇李罗侯村 | 2452 | 5727 | 133.56 | 7.32 | 107.16 | 5.25 |
| 大庄镇 | 2881 | 5236 | 81.74 | 5.10 | 55.34 | 3.07 |
| 大庄镇东孟庄村 | 2763 | 7240 | 162.03 | 8.36 | 135.63 | 6.26 |

注：＊ 该数据为 2000 年价格；实际增长率根据国家农村消费价格指数平减。

资料来源：根据清苑县统计局及各村汇报材料统计而成。

2010 年，两个村的农户总收入均值为 85368.5 元，最大值为 1213995 元。2010 年，保定 2 村的农户人均总收入近 2 万元，远远高于 1997 年的 3000 元左右。[1] 从纯收入水平看，保定 2 村的增长态势也是非常显著的。2010 年，保定 2 村的农户纯收入为 51075.5 元，农户不包括土地宅基地补偿的纯收入为 51045.7 元，农户人均纯收入为 12467.3 元，农户不包括土地宅基地补偿的人均纯收入为 12457.4 元。与 1997 年固上村的 824 元和南邓村的 1712.3 元相比，增长幅度非常大。

根据清苑县统计局的数据，固上村农户人均纯收入 1998 年为 2429 元，2010 年则为 6829 元，名义增长率为 181.1%，去掉通货膨胀因素，实际增长率为 154.7%；南邓村农户人均纯收入 1998 年为 2550 元，2010 年变为 5228

① 1997 年的数据参见中国社会科学院经济研究所"无保"调查课题组《无锡、保定农村调查统计分析报告 1997》，中国财政经济出版社，2006，第 161 页。

元，名义增长率为105%，去掉通货膨胀因素，实际增长率为78.6%。①

可见，1998年南邓村的人均纯收入水平要高于固上村，然而2010年固上村的人均纯收入水平要高于南邓村。这与中国社会科学院经济研究所"无保"调查课题组的调查结果相一致。

### （二）农户收入结构的变化

#### 1. 保定市农户收入结构的变化②

在人均纯收入水平不断提高的过程中，保定市农户的收入结构也发生着历史性的变化。主要体现在以下几个方面。

第一，工资性收入所占比重不断加大，成为拉动农民收入增长的主要因素。2010年保定市农户人均工资性收入达到2645.21元，占人均纯收入的49%。而1998年保定市农户人均工资性收入为947.4元，占比为36.4%。与1998年相比，2010年人均工资性收入增长1.8倍，比重上升12.6个百分点。

第二，经营性收入所占比重降低。2010年，保定市农户人均经营性纯收入为2353.95元，占人均纯收入的43%，与1998年相比，比重下降15.7个百分点。在人均经营性纯收入中，第一产业人均纯收入为1438.60元，其中农业人均纯收入为1304元，林业人均纯收入为22元，牧业人均纯收入为113元；非农产业人均纯收入为915元，其中第二产业人均纯收入为298元，第三产业人均纯收入为618元。

第三，财产性收入增长加快。财产性收入是农户的非生产性收入，主要为利息、股息、租金等收入。2010年，保定农户人均财产性收入为248.29元，与1998年的50.3元相比，实现了大幅度增长。

第四，转移性收入有较大幅度增长。2010年，保定市农户人均转移性收入为198.68元，与1998年的76.9元相比，有了较大幅度的增长。增长原因主要是保定市"三农"投入逐年加大。

---

① 值得注意的是，清苑县统计局的数据与课题组的调查数据并不一致。其原因是统计方式不同，课题组的数据来源于对农户的调查，而清苑县统计局的数据来源于乡镇报表。

② 此部分数据来源于保定市政府的汇报材料。

"十一五"期间，国家的强农惠农政策密集出台，农村改革全面推进，这为保定市的农业、农村经济发展提供了强大动力，大大提高了农户的人均纯收入水平。

首先，补贴扶农。国家各项惠农政策的落实激发了广大农民的种植积极性。2004年试点至今，保定市共落实粮棉油良种补贴70229.31万元；2006～2010年，保定市共落实农机购置补贴2.3535亿元，极大地调动了农民的生产积极性。

其次，减负惠农。保定市全面取消农业特产税、农业税，深入开展重点领域农民负担专项治理工作，有效遏制了负担反弹，累计减轻农民负担43亿元。

再次，改革强农。保定市深化农村"三资"管理，全市3347个村建立了村级财富积累机制，覆盖面达到59%；5678个村实现了财务委托代理，占总村数的91%。保定市全力推进农民专业合作社建设，全市依法注册的农民专业合作社达到2041家，增速位列河北省第一，总数位列河北省第二。保定市完成土地流转70.3万亩，占家庭承包耕地面积的6.7%。

最后，转移富农。保定市加强农民培训，提高农民就业技能，农村富余劳动力实现转移就业。另外，国家对农民工高度关注，不但采取多种措施提高农民工待遇，使其各项利益得到有效保障，而且下大力气解决农民工工资及时发放问题，使农民工工资性收入明显增长。"十一五"期间，保定市农民人均纯收入在迈上4000元台阶之后，超过5000元，达到5446元。

**2. 清苑县农户收入结构的变化**

从农户抽样调查的情况看，清苑县农户收入结构呈现以下几个方面的特征。①

第一，工资性收入是农户增收的主要支撑点。工资性收入保持了较快增长的态势。2010年，清苑县农户人均工资性收入达到3033元，比1998年增加1844元，名义增长率为155.1%，实际增长率为128.7%。

第二，经营性收入仍然是农户收入的主渠道。2010年，清苑县农户人

---

① 保定市农户调查涉及9个乡10个村，其中有8个村与中国社会科学院经济研究所多年来所进行的"无锡、保定农村经济调查"相重合，分别为东顾庄村、谢庄村、南邓村、蔡家营村、李罗侯村、东孟庄村、何桥村、固上村。

均经营性纯收入达到 2604 元，比 1998 年增加了 1218 元，名义增长率为 87.9%，实际增长率为 61.5%。其中，人均农林牧副渔业纯收入为 2059 元，比 1998 年增加了 1081 元，名义增长率为 110.5%，实际增长率为 84.1%；人均非农产业纯收入为 545 元，比 1998 年增加了 137 元，名义增长率为 33.6%，实际增长率为 7.2%。

第三，非经营性收入是农户增收的有益补充。2010 年，清苑县农户获得的人均财产性收入为 142 元，比 1998 年增加 98 元，名义增长率为 222.7%，实际增长率为 195.6%；人均转移性收入为 404 元，比 1998 年增加 334 元，名义增长率为 477.1%，实际增长率为 450.7%。

从人均总收入来看，1997 年与 2010 年，清苑县的农户人均总收入及其结构也发生了较大变化（见表 4-2）。

表 4-2  1997 年与 2010 年清苑县农户人均总收入及其结构比较

单位：元，%

| 年份 | 总计 | 人均工资性收入 | 人均经营性收入 | | | | | | | | | 人均财产性收入 | 人均转移性收入 |
|---|---|---|---|---|---|---|---|---|---|---|---|---|---|
| | | | 合计 | 第一产业 | | | | 第二产业 | | | 第三产业 | | |
| | | | | 小计 | 农业 | 林业 | 牧业 | 小计 | 工业 | 建筑业 | | | |
| 1997 | 3662 | 976 | 2547 | 1945 | 1610 | 1 | 335 | 156 | 147 | 10 | 445 | 29 | 111 |
| 2010 | 7414 | 3033 | 3823 | 3213 | 3035 | 0 | 178 | 151 | 1 | 149 | 459 | 142 | 415 |
| 实际增长率 | 76.06 | 184.36 | 23.70 | 38.79 | 62.11 | -126.40 | -73.27 | -28.96 | -125.72 | 1363.60 | -23.25 | 363.26 | 247.47 |

资料来源：1997 年的数据来自清苑县统计局《清苑县国民经济统计资料：1997 年》，1998；2010 年的数据来自保定市统计局《保定经济统计年鉴2011》，2011。

2010 年，清苑县农户人均总收入要高于保定市，主要是因为其人均工资性收入和人均转移性收入较高。而其人均财产性收入要低于保定市。两地农户的人均经营性收入相差无几（见表 4-3）。

### 3. 清苑县一些村镇农户收入结构的变化

1998~2010 年，清苑县各镇村的农户收入结构都发生了类似于清苑县的变化。只不过由于资源和工业发展水平的不同，收入结构变化略有区别。

表4-3 2010年清苑县与保定市农户人均总收入比较

单位：元

| 地区 | 总计 | 人均工资性收入 | 人均经营性收入 | | | | | | | | | 人均财产性收入 | 人均转移性收入 |
| | | | 合计 | 第一产业 | | | | 第二产业 | | | 第三产业 | | |
| | | | | 小计 | 农业 | 林业 | 牧业 | 小计 | 工业 | 建筑业 | | | |
| 清苑县 | 7414 | 3033 | 3823 | 3213 | 3035 | 0 | 178 | 151 | 1 | 149 | 459 | 142 | 415 |
| 保定市 | 6931 | 2645 | 3828 | 2390 | 1922 | 26 | 442 | 507 | 442 | 65 | 931 | 248 | 209 |

资料来源：保定市统计局《保定经济统计年鉴2011》，2011。

温仁镇。温仁镇位于清苑县城南18公里，南邻博野县、安国市，东与蠡县接壤。温仁镇是一个以葡萄、西瓜特色农业种植和奶牛养殖为主的农业和人口大镇，下辖17个行政村，人口48364人，户数13160户，耕地60840亩。

从1998年以来，温仁镇经济快速发展，全镇农民收入增长较快，农民生活水平迅速提高。1998年，温仁镇农民人均纯收入达到2851元，其中农业人均纯收入为1597元，约占人均纯收入的56%；非农人均纯收入为1254元，约占人均纯收入的44%。1998年，温仁镇农业人均纯收入64%来自粮食收入，36%来自林果瓜菜牧业收入。2010年，温仁镇农民人均纯收入达到4961元，其中农业人均纯收入为1736元，占人均纯收入的35%，比1998年下降了21个百分点，非农人均纯收入为3225元，占人均纯收入的65%，比1998年上升了21个百分点。2010年，在温仁镇农业人均纯收入中，粮食收入为434元，占比为25%；瓜菜畜牧养殖收入为1302元，占比为75%。

温仁镇蔡家营村。该村位于温仁镇政府东4公里处，距离温蠡公路0.5公里，农户收入来源以农业种植、外出务工为主。人口926人，户数260户，耕地884亩。1998~2010年该村农民收入支出结构发生了较大变化。1998年，蔡家营村农民人均纯收入为2730元，其中农业人均纯收入为2048元，占人均纯收入的75%；非农人均纯收入为682元，占人均纯收入的25%。其农业收入78%为粮食收入，22%为林果瓜菜收入。2010年，蔡家营村农民人均纯收入达到4853元。其中农业人均纯收入为2524元，占人均纯收入的52%，比1998年下降了23个百分点，非农人均纯收入为2329元，占人均纯收入的

48%，比 1998 年增长了 23 个百分点。在农业人均纯收入中，粮食收入为 681 元，占比为 27%，瓜菜畜牧养殖收入为 1843 元，占比为 73%。

受益于国家支农惠农政策，温仁镇的人均转移性收入大幅度提高。2010 年，温仁镇粮食直补及综合补贴为 504 万元，人均 104 元；家电、汽车、摩托车下乡补贴为 129 万元，人均 26.8 元；在教育方面，全镇实施"两免一补"的政策，全镇 2010 年共减补 47 万元，人均 9.7 元；在卫生方面，全镇实施新农合，全镇 2010 年共报销 88.4 万元，人均减少医疗支出 18.3 元；退耕还林、农民最低生活保障、购置大型农机具补贴等惠农政策从无到有。据不完全统计，2010 年温仁镇农民人均转移性收入达到 167 元。

望亭乡。望亭乡的收入结构也发生了明显的变化。第一，工资性收入大幅增长。2010 年，农民人均工资性收入为 5000 元左右，占人均总收入的 70% 左右。20 世纪 90 年代以来，望亭乡农民在本地打工的工资性收入持续增长，农忙时务农，雇人干活，干完活后再到外面打工已经很普遍，这也是望亭乡农民总收入和纯收入增加的根本所在。随着打工渠道的增多，制造业、建筑业、批发业、零售业、餐饮业、社会服务业成为农民外出打工的主要行业。另外，由于农民人均土地占有量的减少以及机收机播，农村剩余劳动力只有外出打工才能谋求增收，从而推动了工资性收入的增长。2005 年以来，国家加大基础设施建设的投资力度，一大批在建项目、新建项目、农田水利基本建设项目、农网改造项目、乡村道路建设项目等，也为农民外出打工和外地人在本地打工提供了机会和场所。第二，经营性收入为 1500 元左右，农业收入较为稳定，变化不大。家庭副业、运输业、建筑业和社会服务业等的收入较 2009 年有所增加。第三，国家支农政策中粮食直补、良种补贴、生产资料综合补贴、家电下乡补贴等带来的人均收入为 145 元，这让农民得到更多实惠。

何桥乡。何桥乡的农户收入来源趋于多元化。第一，农业收入稳定增长。何桥乡百姓多年来重工业轻农业，普遍种植易管理的大田作物，粮食作物以小麦、玉米为主，2010 年播种面积为 36430 亩。随着粮食价格的不断上涨，农民出售农产品的收入明显增加。在此基础上，何桥乡科学引导农民发展种养殖业，逐渐形成以后铺村养牛，许家洼和史家桥养猪，玉皇庙养羊以及史家桥、杨庄、李庄养鸡为基础，以蔡桥村地模棉、前铺村麻山药为基础，辐射带动周边的农业生产格局，养殖业初步形成规模，在一定程度上增加了农民的收入。第二，转移性收入快速增长。随着各项惠农补贴政策的落实，广大农民的"受惠面"越来越广，享受到的实惠也越来越多，"政策性"收入不断增加。如农民获得退耕还林补贴、粮食直补、良种补贴、农机购置补贴和因粮食最低收购价制度等增加的收入；农民积极参加新农合，报销医疗费收入不断增加；政府提供了无偿扶贫扶持款，救灾救济款，购买汽车、家电补贴等转移性收入。而1998年，这些收入项目大部分不存在。第三，第二、第三产业收入持续增长。由于何桥乡企业相对较多，农民就业机会较多，农户工资性收入保持了较快增长。此外，还带动了建筑业、运输业、批零贸易业、餐饮业的蓬勃发展，促进了农户收入增加。2010年，何桥乡农户收入中经营性收入占主导地位，约占总收入的65%以上。

何桥乡何桥村。何桥村的收入增长情况及特点如下。第一，工资性收入大幅增长，成为农民增收的主要推动力。1998年何桥村人均工资性收入为912元，占人均纯收入的32.4%，2010年为2887元，占人均纯收入的47.6%，比1998年增长了15.2%。第二，经营性收入稳定增长。主要为农业生产方面的收入。2010年，农民人均经营性纯收入为1624元，名义上比1998年的1209元增加了415元，农业生产收入仍然是大部分农民重要的、稳定的收入来源。第三，转移性收入稳定增长，成为农民新的收入来源。2004年以来，国家先后出台了粮食直补、良种补贴、农机购置补贴和农资综合直补等一系列惠农政策，给农民带来了实惠，带动了农民收入增长。

清苑镇。该镇地处城乡接合部，北邻保定市，南接京深高速公路，交通便利，地理位置优越，省道保衡公路贯穿南北，京深高速公路、保沧高速公路斜贯东西。全镇总面积为45.5平方公里，下辖15个行政村，共8743户，总人口为3698人，耕地面积为34605亩，农业总产值为11808万元，农业以种植业为主。随着县城的扩张、经济的发展、企业的入驻，清苑镇周边各村城镇化进程加快，农民收入快速增长，人均纯收入从2000年的3142元增加到2010年的5719元，非农从业人数从2000年的7257人增加到2010年8598人。农民收入结构出现明显变化。收入主要来源从农业生产逐步转变为外出打工、经商办企。比如清苑镇南四村人均耕地不足2分，但是全村380户中的260户有自己的商业门脸，每间门脸年租金 1 万 ~2.5 万元不等，他们基本摆脱了农业生产，融入了城镇。其他离县城较远的村，农业生产以种植业为主，产业化经营不太明显，农民的主要收入一般还是靠外出打工获得，人均工资性收入为1.5 万 ~2.5 万元，占收入来源的 80% 以上。

魏村镇。魏村镇 2011 年农民人均纯收入为 5878 元，比 1998 年的 2962元，增加了 2916 元，名义增长率为 98.5%。2011 年农民人均纯收入中的种养殖业和政策性补贴收入为 3600 元，占人均纯收入的 61.25%；打工等其他纯收入为 2278 元，占人均纯收入的 38.75%。由此可见，魏村镇农户主要收入仍依赖于传统农业，以外出打工或其他行业收入为辅，其中 2010年该镇的本地和外出务工人员约为 6000 人，人均务工收入为 15000 余元，相比往年本地或近距离外出打工人员的收入，明显增多，务工成为农户增收的有效手段。其主要原因为：一是随着农业机械化程度的提高，生产效率极大提高，用人用工明显减少，富余劳动力外出打工收入增加；二是家庭作坊式的小加工业迅速兴起，如魏村镇的木器加工、大鼓生产、小塑料颗粒加工等，增加了农民的收入；三是随着私营经济的不断发展，从事运输、配货和商业批发、农产品收购交易活动的农户增加，并由此产生了部分富裕户。

大庄镇孟庄村。孟庄村位于大庄镇政府南 2 公里处，全村有人口 1657 人，443 户，耕地面积 2850 亩，2010 年该村经济总收入为 4736 万元。该村主导产业为经济作物种植，以麻山药和大棚西瓜为主。1998 年农户收入渠道比较单一，以种植粮食作物为主，以打工收入为辅，收入较低。随着国家惠农政策的落实和对农业农村扶持力度的不断加大，人们的思想观念发生了很大转变，逐步优化种植结构，从单一的粮食种植转变为以经济作物麻山药、西瓜种植为主，并且剩余劳动力开始外出打工，部分农户开始从事商业等。2006 年以来，麻山药市场价格逐年走高，平均每亩收入在 15000 元以上；西瓜种植采用嫁接、大棚技术，平均每亩收入达 3000 元；外出打工人员年平均工资为 20000 元；由于经济作物种植短时期内需要的劳动力较多，农忙时节种植大户需要雇用临时工，一般家庭妇女靠农忙打零工每年的收入能达到 3000 元，农民的收入有了大幅度提高。就全村而言，农户农业种植收入占 70%，务工收入占 25%，其他收入占 5%。人均纯收入由 1998 年的 2993 元提高到 2010 年的 5152 元。

张登镇。张登镇位于清苑县城南 15 公里处，辖 12 个行政村，共有 9868 户，38384 人，耕地 50160 亩。1998 年以前，张登镇农户大多以种植传统农作物小麦、玉米为主，个别农户种植瓜果蔬菜，非农生产收入以鞭炮制作为主，该镇是传统的鞭炮生产之乡。1998 年以后，政府规范和取缔鞭炮非法生产，积极引导农民扩大瓜果蔬菜种植面积，通过提高种植技术增加农民收入。该镇农户收入以瓜果蔬菜销售收入为主，以非农生产（外出打工、做买卖等）为辅。

伴随着农户经济发展的是农民就业结构的变化。1998 年以前，张登镇农户 50% 左右的劳动力在家务农，主要种植粮食作物小麦、玉米等，50% 左右的劳动力从事非农生产，包括鞭炮制作和外出打工；2010 年，张登镇农户 80% 在家务农，主要种植瓜果蔬菜，20% 农户从事非农生产，大多以打工、做买卖、做瓜菜生意为主。

张登镇谢庄村。2010 年，该村共有人口 2304 人，624 户，耕地 3220 亩，人均纯收入 5000 元。村内有变压器 12 台，线路已全部电改；机井 64 眼，耕地全是水浇地；自来水井 1 眼，供全村人饮水。1998 年以前，农民收入主要靠单一的传统种植业，主要种植小麦、玉米、大豆。2010 年，农民的种植结构逐渐走向多元化，主要以瓜菜种植业为主，其中蔬菜种植面积为 2300 亩，小麦种植面积为 800 亩，玉米种植面积为 1000 亩。另外，外出务工农民有 300 余人。村内还建起了大型菜站 9 个，酱菜厂 1 个，汽水厂 1 个，沙发制造厂 1 个，鹌鹑养殖场 1 个，养猪场 3 个，养羊场 7 个，超市 4 个，卫生所 3 所，煤站 2 个，糕点厂 1 个，另有大型挖掘机 5 台，装载机 5 台，大型拖拉机 5 台，大型收割机 3 台，大型运输车辆 18 辆。农民的收入结构正逐步走向多元化。

### 4. 保定 2 村农户收入结构的变化

2010 年保定 2 村农户总收入包括非农和兼业收入，土地出租及征地补偿收入，种植业和养殖业收入，经营工商业的净利润，其他家庭人口的收入，转移性收入以及股票、利息等财产性收入。各项数值见表 4 - 4。

表4-4 2010年保定2村农户总收入及其结构（1）

单位：元

| 指标 | 总收入 | 非农和兼业收入 | 土地出租及征地补偿收入 | 种植业和养殖业收入 | 经营工商业的净利润 | 其他家庭人口的收入 | 转移性收入 | 股票、利息等财产性收入 |
|---|---|---|---|---|---|---|---|---|
| 均 值 | 85368.53 | 10216.02 | 242.59 | 28079.49 | 8181.60 | 22824.88 | 4122.47 | 430.35 |
| 标准差 | 159808.86 | 20553.47 | 846.28 | 94123.58 | 39308.05 | 24141.52 | 8331.05 | 1538.25 |
| 极小值 | 0.00 | 0.00 | 0.00 | 0.00 | -1000.00 | 0.00 | 0.00 | 0.00 |
| 极大值 | 1213995.00 | 200000.00 | 6000.00 | 706500.00 | 349800.00 | 164000 | 55345.00 | 12000.00 |

资料来源：2011年《无锡、保定农户收支调查》问卷数据库。

将保定2村农户各项收入按照经营性收入、工资性收入、财产性收入和转移性收入进行合并统计，可见2010年保定2村的农户总收入结构中仍然以经营性收入为主，工资性收入次之，二者分别占家庭总收入的61.7%和32.7%（见表4-5）。但从农户人均纯收入角度看，工资性收入最多，占纯收入的55%，接着依次为经营性收入、转移性收入、财产性收入（见表4-6）。

表4-5 2010年保定2村农户总收入及其结构（2）

单位：元

| 指标 | 总收入 | 经营性收入 | 工资性收入 | 财产性收入 | 转移性收入 |
|---|---|---|---|---|---|
| 均 值 | 85368.53 | 52640.23 | 27932.89 | 672.94 | 4122.47 |
| 标准差 | 159808.86 | 149482.00 | 26317.72 | 1705.98 | 8331.05 |

资料来源：2011年《无锡、保定农户收支调查》问卷数据库。

表4-6 2010年保定2村农户纯收入及其结构

单位：元

| 指标 | 纯收入 | 不包括土地宅基地补偿的纯收入 | 经营性收入 | 工资性收入 | 财产性收入 | 转移性收入 |
|---|---|---|---|---|---|---|
| 均 值 | 51075.55 | 51045.70 | 18423.37 | 27932.89 | 596.82 | 4122.47 |
| 标准差 | 110789.00 | 110775.00 | 103386.00 | 26317.72 | 1817.08 | 8331.05 |

资料来源：2011年《无锡、保定农户收支调查》问卷数据库。

以家庭人均总收入作为观察对象，可以看出，从结构上看，人均工资性收入和人均转移性收入都大幅度增长。1997年，固上村农户的人均工资性收入为 496.1 元，南邓村农户的人均工资性收入为 589.9 元，而两个村人均工资性收入的均值为 6187.98 元。[①] 人均转移性收入也有大幅增长。在人均总收入中，人均经营性收入占主导地位（见表 4 - 7）。但从家庭人均纯收入看，人均工资性收入占主导地位，接着是人均经营性收入和人均转移性收入，人均财产性收入仍然相对较少（见表 4 - 8）。

表 4 - 7　2010 年保定 2 村农户人均总收入及其结构

单位：元

| 指标 | 人均总收入 | 人均经营性收入 | 人均工资性收入 | 人均财产性收入 | 人均转移性收入 |
|---|---|---|---|---|---|
| 均　值 | 19614.32 | 12054.28 | 6187.98 | 229.30 | 1142.75 |
| 标准差 | 37965.30 | 35133.89 | 6374.42 | 691.88 | 2492.16 |

资料来源：2011 年《无锡、保定农户收支调查》问卷数据库。

表 4 - 8　2010 年保定 2 村农户人均纯收入及其结构

单位：元

| 指标 | 人均纯收入 | 不包括土地宅基地补偿的人均纯收入 | 人均经营性纯收入 | 人均工资性纯收入 | 人均财产性纯收入 | 人均转移性纯收入 |
|---|---|---|---|---|---|---|
| 均　值 | 12467.36 | 12457.41 | 4920.55 | 6187.98 | 216.07 | 1142.75 |
| 标准差 | 24207.33 | 24198.75 | 21585.77 | 6374.42 | 703.19 | 2492.16 |

资料来源：2011 年《无锡、保定农户收支调查》问卷数据库。

## （三）收入差距问题

### 1. 城乡居民收入差距不断扩大

2010 年，保定市农村居民人均纯收入为 5446 元，与城市居民人均可支配收入 15048 元相差 9602 元，农村居民人均纯收入相当于城市居民人均可支配收入的 36.19%；1998 年，保定市农村居民人均纯收入为 2605 元，与城市居民人均可支配收入的差距为 3229 元，农村居民人均纯收入相当于城市居民人

---

[①] 1997 年的数据参见中国社会科学院经济研究所"无保"调查课题组《无锡、保定农村调查统计分析报告 1997》，中国财政经济出版社，2006，第 161 页。

均可支配收入的 44.65%。由此可见，1998～2010 年，尽管有支农惠农的政策，但农村居民与城市居民的收入水平差距越来越大（见表 4 - 9）。这一趋势与全国城乡收入差距不断扩大的趋势相一致。

表 4 - 9　1998～2010 年保定市城乡居民收入差距变化情况

单位：元，%

| 年份\指标 | 城市居民人均可支配收入 | 农村居民人均纯收入 | 城乡收入差距 | 农村居民人均纯收入相当于城市居民人均可支配收入的比重 |
|---|---|---|---|---|
| 1998 | 5834 | 2605 | 3229 | 44.65 |
| 1999 | 6124 | 2583 | 3541 | 42.18 |
| 2000 | 6659 | 2652 | 4007 | 39.83 |
| 2001 | 6843 | 2726 | 4117 | 39.84 |
| 2002 | 7041 | 2806 | 4235 | 39.85 |
| 2003 | 7435 | 2920 | 4515 | 39.27 |
| 2004 | 8260 | 3243 | 5017 | 39.26 |
| 2005 | 9195 | 3471 | 5724 | 37.75 |
| 2006 | 10098 | 3680 | 6418 | 36.44 |
| 2007 | 10925 | 3974 | 6951 | 36.38 |
| 2008 | 12312 | 4331 | 7981 | 35.18 |
| 2009 | 13555 | 4682 | 8873 | 34.54 |
| 2010 | 15048 | 5446 | 9602 | 36.19 |

资料来源：保定市统计局。

### 2. 农村内部收入差距也较大

温仁镇。温仁镇 2010 年农民人均纯收入为 4951 元，比全县人均纯收入 6183 元低。并且，村与村之间也不平衡，人均纯收入最高的村（付庄村）人均纯收入为 5678 元，最低的村（南和庄）人均纯收入为 4796 元，相差 882 元。

农民收入差距产生的原因主要有以下几个方面。一是地域差异。温仁镇位于清苑县城最南端，距离县城较远。二是思想观念。2004 年以来，温仁镇紧紧围绕打造纺织专业镇下功夫，工业得到较快发展。全镇共拥有纺织企业 34 家，从业人员 3000 多人，但企业规模大多偏小，该镇支柱企业少，思想还有待进一步解放。三是就业不充分。该镇共有劳动力 25134 人，其中从事农业生产的为 16167 人，但按机械化程度测算，农业生产仅需 11167 人，需转移劳动力 5000 人。

温仁镇蔡家营村。2010 年温仁镇蔡家营村农民人均纯收入为 4853 元，比全镇人均纯收入低 98 元。村内收入最高与最低的家庭人均纯收入相差数倍。农民收入差距大的原因主要有三方面：一是思想观念；二是文化水平；三是天灾病祸。

何桥乡。该乡农户与农户之间收入有差距，主要原因有以下几个方面。

第一，受区位条件的影响。何桥乡何桥村人均纯收入高达 6070 元，高于杨庄村的 5347 元，也高于李庄村的 5344 元。原因在于何桥村濒临高保路，又是乡政府所在地，交通发达，人流量大，该村农户依托地理优势建立了商贸一条街，企业、商家、店铺比较多，非农收入较高，而杨庄村、李庄村相对闭塞，企业少，纯农业人口所占比重大，收入相对较低。

第二，受思想观念的影响。思想开放、有上进心、主动创业的青年，成功概率会比较大，收入也比较高。反之，缩手缩脚、思想保守的农民，收入相对要低一些。

第三，受家庭人口结构及人口素质的影响。调研发现，青壮年多的家庭、受教育程度高的家庭、拥有一技之长劳动者多的家庭，收入明显偏高。

第四，受传统产业影响。何桥乡历来是清苑县的工业重乡，有色金属冶炼、深加工等传统行业已具有 300 多年的悠久历史。受此影响，该乡是锌再生行业、氧化锌行业、化工行业、轴承保持架行业等传统产业企业密集的村庄，老板多、务工人员多，农户收入相对要高。

固上村、南邓村。把固上村、南邓村的农户按照不包括土地宅基地补偿的人均纯收入排序，然后把 201 户十等分，以此来观察农户内部之间收入的差距。发现，农户之间的收入差距还是非常大的。从家庭人均总收入和不包括土地宅基地补偿的人均总收入来看，最高收入水平组别的均值是最低收入水平组别的均值的 17 倍多。从纯收入角度看，去掉第 1 组的负值，第 10 组的人均纯收入是第 2 组的 15 倍左右（见表 4 - 10）。与 1998 年相比，不难发现，这种差距并没有显著扩大。1998 年保定最高收入水平组别的人均纯收入是最低收入水平组别人均纯收入的 18 倍左右。① 当然，最高收入水平组别的人均总收入是非常高的，因为第二名组别的收入仅为最低收入水平组别的 3 倍多。而本次调查的结果显示，第二名组别的收入是最低收入水平组别的 7 倍多。其他收入组别也有类似情况。因此，从总体上看，农村内部之间的收入差距是扩大的。

**表 4 - 10　2010 年保定 2 村按照不包括土地宅基地补偿的
人均纯收入十等分组的农户收入情况**

单位：元，户

| 按照不包括土地宅基地补偿的人均纯收入十等分组 | | 人均总收入 | 不包括土地宅基地补偿的人均总收入 | 人均纯收入 | 不包括土地宅基地补偿的人均纯收入 |
|---|---|---|---|---|---|
| 1 | 均　值 | 4842.68 | 4842.68 | - 11711.98 | - 11711.98 |
| | 样本量 | 20 | 20 | 20 | 20 |
| | 标准差 | 8239.66 | 8239.66 | 42266.89 | 42266.89 |
| 2 | 均　值 | 4045.64 | 4045.64 | 3542.60 | 3542.60 |
| | 样本量 | 20 | 20 | 20 | 20 |
| | 标准差 | 798.47 | 798.47 | 645.76 | 645.76 |
| 3 | 均　值 | 5404.50 | 5404.50 | 4596.99 | 4596.99 |
| | 样本量 | 20 | 20 | 20 | 20 |
| | 标准差 | 1109.29 | 1109.29 | 1020.96 | 1020.96 |
| 4 | 均　值 | 7954.85 | 7954.85 | 5987.42 | 5987.42 |
| | 样本量 | 20 | 20 | 20 | 20 |
| | 标准差 | 4292.98 | 4292.98 | 1150.94 | 1150.94 |
| 5 | 均　值 | 9928.44 | 9928.44 | 8108.18 | 8108.18 |
| | 样本量 | 20 | 20 | 20 | 20 |
| | 标准差 | 3802.64 | 3802.64 | 1138.23 | 1138.23 |
| 6 | 均　值 | 11123.45 | 11123.45 | 9681.04 | 9681.04 |
| | 样本量 | 20 | 20 | 20 | 20 |
| | 标准差 | 2065.09 | 2065.09 | 781.05 | 781.05 |

---

①　1998 年保定市最高收入水平组别的人均纯收入为 24486.9 元，最低收入水平组别的人均纯收入为 1386.9 元。值得注意的是，1998 年调查的保定市样本量为 8066 户，不同于本次调查。1998 年的调查涵盖保定 11 个村，而本次调查只有 2 个村。

续表

| 按照不包括土地宅基地补偿的人均纯收入十等分组 | | 人均总收入 | 不包括土地宅基地补偿的人均总收入 | 人均纯收入 | 不包括土地宅基地补偿的人均纯收入 |
|---|---|---|---|---|---|
| 7 | 均 值 | 12162.09 | 12162.09 | 11444.43 | 11444.43 |
| | 样本量 | 20 | 20 | 20 | 20 |
| | 标准差 | 1503.16 | 1503.16 | 1356.52 | 1356.52 |
| 8 | 均 值 | 16356.69 | 16356.69 | 14725.62 | 14725.62 |
| | 样本量 | 20 | 20 | 20 | 20 |
| | 标准差 | 3932.25 | 3932.25 | 3057.38 | 3057.38 |
| 9 | 均 值 | 34984.67 | 34884.67 | 22559.28 | 22459.28 |
| | 样本量 | 20 | 20 | 20 | 20 |
| | 标准差 | 27237.06 | 27039.77 | 7014.09 | 6851.52 |
| 10 | 均 值 | 86019.92 | 86019.92 | 53679.40 | 53679.40 |
| | 样本量 | 21 | 21 | 21 | 21 |
| | 标准差 | 87712.76 | 87712.76 | 37611.49 | 37611.49 |

资料来源：2011 年《无锡、保定农户收支调查》问卷数据库。

## （四）影响农户收入水平的主要因素

### 1. 镇村干部的分析

镇村干部对于本地经济都有自己的见解。在调查过程中，镇村干部给课题组提供了影响农户增收的看法。

何桥乡。影响何桥乡农户增收的因素主要有以下几个方面。

第一，在农民思想观念层面，主要表现在三个方面。一是他们存在"小富即满、小贵即安"的思想，富裕后缺乏进取心，不再进一步寻求发展。二是农民存在观望思想，无论是政策落实还是自身发展，都观望别人，让别人先承担风险，等产生效益后再考虑。三是农民市场观念薄弱，缺乏市场经济常识，农村缺乏农业龙头企业，存在盲目跟风的现象。他们凭借自己的经验和对市场的感觉来决定种植和养殖的品种，无形中增大了市场经营的风险程度。

第二，在客观层面，一是政府引导力度有待进一步加强，政府应在农业结构调整、种养殖技术培训、资金支持方面提供有效帮助。二是政府对坑农、害农事件的打击力度不够，假种子、假农药等案件时有发生，这造成农民减产绝收，收入降低。三是教育培训力度有待进一步加强，由于同一企业的不同员工经常有不同的工资性收入，政府要加强对务工人员的技能培训，确保务工人员熟练操作，安全生产，以做到优质高效，增加工资性收入。

第三，从国家惠农政策上讲，一是粮食价格仍然偏低，虽然国家非常重视粮食价格，并专门下达最低收购价要求，但种地成本（如化肥、农药、机械作业费）在不断提高，并且2006年以来粮食价格的涨幅相对其他商品（商品房、汽油、衣服等等）要低得多。二是种地成本高，农业机械化作业率低，种地科技含量低，粮食产量上不去。三是农民创业融资难。农民群体中不乏有志之士，他们有强烈的创业愿望和很好的致富门路，但苦于筹不到资金，不能顺利地创业或者将企业做大做强。

何桥村。对于何桥村的农民来说，制约他们增收的主要因素有以下几个方面。

第一，农业增收压力明显加大。一是粮食继续增产难度进一步加大。二是粮食价格成为农业增收的不稳定因素。农产品价格受农资、机械化作业等多方面因素影响，且种植成本不断提高，这使农业增产不增收的现象十分明显。

第二，农村劳动力素质有待进一步提高。工资性收入已经成为农民增收的主渠道，但是农村劳动力素质普遍偏低，他们的就业压力不断加大。

第三，本乡企业发展困难加大，本地农民打工收入减少。从2008年金融危机以来，有色金属价格不稳定，企业生产经营面临困难，开工不足，效益下滑，企业用工减少，这致使农民务工收入下降。

大庄镇。制约大庄镇农民增收的主要因素有以下几个方面。一是缺乏农产品深加工产业，农产品附加值低，种植收益不高。二是农民经营分散，能力有限，很难准确把握市场发展方向，抵御价格变化风险的能力差，这造成收入不稳定。三是受教育程度和思想观念的制约，农民掌握的技术、技能及知识水平有限，影响收入水平提高。四是农业产业化受资金短缺、土地分散、技术力量缺乏、人才缺少等因素制约，农业发展比较缓慢，这也在一定程度上影响了农民收入的增长；同时由于农民受教育程度、年龄、健康状况、劳动能力、勤劳程度等因素的影响，不同农户之间的收入也有很大的差距。

1998 年以来，农民收入水平稳步提升并呈加速发展的总体趋势，原因是多方面的，但主要有：一是国家减免及取消农业税等政策，减轻了农民负担，增加了土地收益，直接增加了农民收入；二是农资补贴、粮食直补、新型合作医疗、义务教育以及家电下乡等惠农政策的实施，改善了农村生产条件，降低了农村生活成本，调动了农民生产的积极性；三是农村产业结构转变和农村城镇化建设的推进，使农民的收入渠道增多，农民收入来源由过去单一的种养殖业，逐步向种养殖业与外出务工、经商相结合方向发展。

大庄镇孟庄村。制约大庄镇孟庄村农户增收的主要因素有以下几个方面。一是土地因素。该村土地比较零散，这使生产管理、机械收种相对落后，在一定程度上制约着经济的发展和农民的增收。二是思想观念。部分农民文化水平较低，思想不够解放，缺乏先进管理技术，市场信息掌握不及时、不灵通，存在盲目跟风的现象。三是农资价格。2008 年以来农资投入较大，就麻山药而言，每亩需投入 6000 元左右，一般麻山药种植户的投入为几万元，这使他们不容易扩大种植规模。

国家的惠农支农政策对农民增收起到了积极的作用，从收取公粮、农业税到现在的种粮直补、良种补贴、农资补贴、家电下乡、汽车下乡、农机补贴、农村新型合作医疗等的落实，从要钱到给钱，稳定了民心，使农民有了干劲，有了胆量，加大了农业投入，发展经济的动力十足。

### 2. 课题组的调查结果分析

课题组从另外一些角度对可能影响农户收入的因素进行了分析。与镇村干部的直观感受不同，相关结论来自对调查数据的定量分析。

从 2010 年调查结果看，常住人口规模不同，家庭不包括土地宅基地补偿的人均总收入也不同，其中 1～2 人规模的家庭最高，3～4 人规模的家庭次之，但相差不大；5～6 人规模的家庭不包括土地宅基地补偿的人均总收入最低（见表 4-11）。答卷人的政治面貌不同，家庭不包括土地宅基地补偿的人均总收入、家庭人均纯收入也不同，其中中共党员的家庭最高（见表 4-12）。据调查，原因可能是中共党员可以获得更多的资源或者具有更强的配置资源能力。

表 4 - 11　2010 年保定市不同人口规模的答卷人家庭的不包括
土地宅基地补偿的人均总收入情况

单位：元

| 常住人口规模 | 均值 | 标准差 |
|---|---|---|
| 1 ~ 2 人 | 21830.85 | 52975.65 |
| 3 ~ 4 人 | 21561.18 | 41381.42 |
| 5 ~ 6 人 | 16972.05 | 26642.40 |
| 7 人及以上 | 19337.10 | 30439.09 |

资料来源：2011 年《无锡、保定农户收支调查》问卷数据库。

表 4 - 12　2010 年保定市不同政治面貌答卷人的家庭不包括土地宅基地补偿
的人均总收入和人均纯收入情况

单位：元

| 政治面貌 | 不包括土地宅<br>基地补偿的人均总收入 | 人均纯收入 |
|---|---|---|
| 未做出选择 | 1646.67 | 1292.50 |
| 中共党员 | 37487.58 | 23121.97 |
| 群众 | 15917.18 | 10263.68 |
| 共青团员 | 9048.33 | 8246.67 |

资料来源：2011 年《无锡、保定农户收支调查》问卷数据库。

从调查看，收入水平也与答卷人的健康状况相关。健康的答卷人收入水平最高，患病无劳动能力的答卷人，收入水平最低。无论是家庭人均纯收入、家庭不包括土地宅基地补偿的人均纯收入，还是家庭不包括土地宅基地补偿的人均总收入，都是同样的结果，其中最高值约是最低值的 3 ~ 5 倍（见表 4 - 13）。收入水平也与答卷人的文化程度相关，总体趋势是受教育程度越高，家庭收入水平越高（见表 4 - 14）。这一趋势与 1998 年的调查结果相似。当然，1998 年调查分析的是户主的文化程度。我们认为，答卷人的文化程度应该与户主的文化程度呈正相关。因为在农村建立家庭讲究门当户对，不仅是在经济方面，而且包括文化水平。所以，1998 年的调查分析与 2010 年的分析结果能说明，文化水平对于一个家庭增收来说是非常重要的。

表 4-13　2010 年保定市不同健康状况答卷人的家庭人均收入情况

单位：元

| 健康状况 | 不包括土地宅基地补偿的人均纯收入 | 人均纯收入 | 不包括土地宅基地补偿的人均总收入 |
|---|---|---|---|
| 健康 | 13910.87 | 13923.86 | 23042.77 |
| 患病有劳动能力 | 9152.68 | 9152.68 | 9877.19 |
| 患病无劳动能力 | 4259.05 | 4259.05 | 4710.31 |

资料来源：2011 年《无锡、保定农户收支调查》问卷数据库。

表 4-14　2010 年保定市不同文化程度答卷人的家庭人均纯收入情况

单位：元

| 文化程度 | 不包括土地宅基地补偿的人均纯收入 | | 人均纯收入 | |
|---|---|---|---|---|
| | 均值 | 标准差 | 均值 | 标准差 |
| 未上学 | 10749.82 | 15381.09 | 10749.82 | 15381.09 |
| 未上学可读写 | 9533.50 | 7187.49 | 9533.50 | 7187.49 |
| 小学 | 10930.16 | 11587.99 | 10930.16 | 11587.99 |
| 初中 | 12371.85 | 19011.10 | 12395.10 | 19036.87 |
| 高中 | 14591.45 | 61124.07 | 14591.45 | 61124.07 |
| 大专及以上 | 72921.88 | 40201.67 | 72921.88 | 40201.67 |

资料来源：2011 年《无锡、保定农户收支调查》问卷数据库。

　　家庭是否有人接受就业培训与家庭人均收入水平有关联。从统计结果上看，有人接受过就业培训的家庭的人均收入水平要高于没人接受过就业培训的家庭（见表 4-15）。

表 4-15　2010 年保定市是否有人接受就业培训的
答卷人家庭的人均收入情况

单位：元

| 是否有人接受就业培训 | 不包括土地宅基地补偿的人均纯收入 | 人均纯收入 | 不包括土地宅基地补偿收入的人均总收入 |
|---|---|---|---|
| 否 | 10928.86 | 10940.10 | 17384.41 |
| 是 | 24287.02 | 24287.02 | 36784.90 |

资料来源：2011 年《无锡、保定农户收支调查》问卷数据库。

对于一个以农业为主的地区来说，家庭是否有耕地是影响家庭收入水平的因素。从调查结果可以看出，拥有耕地的家庭收入水平更高一些（见表4-16）。家庭是否经营养殖业对于收入水平也有影响。从事养殖业的家庭收入水平要高一些（见表4-17）。家庭经营工商业对于家庭收入水平有正向作用。经营工商业的家庭收入水平要高一些（见表4-18）。这些因素的影响作用似乎不难解释。

表4-16　2010年保定市是否有耕地的答卷人家庭的人均收入情况

单位：元

| 是否<br>有耕地 | 不包括土地<br>宅基地补偿的人均纯收入 | 人均<br>纯收入 | 不包括土地<br>宅基地补偿的人均总收入 | 人均<br>总收入 |
|---|---|---|---|---|
| 否 | 8371.00 | 8371.00 | 8371.00 | 8371.00 |
| 是 | 12540.38 | 12550.53 | 19832.46 | 19842.61 |

资料来源：2011年《无锡、保定农户收支调查》问卷数据库。

表4-17　2010年保定市是否经营养殖业的答卷人家庭的人均收入情况

单位：元

| 是否<br>经营养殖业 | 不包括土地<br>宅基地补偿的人均纯收入 | 人均<br>纯收入 | 不包括土地<br>宅基地补偿的人均总收入 | 人均<br>总收入 |
|---|---|---|---|---|
| 否 | 11768.56 | 11768.56 | 16051.23 | 16051.23 |
| 是 | 19460.68 | 19571.79 | 55727.98 | 55839.09 |

资料来源：2011年《无锡、保定农户收支调查》问卷数据库。

表4-18　2010年保定市是否经营工商业的答卷人家庭的人均收入情况

单位：元

| 是否经营<br>工商业 | 不包括土地<br>宅基地补偿的人均纯收入 | 人均<br>纯收入 | 不包括土地<br>宅基地补偿的人均总收入 | 人均<br>总收入 |
|---|---|---|---|---|
| 否 | 11766.02 | 11776.38 | 17613.12 | 17623.48 |
| 有 | 29137.20 | 29137.20 | 67643.25 | 67643.25 |

资料来源：2011年《无锡、保定农户收支调查》问卷数据库。

### 3. 种植业、养殖业是农户增收的重要因素之一

在保定农村，人均土地并不多，只有1亩左右。集约利用土地，提高土地的种植效益是保定党委和政府工作的重中之重，也是保定农户提高自身收入的

重要因素。21世纪以来，在转变农业生产结构、推动养殖业发展上，保定取得的成绩还是较大的。这一方面是政府政策支持的结果，另一方面是保定农户的理性选择使然。

一，种粮成本与瓜果收益的理性计算。2009～2010年，清苑县小麦市场价格中陈粮每斤1.06元，新粮中普麦每斤1元、优质专用小麦每斤1.04元；玉米每斤0.96元。2009～2010年，每亩粮田小麦纯收入为832元，2009年玉米纯收入为1118元，全年共计纯收益为2050元（2008年为1512.8元）。

2008年，小麦各种物资人工投入共653元，亩均纯收入为9.6元；玉米各种物资人工投入共398.8元，亩均纯收入为451.4元；每亩小麦、玉米纯收入（含补贴）为501元。2009年，小麦各种物资人工投入共683元，亩均纯收入为149元；玉米各种物资人工投入共490元，亩纯收入628为元（见表4-19、表4-20）；每亩小麦、玉米纯收入（含补贴）为878.5元。相比2008年，2009年每亩小麦、玉米纯收入增加377.5元。但即便如此，小麦和玉米的种植收益也不算高。

表4-19 清苑县玉米和小麦的生产投入成本

单位：元

| 指标 | 种子 | 化肥 | 农药 | 机耕 | 机播 | 机收 | 灌溉 | 人工作业 | 其他 | 合计 |
|------|------|------|------|------|------|------|------|----------|------|------|
| 玉米（2009年） | 20 | 140 | 20 | 0 | 20 | 0 | 40 | 200 | 50 | 490 |
| 小麦（2009～2010年） | 48 | 95 | 20 | 60 | 20 | 60 | 80 | 250 | 50 | 683 |

资料来源：清苑县农业局。

表4-20 清苑县玉米和小麦的生产经济效益

| 指标 | 产量水平（公斤/亩） | 投入成本（元/亩） | 产值（元/亩） | 效益（元/亩） |
|------|------|------|------|------|
| 玉米（2009年） | 650 | 490 | 1118 | 628 |
| 小麦（2009～2010年） | 416 | 683 | 832 | 149 |

资料来源：清苑县农业局。

而瓜菜种植的收益如何呢？以大棚西瓜和温室瓜菜种植举例说明。

①大棚西瓜。1996年，清苑县开始在南王庄村推广葫芦嫁接西瓜大棚栽培技术并喜获成功，每亩收入12000元，扣除每亩一次性投入4000元，当年

每亩纯收入 8000 元。2004 年，清苑县被河北省农业厅评为河北省"西瓜特产之乡"，其中大棚（直径 10～12 米）西瓜 1.5 万亩，中棚（直径 3～4 米）西瓜 5 万亩，小棚（直径 2 米以下）西瓜 5 万亩，80% 为南瓜、葫芦嫁接，西瓜种植已成为清苑县农业的重要支柱产业。西瓜总产 36 万吨，总产值 3.1 亿元（大棚平均每吨 5000 元，中棚平均每吨 3000 元，小棚平均每吨 2000 元）。2009 年，清苑县推广的四膜－五膜覆盖西瓜在 5 月初上市，每亩收入 8000元，比三膜覆盖西瓜早上市 10 天，每亩增收 3000 多元。2010 年，四膜－五膜西瓜覆盖率达到清苑县大棚西瓜的 25%，其正常上市日期在 5 月 1 日前后，每亩收入 10000 元。2011 年的情况基本和 2010 年的情况相同，大棚每年折旧平均为 800 元，加上种子、肥料、浇水、农膜等投入，农民投入合计 2000 元/亩。西瓜平均每亩纯收入为 5500～8000 元。冷棚甜瓜、茄子的收益基本相同，受市场价格影响很大。

②温室瓜菜。2010 年谢上村蔬菜科技园区的温室是比较先进的山东五型温室，温室建设一次性每亩投入 35000 元，草苫、棚膜、立柱、竹竿等每年折旧2500 元，加上肥料、种苗、农药、人工等投入，每年每亩投入 5000 元左右。全年种植黄瓜、茄子、西红柿、甜瓜、辣椒等瓜菜，如果管理好的话，那么年纯收入为 15000～35000 元/亩。如果种植彩椒等特菜，那么收入还要多。总体来说，国内销售的瓜菜价格比较稳定，温室瓜菜比露地瓜菜价格稳定且价格还在逐年提高；草莓等出口产品的价格则波动较大。

可见，粮食种植的收益不如瓜果种植的收益高。当然，瓜果种植的前期投入较大。在调查中，很多农户都认识到了这一点，农户经营性收入的提高与种植结构的改变有关。

二，养殖的理性计算。奶牛养殖中规模养殖场和"托牛所"少的情况造成养殖成本高、风险大、利润低的问题，对此清苑县进一步加大了引导力度，积极建设大型养殖场，支持创办"托牛所"，以解决一家一户散养的问题。这些"托牛所"提高了农户养殖的效益。

①养牛。在饲养条件正常、产奶正常、没有重大疫病的情况下，按一头成年奶牛年产鲜奶 5 吨来计算，一头成年奶牛的年净利约 5000～5500 元，其中年饲养成本为 4530 元/头，年总收入为 9600 元/头或 10000 元/头。具体分析如下。

饲养成本。饲料成本 2000 元，包括青贮饲料、干草、秸秆以及精饲料，每天平均 4 元多；饲养成本（不计人员工资）530 元，包括水电费（每头牛每年按 40 元计算）、配种费（每头牛每年按 150 元计算）、防疫费（每头牛每年按 40 元计算）、治疗费（每头牛每年按 300 元计算）；奶牛自身折旧按 1 头奶牛 1 万元，使用期限 5 年计算，每年每头奶牛折旧为 2000 元。

年总收入。生公犊时的年收入为 9600 元/头，包括鲜奶收入（年产鲜奶 5 吨，按 1800 元/吨计算，收入 9000 元）、公犊牛收入（600 元）；生母犊时的年收入为 10000 元/头，包括鲜奶收入（年产鲜奶 5 吨，按 1800 元/吨计算，收入 9000 元）、母犊牛收入（1000 元）。

②养鸡。以 2000 只鸡的规模计算。

养鸡成本包括以下几个方面。

第一，饲养费用。饲养 2000 只蛋鸡需要一个人，按一个农民工外出打工的机会成本计算，费用为 2000 元/月左右；一只蛋鸡养殖周期约为 500 天，即 16.67 个月；人工工资总计 16.67 × 2000 ＝ 33340 元，电费约为 1200 元，水费为 500 元，交通费（包括烧油）约为 2500 元，费用总计 37540 元。

第二，养鸡成本。鸡雏 6600 元；饲料按 500 天计算，平均每只鸡总共消耗饲料约为 84 斤，每斤饲料的平均价为 1.30 元/斤，共计 218400 元，兽药约为 1200 元。另外，固定资产分摊如下。房舍三栋，总价值 100000 元，可使用年限约为 20 年，残值约为 10000 元，平均每年分摊的成本为 4500 元；各类设备、机械工具、交通工具（如育雏笼、加热器、蛋鸡笼、饮水设备、加工设备等），总价大约为 23000 元，按 8 年的使用年限分摊，残值约为 2000 元，平均每年分摊的成本为 2625 元。

第三，死淘损耗。产蛋鸡一般最低死淘损耗率为 2%，这时每只鸡的成本约为 30 元，共 1200 元。

因此，成本总计 237160 元。

养鸡收入。鸡蛋收入，按 500 天周期计算，每只鸡平均可产蛋 270 枚左右，按鸡蛋平均批发价 0.5 元/枚计算，共计 270000 元；淘汰鸡收入，按 2010 年的价格计算，毛鸡每斤 6 元，一只鸡平均 4 斤，共计 48000 元；鸡粪收入为 1000 元。因此，收入总计 319000 元。

养鸡利润 = 总收入 − 总费用 − 总成本，即 319000 − 37540 − 237160 = 44300 元。

当然，规模决定了盈利能力，像农户经营农田一样，田地越多收入越高，反之则低。不过，养殖的风险也较高。

### 4. 非农就业是农户增收的重要因素之二

通过调查访谈可知，农户非农就业对一个家庭的收入水平有着非常显著的影响。一个家庭如果有工资性收入，那么这一家庭的收入水平就要高一些，如果没有工资性收入，那么除非是自己经营工商业，否则收入水平会低一些。调查结果的简要分析也能证明这一观点。有非农就业的家庭的人均纯收入水平几乎是没有非农就业家庭的人均纯收入的 1.6 倍（见表 4-21）。从除答卷人之外家庭还有工资性收入的人口数量来看，2 人、3 人的家庭人均纯收入水平要大于 0 人、1 人的家庭。此外，4 人的家庭与 0 人的家庭收入类似。总体来看，非农就业人口多的家庭的收入大于非农就业人口少的（见表 4-22）。

表 4-21　2010 年保定市是否有非农就业人口的答卷人家庭的人均收入情况

单位：元

| 是否有非农就业人口<br>（是否有工资性收入） | 不包括土地<br>宅基地补偿的人均纯收入 | 人均<br>纯收入 | 不包括土地<br>宅基地补偿的人均总收入 | 人均<br>总收入 |
|---|---|---|---|---|
| 否 | 8452.58 | 8452.58 | 9702.13 | 9702.13 |
| 是 | 13215.72 | 13227.55 | 21479.35 | 21491.19 |

资料来源：2011 年《无锡、保定农户收支调查》问卷数据库。

表 4-22　2010 年保定市农户除答卷人之外家庭还有工资性收入的
人口数量及其人均纯收入情况

单位：元

| 除答卷人之外家庭还有<br>工资性收入的人口数量 | 人均纯收入 | |
|---|---|---|
| | 均值 | 标准差 |
| 0 人 | 10869.73 | 18078.29 |
| 1 人 | 7187.45 | 25586.37 |
| 2 人 | 19622.03 | 27631.50 |
| 3 人 | 16745.88 | 9922.79 |
| 4 人 | 10458.36 | 5527.89 |

资料来源：2011 年《无锡、保定农户收支调查》问卷数据库。

# 三 农户支出变化情况

## （一）农户生活消费水平全面提高

### 1. 保定市

从理论上看，农户收入水平决定着农户生活消费水平。有学者对1999～2008年河北省农村居民人均收入和消费支出的有关数据进行了分析检验，通过对两者之间的动态关系研究发现，农村居民人均收入与消费支出存在长期的均衡关系，据此他们建立了农民人均收入和消费支出之间的长期均衡模型。结果显示收入是决定居民消费需求的基本因素，且现在收入的增长对消费的增长具有很重要的影响。[①]

历史的发展也印证了这一趋势。改革开放之前，由于农民人均纯收入长期在100元左右徘徊，农民的生活消费支出仅能维持最低生活消费的需要。20世纪80年代之后，在收入快速增加的基础上，农民的消费水平显著提高。同时，他们的饮食观念、饮食方式、饮食标准也发生了较大变化，膳食结构向营养、健康方向发展。消费观念也由数量型向质量型，由追求舒适向追求舒适、快捷、文化内涵，由追求物质消费向追求精神消费和提高生活服务质量转变。

2010年，保定市农村居民人均生活消费支出为3064元，比1998年的1401元增长了1.19倍。农民的吃、穿、住、用及文化生活服务等各项消费支出也大幅增加。

### 2. 清苑县

改革开放之前，清苑县的消费水平与保定市类似，在保定市中处于上中游水平。家庭联产承包责任制在农村推行后，农户收入有了显著的增长。随之而来的是农户生活消费水平的提高。20世纪90年代之后，由于国家明确了建立社会主义市场经济体制的目标，清苑县经济有了进一步的发展，农户经济水平

---

① 李韬、孙勇、韩茜：《河北省农村居民人均收入与消费水平影响因素分析——基于协整检验》，《安徽农业科学》2011年第9期。

在此阶段也有了提高。21世纪后，随着支农惠农政策的实施，农户收入水平进一步提高，生活消费支出也随之增加。2010年，清苑县农村居民生活消费支出人均3421元，比1998年增加1965元，名义增长率为135.0%。

### （二）农户生活消费支出结构的变化

#### 1. 保定市农户生活消费支出结构的变化

在消费水平提高的同时，农户消费结构也发生了较大变化。主要表现在以下几个方面。

第一，农村居民家庭恩格尔系数大幅度下降。

2010年，保定市农村居民家庭恩格尔系数为37.3%，比1998年的43.8%下降6.5个百分点。恩格尔系数的下降，标志着保定市农民生活水平的不断改善，保定市农民生活水平进入一个新的发展阶段。

第二，消费结构日趋合理。

2010年，随着农民生活水平的进一步提高，在农民生活消费中，满足基本生活需要的吃、穿消费比重继续下降，医疗保健、交通和通信、教育与文化服务等发展和享受型消费比重明显上升。与1998年相比，2010年农民人均食品支出达到1143.3元，增长86.5%；衣着支出为216.2元，增长73.7%；住房支出为731元，增长了1.6倍；用品及其他支出为973.8元，增长了1.5倍。在生活消费支出中，食品支出比重由1998年的43.8%下降到2010年的37.3%，下降了6.5个百分点；衣着支出比重由1998年的8.9%下降到2010年的7.1%，下降了1.8个百分点；住房支出比重则由19.9%上升到23.9%，上涨了4个百分点；用品及其他、交通和通信、文教娱乐等支出的比重由27.4%上升到31.7%，上涨了4.3个百分点。[①] 这反映出农民生活消费结构的日益改善。

第三，消费产品越来越丰富，生活舒适性增强。

高档耐用消费品大量进入保定农村的寻常百姓家。洗衣机、彩电、电冰箱、空调、手机、家用计算机等新型家电产品的使用，丰富了农民的生活，减

---

① 以上的数据来源于保定市政府提供的汇报材料。

轻了家务劳动的强度，提高了农民的生活质量。与此同时，保定市农民居住条件和居住环境明显改善。1998 年保定市农民人均住房面积为 23.5 平方米，2010 年农民人均住房面积为 30.3 平方米，比 1998 年增加了 6.8 平方米，增长了 28.9%。农民在享受物质生活的同时，精神生活也日益丰富，文化娱乐消费支出越来越多，2008 年人均文教娱乐支出为 191.3 元。

2. 清苑县农户生活消费支出的主要特点

从结构上看，在农村居民消费水平提高的同时，八大类消费支出也发生了新的变化（见表 4 - 23）。

表 4 - 23 1998 年与 2001 年清苑县农户人均生活消费支出结构比较

单位：元，%

| 年份 | 人均食品支出 | 人均衣着支出 | 人均居住支出 | 人均家庭设备用品及维修服务支出 | 人均交通和通信支出 | 人均文化教育娱乐用品及服务支出 | 人均医疗保健支出 | 人均其他商品和服务支出 |
|---|---|---|---|---|---|---|---|---|
| 1998 | 625 | 133 | 239 | 125 | 32 | 155 | 115 | 42 |
| 2010 | 792 | 268 | 1110 | 259 | 304 | 238 | 388 | 72 |
| 1998～2010 年名义增长率 | 26.7 | 101.5 | 364.4 | 107.2 | 850.0 | 53.5 | 237.4 | 71.4 |

资料来源：清苑县统计局汇报材料。

第一，恩格尔系数不断下降。人均食品支出 2010 年为 792 元，比 1998 年增加了 167 元，名义增长率为 26.7%。人均食品支出占消费支出的比重继续下降，2010 年，食品支出占生活消费支出的比重（即恩格尔系数）为 23.1%，与 1998 年的 52.2% 相比，下降了 29.1 个百分点。

第二，清苑县农民人均衣着支出 2010 年为 268 元，比 1998 年增加 135 元，名义增长率为 101.5%。随着生活水平的日益提高，人们的穿着从"一衣多季"向"一季多衣"转变。人们不仅对衣着的质量、花色进行挑选，而且追求品牌和时尚，体现出个性与修养。

第三，人均居住支出 2010 年为 1100 元，比 1998 年增加 871 元，名义增长率为 364.4%。人均居住面积 2010 年达到 32.1 平方米，比 1998 年增加了 7.0 平方米。

第四，人均家庭设备用品及维修服务支出 2010 年为 259 元，比 1998 年增加 134 元，名义增长率为 107.2%。随着收入的增加，消费观念的更新，家电下乡补贴政策的刺激，农民家庭耐用消费品更新换代速度加快，家庭耐用消费品拥有量不断提高。2010 年末，每百户农民拥有汽车 3 辆，空调 21 台，抽油烟机 8 台，热水器 18 台，移动电话 186 部，家用计算机 23 台，这些消费品相比 1998 年实现了从无到有；电冰箱 49 台，彩电 103 台，分别比 1998 年增加了 42 台、59 台。

第五，人均交通和通信支出 2010 年为 304 元，比 1998 年增加 272 元，名义增长率为 850.0%。

第六，人均文化教育娱乐用品及服务支出 2010 年为 238 元，比 1998 年增加 83 元，名义增长率为 53.5%。

第七，人均医疗保健支出 2010 年为 388 元，比 1998 年增加 273 元，名义增长率为 237.4%。

第八，人均其他商品和服务支出 2010 年为 72 元，比 1998 年增加 30 元，名义增长率为 71.4%。

### 3.清苑县一些村镇农户消费支出结构的变化

温仁镇。随着收入水平的提高，温仁镇的农户支出结构相应发生变化，其中蔡家营村的变化趋势也与之类似。具体表现为以下几个方面。

第一，生存型消费比重下降。1998 年，温仁镇农民人均消费支出为 1400 元，其中人均食品支出为 620 元，占人均消费支出的 44%；2010 年，农民人均消费支出为 3280 元，其中人均食品支出为 810 元，占人均消费支出的 25%，比 1998 年下降了 19 个百分点。1998 年，蔡家营村农民人均消费支出为 1280 元，其中人均食品支出为 650 元，占人均消费支出的 51%；2010 年，蔡家营村农民人均消费支出为 3281 元，其中人均食品支出为 918 元，占人均消费支出的 28%，比 1998 年下降了 23 个百分点。

第二，发展、享受型消费比重提高。1998 年以来，温仁镇的农户支出结构升级步伐较快，交通、通信、文化娱乐等支出大幅增加，所占比重稳步提高。2010 年，全镇人均交通和通信支出为 230 元，比 1998 年增加 190 元。2010 年，全镇每百户拥有生活用汽车 2.8 辆，每百户拥有移动电话 110 部，每百户拥有电脑 18 台，拥有比重相比 1998 年大幅提高。1998 年以来，蔡家营村农民家庭支出结构升级步伐较快，教育、家用电器、家庭住房、文化娱乐等支出大幅增加，所占比重稳步提高。2010 年，全村人均住房支出为 1968 元，占人均消费支出的比重为 60%，是 1998 年的 6.5 倍。

望亭乡。望亭乡的农户生活消费支出增长显著，支出结构也发生了明显的变化。

第一，食品支出大幅增长。主要体现在两个方面。一是务工农民在外饮食增多，二是农副产品价格普遍上涨，农民购买肉、蛋、奶、烟酒的费用增加，人均消费 800~900 元。

第二，衣着消费人均 300~400 元，农民购买服装、鞋类的费用呈现增长趋势，随着市场经济的发展，各种面料的服装、鞋类因款式新、价廉物美而受到农村居民的欢迎。

第三，居住消费中住房支出增幅较大。2010 年，农户新建 4~5 间住房（加配房大门）的费用基本上为 17 万~18 万元。由于各种建筑材料（水泥、钢筋、沙石、砖瓦）市场价格普遍上涨，建房手工费大幅提高，生活燃料费用价格升高，新建住房基本上要花掉农户 10 年的积蓄。

第四，随着农村医保制度的完善和教育体制的改革，农民的医疗和教育费用占家庭开支的比重在减少。

第五，交通和通信消费呈现快速增长趋势。农民购买家庭轿车的数量逐年递增，购买手机及其通信的费用人均 800 元/年。

何桥乡。何桥乡农户生活消费支出全面增长。新农村建设步伐的加快，收入的较快增长，推动农民消费不断升级，农民更加注重身体的保养、文化素质和技术技能的提升，更加追求精神上的享受和时尚、便捷、舒适的生活方式。2010 年，该乡农民人均生活消费为支出 2271.4 元，比 1998 年增加 621.58 元，增长约 38%。

另外，2010 年，农民消费观念有较大转变。相对 1998 年，差别主要表现为以下几个方面。一是在消费理念上，他们敢于超前消费，贷款买车、贷款买房以及透支购物行为被普遍认可，许多农民已加入提前消费行列。二是在消费种类上，除了满足日常必需的衣食住行之外，他们对健康、教育、娱乐、通信、旅游等的需求日益强烈，这些消费的比重逐年增加，反映了农民追求高质量生活的愿望。三是在消费档次上，名牌产品甚至奢侈品成了部分富裕农民追求的消费对象，他们已经不再满足吃饱、穿暖的基本要求，对消费也有了更高要求。

何桥乡何桥村。随着农民收入不断提高，何桥乡何桥村农民的生活也越来越好，生活消费支出呈逐年增长趋势。主要表现在以下几个方面。

第一，饮食结构逐步完善，营养水平不断提高。农村居民在解决温饱以后，更多地追求食品口味的多样化、方便化、高档化和营养化。

第二，衣着消费档次和水平不断提高，农民用于衣着的消费支出大幅度增长。

第三，居住条件显著改善，生活环境不断优化。农民的住房面积不断扩大，住房舒适宽敞，居住支出也呈现较快增长势头。

第四，家庭设备用品支出不断增加。农民家庭耐用消费品更新换代速度加快，汽车、空调、电脑、冰箱、电视等家电的拥有量不断提高。交通和通信支出日趋增长。

第五，由于新农合的全覆盖和不断完善，农村居民医疗保健支出大幅增加。

张登镇。1998 年以前，张登镇的农户生活消费支出以生活必需品消费和吃饭为主，随着生活水平提高，2010 年农户的支出体现在多方面，如孩子教育，购买电器（彩电、冰箱、洗衣机、电饭锅、太阳能热水器），婚丧嫁娶，购买服装，娱乐支出等。其中，谢庄村农户支出也从以生活必需品支出为主，饮食以吃饱为主转为现在的以子女教育、婚丧嫁娶、住房建设、交通工具（生产车辆和轿车、面包车）、电器、服装、娱乐、旅游支出为主，饮食也以吃好为主。

### 4. 保定2村农户生活消费结构的变化

从生活消费支出看，保定 2 村农户 2010 年均值达到 35873.4 元。食品支出均值为 8954.9 元，占比为 25.0%；衣着支出均值为 2719.6 元，占比为 7.6%；居住支出均值为 6140.6 元，占比为 17.1%；家庭设备用品及维修服务支出均值为 1932.1 元，占比为 5.4%；交通和通信支出均值为 8085.1 元，占比为 22.5%；文化教育娱乐用品及服务支出均值为 1971.0 元，占比为 5.5%；医疗保健支出均值为 6070.1 元，占比为 16.9%（见表4－24）。

表4-24  2010年保定2村农户生活消费支出及其结构

单位：元，%

| 指标 | 生活消费支出 | 食品支出 | 衣着支出 | 居住支出 | 家庭设备用品及维修服务支出 | 交通和通信支出 | 文化教育娱乐用品及服务支出 | 医疗保健支出 | 其他商品和服务支出 |
|---|---|---|---|---|---|---|---|---|---|
| 均值 | 35873.4 | 8954.9 | 2719.6 | 6140.6 | 1932.1 | 8085.1 | 1971.0 | 6070.1 | 0 |
| 标准差 | 40758.6 | 7923.5 | 2549.0 | 4946.2 | 3618.6 | 26192.9 | 7877.2 | 17776.4 | 0 |
| 占比 | 100.0 | 25.0 | 7.6 | 17.1 | 5.4 | 22.5 | 5.5 | 16.9 | 0 |

资料来源：2011年《无锡、保定农户收支调查》问卷数据库。

在食品支出中，主副食支出最多，其中主食支出并不多，主要是副食支出，占食品支出的59%；烟酒及在外吃饭支出次之（见表4-25）。

表4-25  2010年保定2村农户食品支出及其结构

单位：元

| 指标 | 食品支出 | 主副食支出 | 烟酒及在外吃饭支出 | 主食支出 | 副食支出 | 烟酒支出 | 在外吃饭支出 |
|---|---|---|---|---|---|---|---|
| 均值 | 8954.9 | 5624.5 | 3330.3 | 383.8 | 5240.7 | 1928.3 | 1402.1 |
| 标准差 | 7923.5 | 5248.2 | 4054.0 | 553.3 | 5075.6 | 2168.8 | 2487.7 |

资料来源：2011年《无锡、保定农户收支调查》问卷数据库。

在家庭设备用品及维修服务支出中，耐用消费品支出比重较大，而在家庭交通和通信支出中，交通支出比重较大（见表4-26）。与1997的调查数据相比，2010年耐用消费品支出的占比要远远高于1997年，1997年，日常消费品支出在家庭设备用品及维修服务支出中的占比较大。从绝对数量上看，2010年这一部分的支出要远远大于1997年的。这反映了20世纪90年代末以来保定地区农户经济的发展水平。[1]

---

[1]  1997年的数据见中国社会科学院经济研究所"无保"调查课题组《无锡、保定农村调查统计分析报告1997》，中国财政经济出版社，2006，第306、310页。

表 4 - 26　2010 年保定 2 村农户家庭设备用品及维修服务消费

支出与交通和通信支出及其结构

单位：元

| 指标 | 家庭设备用品及维修服务支出 | 耐用消费品支出 | 床上用品和日用杂品支出 | 交通和通信支出 | 交通支出 | 通信支出 |
|------|------|------|------|------|------|------|
| 均值 | 1932.1 | 1218.5 | 713.6 | 8085.1 | 6600.2 | 1484.9 |
| 标准差 | 3618.6 | 3450.4 | 652.4 | 26192.9 | 25449.9 | 1550.1 |

资料来源：2011 年《无锡、保定农户收支调查》问卷数据库。

从文化教育娱乐用品及服务的支出看，保定 2 村在这一方面的支出还不算多。其增幅要小于其他来源构成项。从结构上看，教育支出占据绝对优势地位，而文化支出较少（见表 4 - 27）。据调查了解，很少有农户订阅报纸和购买图书音像制品，更没有多少农民去电影院看电影。这与电视的普及以及文化消费的奢侈程度有关。农民在教育支出上不惜血本，与中国的传统文化有关。从文化和教育的支出结构上看，2010 年与 1997 年没有本质区别。

表 4 - 27　2010 年保定 2 村农户文化教育娱乐用品及服务支出及其结构

单位：元

| 指标 | 文化教育娱乐用品及服务支出 | 教育支出 | 文化支出 | 孩子上幼儿园的支出 | 孩子上小学的支出 | 孩子上中学或职高的支出 |
|------|------|------|------|------|------|------|
| 均值 | 1971.0 | 1880.1 | 90.8 | 232.5 | 184.9 | 565.2 |
| 标准差 | 7877.2 | 7811.8 | 295.1 | 615.1 | 557.9 | 2127.3 |

| 指标 | 孩子上大专以上学校的支出 | 有人参与求职培训的支出 | 有线电视的支出 | 购买图书音像制品的支出 | 有人到歌舞厅、电影院的娱乐支出 |
|------|------|------|------|------|------|
| 均值 | 850.7 | 46.8 | 20.6 | 45.9 | 24.4 |
| 标准差 | 7525.8 | 349.1 | 48.9 | 135.9 | 226.2 |

资料来源：2011 年《无锡、保定农户收支调查》问卷数据库。

保定 2 村农户医疗保健支出 2010 年较 1998 年有了大幅增长。尽管有新农合，但到医院看病买药、住院的支出仍然较大（见表 4 - 28）。

表 4 - 28　2010 年保定 2 村农户医疗保健支出及其结构

单位：元

| 指标 | 医疗保健支出 | 到医院看病买药的支出 | 有人住院的支出 | 购买保健品的支出 |
|---|---|---|---|---|
| 均值 | 6070.10 | 3067.56 | 2936.32 | 66.22 |
| 标准差 | 17776.42 | 7975.69 | 11997.37 | 322.56 |

资料来源：2011 年《无锡、保定农户收支调查》问卷数据库。

　　社会的进步与发展、生活条件的不断改善，使农民生活方式的市场化、社会化程度日益提高，农民消费观念发生了较大的改变，突出表现为以投资型、保障型为主的非消费性支出呈现大幅上升的趋势。调查结果显示，2010 年保定 2 村农户转移性支出均值达到 3722.34 元，家庭财产性支出均值达到 11485.07 元，其中，住房支出均值达到 11393.03 元（见表 4 - 29）。

表 4 - 29　2010 年保定 2 村农户转移性支出、财产性支出及住房支出

单位：元

| 指标 | 转移性支出 | 财产性支出 | 住房支出 |
|---|---|---|---|
| 均值 | 3722.34 | 11485.07 | 11393.03 |
| 标准差 | 4258.70 | 83657.90 | 83667.44 |

资料来源：2011 年《无锡、保定农户收支调查》问卷数据库。

　　在转移性支出中，人情世故支出是主要部分。据调查，人情世故支出越来越多的原因主要来自两个方面。

　　一是攀比、盲从心理盛行。不少农民认为"家里有事，来的人越多说明人缘越好，场面办得越大说明势力越大"，他们把相互往来的频繁程度以及礼金赠送的多少当作衡量人情厚薄的重要尺度。这种心理像催化剂一样加速了人情世故支出的增长。

　　二是农民把人情礼当成生财之道，从而陷入恶性循环的僵局。调查发现，许多农民存在这样的思想：他们去别人家赶礼的时候，看到别人收了不少钱，现在轮到自己有事，也必须借机捞上一笔。这样的想法促使他们千方百计、想

方设法找理由请客，连孩子过生日都成为请客的理由。结果，人情交往变成了金钱交易，人人如此，就形成了恶性循环。

人情世故支出不断攀高，让农村家庭苦不堪言。农民现金收入渠道少，收入水平低，人情世故支出不仅影响了正常的生活消费，而且减少了必要的生产投入，这成为一种沉重负担。特别是对于低收入家庭来说，生活本就捉襟见肘，人情世故支出更是难以承受之重。

从家庭人均生活消费支出看，2010 年保定 2 村农户人均生活消费支出达到 9033.4 元。人均食品支出为 2131.5 元，占比为 23.6%；人均衣着支出为 620.5 元，占比为 6.9%；人均居住支出为 1499.2 元，占比为 16.6%；人均家庭设备用品及维修服务支出为 433.1 元，占比为 4.8%；人均交通和通信支出为 2169.6 元，占比为 24.0%；人均文化教育娱乐用品及服务支出为 567.0 元，占比为 6.3%；人均医疗保健支出为 1612.4 元，占比为 17.8%（见表 4 - 30）。按占比从高到低排序，分别为：人均交通和通信支出（24.0%）、人均食品支出（23.6%）、人均医疗保健支出（17.8%）、人均居住消费支出（16.6%）、人均衣着支出（6.9%）、人均文化教育娱乐用品及服务支出（6.3%）、人均家庭设备用品及维修服务支出（4.8%）。

表 4 - 30　2010 年保定 2 村农户人均生活消费支出及其结构

单位：元，%

| 指标 | 人均食品支出 | 人均衣着支出 | 人均居住支出 | 人均家庭设备用品及维修服务支出 | 人均交通和通信支出 | 人均文化教育娱乐用品及服务支出 | 人均医疗保健支出 | 人均其他商品和服务支出 | 人均生活消费支出 |
|---|---|---|---|---|---|---|---|---|---|
| 均值 | 2131.5 | 620.5 | 1499.2 | 433.1 | 2169.6 | 567.0 | 1612.4 | 0 | 9033.4 |
| 标准差 | 2002.5 | 624.8 | 1333.5 | 751.7 | 9961.7 | 3638.9 | 5249.3 | 0 | 14322.7 |
| 占比 | 23.6 | 6.9 | 16.6 | 4.8 | 24.0 | 6.3 | 17.8 | 0 | 100.0 |

资料来源：2011 年《无锡、保定农户收支调查》问卷数据库。

1997 年，保定 11 个村的人均生活消费支出为 1484.2 元。从消费结构上看，食品类支出占生活消费支出的比重为 49.8%，其他依次为能源和水支出占比为 14.9%，文化教育及娱乐支出占比为 9.8%，医疗保健支出占比为

9.6%，衣着支出占比为8.0%，家庭设备及用品支出占比为3.6%，交通和通信支出占比为2.3%，服务支出占比为1.5%，其他支出占比为0.5%。①

通过前后对比可以看出，保定农户消费支出结构发生了显著变化，恩格尔系数有了显著的下降。2010年保定农户生活消费支出中居第一位的不再是食品支出，而是交通和通信支出。食品支出比重也大大下降，占比从1997年的"半壁江山"下降到2010年的1/4左右。其他支出，如医疗保健支出占比大幅提高。这说明了农村经济的进一步发展。

## （三）对保定2村农户生活消费支出的多角度分析

基于保定2村的调查数据，对农户消费结构做一个简单的对比分析。从家庭是否经营养殖业来看，经营养殖业的家庭的人均生活消费支出要大于没有经营养殖业的家庭。差距主要来自人均医疗保健支出（见表4-31）。

表4-31　2010年保定2村农户是否经营养殖业与其人均生活消费支出的关系

单位：元

| 是否经营养殖业 | | 人均食品支出 | 人均衣着支出 | 人均居住支出 | 人均家庭设备用品及维修服务支出 | 人均交通和通信支出 | 人均文化教育娱乐用品及服务支出 | 人均医疗保健支出 | 人均其他商品和服务支出 | 人均生活消费支出 |
|---|---|---|---|---|---|---|---|---|---|---|
| 否 | 均　值 | 2097.8 | 612.4 | 1504.2 | 434.7 | 2128.0 | 597.4 | 1457.9 | 0 | 8832.4 |
| | 标准差 | 2018.4 | 623.4 | 1355.6 | 774.9 | 10184.6 | 3809.2 | 4857.2 | 0 | 14407.9 |
| 是 | 均　值 | 2474.3 | 702.9 | 1448.6 | 417.2 | 2592.9 | 257.9 | 3183.6 | 0 | 11077.3 |
| | 标准差 | 1850.9 | 651.5 | 1115.8 | 467.6 | 7535.6 | 573.7 | 8290.1 | 0 | 13642.7 |

资料来源：2011年《无锡、保定农户收支调查》问卷数据库。

从家庭是否经营工商业来看，经营工商业的家庭的人均生活消费支出要大于没有经营工商业的家庭。差距主要体现在人均居住支出、衣着支出和食品支出上（见表4-32）。

---

① 中国社会科学院经济研究所"无保"调查课题组：《无锡、保定农村调查统计分析报告1997》，中国财政经济出版社，2006，第294页。

表4-32 2010年保定2村农户是否经营工商业与其人均生活消费支出的关系

单位：元

| 是否经营工商业 | | 人均食品支出 | 人均衣着支出 | 人均居住支出 | 人均家庭设备用品及维修服务支出 | 人均交通和通信支出 | 人均文化教育娱乐用品及服务支出 | 人均医疗保健支出 | 人均其他商品和服务支出 | 人均生活消费支出 |
|---|---|---|---|---|---|---|---|---|---|---|
| 否 | 均值 | 2085.6 | 606.7 | 1453.4 | 418.6 | 2155.2 | 574.3 | 1630.0 | 0 | 8923.8 |
| | 标准差 | 1811.9 | 618.2 | 1304.4 | 747.7 | 10120.8 | 3712.6 | 5345.7 | 0 | 14377.4 |
| 是 | 均值 | 3240.4 | 954.2 | 2604.9 | 783.1 | 2516.4 | 390.7 | 1187.5 | 0 | 11677.3 |
| | 标准差 | 4802.1 | 735.2 | 1638.6 | 816.7 | 5062.8 | 484.0 | 1807.0 | 0 | 13528.5 |

资料来源：2011年《无锡、保定农户收支调查》问卷数据库。

从家庭是否失去或者部分失去土地角度看，失去或者部分失去土地的家庭的生活消费支出要远远大于没有失去土地的家庭的生活消费支出，主要体现在人均文化教育娱乐用品及服务支出、人均交通和通信支出、人均衣着支出和人均食品支出上（见表4-33）。

表4-33 2010年保定2村农户是否失去或者部分

失去土地与其人均生活消费支出的关系

单位：元

| 是否失去或者部分失去土地 | | 人均食品支出 | 人均衣着支出 | 人均居住支出 | 人均家庭设备用品及维修服务支出 | 人均交通和通信支出 | 人均文化教育娱乐用品及服务支出 | 人均医疗保健支出 | 人均其他商品和服务支出 | 人均生活消费支出 |
|---|---|---|---|---|---|---|---|---|---|---|
| 没有失去 | 均值 | 2089.4 | 599.0 | 1497.3 | 436.6 | 2141.1 | 320.2 | 1606.3 | 0 | 8689.8 |
| | 标准差 | 1901.5 | 545.7 | 1333.2 | 756.5 | 10014.0 | 861.9 | 5282.3 | 0 | 13295.0 |
| 失去或者部分失去 | 均值 | 4912.2 | 2044.4 | 1626.9 | 206.7 | 4050.5 | 16854.2 | 2015.6 | 0 | 31710.5 |
| | 标准差 | 5750.2 | 2573.4 | 1652.1 | 257.2 | 6365.0 | 29103.5 | 2607.3 | 0 | 48168.7 |

资料来源：2011年《无锡、保定农户收支调查》问卷数据库。

以食品支出为例，失去或者部分失去土地的家庭的人均主副食支出和人均烟酒及在外吃饭支出均大于没有失去土地的家庭（见表4-34）。这一方面说明，土地在保障食物来源方面仍然起着重要作用；另一方面也说明，生活在农村的农民的生活消费支出水平更低。

表 4-34 2010 年保定 2 村农户是否失去或者部分
失去土地与人均食品支出的关系

单位：元

| 是否失去或者<br>部分失去土地 | | 人均食品支出 | 人均主副<br>食支出 | 人均烟酒及<br>在外吃饭支出 |
|---|---|---|---|---|
| 没有失去 | 均　值 | 2089.4 | 1294.4 | 795.1 |
| | 标准差 | 1901.5 | 1151.5 | 1057.8 |
| 失去或者<br>部分失去 | 均　值 | 4912.2 | 2567.8 | 2344.4 |
| | 标准差 | 5750.2 | 2609.7 | 3168.0 |

资料来源：2011 年《无锡、保定农户收支调查》问卷数据库。

此处把保定 2 村农户按照不包括土地宅基地补偿的人均纯收入十等分组，以观察不同收入水平农户的生活消费支出。2010 年最高收入组的人均生活消费支出大约是最低收入组的 6.4 倍（见表 4-35）。这一倍数要远远大于 1997 年的调查结果。1997 年，保定 11 个村的最高收入组的人均生活消费支出大约是最低收入组的 2 倍。并且，收入较低的前五组人均生活消费支出的变化都不大，随着分组收入的增多，人均生活消费支出也不断增长，直到最高收入组，人均生活消费支出才突破 2000 元，其他各组人均生活消费支出都在 2000 元以下。[1] 2010 年收入较低的前三组的人均生活消费支出变化不大，第 5、第 6 组人均生活消费支出突破 7000 元，第 7 组人均生活消费支出突破 8000 元，第 8、第 9 组人均生活消费支出在 10000 元左右。而最高收入组的人均生活消费支出突破了 25000 元。这说明，农村中有一些人的消费较高，与其他人差别较大。这一结果也得到了其他调查结果的佐证。有学者对上海奉贤的百户农户进行了调查，发现农村居民收入

---

[1] 中国社会科学院经济研究所"无保"调查课题组：《无锡、保定农村调查统计分析报告1997》，中国财政经济出版社，2006，第 329～330 页。

水平分布越来越趋于分散，这改变了几年前农村收入"中间大、两头小"相对比较集中的正态分布格局，农村收入差距呈不断扩大的趋势。[①]

表 4-35　2010 年保定 2 村农户按照不包括土地宅基地补偿的人均纯收入十等分组的人均生活消费支出及其结构

单位：户，元

| 按照不包括土地宅基地补偿的人均纯收入十等分组 | | 人均食品支出 | 人均衣着支出 | 人均居住支出 | 人均家庭设备用品及维修服务支出 | 人均交通和通信支出 | 人均文化教育娱乐用品及服务支出 | 人均医疗保健支出 | 人均其他商品和服务支出 | 人均生活消费支出 |
|---|---|---|---|---|---|---|---|---|---|---|
| 1 | 均　值 | 1404.7 | 297.1 | 900.5 | 241.7 | 398.1 | 98.1 | 824.3 | 0 | 4164.6 |
| | 样本量 | 20 | 20 | 20 | 20 | 20 | 20 | 20 | 20 | 20 |
| | 标准差 | 1463.9 | 312.8 | 713.4 | 356.8 | 604.4 | 204.0 | 968.8 | 0 | 2972.3 |
| 2 | 均　值 | 1528.5 | 455.5 | 942.8 | 398.3 | 434.3 | 165.8 | 767.3 | 0 | 4692.4 |
| | 样本量 | 20 | 20 | 20 | 20 | 20 | 20 | 20 | 20 | 20 |
| | 标准差 | 954.3 | 483.6 | 590.0 | 618.2 | 493.9 | 374.3 | 1312.8 | 0 | 2267.2 |
| 3 | 均　值 | 1666.0 | 375.2 | 1339.9 | 284.6 | 453.6 | 101.2 | 564.2 | 0 | 4784.7 |
| | 样本量 | 20 | 20 | 20 | 20 | 20 | 20 | 20 | 20 | 20 |
| | 标准差 | 1126.6 | 190.1 | 1224.5 | 591.8 | 404.7 | 161.6 | 735.0 | 0 | 2695.8 |
| 4 | 均　值 | 1869.0 | 391.9 | 1111.5 | 215.0 | 973.7 | 340.0 | 983.3 | 0 | 5884.4 |
| | 样本量 | 20 | 20 | 20 | 20 | 20 | 20 | 20 | 20 | 20 |
| | 标准差 | 1258.1 | 318.9 | 1095.4 | 275.4 | 1789.7 | 623.4 | 960.2 | 0 | 3266.3 |
| 5 | 均　值 | 2333.6 | 662.1 | 1929.4 | 510.0 | 731.4 | 217.2 | 958.9 | 0 | 7342.5 |
| | 样本量 | 20 | 20 | 20 | 20 | 20 | 20 | 20 | 20 | 20 |
| | 标准差 | 1524.4 | 566.4 | 1318.2 | 511.3 | 525.6 | 353.8 | 868.5 | 0 | 2790.5 |
| 6 | 均　值 | 2145.1 | 594.9 | 1243.0 | 521.4 | 1298.8 | 468.7 | 855.3 | 0 | 7127.2 |
| | 样本量 | 20 | 20 | 20 | 20 | 20 | 20 | 20 | 20 | 20 |
| | 标准差 | 1661.0 | 547.6 | 1075.2 | 840.5 | 1624.8 | 852.2 | 1053.5 | 0 | 3470.7 |
| 7 | 均　值 | 1609.0 | 747.3 | 1447.4 | 394.7 | 705.1 | 642.9 | 2638.1 | 0 | 8184.5 |
| | 样本量 | 20 | 20 | 20 | 20 | 20 | 20 | 20 | 20 | 20 |
| | 标准差 | 1080.4 | 526.5 | 777.0 | 796.2 | 605.0 | 1552.4 | 7376.4 | 0 | 6808.8 |

---

[①]　谢根东：《农村居民收入差距有多大？——奉贤区百户农户收支调查情况剖析》，《上海统计》2003 年第 4 期。

续表

| 按照不包括土地宅基地补偿的人均纯收入十等分组 | | 人均食品支出 | 人均衣着支出 | 人均居住支出 | 人均家庭设备用品及维修服务支出 | 人均交通和通信支出 | 人均文化教育娱乐用品及服务支出 | 人均医疗保健支出 | 人均其他商品和服务支出 | 人均生活消费支出 |
|---|---|---|---|---|---|---|---|---|---|---|
| 8 | 均值 | 1835.1 | 551.2 | 1726.2 | 561.9 | 1045.2 | 603.8 | 5011.5 | 0 | 11334.9 |
| | 样本量 | 20 | 20 | 20 | 20 | 20 | 20 | 20 | 20 | 20 |
| | 标准差 | 2357.9 | 437.6 | 1370.2 | 812.4 | 1563.9 | 1685.3 | 13866.2 | 0 | 16810.7 |
| 9 | 均值 | 2477.2 | 790.8 | 1736.5 | 342.7 | 2581.6 | 326.3 | 1099.3 | 0 | 9354.4 |
| | 样本量 | 20 | 20 | 20 | 20 | 20 | 20 | 20 | 20 | 20 |
| | 标准差 | 1479.0 | 338.2 | 1323.3 | 502.3 | 6723.0 | 596.5 | 1790.1 | 0 | 7871.5 |
| 10 | 均值 | 4336.9 | 1305.2 | 2562.0 | 840.6 | 12555.0 | 2603.8 | 2383.3 | 0 | 26586.8 |
| | 样本量 | 21 | 21 | 21 | 21 | 21 | 21 | 21 | 21 | 21 |
| | 标准差 | 3793.0 | 1235.2 | 2290.0 | 1432.5 | 28460.8 | 10977.7 | 3891.6 | 0 | 34988.6 |

资料来源：2011 年《无锡、保定农户收支调查》问卷数据库。

### （四）生产经营性支出的变化

#### 1. 农户生产经营性支出不断增长

望亭乡。2010 年，望亭乡农户的生产经营性支出约为 500 元，主要用于农业生产——购买种子、化肥、农药、燃料，机耕机播，购置农业机械。

何桥乡。随着收入的不断增加，何桥乡农民的支出也逐年提高。2004 年以来，随着主要农产品和畜产品价格的稳步上涨及各项惠农政策的落实，农民种植业和养殖业生产的信心增强了，这促进了农民对生产投入的增加。2010年，该乡农民家庭人均生产经营性支出为 405.39 元，比 1998 年增加了 144.51元，增长 55%。

何桥乡何桥村。随着经济社会的不断发展，何桥乡何桥村农户的生产经营性支出不断增长。主要以农业生产支出为主，包括购买农资、农业生产雇工、农业机械费用等。在农业生产中，该村机械化程度明显提高，基本实现了机收机种，与 1998 年相比，农业生产成本每亩增加 100 多元。由此可见，农民生产经营性支出在大幅度增长。

清苑镇。2010 年，清苑镇农民人均消费总支出为 3107 元，人均生活消费支出为 2485 元，占人均消费总支出的 80%，总体上发生了从以农业生产消费为主向以生活消费为主的转变。比如原先消费以购买农资、农机以及机耕、浇水等为主，现在农民消费以生活消费为主，生活水平大幅改善，冰箱、彩电、手机、洗衣机等电器已基本普及，其中条件好的家庭购买了私家车，另外农民衣着档次也有了很大提高，人们生活水平有了质的飞跃。其中，东顾庄村家用轿车有 60 余辆。电视机由原来的黑白电视换成彩色液晶电视，固话、移动电话得到普及，村民住宅由原来的砖木结构发展到现在的砖混结构，全村青少年入学率达到 100%，电脑、空调等家用电器入户率逐年增加。

**2. 总支出结构变化表现为生产经营性支出占比减小、生活消费支出占比增大**

大庄镇。大庄镇 1998 年户均支出为 6902 元，2010 年末，户均支出为 12306 元，增长 78%。其中支出项目发生重大变化。1998 年，农户支出在房屋建设、婚丧嫁娶等大宗支出项目上的比重为 80% 以上，很多人甚至是举债办事，个别农户医疗、子女教育等支出占其总支出的比重近 90%；一般农户种子、化肥、农药等生产性支出占其总支出的 15%，日常生活消费支出占比不足 3%。2010 年，房屋建设、婚丧嫁娶支出虽然在农户支出中仍占有相当大的比重，但档次和消费水平都有了很大程度的提高，医疗、子女教育等支出占农户支出总额的比重下降至 30%~70%，生产性支出占总支出的比重为 8%~15%，家电、服装、交通工具、日常消费品等支出的比重提高至 12%~35%。

大庄镇孟庄村。1998 年，大庄镇孟庄村农户支出基本上全部用于婚丧嫁娶、医疗看病、教育。改善生产生活条件成为次要需求。随着经济收入的逐年提高，农户的支出结构和消费观念发生了很大的变化，九年制义务教育的普及、新型农村合作医疗的落实使孩子上学、百姓看病的负担大大减轻。改善生产生活水平，追求舒适的生活成为主要需求。手机、电脑、冰箱、空调、太阳能热水器、汽车逐渐走进农户家中。其中最显著的表现是，1998 年 95% 以上农户做饭以烧柴为主，2010 年几乎家家户户都采用液化石油气和电力做饭。2010 年该村共有两层以上楼房 15 栋，拥有小汽车的农户有 32 户，拥有农用汽车的农户有 5 户，拥有运输卡车的农户有 3 户；拥有电脑的农户有 100 多户，拥有空调、太阳能热水器的农户有 50 多户；三马车①、冰箱基本普及。

魏村镇。魏村镇农户支出主要以农业生产、入学教育、日常生活支出为主，以购置家用电器，交通、通信工具，日化产品为辅。随着收入增加、工作节奏加快，各种服务性消费、通信费用在一定程度上增加了农户的支出。但从总体分析来看，随着农户收入的稳定提高，支出也明显增加，生活条件明显改善，农户在一定程度上存在节余。魏村镇的人均消费支出由 1998 年的 1906 元增至 2010 年的 2915 元，同比增长 53%；其中全镇农户 2010 年用于购买享受国家政策补贴的农业机械和家用电器的支出达到 193.84 万元，人均 47.99 元。农户用于食品、衣着、建房、购买家电、交通、通信、接受教育等的支出大幅增加。

保定 2 村。2010 年，保定 2 村的农户农业生产经营性支出均值达到 21938.26 元，大大高于 1997 年的数据。企业占地所支付的土地使用费均值为 15.92 元，租种集体或他人土地的租金均值为 76.12 元（见表 4-36）。

表 4-36　2010 年保定 2 村农户生产经营性支出和生活消费支出情况

单位：户，元

| 指标 | 样本量 | 均值 |
|---|---|---|
| 租种集体或他人土地的租金 | 201 | 76.12 |
| 企业占地所支付的土地使用费 | 201 | 15.92 |
| 农业生产经营性支出 | 201 | 21938.26 |
| 固定资产投资支出 | 201 | 1007.46 |
| 家庭生活消费支出 | 201 | 35873.32 |
| 家庭转移性支出 | 201 | 3722.34 |
| 家庭财产性支出 | 201 | 11485.07 |

资料来源：2011 年《无锡、保定农户收支调查》问卷数据库。

从人均支出来看，2010 年，保定 2 村农户人均农业生产经营性支出为 4321.79 元，人均工商业经营性支出为 16947.93 元（见表 4-37），大大高于 1997 年的数据。

―――――――――

① "三马车"是保定农民对三轮的通俗称呼。

表 4 - 37　2010 年保定 2 村农户人均生产经营性支出和人均生活消费支出情况

单位：户，元

| 指标 | 样本量 | 均值 |
|---|---|---|
| 家庭人均转移性支出 | 201 | 963.08 |
| 家庭人均财产性支出 | 201 | 4256.68 |
| 家庭人均住房支出 | 201 | 4240.88 |
| 家庭人均农业生产经营性支出 | 201 | 4321.79 |
| 家庭人均工商业经营性支出 | 201 | 16947.93 |
| 家庭人均固定资产投资支出 | 201 | 179.52 |
| 家庭人均生活消费支出 | 201 | 9033.40 |

资料来源：2011 年《无锡、保定农户收支调查》问卷数据库。

# 四　结语

通过本次调查结果和 1998 年第四次"无锡、保定农村经济调查"的结果的对比分析，我们发现，保定的农户人均收入水平（总收入水平、纯收入水平，不包括土地宅基地补偿的总收入水平和纯收入水平）都有了较大提高。收入结构也发生了较大变化。最重要的变化是工资性收入在总收入中的比例越来越大，这说明工资性收入对于提高保定农户收入水平非常重要。与 1997 年的数据相比，经营性收入的重要性正在逐渐降低。但其背后的问题很多，比如粮食等农产品价格的偏低或者不稳定导致农户经营性收入的减少，而工资性收入的提高也说明了农户经济行为正在市场化、工业化的大潮中发生着变化。与此同时，课题组还发现，农户的转移性收入也在大幅度增长。这显然是国家支农惠农政策实施的结果。

值得注意的一个现象是，在农村总体收入水平都有所提高的同时，农户之间的收入差距正在不断增大。造成这种现象的原因是多方面的。镇村干部认为这是农民的观念问题。本章认为，虽然农民的观念影响了他们的行为，但观念背后可能还有更深层次的原因，比如农村融资环境和农业生产风险。

随着收入水平的提高，保定农户的生活消费水平也大幅度提高。消费结构发生了显著变化，恩格尔系数不断降低，农户用于交通、通信、医疗保健方面的支出正在逐渐增加。住房支出也不断提升，这是农民生活水平提高的标志。与此同时，本章也发现，教育支出、人情世故支出正成为农户的沉重负担。

# 第五章　无锡市玉东村农户
## 收支的变化

　　玉东村位于江苏省东南部、无锡市惠山区（原无锡县、锡山市）西北，行政上隶属于惠山区玉祁镇。无锡市位于太湖之滨，长江三角洲中部，这里人多地少，农业生产条件得天独厚，历来是富庶的鱼米之乡。此外，无锡还是近代中国民族资本主义工商业的发祥地，靠近上海，具有接受上海信息、技术和管理经验等的便利。历史的积累加之优越的区位优势使这里的工业化起步和发展具有得天独厚的条件，无锡的工业化和城市化进程也因此一直走在全国的前列。

　　20世纪80年代，苏南地区独具特色的以集体经济为主，以乡镇工业为主，以市场取向为主，以政府推动为主，走共同富裕道路的"四为主一共同"发展模式被费孝通概括为"苏南模式"。20世纪90年代，社会主义市场经济目标确立以后，随着外部宏观环境和竞争条件的变化，传统意义上的"苏南模式"的体制和机制性弊端开始凸显，先发性优势逐渐弱化，经济效益下滑。在此背景下，苏南地区在20世纪90年代中期开始大规模企业产权制度改革，经过两次转制，实现了投资多元化、经济所有制多样化目标。随着开放型经济的发展，苏南地区的高新技术产业迅速发展，经济的国际化、信息化水平都得到了迅速提高，形成了政府主导下的以外向型经济为主的第二次发展高潮，并被冠之以"新苏南模式"。玉东村地处苏南腹地，其发展路径具有典型的"苏南模式"及"新苏南模式"特征。

## 一　玉东村经济社会发展的基本情况

新中国成立后至 20 世纪 60 年代末，由于经济发展水平较低，农业生产在玉东村占据绝对优势。此外，该村还有少量副业，只有少数人在农闲时从事一些小手工业、商业。在就业结构方面，20 世纪 70 年代以前，基本上全部村民以务农为生，独立从事手工业和服务业的人很少，他们大多只在农闲时做做，往往只为亲朋做活，常年靠手艺吃饭的人不多。此外还有一些从事家庭副业（如养殖业）的人，他们也是在务农之余零星为之，难以详尽统计。

1968 年冬，玉东村出现了最早的村办企业，即玉东农机厂。当时企业的创办带有浓厚的行政色彩，村办企业实行的是农忙务农、农闲务工的"亦工亦农"方式，职工收入分配采取按工时记工分的办法。[①] 在生产和经营上，村办企业也不是非常规范，但它为改革开放后村中非农产业的发展打下了很好的基础。

村中工业的真正蓬勃发展是在 1978 年农村经济体制改革之后。除在原玉东农机厂基础上发展起来的村骨干企业玉东电扇厂外，在 1981~1983 年的短短 3 年间，村中创办了其他 4 个工业企业，即玉东烘漆厂、玉东日用化学品厂、玉东彩印厂和玉东酱类食品厂。除村办工业企业外，玉东村还于 1984 年投资 90 多万元兴建了占地 12858.6 平方米的玉东宾馆，它由本村的建筑队承建，于 1986 年建成。从总体上看，玉东村这一时期的村办工业企业除玉东电扇厂外，其他几个企业的规模都不太大，普遍存在的问题主要有资金短缺、原材料紧张、技术设备等级低等。但这些企业的蓬勃发展改善了全村的经济结构，带动了全村经济的高速增长。1978~1984 年，由于村办企业起步较早、发展迅速，玉东村的经济实力在整个玉祁镇居于前列。

1987~1997 年，从经济发展的总体态势来看，玉东村的经济总量呈持续增长势头。1997 年，全村经济总收入达到 8023 万元，是 1987 年 547.5 万元的

---

① 当地职工人均年收入从 20 世纪 50 年代末的 360 元左右增加至 20 世纪 70 年代的 428 元，明显高于同期务农收入。

约 14.7 倍。其中，农业收入为 590.3 万元，是 1987 年 249.04 万元的 2.37 倍；工业收入为 6477 万元，是 1987 年 255.7 万元的 25.3 倍；建筑业、交通运输业、餐饮服务业总收入 439.7 万元，是 1987 年 32.54 万元的 13.5 倍。第二、第三产业的发展速度大大快于农业的发展速度。

在村中经济总量迅速增长的同时，1987～1997 年，同整个苏南地区经济发展的进程一样，玉东村的经济出现了几次大的波动。第一，从 1986 年开始的发展低潮一直持续到 1990 年，主要原因是外部市场环境的变化使村中企业自身存在的一些问题充分暴露出来。玉东村骨干企业玉东电扇厂的经济效益在这一时期不断下滑，并由此引发村中与该厂配套的其他企业的连锁反应。1992 年，在邓小平南方谈话精神的指导下，中共十四大明确提出社会主义市场经济体制改革目标，为经济发展注入了新的活力。1990～1994 年，由于宏观市场环境比较有利，村中新的骨干企业玉东钢管厂和玉东三益阀门厂运行良好，玉东村进入了新一轮发展高潮。第二，在 1994 年以后，随着信贷紧缩，玉东村在 1992 年、1993 年经济发展高潮时不够审慎地大规模借款、投资带来的消极影响逐渐显现出来，加之市场的不景气，村中多数企业效益下滑，全村经济发展速度再次进入徘徊阶段。这一阶段持续至 1997 年。从 20 世纪 90 年代中期开始，全国乡镇企业经济效益出现下滑。乡镇企业发展过程中所累积的机制、体制矛盾集中爆发，影响到乡镇经济的增长速度和效益，乡镇企业从根本制度上进行改革和调整已迫在眉睫。1993 年，为进一步明晰产权，确保资产增值保值，实现资产存量优化组合，使无效或低效的生产要素发挥最佳效能，玉祁镇开始对乡镇企业试行所有制改革，这也是苏南地区进行的第一次转制。在这次转制中，玉东村有 5 个集体企业以租卖结合的形式转为私营企业，此后村中其他企业于 1997 年进行了第二次转制，原集体所有的村办乡镇企业全部转为私营企业或股份合作制企业。

1998 年以来，特别是进入 21 世纪以后，随着乡镇企业改制逐步完成，从 2001 年开始，苏南地区经济迅速进入了新一轮高速增长期。通过实施园区战略，接受国际产业转移，打造以高新技术为主导的国际制造业基地，苏南地区形成了发展经济的新机制、路径和成果。在 1998 年后，从经济发展的总体态势来看，玉东村的经济总量呈持续增长势头。1998～2009 年，该村经济总收入从 8867 万元增至 66392 万元，人均收入也从 4800 元提高到 12100 元（见表 5 – 1）。

表 5 – 1　1998～2009 年玉东村主要经济指标变化情况

| 指标＼年份 | 1998 | 1999 | 2000 | 2001 | 2002 | 2003 | 2004 | 2005 | 2006 | 2007 | 2008 | 2009 |
|---|---|---|---|---|---|---|---|---|---|---|---|---|
| 人均收入（元） | 4800 | 4873 | 5012 | 5518 | 5800 | 6300 | 7500 | 8300 | 9200 | 10120 | 11200 | 12100 |
| 就业人数（人） | 1415 | 1371 | 1380 | 1386 | 1375 | 1396 | 1499 | 1652 | 1762 | 1758 | 1872 | 1973 |
| 经济总收入（万元） | 8867 | 7896 | 8590 | 11377 | 21991 | 25796 | 39409 | 46041 | 36819 | 53639 | 61752 | 66392 |
| 销售收入（万元） | 5349 | 5336 | 6776 | 9531 | 20000 | 23325 | 37209 | 43641 | 34262 | 50791 | 59449 | 55303 |
| 工业总产值（万元） | 5758 | 7351 | 8800 | 10140 | 19780 | 25514 | 38250 | 46200 | 34219 | 50739 | 65087 | 52000 |
| 人数（人） | 3416 | 3390 | 3522 | 3513 | 3478 | 3379 | 3407 | 3562 | 3776 | 3795 | 3835 | 4023 |

资料来源：无锡市惠山区玉祁镇统计站。

2009 年，该村经济总收入为 66392 万元，是 1997 年 8023 万元的 8.28 倍。具体来看，在玉东村产业结构中，第一产业收入无论是绝对额还是所占比例，都出现了持续下降。1997 年，玉东村第一产业收入为 796 万元，占全村经济总收入的 9.92%，在三次产业中所占的比例略高于第三产业，居第二位。2007 年，第一产业收入和占比分别下降至 103 万元和 0.19%，在三次产业中的重要性也居于最后，被第三产业反超。2009 年，在玉东村产业结构中，第一产业已完全退出，收入为零。与第一产业变化趋势正好相反，1997～2008 年，第二产业收入表现为绝对额的持续增长和所占比例的不断上升。1997 年，玉东村第二产业收入为 6528 万元，在三次产业中所占比重为 81.37%；2007 年，这组数字分别为 51989 万元和 96.92%；2008 年，其达到 60164 万元和 97.43%，第二产业在三次产业中的绝对优势被强化。2009 年，受全球性金融危机影响，第二产业收入降至 56013 万元。在第三产业收入方面，虽然绝对额由 1997 年的 699 万元增至 2007 年的 1547 万元，但所占比例由 8.71% 下降至 2.88%，这主要是因为第二产业的收入增长速度更快，挤压了第三产业的占比。2009 年，在第一产业完全退出，第二产业收入有所下降的情况下，第三产业在餐饮服务业快速发展带动下增长迅猛，当年收入达到 10379 万元，占该村经济总收入的 15.63%，是 1997 年以来的最高收入水平（见表 5 – 2）。

表 5 – 2　1997～2009 年玉东村经济总收入及产业结构变化情况

单位：万元，%

| 年份\指标 | 经济总收入 | 第一产业 | | 第二产业 | | 第三产业 | |
|---|---|---|---|---|---|---|---|
| | | 收入 | 比例 | 收入 | 比例 | 收入 | 比例 |
| 1997 | 8023 | 796 | 9.92 | 6528 | 81.37 | 699 | 8.71 |
| 1998 | 8867 | 519 | 5.85 | 7515 | 84.75 | 833 | 9.39 |
| 1999 | 7895.6 | 612.8 | 7.76 | 6131.0 | 77.65 | 1151.8 | 14.59 |
| 2000 | 8589.74 | 608.03 | 7.08 | 7024.00 | 81.77 | 957.71 | 11.15 |
| 2001 | 11377 | 628 | 5.52 | 9792 | 86.07 | 957 | 8.41 |
| 2002 | 21991 | 647 | 2.94 | 20228 | 91.98 | 1116 | 5.07 |
| 2003 | 25796 | 390 | 1.51 | 24005 | 93.06 | 1401 | 5.43 |
| 2004 | 39409 | 135 | 0.34 | 37959 | 96.32 | 1315 | 3.34 |
| 2005 | 46041 | 115 | 0.25 | 44491 | 96.63 | 1435 | 3.12 |
| 2006 | 36819 | 98 | 0.27 | 35369 | 96.06 | 1352 | 3.67 |
| 2007 | 53639 | 103 | 0.19 | 51989 | 96.92 | 1547 | 2.88 |
| 2008 | 61752 | 57 | 0.09 | 60164 | 97.43 | 1531 | 2.48 |
| 2009 | 66392 | 0 | 0.00 | 56013 | 84.37 | 10379 | 15.63 |

注：本表数据中，第一产业收入包括农、林、牧、渔业收入，第二产业收入包括工业和建筑业收入，第三产业收入包括交通运输业、餐饮服务业和其他收入。

资料来源：无锡市惠山区玉祁镇统计站。

20 世纪 90 年代末以来，玉东村经济结构的变化是在苏南地区工业化、城市化过程中推行"三集中"战略的大背景下发生的。所谓"三集中"，即工业向园区和开发区集中，人口向城市集中，住宅向社区集中。2002 年底，玉祁镇在玉东村规划建设了镇工业园区，并将位于园区内的印家宕、郑家宕、邬家宕三个自然村拆迁合并，玉东村 2000 余亩耕地改变了使用性质。此后为解决拆迁户住房安置问题，2004 年惠山区批复核准玉祁镇在玉东村塘田北自然村集中规划建设"松涛苑"农民安置房，建设用地面积约为 42 亩，至此，玉东村土地使用性质发生了根本性改变，玉东村的村庄面貌有了巨大变化。

从历史的角度来看，20 世纪 90 年代以来玉东村的行政区面积和耕地面积都呈逐渐减少的趋势。

1987 年，玉东村耕地面积为 2374.5 亩，人均耕地面积为 0.66 亩。此前村里已出现土地利用多样化趋势，从而导致耕地面积逐步减少。比如，1983 年村办企业盖厂房，占去耕地 30 亩，1984 年基于同样原因，一年之内 160 亩耕地被占用了。此外，部分耕地还被用于建造民房。由于 20 世纪 80 年代村办企业的发展和农村经营形式的多样化，1982～1985 年，玉东村用于铺筑道路的耕地达 95.49 亩，新开鱼塘 58 亩。

在 1998 年调查时，该村耕地总面积减至 2000 亩左右，其中水田 1700 余亩，旱地 300 亩左右。1987～1997 年，村中的非农用地增加较多，特别是 1993 年和 1994 年，由于大规模兴办乡镇企业和兴建别墅区，200 余亩耕地被占用。此外，1987～1997 年，村民建房占用耕地约 50 亩，拓宽、新修道路占地 60 亩，加宽加固圩岸占地 15 亩。1997 年，玉东村人均占有耕地 0.57 亩，户均 2 亩，家庭经营土地费用户均 708.52 元，纯收益户均 1963.48 元。①

1997～2001 年，玉东村耕地总面积大体保持在 2000 亩左右的水平。此后，基于玉祁镇工业园区开发占用的原因，玉东村耕地总面积缩减的趋势不断加快。2002 年，玉东村耕地总面积由 2001 年的 2112 亩剧减至 73 亩，这一现象持续到 2007 年（见表 5-3）。从 2008 年开始，随着耕地全部被征用，玉东村已经没有任何耕地性质的土地，所剩下的 90 多亩农用地多为企业占地，此外还有 10 余亩水面。

表 5-3　2000～2009 年玉东村土地面积变化情况

| 年份<br>指标 | 2000 | 2001 | 2002 | 2003 | 2004 | 2005 | 2006 | 2007 | 2008 | 2009 |
|---|---|---|---|---|---|---|---|---|---|---|
| 村行政区面积（公顷） | 318 | 318 | 110 | 110 | 110 | 110 | 110 | 110 | 110 | 110 |
| 建设用地总面积（m²） | 167789 | 167987 | 168389 | 168389 | 168389 | 141089 | 141089 | 141089 | 141089 | 141089 |
| 农村居民点用地面积（m²） | 105789 | 105989 | 106389 | 106389 | 106389 | 79089 | 79089 | 79089 | 79089 | 79089 |
| 农用地总面积（亩） | 2991 | 2991 | 98 | 98 | 98 | 98 | 98 | 98 | 0 | 0 |
| 耕地总面积（亩） | 2112 | 2112 | 73 | 73 | 73 | 73 | 73 | 73 | 0 | 0 |

资料来源：无锡市惠山区玉祁镇统计站。

与村土地性质、村庄面貌改变相伴的是资金、劳动力等要素的重新整合。从 20 世纪 90 年代末至今，随着原有的"苏南模式"向"新苏南模式"的转换、"三集中"战略的逐步实施，村民的就业方式和居住方式发生了巨大的变化，农户收入与支出的规模与结构也发生了较大变化。

---

① 中国社会科学院经济研究所"无保"调查课题组：《无锡、保定农村调查统计分析报告 1997》，中国财政经济出版社，2006，第 58 页。

## 二 玉东村农户收入变化

新中国成立后，随着生产力的发展和生产关系的调整，玉东村农户的生活水平不断提高。其间主要经历了三个阶段。

第一阶段，从20世纪50年代开始，在土地改革实现了"耕者有其田"后，农民通过互助组、合作社的形式走上了集体化道路，进行农业生产的积极性被空前激发。同时通过连年的整田平地、开河造渠，生产条件大为改善，有力地提高了产量和效益，农民生活趋于安定，收入相应得到提高。据统计，1966年，玉东村所在的玉祁镇部分农民平均收入达到75.6元。[1]

第二阶段，从20世纪80年代初起，随着"苏南模式"的兴起，兼业务工收入逐步成为农民的主要收入来源之一。此外，随着乡镇企业的发展，通过以工建农、以工补农，农业机械化、科学化得到发展，农业生产力得到提高，带动农民在农业中的收入大幅增加。这一时期，农村经济结构逐渐发生细化，形成了农、林、牧、副、渔、工、商、运、建、服等各种经济类型，农民收入来源由原来生产队一本账，变为集体统一经营收入、家庭经营性收入（包括企业事业单位直接工资收入）等多方面，收入水平大大提高。

从表5-4可以看出，在20世纪90年代乡镇企业改制之前，在玉东村，集体统一经营收入一直是村民收入来源的主要部分。20世纪80年代末至20世纪90年代中期，集体统一经营收入所占比例一直上升，由1987年的47.3%逐年递增至1990年的58.6%。1992～1994年，在村民人均收入中，集体统一经营收入一直占60%左右。从1995年开始，这一情况发生了变化，家庭经营性收入所占比例达到52.5%，首次取代集体统一经营收入，成为村民收入来源的主要部分。1996年，这一比例略有下降，但仍占到50%以上。1997年，家庭经营性收入的地位进一步巩固，在村民人均收入中所占比例已超过2/3，为66.8%。

---

[1] 中国社会科学院经济研究所课题组：《从苏南模式到科学发展——江苏省无锡市玉祁镇经济与社会调研报告》，中国社会科学出版社，2008，第230页。

表 5 - 4   1987～1997 年玉东村人均收入来源变化情况

单位：元，%

| 指标 年份 | 1987 | 1990 | 1992 | 1995 | 1997 |
|---|---|---|---|---|---|
| 人均收入 | 1069.41 | 1055.72 | 1152.59 | 4006.63 | 5011.00 |
| 集体统一经营收入 | 505.72 | 618.81 | 690.82 | 1901.15 | 1662.87 |
| 比例 | 47.3 | 58.6 | 59.9 | 47.5 | 33.2 |
| 经济联合体收入 | 28.54 | 3.38 | — | — | — |
| 比例 | 2.7 | 0.3 | — | — | — |
| 家庭经营性收入 | 535.15 | 433.53 | 461.77 | 2105.48 | 3348.13 |
| 比例 | 50.0 | 41.1 | 40.1 | 52.5 | 66.8 |

资料来源：中国社会科学院经济研究所"无保"调查课题组《中国村庄经济——无锡、保定22村调查报告（1987—1998）》，中国财政经济出版社，1999，第155页。

自 20 世纪 90 年代末开始，随着乡镇企业改制的完成，苏南地区经济发展的模式与动力有了根本性的变化，在此后的十余年间，以无锡为代表的苏南地区一改此前城市化滞后于工业化的发展特征，进入了工业化、城市化同时加速，城乡一体化不断推进的新的发展阶段，实现了由传统"苏南模式"向以园区经济为载体、以混合所有制为支撑、以城乡一体化为形态的"新苏南模式"的转型。在这一转型过程中，苏南地区的产权结构、产业结构、社会结构都发生了深刻的变化，这对当地农户的生活水平产生了深远影响。玉东村农户的收入、支出水平进入了第三个发展阶段，表现出许多新的特征。

### 1. 1997年与2010年玉东村农户收入变化总体情况

（1）人均总收入变化情况

1997 年以来，玉东村农户人均总收入增长明显。1997 年玉东村人均总收入为 5770.9 元，2010 年增至 34366.1 元（以 1997 年价格计算），绝对额增长28595.2 元，增长 5 倍，实际年均增长 2199.6 元，实际年均增长率为 14.7%（见表 5 - 5）。

在人均总收入各项构成中，首先，增长最快的是人均财产性收入，由1997 的 11.9 元增至 2010 年的 11375.2 元，实际年均增长 874.1 元，实际年均增长率达到了 69.5%。其次，增速居第二位的是人均转移性收入，由 1997 年

表 5 – 5　1997 年与 2010 年玉东村农户人均总收入及其结构比较

| 指标 | 人均总收入 | 人均工资性收入 | 人均经营性收入 | 人均转移性收入 | 人均财产性收入 |
|---|---|---|---|---|---|
| 1997 年(126 户,元) | 5770.9 | 2715.8 | 2827.3 | 216.0 | 11.9 |
| 来源构成(%) | 100.0 | 47.1 | 49.0 | 3.7 | 0.2 |
| 变异系数 | 0.7 | 0.6 | 1.5 | 2.1 | 6.3 |
| 2010 年(100 户,元) | 34366.1 | 11760.8 | 8403.8 | 2826.2 | 11375.2 |
| 来源构成(%) | 100.0 | 34.2 | 24.5 | 8.2 | 33.1 |
| 变异系数 | 1.5 | 1.0 | 3.0 | 3.5 | 3.4 |
| 1997~2010 年绝对差距(元) | 28595.2 | 9045.0 | 5576.5 | 2610.2 | 11363.3 |
| 1997~2010 年相对差距(倍) | 6.0 | 4.3 | 3.0 | 13.1 | 955.9 |
| 1997~2010 年实际年均增长(元) | 2199.6 | 695.8 | 429.0 | 200.8 | 874.1 |
| 1997~2010 年实际年均增长率(%) | 14.7 | 11.9 | 8.7 | 21.9 | 69.5 |

注：本表中 2010 年数据均按照 1997 年可比价格计算。

资料来源：1997 年数据来自《第四次无锡、保定农村调查》问卷数据库；2010 年数据来源于 2011 年《无锡、保定农户收支调查》问卷数据库。

的 216.0 元增至 2010 年的 2826.2 元，实际年均增长 200.8 元，实际年均增长率为 21.9%。再次，增速居第三位的是人均工资性收入，1997 年为 2715.8 元，2010 年增至 11760.8 元，实际年均增长 695.8 元，实际年均增长率为 11.9%。最后，各项收入来源中增长最慢的是人均经营性收入，由 1997 年的 2827.3 元增至 2010 年的 8403.8 元，实际年均增长率为 8.7%（见表 5 – 5）。

此外，从变异系数来看，2010 年玉东村农户人均总收入的变异系数为 1.5，大大高于 1997 年的 0.7，这表明样本农户间的收入差距有所扩大。在各项收入来源中，无论是 1997 年还是 2010 年，人均财产性收入都是各项收入中差距最大或较大的，不过 2010 年 比 1997 年有所缩小。人均工资性收入则一直是差距最小的收入来源（见表 5 – 5）。

由于各项收入增速不同，玉东村样本农户人均总收入的内部结构发生了极大变化。1997 年，玉东村农户人均总收入基本上全部来自人均经营性收入和人均工资性收入，两项合计占 96.1%，人均转移性收入占 3.7%，人均财产性收入只占 0.2%。2010 年，玉东村农户人均总收入的结构更加均衡，其中人均工资性收入占 34.2%，超过人均经营性收入成为最主要的收入来源，人均财产性收入后来居上，占人均总收入的 1/3 左右，而人均经营性收入的重要性已退居第三位，在人均总收入中占 24.5%，人均转移性收入在人均总收入中所占比例最低，只有 8.2%，但高于 1997 年的占比（见图 5-1。）

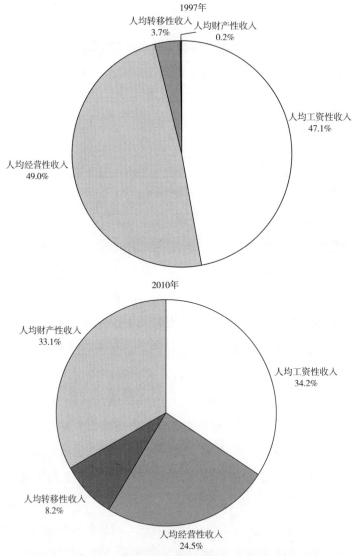

图 5-1　1997 年与 2010 年玉东村农户人均总收入结构比较

注：本图中 2010 年数据均按照 1997 年可比价格计算。

资料来源：1997 年数据来自《第四次无锡、保定农村调查》问卷数据库；2010 年数据来源于 2011 年《无锡、保定农户收支调查》问卷数据库。

（2）人均纯收入变化情况

1997 年以来，玉东村农户人均总收入中人均财产性收入以实际年均增长率 69.5% 的速度快速增长，主要源自"三集中"实行后许多村民获得了土地宅基地补偿，这种收入并非固定的常规性收入，不具有持续性，因此，在将这部分收入扣除后，玉东村农户人均纯收入的情况更能体现玉东村农户收入变化的长期趋势。

玉东村农户不包括土地宅基地补偿的人均纯收入，实际年均增长率为 25.4%，大大高于人均总收入 14.7% 的实际年均增长率。在人均纯收入的各项构成中增长最快的仍然是人均财产性收入，其实际年均增长率大幅降至 41.4%。增速居第二位的是人均转移性收入，其实际年均增长率则明显提高，提高至 33.5%。与包括土地宅基地补偿的人均总收入变化趋势不同，从实际增速看，1997 年与 2010 年玉东村农户不包括土地宅基地补偿的人均纯收入中居第三位的是人均经营性收入而非人均工资性收入，前者的实际年均增长率为 24.5%，后者的实际年均增长率为 23.9%（见表 5 - 6）。

表 5 - 6　1997 年与 2010 年玉东村农户不包括土地宅基地补偿的
人均纯收入及其结构比较

| 指标 | 人均纯收入 | 人均工资性收入 | 人均经营性收入 | 人均转移性收入 | 人均财产性收入 |
|---|---|---|---|---|---|
| 1997 年(126 户,元) | 4512.0 | 2839.4 | 1339.5 | 289.4 | 43.7 |
| 来源构成(%) | 100.0 | 62.9 | 29.7 | 6.4 | 1.0 |
| 变异系数 | 0.6 | 0.8 | 1.6 | 2.4 | 2.6 |
| 2010 年(100 户,元) | 85708.6 | 46203.5 | 23155.9 | 12385.2 | 3964.0 |
| 变异系数 | 0.7 | 0.6 | 1.5 | 3.1 | 4.1 |
| 来源构成(%) | 100.0 | 53.9 | 27.0 | 14.5 | 4.6 |
| 1997～2010 年绝对差距(元) | 81196.6 | 43364.1 | 21816.4 | 12095.8 | 3920.3 |
| 1997～2010 年相对差距(倍) | 19.0 | 16.3 | 17.3 | 42.8 | 90.6 |
| 1997～2010 年实际年均增长(元) | 6245.9 | 3335.7 | 1678.2 | 930.4 | 301.6 |
| 1997～2010 年实际年均增长率(%) | 25.4 | 23.9 | 24.5 | 33.5 | 41.4 |

注：本表中 2010 年数据均按照 1997 年可比价格计算。

资料来源：1997 年数据来自《第四次无锡、保定农村调查》问卷数据库；2010 年数据来源于 2011 年《无锡、保定农户收支调查》问卷数据库。

从 1997 年与 2010 年玉东村农户不包括土地宅基地补偿的人均纯收入变异系数来看，2010 年为 0.7，略高于 1997 年的 0.6，变化不明显，其中人均财产性收入和人均转移性收入的差距有所扩大，分别从 2.6 和 2.4 提高至 4.1 和 3.1，人均工资性收入和人均经营性收入的差距则有所缩小，分别从 0.8 和 1.6 降至 0.6 和 1.5（见表 5-6）。

相比不包括土地宅基地补偿的人均纯收入总体结构变化情况，人均纯收入的结构变化不大，按重要性排序依次是人均工资性收入、人均经营性收入、人均转移性收入和人均财产性收入，只是所占比例中人均工资性收入和人均经营性收入分别从 62.9% 和 29.7% 降至 54.4% 和 28.1%，而人均转移性收入和人均财产性收入分别从 6.4% 和 1.0% 提高至 13.1% 和 4.4%（见图 5-2）。

### 2. 1997 年与 2010 年玉东村不同类型农户收入变化情况[①]

为了全面反映 1997 年以来玉东村不同类型农户收入变化情况，本书从样本调查户的家庭结构及被调查者的一些不同特征入手，从多个角度对比 1997 年与 2010 年玉东村农户人均总收入的变化情况。

（1）家庭常住人口规模与农户收入变化情况

农户的人口规模与其收入有着密切的联系，但二者之间的作用机制比较复杂。现有研究显示，一般情况下，家庭规模与人均总收入成反比，即随着家庭人口的增多，人均总收入递减。主要原因是规模较大的家庭通常纯消费人口（如未成年人及老年人）所占比重高，劳动素质低[②]，但并非绝对如此[③]。2010 年玉东村的情况与 1997 年无锡 11 村的情况就体现了农户人口规模与农户收入变化的复杂的作用机制。

从 2010 年玉东村的情况看，其与上述规律不完全相符。1～2 人的家庭人均总收入水平最高，达到 87541.3 元；7 人及以上的大家庭，人均总收入

---

① 本部分所有数据均按照当年价格计算。
② 黎东升、肖飞：《农户收入差异与家庭状况的相关分析》，《农业技术经济》2000 年第 6 期。此外参见辛翔飞、秦富、王秀清《中西部地区农户收入及其差异的影响因素分析》，《中国农村经济》2008 年第 2 期；吕兴世《家庭规模对农民生活水平的影响》，《人口学刊》1988 年第 4 期。
③ 如有些情况下家庭人口多的原因是已成年子女尚未另立新户，其对家庭人均收入具有正向作用。

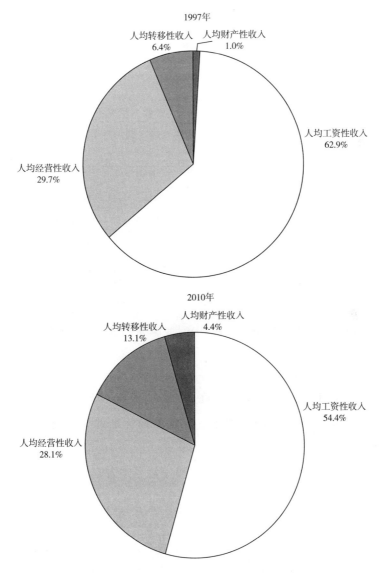

**图 5 - 2  1997 年与 2010 年玉东村农户人均纯收入结构比较**

注：本图中 2010 年数据均按照 1997 年可比价格计算。

资料来源：1997 年数据来自《第四次无锡、保定农村调查》问卷数据库；2010 年数据来源于 2011 年《无锡、保定农户收支调查》问卷数据库。

为 51023.0 元。相比之下，3～4 人的家庭人均总收入最低，5～6 人的家庭人均总收入较低，这两种人口规模农户的人均总收入分别为 32342.3 元和

39101.0 元。从收入增长速度来看，1～2 人家庭收入增长速度最快，名义年均增速达到 21.18%，而 7 人及以上家庭的名义年均增速最小，只有 0.59%（见表 5－7）。

表 5－7　不同人口规模农户的人均总收入情况：无锡 11 村

（1997 年）与玉东村（2010 年）

单位：元，%

| 常住人口规模 | 1997 年（无锡 11 村） | | 2010 年（玉东村） | | 名义年均增速 |
|---|---|---|---|---|---|
| | 均值 | 标准差 | 均值 | 标准差 | |
| 1～2 人 | 7201.5 | 13498.3 | 87541.3 | 100045.0 | 21.18 |
| 3～4 人 | 9790.2 | 31000.5 | 32342.3 | 32557.0 | 9.63 |
| 5～6 人 | 7922.3 | 18190.6 | 39101.0 | 44638.9 | 13.07 |
| 7 人及以上 | 47238.8 | 169019.1 | 51023.0 | 34945.6 | 0.59 |

资料来源：1997 年数据来自中国社会科学院经济研究所"无保"调查课题组《无锡、保定农村调查统计分析报告 1997》，中国财政经济出版社，2006，第 187 页；2010 年数据来源于 2011 年《无锡、保定农户收支调查》问卷数据库。

1997 年无锡 11 村 7 人及以上家庭人均总收入高的原因是，一些这样的家庭拥有规模较大的私营企业[1]，当然，非常大的标准差说明当年这类农户的收入很不平衡，这可能受到样本偏差的影响。而 2010 年玉东村 3～4 人农户人均总收入最低的一个可能的原因是这类家庭中通常都有属于纯消费人口的未成年人。

（2）户主（答卷人）[2] 年龄特征与农户收入变化情况

年龄是决定收入水平的一个重要因素，按照收入与生命周期假说，一个人一生中收入与年龄之间呈现"倒 U 形"关系，即随着年龄的增长，收入水平

---

[1]　中国社会科学院经济研究所"无保"调查课题组：《无锡、保定农村调查统计分析报告 1997》，中国财政经济出版社，2006，第 228 页。

[2]　因为 1997 年和 2010 年调查表指标设计存在差异，1997 年农户调查表中的相关数据调查的是户主的情况，而 2010 年调查表中则是答卷人的情况，所以此处"答卷人"对应的是 2010 年调查数据，而"户主"对应的是 1997 年调查数据。下同。

逐渐增加，收入水平达到一定程度后又随着年龄的增加而逐渐下降。①

2010 年玉东村的情况并不完全符合"倒 U 形"关系规律。在 2010 年的答卷人中，46～60 岁年龄组农户人均总收入最高，为 62843.0 元，18～25 岁年龄组农户人均总收入次之，为 62623.5 元，且这一年龄组的收入增速也最快，名义年均增速达到 23.85%。收入最低的是 36～45 岁年龄组农户，人均总收入为 31901.2 元，26～35 岁年龄组农户人均总收入较低，为 34461.5 元。人均总收入增速最低的是 61 岁及以上年龄组农户，名义年均增速只有 3.86%（见表 5-8）。

表 5-8　不同年龄户主（答卷人）的家庭人均总收入情况：
无锡 11 村（1997 年）与玉东村（2010 年）

单位：元，%

| 年龄分组 | 1997 年（无锡 11 村） | | 2010 年（玉东村） | | 名义年均增速 |
|---|---|---|---|---|---|
| | 均值 | 标准差 | 均值 | 标准差 | |
| 18～25 岁 | 3884.3 | 1636.8 | 62623.5 | 39807.9 | 23.85 |
| 26～35 岁 | 7285.8 | 15521.0 | 34461.5 | 35334.3 | 12.70 |
| 36～45 岁 | 9162.5 | 20370.1 | 31901.2 | 26570.9 | 10.07 |
| 46～60 岁 | 9755.3 | 31870.5 | 62843.0 | 83815.1 | 15.41 |
| 61 岁及以上 | 23406.3 | 109401.0 | 38275.5 | 30884.9 | 3.86 |

资料来源：1997 年数据来自中国社会科学院经济研究所"无保"调查课题组《无锡、保定农村调查统计分析报告 1997》，中国财政经济出版社，2006，第 189 页；2010 年数据来源于 2011 年《无锡、保定农户收支调查》问卷数据库。

36～45 岁年龄组农户人均总收入低于 46～60 岁年龄组农户人均总收入的原因主要在于这里的结婚年龄通常在 20 岁出头，36～45 岁年龄组户主（答卷人）的子女大多尚处于就学阶段，是纯消费人口，而 46～60 岁年龄组户主（答卷人）处于子女抚养后期，子女大多即将或已成为就业人口，家庭中劳动力所占比例较高。

---

① 参见陈宗胜、周云波《文化程度等人口特征对城镇居民收入及收入差别的影响——三论经济发展对收入分配的影响》，《南开经济研究》2001 年第 4 期；王卫、汪锋、张宗益《基于人口特征的收入差距分解分析——以重庆市为案例》，《统计研究》2007 年第 3 期。

（3）户主（答卷人）文化程度与农户收入变化情况

一般而言，文化程度是决定人力资本水平的重要指标，也是影响个人收入水平的重要变量，通常文化程度与收入水平存在正相关关系。但玉东村的情况与常理判断有较大出入。

2010 年，玉东村调查户中答卷人为初中文化程度的样本量最多，约占全部被调查户的一半，其人均总收入水平最低，为 35539.8 元，收入增速也最缓慢，名义年均增速只有 7.44%（见表 5-9）。高中及职业高中（中专）文化程度答卷人的人均总收入水平最高，达到 57638.6 元。小学文化程度答卷人的人均总收入增速最快，名义年均增速达到 16.71%。文化程度最高的大专及以上答卷人的人均总收入偏低，没有表现出教育与收入水平间的正相关关系。

表 5-9　不同文化程度户主（答卷人）的家庭人均总收入情况：

无锡 11 村（1997 年）与玉东村（2010 年）

单位：元，%

| 文化程度 | 1997 年(无锡 11 村) | | 2010 年(玉东村) | | 名义年均增速 |
|---|---|---|---|---|---|
| | 均值 | 标准差 | 均值 | 标准差 | |
| 小学 | 7511.9 | 16241.7 | 55987.8 | 69816.2 | 16.71 |
| 初中 | 13988.3 | 64358.7 | 35539.8 | 29195.7 | 7.44 |
| 高中及职业高中(中专) | 10453.9 | 34674.6 | 57638.6 | 75831.4 | 14.03 |
| 大专及以上 | 6346.6 | 4050.4 | 36234.4 | 23921.2 | 14.34 |

资料来源：1997 年数据来自中国社会科学院经济研究所"无保"调查课题组《无锡、保定农村调查统计分析报告 1997》，中国财政经济出版社，2006，第 194 页；2010 年数据来源于 2011 年《无锡、保定农户收支调查》问卷数据库。

玉东村这种文化程度与收入水平间的对应关系既出乎意料也令人深思。玉东村所在地是经济比较富裕的地区，一直以来就业机会特别是非农就业机会比较多，孩子们通过教育改变命运的压力和动力都比较小。在 1998 年调查时，在回答"你认为文化对收入多少有无影响"时，大多数村民根据切身体验选择了影响不大或基本没影响。现在玉东村周边的企业多为面向国际市场的劳动密集型企业，对劳动力的技能要求比 1997 年有所提高，但一般岗位初中毕业者经过培训都可胜任，企业的许多技术和管理人员都是外聘的。现在村民对孩子的教育仍基本采取顺其自然的态度，只要子女有意愿、有能力继续深造，父母就会全力支持，如果不是这样，那么父母也不勉强孩子。此外，大专及以上学历者收入低可能与他们通常比较年轻，就业时间短有关。

（4）户主（答卷人）政治面貌与农户收入变化情况

玉东村答卷人政治面貌与其家庭人均总收入间的关系也与我们的直接感觉相异。2010 年答卷人为团员的农户人均总收入最高，为 57787.2 元，收入增长幅度也最明显，名义年均增速为 11.47%。答卷人为群众的农户人均总收入居第二位，答卷人为党员的农户人均总收入为 24153.8 元，名义年均增速只有 4.13%，都大大落后于平均水平（见表 5 - 10）。究其原因，主要是村里党员的年龄普遍偏大，此外也有一定样本偏差的因素。

表 5 - 10　不同政治面貌户主（答卷人）的家庭人均总收入情况：

无锡 11 村（1997 年）与玉东村（2010 年）

单位：元，%

| 政治面貌 | 1997 年（无锡 11 村） | | 2010 年（玉东村） | | 名义年均增速 |
|---|---|---|---|---|---|
| | 均值 | 标准差 | 均值 | 标准差 | |
| 党　员 | 14275.4 | 44183.5 | 24153.8 | 13079.6 | 4.13 |
| 团　员 | 14093.7 | 24541.1 | 57787.2 | 52459.4 | 11.47 |
| 群　众 | 10948.8 | 49837.3 | 42714.7 | 54162.5 | 11.04 |

资料来源：1997 年数据来自中国社会科学院经济研究所"无保"调查课题组《无锡、保定农村调查统计分析报告 1997》，中国财政经济出版社，2006；2010 年数据来源于 2011 年《无锡、保定农户收支调查》问卷数据库。

（5）户主（答卷人）主要职业与农户收入变化情况

2010 年，玉东村样本调查户中答卷人为企业主的农户人均总收入最高，达到 143684.8 元；财会人员次之，达到 54429.3 元。答卷人为保安人员的农户人均总收入最低，只有 20488.0 元。从收入增长幅度来看，答卷人为技术人员和财会人员的农户人均总收入增长最快，名义年均增速分别为 16.50% 和 16.28%，工人次之，名义年均增速为 15.21%。答卷人为企业主的农户人均总收入变化幅度最小，名义年均增速为 9.43%（见表 5 - 11）。

表 5 - 11　不同主要职业户主（答卷人）的家庭人均总收入情况：

无锡 11 村（1997 年）与玉东村（2010 年）

| 主要职业 | 1997 年（无锡 11 村） | | 2010 年（玉东村） | | 名义年均增速（%） |
|---|---|---|---|---|---|
| | 样本量（户） | 均值（元） | 样本量（户） | 均值（元） | |
| 个体劳动者（农民、个体商户等） | 1136 | 12757.4 | 18 | 47135.4 | 10.58 |
| 工人 | 1581 | 5322.5 | 46 | 33528.6 | 15.21 |
| 技术人员 | 181 | 6634.9 | 10 | 48312.1 | 16.50 |
| 管理人员 | 311 | 10967.5 | 7 | 42885.2 | 11.06 |
| 企业主 | 113 | 44536.6 | 3 | 143684.8 | 9.43 |
| 财会人员 | 57 | 7657.9 | 6 | 54429.3 | 16.28 |
| 供销人员 | 135 | 6739.4 | 1 | 23733.3 | 10.17 |
| 保安人员 | 34 | 5144.6 | 1 | 20488.0 | 11.22 |

注：2010 年样本量为 100 户，其中 8 户未做回答。

资料来源：1997 年数据来自中国社会科学院经济研究所"无保"调查课题组《无锡、保定农村调查统计分析报告 1997》，中国财政经济出版社，2006，第 198 页；2010 年数据来源于 2011 年《无锡、保定农户收支调查》问卷数据库。

（6）户主（答卷人）从业方式与农户收入变化情况

2010 年，玉东村样本调查户的从业方式对收入变化的影响与我们的预期基本相符，答卷人从业方式为雇主的农户人均总收入最高，为 101299.7 元，大大超过答卷人从业方式为打工的农户人均总收入，其只有 36216.9 元，答卷人从业方式为自己经营、不付任何人工资或报酬的农户人均总收入为 57454.0 元。不过从收入增速来看，答卷人从业方式为打工的名义年均增速达到16.18%，超过了答卷人从业方式为雇主的 14.04% 的名义年均增速；答卷人从业方式为自己经营、不付任何人工资或报酬的农户人均总收入增速最慢，名义年均增速为 11.45%（见表 5 - 12）。

（7）户主（答卷人）有无兼业与农户收入变化情况

农户兼业是指农户同时从事农业和非农产业，又分为第一种兼业农户和第二种兼业农户。第一种兼业农户（简称"一兼农户"）指以从事农业为主，兼做非农经营（包括外出打工），家庭收入以农业收入为主的农户；第二种兼业农户（简称"二兼农户"）指以从事非农产业为主（包括外出打工），兼从事农业经营，家庭收入以非农业收入为主的农户。玉东村兼业农户全部是"二兼农户"。

表 5 – 12　不同从业方式户主（答卷人）的家庭人均总收入情况：

无锡 11 村（1997 年）与玉东村（2010 年）

| 从业方式 | 1997 年（无锡 11 村） | | | 2010 年（玉东村） | | | 名义年均增速（%） |
|---|---|---|---|---|---|---|---|
| | 样本量（户） | 均值（元） | 标准差（元） | 样本量（户） | 均值（元） | 标准差（元） | |
| 自己经营、不付任何人工资或报酬 | 1144 | 14037.1 | 39062.9 | 15 | 57454.0 | 64733.0 | 11.45 |
| 打工 | 475 | 5153.1 | 2738.6 | 72 | 36216.9 | 37188.6 | 16.18 |
| 雇主 | 100 | 18352.2 | 46174.0 | 5 | 101299.7 | 127332.0 | 14.04 |

注：2010 年样本量为 100 户，其中 8 户未做回答。

资料来源：1997 年数据来自中国社会科学院经济研究所"无保"调查课题组《无锡、保定农村调查统计分析报告 1997》，中国财政经济出版社，2006，第 201 页；2010 年数据来源于 2011 年《无锡、保定农户收支调查》问卷数据库。

从收入变化来看，1997 年无锡 11 村无兼业农户与有兼业农户样本量基本相当，无兼业农户人均总收入更高一些，而 2010 年玉东村的情况恰好相反，100 户样本调查户中只有 2 户是有兼业农户，有兼业农户人均总收入达到 119179.3 元，大大超过无兼业农户的 41402.0 元。有兼业农户人均总收入的名义年均增速为 22.46%，大大超出无兼业农户 8.83% 的名义年均增速（见表 5 – 13）。由于样本中两种农户的样本量相差较大，这一结果的原因及其代表性尚无法确定。

表 5 – 13　有无兼业户主（答卷人）的家庭人均总收入情况：

无锡 11 村（1997 年）与玉东村（2010 年）

| 有无兼业 | 1997 年（无锡 11 村） | | | 2010 年（玉东村） | | | 名义年均增速（%） |
|---|---|---|---|---|---|---|---|
| | 样本量（户） | 均值（元） | 标准差（元） | 样本量（户） | 均值（元） | 标准差（元） | |
| 无 | 2048 | 13782.9 | 63973.4 | 98 | 41402.0 | 49847.9 | 8.83 |
| 有 | 2282 | 8552.7 | 23675.2 | 2 | 119179.3 | 143227.0 | 22.46 |

资料来源：1997 年数据来自中国社会科学院经济研究所"无保"调查课题组《无锡、保定农村调查统计分析报告 1997》，中国财政经济出版社，2006，第 202 页；2010 年数据来源于 2011 年《无锡、保定农户收支调查》问卷数据库。

（8）户主（答卷人）从事行业特征与农户收入变化情况

由于在行业特征分类方面 2010 年调查表指标设计与 1997 年不完全匹配，难以做严格比较，本书重点介绍 2010 年玉东村依行业特征划分的农户人均总收入分布状况。

2010 年，从事居住服务业及其他服务业的答卷人的家庭人均总收入相对较高，都超过了 50000 元，从事制造业的答卷人紧随其后，家庭人均总收入将近 50000 元。答卷人从事住宿餐饮业的家庭人均总收入最低，只有 12000 元，从事农作物种植业的答卷人的家庭人均总收入水平较低（见图 5-3）。事实上，因为玉东村所有农民已经于 2007 年全部转为失地农民，农户的承包地性质已经由耕地转变为建设用地，所以玉东村已经没有传统意义上的农业种植户，只是有些土地在被征用后，还没有在实质上改变用途，有些农户尚可利用这些处于闲置中的土地种一些蔬菜等经济作物，但它们都不成规模，且主要用于满足自家生活，并非商品性用途。此外，村内的养殖业也基本消失，只残留一点渔业养殖，且仅村民邬某某继续经营鱼塘。邬某某 2003 年开始从事渔业养殖，最初鱼塘面积有 20 亩左右，每年养鱼收入约 2 万~3 万元。随着园区开发，鱼塘面积不断缩小，现在已不足 5 亩，养鱼收入有所减少。2010 年，养鱼净收入为 15000 元。另外，因为园区道路拓宽，约 5 亩鱼塘被占用了，他获得 5000 元补偿，所以，2010 年，他的收入中与渔业养殖相关的收入为 20000 元。此外，出于弥补损失的考虑，他被安排到园区负责花草树木的养护，每月有 1050 元的收入。因此玉东村农户收入基本上已全部是非农产业收入。

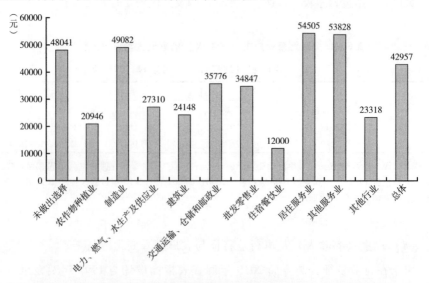

**图 5-3　2010 年玉东村从事不同行业的答卷人的家庭人均总收入情况**

资料来源：2011 年《无锡、保定农户收支调查》问卷数据库。

## 三　玉东村农户支出变化

在快速工业化、城市化过程中，玉东村农户的支出情况发生了很大变化，一方面体现在消费支出方面，另一方面体现在经营性支出方面。

### （一）玉东村农户消费支出的变化

消费行为在发生变化，这些变化体现在消费水平、消费结构、消费形式等诸多方面。这些变化是衡量农户生活水平的重要标志，也是评价当地社会经济发展水平的基本依据。

#### 1. 玉东村农户消费水平和消费结构变化

1997 年以来，随着收入增长，玉东村农户的消费水平显著提高。以家庭为单位，2010 年玉东村 100 户样本调查户的生活消费支出户均 59245.82 元。从各项消费支出在 2010 年农户生活消费总支出中所占比例来看，食品支出所占比例最高，超过农户生活消费支出的 1/4，交通和通信支出次之，其与食品支出合计超过农户生活消费支出的 1/2，居第三位的是居住支出。在农户生活消费支出中所占比例最低的是家庭设备用品及维修服务支出，所占比例仅为 4.97%。医疗保健支出、衣着支出和文化教育娱乐用品及服务支出在农户生活消费支出中所占比例都没有超过 10%，分别为 6.43%、8.72% 和 8.86%（见图 5 - 4）。

从人均水平来看，2010 年样本调查户生活消费支出为 14402.1 元，是 1997 年玉东村样本调查户人均生活消费支出 3215 元的 4.48 倍，名义年均增速达到 12.23%；以 1997 年价格计算的 2010 年样本调查户人均生活消费支出为 11521.7 元，实际年均增长率为 10.2%。

对比 1997 年和 2010 年玉东村农户人均生活消费支出的结构变化情况，以 1997 年价格计算，在各项人均生活消费支出中，增长最快的是人均居住/服务支出，由 1997 年的 43.7 元增至 2010 年的 1423.5 元，增长 31.6 倍，实际年均增长率达到 30.7%。人均交通和通信支出次之，由 1997 年的 120.4 元增至 2010 年的 2770.4 元，增长 22.0 倍，实际年均增长率为 27.3%。增速居第三位的是人均家庭设备用品及

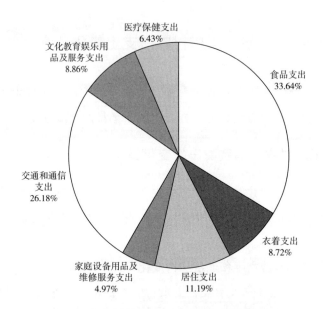

**图 5-4 2010 年玉东村农户生活消费支出结构**

资料来源：2011 年《无锡、保定农户收支调查》问卷数据库。

维修服务支出，增长 4.1 倍，实际年均增长率为 13.4%。相比之下，人均食品支出和人均文化教育娱乐用品及服务支出增长较为缓慢，只分别增长了 1.2 倍和 1.3 倍，相应实际年均增长率为 6.1% 和 6.7%（见表 5-14）。

**表 5-14 1997 年与 2010 年玉东村农户人均生活消费支出及其结构比较**

| 指标 | 人均食品支出 | 人均衣着支出 | 人均居住/服务支出 | 人均家庭设备用品及维修服务支出 | 人均交通和通信支出 | 人均文化教育娱乐用品及服务支出 | 人均医疗保健支出 | 人均其他商品和服务支出 | 人均生活消费支出 |
|---|---|---|---|---|---|---|---|---|---|
| 1997 年(126 户,元) | 1812.4 | 250.6 | 43.7 | 113.5 | 120.4 | 443.5 | 195.3 | 285.7 | 3265.1 |
| 来源构成(%) | 55.5 | 7.7 | 1.3 | 3.5 | 3.7 | 13.6 | 6.0 | 8.8 | 100.0 |
| 变异系数 | 0.4 | 0.4 | 1.3 | 0.1 | 0.9 | 0.8 | 0.5 | 0.2 | 0.2 |
| 2010 年(100 户,元) | 3903.0 | 1025.3 | 1423.5 | 582.0 | 2770.4 | 1028.5 | 789.0 | 0 | 11521.7 |
| 来源构成(%) | 33.9 | 8.9 | 12.4 | 5.1 | 24.0 | 8.9 | 6.8 | 0 | 100.0 |
| 变异系数 | 0.6 | 0.9 | 1.1 | 1.8 | 3.0 | 1.5 | 2.2 | — | 0.9 |

续表

| 指标 | 人均食品支出 | 人均衣着支出 | 人均居住/服务支出 | 人均家庭设备用品及维修服务支出 | 人均交通和通信支出 | 人均文化教育娱乐用品及服务支出 | 人均医疗保健支出 | 人均其他商品和服务支出 | 人均生活消费支出 |
|---|---|---|---|---|---|---|---|---|---|
| 1997~2010年绝对差距(元) | 2090.6 | 774.7 | 1379.8 | 468.5 | 2650.0 | 585.0 | 593.7 | — | 8256.6 |
| 1997~2010年相对差距(倍) | 2.2 | 4.1 | 32.6 | 5.1 | 23.0 | 2.3 | 4.0 | — | 3.5 |
| 1997~2010年实际年均增长(元) | 160.8 | 59.6 | 106.1 | 36.0 | 203.8 | 45.0 | 45.7 | — | 635.1 |
| 1997~2010年实际年均增长率(%) | 6.1 | 11.4 | 30.7 | 13.4 | 27.3 | 6.7 | 11.3 | — | 10.2 |

注: 本表中2010年数据均按照1997年价格计算; 根据统计数据, 1997年的服务支出与2010年的居住支出基本相当, 因此比较时将其归为一类。

资料来源: 1997年数据来自《第四次无锡、保定农村调查》问卷数据库; 2010年数据来源于《无锡、保定农户收支调查》问卷数据库。

从各项支出的变异系数来看, 1997年玉东村农户人均生活消费支出差异最大的是人均居住/服务支出, 变异系数达到1.3, 接着是人均交通和通信支出和人均文化教育娱乐用品及服务支出, 其他支出的变异系数维持在0.5及以下。2010年玉东村农户人均生活消费支出差异最大的是人均交通和通信支出、人均医疗保健支出(见表5-14)。

(1) 食品、衣着支出分析

食品、衣着消费作为满足人们生存最基本要求的消费, 通常被认为是低层次的消费。随着玉东村农户收入的不断提高、经济社会的发展, 这两项消费在农民家庭消费中的重要性不断下降。

2010年, 玉东村样本调查户食品支出为19928.1元(当年价格), 人均支出为3903元(以1997年价格计算)[①]。1997~2010年, 人均食品支出实际年

———————————

① 本部分除特别说明外, 个人消费支出数据均按照1997年价格计算, 其他消费支出数据按照2010当年价格计算。

均增长率只有 6.1%，是农户人均生活消费支出中增长最为缓慢的一项。虽然食品消费通常属于低层次的生存型消费，但食品消费内部结构变化同样能反映出生活水平的变化。食品消费包括主食消费、副食消费、在外饮食消费等不同消费内容和消费方式，从玉东村样本调查户的食品消费结构看，副食消费所占比重不断增加，农户在食品消费方面更加重视营养和质量，膳食结构不断改善。此外，在食品消费中，农户对市场的依赖性不断增强。1997 年，玉东村农户在外饮食支出只有 29.6 元，2010 年这一支出大幅增至 1988.8 元，占家庭食品支出的 1/10 左右（见图 5-5），这显示出在村民的食品支出中，服务性支出增加明显，表明虽然食品消费属于低层次消费，但其内部结构也进行了升级。

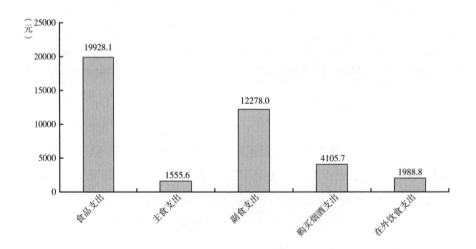

**图 5-5　2010 年玉东村样本调查户食品支出结构**

资料来源：2011 年《无锡、保定农户收支调查》问卷数据库。

在考察玉东村食品支出时，还有一个重要的变化不可忽视，那就是市场性消费对自给性消费的替代。1997 年，玉东村水稻总产量超过 1000 吨，村民吃的大米基本上是当地自产的，口味很好。近年来，随着耕地逐渐消失，村民日常消费的大米都是在超市购买的远途而来的东北大米，他们与普通城市居民并无两样，蔬菜等其他一些食品消费同样如此，这种消费方式的转换也在某种程度上间接增加了农户的食品支出。

2010 年，玉东村样本调查户衣着支出为 5165.5 元，人均衣着支出为 1025.3 元，在当年其人均生活消费支出中所占的比重为 8.9%，1997～2010 年，人均衣着支出的实际年均增长率为 11.4%（见表 5－14）。

（2）居住/服务支出分析

2010 年，玉东村样本调查户居住/服务户均支出为 6631 元，占全部户均生活消费支出的 11.19%；人均居住/服务支出为 1423.5 元。1997～2010 年，玉东村样本调查户人均居住/服务支出的实际年均增长率为 30.7%（见表 5－14），它是其人均生活消费支出中增长最快的一项。

修建或购买房屋一直是农户消费中的一个大项。农村经济体制改革之后，随着农民收入的增加，村中出现建房热，在 1997 年调查时，村中绝大多数房屋都是 20 世纪 80 年代中期以后改建、扩建而成的。1978 年以来，村里出现过两次建房高潮，且它们都出现于村办企业发展较顺利的时期。第一次建房高潮出现于 1987～1988 年，当时村中的几个企业效益较好，村民的收入增长很快，在传统观念和生活需要等多方面因素的推动下，改建、扩建房屋成为刚刚富裕起来的村民改善生活条件的首要之选。第二次建房高潮出现于 1994～1995 年，在这一次建房高潮中新建和改建的房屋全部为钢筋水泥结构，房屋内部装修的档次也比上次建房高潮中的改建、扩建房屋有大幅度提高。1997 年，村民的户均居住面积在 100 平方米左右。

进入 21 世纪，在住房的改善过程中，出现了农民集中居住的趋势，这是由多方面因素推动的。在初始阶段，主要是许多原本住在村里的农民，由于在外务工经商，逐渐进入集镇购房居住。更重要的推动因素是工业园区的扩张发展，导致部分村落与园区交错混杂，对工业生产和居民生活两方面都产生了消极作用。因此，2003 年，镇、村两级管理部门着手对印家宕、郑家宕、邬家宕三个自然村实行整体拆迁，涉及 300 余户人家，至 2005 年底，已经签订拆迁协议的约有 200 户，其中 150～160 户人家已经实施拆迁。为解决拆迁户住房问题，2004 年惠山区批复核准玉祁镇在玉东村塘田北自然村集中规划建设"松涛苑"农民安置房，该项目建设用地面积为 28000 平方米，规划建筑面积为 36000 平方米，约 3000 万元的总投资由玉祁镇政府自筹解决。

　　拆迁住房的置换，采取了置换安置房或货币补偿两种方式。根据 2002 年 9 月玉祁镇和玉东村签订的协议，玉东村内需拆迁房屋的拆迁费用按照锡宜高速公路拆迁标准结算，面积以合法面积为准，应拆未拆老房不在补偿范围内。从具体的拆迁置换情况看，玉东村总体上执行"拆一换一"政策，即安置房面积与原有宅基地面积大致相当。此外，根据原住房状况的差异和拆迁户的不同需求，个别情况下玉东村亦有一些机动灵活的补偿方式。如印家宕陈某原有老房子的宅基地面积为 240 平方米，置换了两套位于松涛苑的安置房，面积分别是 151 平方米和 74 平方米，合计 225 平方米。其全部安置房面积的置换费用包括两部分，一部分是通过平方（老房子的宅基地面积）换平方（安置房面积）获得，另一部分是根据老房子装修情况付给他们 12 万元拆迁补偿，陈某置换了现在的 225 平方米安置房。又如印家宕周某，老房子的宅基地面积约为 400 平方米。拆迁时，房子全部卖给了拆迁办，他获得了 40 万元补偿。后来他用补偿款在镇里买了带有店面房的商品房，面积为 240 平方米，每平方米 2500 元，花了 60 万元。

　　本次调查中，100 户调查户的户均宅基地面积为 114 平方米，户均住房面积为 232 平方米，人均住房面积为 52.9 平方米。在全部住房中，71 户的住房为砖混结构，22 户的住房为钢筋混凝土结构，还有 7 户的住房为砖（石）木结构。此外，在本次调查的 100 户中，共有 15 户调查户涉及拆迁，他们获得了住房的拆迁补偿款，户均补偿 344285.7 元，还有 14 户调查户置换了位于松涛苑的安置房，户均 228.6 平方米。除印家宕、郑家宕、邬家宕外，玉东村其他自然村的农户基本保持原貌，还没有实施拆迁，在调查中，大多数农户表示希望拆迁。由于当地对土地管理非常严格，调查时私人建房已不多见。2010 年，样本调查户中只有 1 户有建房的情况，花费 1 万元，建筑面积为 60 平方米。此外，2010 年，调查户中也没有购买新房的情况。

　　在生活能源消费方面，2010 年玉东村农户的年平均电费支出为 1224.34 元，年电费支出 1500 元的农户数量最多，最高支出为 6000 元。在做饭取暖使用的能源方面，在 100 户调查户中，有 68 户选择了使用煤，从具体支出额来看，煤支出额最高，户均 993.51 元，最多的支出达到 10000 元；63 户选择了使用液化气，户均支出 389.85 元，最多的支出为 2000 元；22 户选择了使用煤气，户均支出 185.3 元，最多的支出为 3000 元；15 户选择了用电，户均支出 228 元。此外，14 户选择了使用柴草，还有 1 户选择了其他。此项调查为多项选择，有些农户的做饭取暖同时使用了其中的两种或两种以上能源。

玉东村农户在外租房并不普遍，2010 年，只有 5 户租房户，户均租房支出为 7680 元，最高为 12000 元，最低为 1200 元。十多年来，玉东村共有 41 户对住房进行了装修或维修，户均装修支出为 81195.12 元，户均装修支出最多的 2 户花了 30 万元，另有 3 户花了 20 万元。

（3）家庭设备用品及维修服务支出分析

2010 年，玉东村样本调查户家庭设备用品及维修服务户均支出为 2947.2 元，占全部户均生活消费支出的 4.97%；人均家庭设备用品及维修服务支出为 582.0 元。1997～2010 年，玉东村样本调查户人均家庭设备用品及维修服务支出的实际年均增长率为 13.4%，超过了其人均生活消费支出的实际年均增速。

玉东村农户的家庭耐用消费品，已基本达到饱和状态。电视的拥有率是 98%，户均拥有量是 2.1 台，9 户农户在 2010 年购买了彩电，其中 1 户买了 3 台，1 户买了 2 台，其他农户都只购买了 1 台，按 9 户农户平均来算，购买电视的户均支出为 480 元。冰箱的拥有率是 86%，户均拥有量是 1.03 台，2010 年，8 户购买了冰箱，其中 1 户购买了 2 台，其他 7 户各购 1 台，按 100 户农户平均来算，户均支出为 182 元。洗衣机的拥有率是 91%，户均拥有量是 1.07 台，2010 年，6 户购买了洗衣机（1 户 1 台），按 100 户农户平均来算，支出为 64.7 元。热水器的拥有率是 50%，户均拥有量是 0.57 台，2010 年，3 户购买了热水器（1 户 1 台），按 100 户农户平均来算，户均支出为 93 元。空调的拥有率是 60%，户均拥有量是 1.29 台，2010 年，12 户农户购买了 16 台空调，按 100 户农户平均来算，户均支出为 455 元。

（4）交通和通信支出分析

2010 年，玉东村样本调查户交通和通信户均支出为 15512.8 元，在全部户均生活消费支出中占 26.18%，居第二位；人均交通和通信支出为 2770.4 元。1997～2010 年，玉东村样本调查户人均交通和通信支出的实际年均增长率为 27.3%，它是玉东村样本调查户人均生活消费支出构成项中增长较快的一项，大大超过玉东村样本调查户人均生活消费支出 10.2% 的实际年均增速。越来越多的农户拥有轿车，电脑、手机等通信工具在玉东村已经达到普及程度。

在100户调查户中有1/4拥有小轿车，户均0.32台，2010年，4户农户购买了5辆轿车，户均支出4450元。摩托车、电动车的拥有率是78%，户均拥有量是1.31台，2010年，12户农户共购买了17台摩托车或电动车，户均支出651元。手机的拥有率是92%，户均拥有量是2.48部，2010年，16户农户共购买了24部手机，户均支出273元。相比之下固定电话的拥有率略低，为54%，户均拥有量是0.6部，2010年，5户农户各装了1部固定电话，户均支出46.3元。电脑的拥有率是52%，户均拥有量是0.73台，2010年，13户农户各添置了1台电脑，户均支出466元。由于轿车、摩托车的拥有量比较高，汽油支出户均2117元，最高支出17000元。此外，乘车出行购买车票等的支出户均约为375元，最高支出为3000元。

玉东村交通和通信支出的迅猛增长与当地经济社会发展状况密切相关。首先，在苏南地区打造全球制造业中心的过程中，人流、物流、信息流的交汇是推动相关支出增长的内在原因。玉东村地理位置优越，交通便捷，经由这里的主要铁路有京沪铁路、新长铁路，公路有沪宁高速公路、锡澄高速公路、锡宜高速公路、312国道，经沪宁高速公路前往无锡市只需20多分钟。在航空运输方面，玉东村距无锡机场、常州机场各30公里。2004年，位于无锡市东南部的硕放机场向民用航空开放，引进深航、东航、南航、联航、厦航等航空公司，并开通了无锡至北京、深圳、广州、昆明、成都、厦门、武汉、重庆、青岛、哈尔滨、大连、张家界、西安、香港及大阪等城市的国内、国际航线，进一步便利了这里的空中交通。其次，玉东村所在地区一直将加强基础设施建设作为吸引和接受国际产业转移的重要基础条件，因此当地的通信等基础设施建设完备、先进，不仅为村民的交通和通信消费提供了良好的外部环境和条件，而且在某种程度上刺激或拉动了相关消费需求。

（5）文化教育娱乐用品及服务支出分析

2010年，玉东村样本调查户文化教育娱乐用品及服务户均支出为5251.03元，占全部户均生活消费支出的8.86%；人均文化教育娱乐用品及服务支出为1028.5元。1997～2010年，玉东村样本调查户人均文化教育娱乐用品及服务支出的实际年均增长率为6.7%，大大小于其人均生活消费支出10.2%的实际年均增长率，这表明玉东村精神生活消费支出增长相对滞后。在户均 5251 元的文化教育支出中，教育支出为 4477 元，占了绝大部分，文化支出只有 774 元，从中可以看出，在这一消费项目内部，支出更多的还是用于子女的教育，而非用于满足村民的精神生活需要。

教育性支出中费用最高的是孩子上中学或职高的支出，户均 1876 元，上大专以上学校次之，户均支出 1130 元，最高 50000 元。上幼儿园的户均支出为 749 元，最高为 10000 元。上小学则离家近，不需住宿，加上实行九年制义务教育，无须缴纳学费，户均支出 672 元，最高 30000 元。教育、娱乐相关的其他支出还包括以下内容：2010 年，2 户农户参加求职培训，参加求职培训的户均支出为 50 元，最高 8000 元；49 户农户接通有线电视，有线电视费支出户均 308.2 元，最高 900 元；33 户农户购买了图书或音像制品，户均支出 379.5 元，最高 1200 元；7 户农户曾到歌舞厅或电影院消费，户均支出 86.3 元，最高 3000 元。

（6）医疗保健支出分析

2010 年，玉东村样本调查户医疗保健户均支出为 3810.2 元，在全部户均生活消费支出中占 6.43%；人均医疗保健支出为 789.0 元。1997～2010 年，玉东村样本调查户人均医疗保健支出的实际年均增长率为 11.3%，略高于其人均生活消费支出的实际年均增长率。

2010 年，22 户农户家中有人住院，户均支出 1477.5；看病买药的户均支出为 1943.7 元，最多 30000 元，购买保健品的户均支出为 389 元，最多 4000 元。随着土地换社保政策的推行，参加社会保险正逐渐成为村民的自觉意识。2010 年，33 户参加了居民养老保险或农村养老保险，年缴费额户均 1512.56 元，最高 16000 元；79 户参加了居民合作医疗或新型农村合作医疗，年缴费额户均 211.3 元，最高 6300 元；23 户参加了其他商业保险，年缴费额户均 795.1 元，最高 20000 元。

**2. 玉东村不同特征农户消费水平和消费结构变化的比较分析**[①]

（1）不同收入水平农户消费支出情况

玉东村不同收入水平农户在消费支出水平和消费结构方面表现出不同特

---

① 本部分个人消费支出数据均按 2010 年当年价格计算。

点。一方面，农户生活消费支出在绝对额方面与收入水平总体呈现同向变化，即收入较低的农户组，消费支出也较少。2010 年，人均纯收入最低农户组的家庭人均生活消费支出为 7443.6 元，而人均纯收入最高农户组的家庭人均生活消费支出达到 31665.1 元，后者是前者的 4.3 倍。另一方面，农户的消费支出倾向与收入水平呈反向变化，即低收入农户的平均消费倾向要大大高于高收入农户的平均消费倾向。2010 年，玉东村人均纯收入最低农户组的平均消费倾向高达 74.38%，大大超过人均纯收入最高农户组 43.44% 的平均消费倾向（见表 5 – 15）。

此外，从不同人均纯收入农户的消费支出结构来看，人均纯收入最低农户组的食品支出占全部生活消费支出的 41.2%，其文化教育娱乐用品及服务支出在全部生活消费支出中所占的比例为 19.58%，都明显高于其他人均纯收入农户组，这间接说明家中有处于受教育阶段的子女是玉东村农户人均纯收入水平偏低的一个重要原因。而人均纯收入最高农户组的交通和通信支出占全部生活消费支出的比例高达 46.52%，大大超过其他人均纯收入农户组，交通和通信消费是高收入农户的消费重点。

表 5 – 15　2010 年玉东村不同收入水平农户的人均生活消费支出

单位：元，%

| 人均纯收入<br>由低到高十等分组 | 不包括土地<br>宅基地补偿的人均纯收入 | 人均生活<br>消费支出 | 平均消费倾向 |
|---|---|---|---|
| 1 | 10007.1 | 7443.6 | 74.38 |
| 2 | 13761.6 | 9775.2 | 71.03 |
| 3 | 16462.9 | 9837.1 | 59.75 |
| 4 | 17710.0 | 10228.1 | 57.75 |
| 5 | 19695.1 | 10827.0 | 54.97 |
| 6 | 22951.6 | 10327.2 | 45.00 |
| 7 | 26414.4 | 17141.3 | 64.89 |
| 8 | 31193.2 | 21085.6 | 67.60 |
| 9 | 39228.7 | 15690.8 | 40.00 |
| 10 | 72895.3 | 31665.1 | 43.44 |

资料来源：2011 年《无锡、保定农户收支调查》问卷数据库。

（2）不同人口规模农户消费支出情况

2010 年，玉东村样本调查户的消费支出水平与其人口规模存在反向变化关系，即人口规模越大，人均消费支出水平越低，1～2 人组成的小规模家庭人均生活消费支出为 19484.6 元，而 7 人及以上家庭人均生活消费支出为 12317.5 元（见表 5－16），二者相差超过 7000 元。从消费结构来看，人口规模小的农户居住支出相对较高，而人口规模大的农户食品支出占比相对较高。

表 5－16　2010 年玉东村不同人口规模农户的人均生活消费支出及其结构

单位：元，%

| 常住人口规模 | 人均生活消费支出 | 人均食品支出占比 | 人均衣着支出占比 | 人均居住支出占比 | 人均家庭设备用品及维修服务支出占比 | 人均交通和通信支出占比 | 人均文化教育娱乐用品及服务支出占比 | 人均医疗保健支出占比 |
|---|---|---|---|---|---|---|---|---|
| 1～2 人 | 19484.6 | 38.06 | 10.26 | 17.41 | 2.06 | 15.70 | 11.09 | 5.42 |
| 3～4 人 | 13608.7 | 32.18 | 8.99 | 15.85 | 9.18 | 16.20 | 8.45 | 9.14 |
| 5～6 人 | 13900.2 | 33.05 | 8.16 | 8.03 | 3.21 | 33.22 | 8.37 | 5.96 |
| 7 人及以上 | 12317.5 | 42.12 | 11.53 | 12.13 | 3.07 | 17.42 | 10.88 | 2.85 |

资料来源：2011 年《无锡、保定农户收支调查》问卷数据库。

（3）答卷人年龄特征与农户消费支出情况

在样本调查户中，25 岁及以下年龄组家庭人均生活消费支出最高，达到 38313.7 元，而 36～45 岁年龄组家庭人均生活消费支出最低，为 10995.3 元（见表 5－17），不及前者的 1/3。这种分布特征既与不同年龄组的收入存在明显相关性，又显示出年龄较低农户具有更加强烈的消费倾向。

表 5－17　2010 年玉东村不同年龄答卷人的家庭人均生活消费支出及其结构

单位：元，%

| 年龄分组 | 人均生活消费支出 | 人均食品支出占比 | 人均衣着支出占比 | 人均居住支出占比 | 人均家庭设备用品及维修服务支出占比 | 人均交通和通信支出占比 | 人均文化教育娱乐用品及服务支出占比 | 人均医疗保健支出占比 |
|---|---|---|---|---|---|---|---|---|
| 25 岁及以下 | 38313.7 | 18.31 | 9.44 | 2.54 | 5.13 | 60.02 | 1.80 | 2.76 |
| 26～35 岁 | 13937.8 | 27.85 | 8.50 | 12.08 | 6.14 | 32.64 | 8.14 | 4.63 |
| 36～45 岁 | 10995.3 | 36.43 | 10.84 | 15.14 | 3.48 | 12.03 | 18.00 | 4.08 |
| 46～60 岁 | 15184.7 | 40.37 | 7.98 | 15.94 | 6.05 | 12.46 | 4.90 | 12.31 |
| 61 岁及以上 | 14069.5 | 40.25 | 6.60 | 6.44 | 3.95 | 25.74 | 8.56 | 8.45 |

资料来源：2011 年《无锡、保定农户收支调查》问卷数据库。

从消费支出结构来看，25 岁及以下年龄组人均交通和通信支出在人均生活消费支出中占到 60% 以上，而人均食品支出占比只有 18.31%。答卷人年龄越大，农户人均生活消费支出中食品支出所占比例相对越高。36~45 岁年龄组人均文化教育娱乐用品及服务支出占比高于其他年龄组，而 46~60 岁年龄组人均医疗保健支出占比高于其他年龄组。

（4）答卷人文化程度与农户消费支出情况

从 2010 年的情况看，玉东村答卷人文化程度对农户的消费支出水平具有正向影响。具有大专及以上文化程度的答卷人，家庭人均生活消费支出最多，为 23330.0 元，而为未上学文化程度的答卷人，家庭人均生活费支出只有 9080.1 元（见表 5-18），不及前者的一半。由对不同文化程度农户收入差异的分析可知，大专及以上文化程度答卷人的家庭收入并不明显高于其他文化程度农户的收入，因此较高的消费支出显示出玉东村文化程度较高答卷人的家庭具有较强消费倾向。

表 5-18　2010 年玉东村不同文化程度答卷人的家庭人均生活消费支出及其结构

单位：元，%

| 文化程度 | 人均生活消费支出 | 人均食品支出占比 | 人均衣着支出占比 | 人均居住支出占比 | 人均家庭设备用品及维修服务支出占比 | 人均交通和通信支出占比 | 人均文化教育娱乐用品及服务支出占比 | 人均医疗保健支出占比 |
|---|---|---|---|---|---|---|---|---|
| 未上学 | 9080.1 | 32.82 | 6.97 | 30.69 | 3.96 | 1.54 | 11.90 | 12.11 |
| 小　学 | 15655.6 | 27.21 | 4.84 | 6.82 | 2.37 | 43.77 | 6.87 | 8.12 |
| 初　中 | 12902.9 | 37.59 | 11.26 | 13.64 | 6.16 | 14.20 | 10.37 | 6.78 |
| 高　中 | 16671.4 | 31.92 | 8.89 | 20.40 | 7.81 | 20.35 | 7.26 | 3.37 |
| 职业高中 | 16894.0 | 50.02 | 4.44 | 22.05 | 5.62 | 9.17 | 4.26 | 4.44 |
| 大专及以上 | 23330.0 | 40.62 | 12.38 | 4.14 | 3.07 | 18.45 | 12.57 | 8.77 |

资料来源：2011 年《无锡、保定农户收支调查》问卷数据库。

（5）答卷人的主要职业与农户消费支出情况

2010 年，玉东村答卷人中财会人员、企业主和技术人员的家庭人均生活消费支出较高，分别为 19369.2 元、18609.2 元和 17413.3 元，而供销人员和保安人员的家庭人均生活消费支出都没有超过 10000 元（见表 5 - 19）。玉东村样本调查户答卷人职业分布与其消费支出的关系同不同职业的收入水平有着很强的内在关联，即较高消费支出水平对应的答卷人从事的行业，也是收入水平较高的行业，反之亦然。

表 5 - 19　2010 年玉东村不同主要职业答卷人的家庭人均生活消费支出及其结构

单位：元，%

| 主要职业 | 人均生活消费支出 | 人均食品支出占比 | 人均衣着支出占比 | 人均居住支出占比 | 人均家庭设备用品及维修服务支出占比 | 人均交通和通信支出占比 | 人均文化教育娱乐用品及服务支出占比 | 人均医疗保健支出占比 |
|---|---|---|---|---|---|---|---|---|
| 未做出选择 | 15123.2 | 42.35 | 8.55 | 6.03 | 9.51 | 15.42 | 8.97 | 9.17 |
| 个体劳动者（农民、个体工商户等） | 13048.7 | 44.15 | 7.79 | 14.42 | 3.27 | 20.24 | 6.36 | 3.78 |
| 工人 | 13143.3 | 29.73 | 8.29 | 11.30 | 5.46 | 28.60 | 8.60 | 8.04 |
| 技术人员 | 17413.3 | 37.58 | 8.27 | 15.42 | 1.69 | 29.68 | 3.38 | 3.98 |
| 管理人员 | 16432.5 | 30.70 | 11.35 | 8.59 | 7.38 | 16.87 | 9.79 | 15.31 |
| 企业主 | 18609.2 | 34.03 | 11.39 | 20.55 | 1.80 | 21.81 | 6.76 | 3.67 |
| 财会人员 | 19369.2 | 23.37 | 11.99 | 12.67 | 4.83 | 19.04 | 25.21 | 2.90 |
| 供销人员 | 9262.7 | 31.31 | 7.20 | 54.34 | 4.32 | 1.08 | 1.76 | 0.00 |
| 保安人员 | 9289.6 | 36.60 | 10.76 | 5.73 | 22.82 | 18.52 | 4.50 | 1.08 |

资料来源：2011 年《无锡、保定农户收支调查》问卷数据库。

从消费结构方面的差异来看，答卷人中个体劳动者（农户、个体工商户等）的家庭人均食品支出占比较高；供销人员的家庭人均居住支出占家庭人均生活消费支出的 54.34%；技术人员的家庭人均交通和通信支出较多；财会人员的家庭人均文化教育娱乐用品及服务支出大大超过从事其他职业者；管理人员的家庭人均医疗保健支出较多。

（6）答卷人的从业方式与农户消费支出情况

答卷人的从业方式为雇主的家庭人均生活消费支出明显高于答卷人的从业方式为打工或自己经营、不付任何人工资或报酬的农户（见表 5 - 20），这与不同从业方式答卷人家庭的收入水平内在一致。

表5-20　2010年玉东村不同从业方式答卷人的家庭人均生活消费支出及其结构

单位：元，%

| 从业方式 | 人均生活消费支出 | 人均食品支出占比 | 人均衣着支出占比 | 人均居住支出占比 | 人均家庭设备用品及维修服务支出占比 | 人均交通和通信支出占比 | 人均文化教育娱乐用品及服务支出占比 | 人均医疗保健支出占比 |
|---|---|---|---|---|---|---|---|---|
| 未做出选择 | 15123.2 | 42.35 | 8.55 | 6.03 | 9.51 | 15.42 | 8.97 | 9.17 |
| 自己经营、不付任何人工资或报酬 | 13026.3 | 43.02 | 9.49 | 15.41 | 1.94 | 19.87 | 5.70 | 4.56 |
| 打工 | 14417.2 | 30.86 | 8.76 | 12.17 | 5.37 | 26.06 | 9.46 | 7.31 |
| 雇主 | 17158.6 | 37.53 | 9.74 | 16.50 | 2.03 | 21.31 | 9.73 | 3.16 |

资料来源：2011年《无锡、保定农户收支调查》问卷数据库。

（7）答卷人主要从事行业与农户消费支出情况

从答卷人主要从事行业与农户消费支出的关系来看，答卷人从事电力、燃气、水产及供产业，居住服务业，其他行业和制造业的家庭人均生活消费支出较高，都超过了1.5万元，答卷人从事住宿餐饮业、其他服务业、批发零售业、农作物种植业的家庭人均生活消费支出相对较低，都在1万元左右（见表5-21）。

表5-21　2010年玉东村不同主要从事行业的答卷人的家庭人均生活消费支出及其结构

单位：元，%

| 主要从事行业 | 人均生活消费支出 | 人均食品支出占比 | 人均衣着支出占比 | 人均居住支出占比 | 人均家庭设备用品及维修服务支出占比 | 人均交通和通信支出占比 | 人均文化教育娱乐用品及服务支出占比 | 人均医疗保健支出占比 |
|---|---|---|---|---|---|---|---|---|
| 未做出选择 | 14904.4 | 42.59 | 9.95 | 7.94 | 8.75 | 14.28 | 8.20 | 8.30 |
| 农作物种植业 | 10778.0 | 48.05 | 4.90 | 12.18 | 7.04 | 12.45 | 1.25 | 14.14 |
| 制造业 | 15546.8 | 30.14 | 8.84 | 13.49 | 4.85 | 27.67 | 8.06 | 6.95 |
| 电力、燃气、水生产及供应业 | 16420.2 | 52.94 | 4.36 | 24.96 | 2.76 | 9.00 | 4.14 | 1.83 |
| 建筑业 | 11085.7 | 40.90 | 7.86 | 21.16 | 4.56 | 9.55 | 11.22 | 4.76 |

续表

| 主要<br>从事行业 | 人均<br>生活<br>消费支出 | 人均食品<br>支出占比 | 人均衣着<br>支出占比 | 人均居住<br>支出占比 | 人均家庭<br>设备用品及<br>维修服务<br>支出占比 | 人均交通<br>和通信<br>支出占比 | 人均文化<br>教育娱乐<br>用品及服务<br>支出占比 | 人均医疗<br>保健支出<br>占比 |
|---|---|---|---|---|---|---|---|---|
| 交通运输、仓储<br>和邮政业 | 11113.4 | 47.09 | 11.40 | 17.57 | 2.71 | 14.79 | 2.90 | 3.54 |
| 批发零售业 | 10554.3 | 44.00 | 11.17 | 13.92 | 1.71 | 13.04 | 13.05 | 3.12 |
| 住宿餐饮业 | 8305.3 | 42.66 | 12.04 | 4.82 | 23.28 | 10.03 | 6.37 | 0.80 |
| 居住服务业 | 16987.0 | 25.75 | 3.19 | 2.87 | 0.83 | 52.00 | 14.05 | 1.30 |
| 其他服务业 | 10424.9 | 35.23 | 8.24 | 9.49 | 9.32 | 16.59 | 3.91 | 17.21 |
| 其他行业 | 16028.6 | 28.04 | 10.27 | 6.79 | 3.55 | 28.73 | 17.72 | 4.89 |

资料来源：2011 年《无锡、保定农户收支调查》问卷数据库。

### （二）玉东村农户经营性支出的变化

除生活消费支出外，玉东村农户经营性支出的变化从另一个侧面凸显了玉东村 1997 年以来产业结构发生的巨大变化。

从表 5-22 中可以看出，1997~2010 年，玉东村农户的经营性支出情况发生了很大变化，其中，人均农业生产经营性支出从 1997 年的 226.6 元降至 2010 年的 3.4 元，绝对差距为 -223.2 元，实际年均增长率为 -27.7%，在全部经营性支出中所占比例由 1997 年的 16.4% 降至 2010 年的 0。相比之下，人均工商业经营性支出则大幅增加，从 1997 年的 1158.7 元增至 2010 年的 14684.5 元，后者是前者的 12.7 倍，实际年均增长率为 21.6%，在全部经营性支出中所占比例升至 100%。无论是 1997 年还是 2010 年，玉东村样本调查户的人均固定资产投资支出均为 0，这可能与我们的调查方式有关，我们没有得到相关信息。人均农业生产经营性支出的变异系数由 1997 年的 1.3 大幅提高到 2010 年的 10.0，主要是由于绝大部分样本农户已不再经营农业，这导致偏离值提高；而人均工商业经营性支出的变异系数则有所下降，由 5.6 降至 3.7。可以说，玉东村经营性支出的总量和结构变化情况与 1997 年以来玉东村整个产业结构的变化，具有逻辑上的完全一致性。

表5-22　1997年与2010年玉东村农户人均经营性支出及其结构比较

| 指标 | 人均农业生产经营性支出 | 人均工商业经营性支出 | 人均固定资产投资支出 | 人均经营性支出 |
|---|---|---|---|---|
| 1997年(126户,元) | 226.6 | 1158.7 | 0 | 1385.3 |
| 　变异系数 | 1.3 | 5.6 | — | 4.7 |
| 　来源构成(%) | 16.4 | 83.6 | 0 | 100.0 |
| 2010年(100户,元) | 3.4 | 14684.5 | 0 | 14687.9 |
| 　变异系数 | 10.0 | 3.7 | — | 3.7 |
| 　来源构成(%) | 0 | 100.0 | 0 | 100.0 |
| 1997～2010年绝对差距(元) | -223.2 | 13525.8 | 0 | 13302.6 |
| 1997～2010年相对差距(倍) | 0 | 12.7 | — | 10.6 |
| 1997～2010年实际年均增长(元) | -17.2 | 1040.4 | 0 | 1023.3 |
| 1997～2010年实际年均增长率(%) | -27.7 | 21.6 | — | 19.9 |

注：本表中2010年数据均按照1997年可比价格计算。

资料来源：1997年数据来自《第四次无锡、保定农村调查》问卷数据库；2010年数据来源于2011年《无锡、保定农户收支调查》问卷数据库。

## 四　玉东村农户收支现状分析

1997～2010年，苏南地区工业化与城市化同步加速，城乡一体化进程加速推进，经济、社会的发展方式和动力都发生了很大变化，在这样的宏观背景下，苏南地区农户的生活水平发生了怎样的变化？我们在总结玉东村1997年和2010年收入、支出情况时，发现了以下特点。

### 1.农户收入持续增长，收入差距有所缩小，收入来源结构明显变化

1997年以来，玉东村农户收入明显增长，以现价计算的家庭人均总收入1997年以来增长了7.81倍，名义年均增速为16.77%，扣除物价因素，实际年均增速为14.7%。家庭人均纯收入的增长更加明显，1997年以来的名义年均增速达到19.26%，实际年均增速为25.4%，超过了家庭人均总收入的增长速度。

在收入增长的同时，农户的收入差距也明显缩小。根据1997年无锡11村的调查数据，在按照人均纯收入十等分组的农户中，人均纯收入最高组的人均纯收入为16635.3元，人均纯收入最低组的人均纯收入为1272.4元，前者是后者的13.07倍。2010年，这一差距明显缩小，样本调查户中不包括土地宅

基地补偿的人均纯收入最高组是最低组人均纯收入的 7.28 倍。从名义年均增速来看，其基本与收入水平呈反向变化，即人均纯收入最低组的人均纯收入年均增速最快，名义年均增速达到了 17.19%，扣除物价因素，实际年均增速为15.20%；人均纯收入最高组的人均纯收入年均增速最慢，名义年均增速为12.04%，扣除物价因素，实际年均增速为 10.13%。其他人均纯收入组的人均纯收入名义年均增速为 13%～15%，扣除物价因素，实际年均增速为 11%～13.01%（见表5－23）。

表 5 – 23　按人均纯收入十等分组的农户人均纯收入情况：

无锡 11 村（1997 年）与玉东村（2000 年）

单位：元，%

| 人均纯收入由低到高十等分组 | 2010 年(玉东村)不包括土地宅基地补偿的人均纯收入 | 1997 年(无锡 11 村)人均纯收入 | 名义年均增速 | 实际年均增速 |
|---|---|---|---|---|
| 1 | 10007.1 | 1272.4 | 17.19 | 15.20 |
| 2 | 13761.6 | 2245.9 | 14.96 | 13.01 |
| 3 | 16462.9 | 2842.3 | 14.47 | 12.52 |
| 4 | 17710.0 | 3398.9 | 13.54 | 11.61 |
| 5 | 19695.1 | 3903.9 | 13.26 | 11.33 |
| 6 | 22951.6 | 4445.5 | 13.46 | 11.53 |
| 7 | 26414.4 | 5088.9 | 13.51 | 11.57 |
| 8 | 31193.2 | 5928.6 | 13.62 | 11.69 |
| 9 | 39228.7 | 7403.6 | 13.69 | 11.75 |
| 10 | 72895.3 | 16635.3 | 12.04 | 10.13 |
| 平均 | 27032.0 | 5317.4 | 13.32 | 11.40 |

注：本表中数据均按照当年价格计算。

资料来源：2011 年《无锡、保定农户收支调查》问卷数据库。

相比 1997 年，2010 年玉东村的收入来源结构有明显变化，收入来源日趋多元。1997 年，玉东村农户的人均总收入中人均经营性收入和人均工资性收入合计占比超过 96%，相比之下，人均财产性收入和人均转移性收入所占比例微乎其微，几乎可以忽略不计。2010 年，这一格局发生了很大变化，在人均工资性收入仍维持其在农户人均总收入中重要地位的同时，人均财产性收入在人均总收入中所占比例大幅提升，在农户人均总收入中所占比例约为 1/3，取代人均经营性收入，成为农户人均总收入中第二个重要的收入来源。此外，人均转移性收入的重要性也明显提高。

随着工业园区的建立，玉东村绝大部分家庭的主要劳动力在周边的企业中打工，这推动了工资性收入的增长。近两年，不时出现的"民工荒"也推动了当地工资性收入的上升，因此，工资性收入增长是玉东村农户收入增加的重要贡献因素。玉东村财产性收入迅猛增长，源于"双置换"过程中农户获得的土地宅基地补偿收入。2010年，玉东村样本调查户的家庭人均总收入中，人均财产性收入占33.1%，其中的91.59%为土地补偿收入，存款利息收入次之，占8.41%。

2005年，玉祁镇开始试行"以土地换社保"的失地农民生活保障办法，将1982年5月《国家建设征用土地条例》实施以来，村民小组耕地全部征用或征用后人均耕地低于0.1亩（含0.1亩）的村民全部纳入城镇社会保障体系。根据这一标准，2006年和2007年，玉东村耕地分两次被全部征用，玉东村的农户全部办理了土地承包经营权置换城市社会保障、以宅基地使用权置换城镇住房的"双置换"，他们的身份也全部由农村居民转变为城镇居民。农户可以根据自己的年龄、就业状况等选择最有利的补偿方式，包括选择一次性补偿，或参加其他社会保障。根据当地政策，16岁以下村民一次性补偿标准为6000元，16岁及以上村民的一次性补偿为1.3万元。调查数据显示，农户中平均有1.57人选择了获得一次性补偿，家中有1人选择一次性补偿的情况最为普遍。除选择一次性补偿外，农户还可以选择用农龄折算工龄，参加其他社会保障。在100户调查样本中，除11户外，其余89户都选择了参加其他社会保障。参加其他社会保障对参保人年龄及参保年限都有一系列具体规定，因此并不是所有参保人都有资格获得社保补偿。根据调查，2010年，玉东村农户平均拿到810元社保补偿，最高拿到6.6万元社保补偿。

玉东村农户的财产性收入中还有一项重要来源是出租房屋的收入。受工业园区用工需求带动，玉东村外来务工人员数量已几乎与当地人的数量相当，因此产生了相当可观的租房需求；此外，也有些农户将房屋租给因安置房尚未建好而处于过渡阶段的拆迁户。以往村里的住房多为两层楼，一些住房宽裕的人家会将底层租出去，自家人住在楼上。由于宅基地置换安置房后，一般一户能置换到两套房子，因此有的农户选择自己住一套，出租一套。

从农户收入的行业来源来看，1997 年，第一产业（包括种植业、养殖业、林业和副业）的收入在玉东村农户人均总收入中占 12.47%，农户收入的绝大部分已经源自非农产业。此后，非农收入所占比例持续增加，农户收入中来源于农业的部分已经微乎其微，特别是随着玉东村耕地全部被征用，从样本调查户的情况来看，种植业收入几乎为零，仅残存极个别渔业养殖户。

**2. 农户消费水平显著提高，但消费支出的增长速度落后于收入增长速度，农户消费水平已基本实现由小康阶段向富裕阶段的过渡**

1997 年以来，玉东村农户的消费支出明显增加，消费结构也发生了显著变化。2010 年，玉东村样本调查户生活消费支出为 14402.1 元，是 1997 年（3215 元）的约 4.48 倍，名义年均增速达到了 12.23%。不过相对于人均总收入 16.77% 的名义年均增速和人均纯收入 19.26% 的名义年均增速来说，玉东村农户消费支出增长速度尚滞后于收入增长速度。与此同时，玉东村农户生活消费支出结构发生明显变化，食品消费支出等生存型消费支出比例下降，交通和通信消费支出等发展及享受型消费支出显著增加，这显示出 1997 年以来玉东村农产的消费水平已从小康阶段过渡到富裕阶段。

在消费发展的不同阶段农户的消费行为特点也存在差异。根据消费主体的平均消费倾向（消费支出在收入中所占比例）、边际消费倾向（每增加一个单位的收入引起的消费支出变动比例）、恩格尔系数、消费性质、消费层次[①]、

---

[①]　根据不同用途消费品在农户消费总支出中所占比例的不同，可以把农户的消费层次划分为不同阶段，包括生存型消费、发展型消费、享受型消费。因为各消费层次之间存在过渡性，一些消费内容在不同阶段会存在重叠或交叉，并且随着社会经济的发展、居民生活的变化，各类消费内容也在不断发生变化，所以各消费层次之间没有严格界定，只是从总体上反映出消费变动趋势。通常来说，在消费的低级阶段，维持生命、恢复体力和人口繁衍所必需的消费，即吃、穿、住消费的比重较高，它们属于生存型消费；随着收入的提高、消费结构逐渐升级，发展型消费的比重会有较大幅度的上升，如开发智力，培养美育、德育，增强体育等方面的消费所占比重增大，进入发展型消费阶段；在满足生存和发展需要以外，满足生活舒适、爱好、增加生活情趣等方面的消费所占份额较大，从而进入享受型消费。我们一般将吃、穿、住定义为生存需要，将娱乐教育文化服务、交通通信、家庭设备用品、医疗保健、其他商品和服务、耐用消费品支出定义为发展和享受需要，以大致反映消费层次的变化。参见胡宝娣《中国农村居民消费影响因素的实证分析》，西南大学博士学位论文，2010，第 62 页。

消费形态、闲暇时间，我们可以将农户的消费水平划分为温饱型阶段、小康型阶段和富裕型阶段①，结果见表5－24。

表5－24　各消费水平阶段的具体特征

| 指标 | 温饱阶段 | 小康阶段 | 富裕阶段 |
|---|---|---|---|
| 平均消费倾向 | 80%～100% | 60%～80% | 50%～60% |
| 边际消费倾向 | 大于90% | 70%～90% | 50%～70% |
| 恩格尔系数 | 50%～80% | 40%～50% | 20%～40% |
| 消费性质 | 自给性消费比例大 | 消费的商品化率提高 | 以货币性消费为主 |
| 消费层次 | 满足基本生存需要 | 开始注重发展和享受型消费 | 以发展和享受型消费为主 |
| 消费形态 | 以物质消费为主 | 开始追求精神消费 | 以精神消费为主 |
| 闲暇时间 | 很少 | 增多 | 进一步增多 |

注：因原文可能存在笔误，引用时有个别改动。

资料来源：魏勇《农村居民消费行为变动及其制度成因研究——以重庆市为例》，西南大学博士学位论文，2012，第62页。

　　根据以上阶段特征来分析，玉东村农户的消费水平已基本处于富裕阶段。

　　第一，一方面，从平均消费倾向看，生活水平越高，消费支出在可支配收入中所占比重就越低。2010年，玉东村样本调查户的人均生活消费支出在人均纯收入中所占比重为35.96%，满足甚至超过了富裕阶段所要求的50%～60%的指标水平。另一方面，从消费性质看，由于玉东村第一产业的全面退出，除极个别农户利用零散土地种植少量蔬菜等用于家庭生活外，自给性消费已基本不复存在，被货币性消费所代替。

　　第二，玉东村农户的恩格尔系数也呈现富裕阶段特征。恩格尔系数是居民生活消费支出中食品支出所占的比重，是国际上衡量一个国家和地区人民生活水平的重要指标。联合国粮农组织对居民生活水平和质量高低所确定的恩格尔系数标准是60%以上为绝对贫困，50%～60%为温饱，40%～50%为小康，30%～40%为富裕，30%以下为最富裕。2010年，玉东村样本调查户恩格尔系数为38.34%，玉东村处于"基本"富裕阶段。

----

　　① 参见魏勇《农村居民消费行为变动及其制度成因研究——以重庆市为例》，西南大学博士学位论文，2012，第62页。

第三，世界主要国家和地区的经济发展历程和居民消费结构演变的历史经验表明，恩格尔系数低于 40% 时是启动以居民居住消费和交通通信消费为标志的居民消费结构升级的临界点，恩格尔系数的降低带来了新一轮的消费结构升级。玉东村的情况验证了这一规律。

2010 年，玉东村样本调查户居住支出在全部生活消费支出中所占比重居第三位，为 11.19%，这既与村民收入水平提高后改善性需求拉动有关，也与玉东村"三集中"过程中发生的房屋置换有关。

玉东村消费结构变动中交通和通信消费的发展速度也超过其他多数消费项目，这一结果与玉东村所在地区的城市化、工业化进程有着内在必然性。作为发展型和享受型消费中的重要一项，交通和通信支出的增长是玉东村消费升级的一个重要标志。

第四，医疗保健支出是满足农户发展型和享受型消费需求的另一个高层次消费项目。1997 年以来，玉东村医疗保健支出的名义年均增速为 13.28%，增长幅度在各项支出中居于前列，这也充分体现了玉东村消费结构的富裕阶段特征。

不过，尽管在以上诸多方面体现出富裕阶段特征，但玉东村样本调查户在精神消费方面的支出增加不明显，只略快于增长最慢的食品支出，在各项支出中所占比例也较低，不能满足富裕阶段"以精神消费为主"的要求。这也是将玉东村消费水平定位于"基本"富裕阶段的重要原因。

玉东村农户收入、支出结构发生的上述变化与苏南地区工业化、城市化背景下城乡一体化的不断加速密不可分。为了进一步推进城镇化进程和城乡一体化发展，作为全国经济发展较快的区域，江苏省苏南地区正在规划、试点城乡一体化改革，"双置换"是其中一项重要内容。无论是玉东村农户收入中财产性收入的超常规增长，还是消费结构中交通和通信支出的大幅增加，都反映了苏南地区在工业化、城市化进程中的阶段性特征，这些特征的持续性有待进一步观察。

# 第六章　无锡市马鞍村农户
# 收支的变化

马鞍村是无锡市郊西南隅的村庄，现由无锡市滨湖区胡埭镇管辖，位于胡埭镇政府东南一公里处，紧靠龙山山脉的西侧面，与全国闻名的太湖仅一山之隔。优越的地理位置为该村经济发展及农民生活水平的改善既带来了机遇又增加了挑战。2004 年马鞍村与邻近的闾江村进行了合并，但结果并不理想。2008 年，两村重又分治，尽管城市化的脚步越来越近，但是马鞍村在城乡一体化的道路上走得并不顺畅，在滨湖区的各项经济发展指标中排名靠后，在镇域经济发展中的地位也不乐观。本次调研发现，马鞍村的农户在收入层面二元特征明显，但在支出方面已经向城市化靠近。"穷村富户"的经济现象无疑会扩大贫富差距，而在日渐迫近的城市化浪潮中，农户经济典型的二元性无疑会加大农民融入现代化的难度。

## 一　非"苏南模式"与马鞍村集体经济的发展

### （一）"苏南模式"

20 世纪 80 年代，苏州、无锡和常州在经济发展中形成了著名的"苏南模式"。

苏南地区毗邻上海，水陆交通便利。苏南地区的农民与上海、苏州、无锡和常州等大中城市的产业工人有密切的联系，接受经济、技术辐射的能力较强。同时，苏南地区还是近代中国民族资本主义工商业的发祥地。

早在计划经济时期，苏南地区就有搞集体经济，这为其发展乡镇企业积累了宝贵的财富和必要的资金。历史上的积累和上海的辐射为苏南地区工业化的起步创造了良好的条件，而当时的短缺经济，以及一些偶然因素，如20世纪80年代中期的信用扩张，对工业化的发展也起了推动作用。1989年，苏南乡镇企业创造的价值在其农村社会总产值中已经占到了60%，实现了苏南乡镇企业在全国的领先发展。

马鞍村虽然地处苏南地区，又在无锡的郊区，但是改革开放以后，它并不是按照"苏南模式"发展起来的，其发展带有某些"温州模式"的特点，这注定马鞍村无法得风气之先，存在先天发育不良的因素。

### （二）非集体经济的发展

改革开放以前，马鞍村的集体经济发展得还比较好，社员收入在胡埭公社中排在前几名。但是改革开放以后，马鞍村很快出现了"集体穷、村民富"的格局，由于集体收入少，其被政府列为"扶贫村"。

马鞍村村委会的职能实际上从20世纪80年代起就从以经营集体经济为主转向以为村民提供服务为主。就企业来说，马鞍村有两个国营的水泥厂，一个是位于马鞍村西北的国营湖山水泥集团公司，另一个是位于马鞍村南面的白药山水泥厂。2000年，马鞍村创办的企业有：内地和香港合资企业1个，股份合作制企业10个，私人独资企业4个，个体经营的小商店17个。到2010年，马鞍村私营企业数达到34个。虽然如此，但马鞍村集体经济的实力，在胡埭镇仍处于落后的地位。其工业发展水平也不高，厂子数量虽多，但规模小，发展速度不快。1997年，马鞍村的工业产值在全镇15个村中居倒数第三，1996年居倒数第二。

经过改革开放几十年的快速发展，从产业结构、村民就业结构、生活条件以及生活方式等许多方面看，马鞍村都已经城市化了。1998年，马鞍村工业产值已达4186万元，固定资产有1200万元，分别是1971年的3000多倍和近1000倍（见表6-1）。大多数村民已经脱离了农业，农业对马鞍村来说，实际上成为补贴家用的副业。就基础设施和服务而言，村里安装了自来水、闭路电视，生活电器和电话已经普及，住房绝大多数是两层或三层的楼房。从商业和服务设施来看，由于马鞍村距胡埭镇仅一公里多，除了村里的小卖部和上门叫卖的小商小贩、服务人员外，大多数村民购物到镇里去。

表 6-1　1971 年与 1998 年马鞍村工业情况对比

| 年份 | 企业数(个) | 职工数(人) | 工业产值(万元) | 利润(万元) | 固定资产(万元) |
|------|-----------|-----------|---------------|-----------|---------------|
| 1971 | 1 | 6 | 1.3 | 0.15 | 1.2 |
| 1998 | 24 | 367 | 4186 | 125 | 1200 |
| 增长倍数 | 23 | 60 | 3219 | 832 | 999 |

注：表中企业系马鞍实业总公司管辖的企业，其他私人的家庭工业尚未统计在内。
资料来源：无锡市滨湖区人民政府。

20 世纪 90 年代后期，经过企业转制和村委会职能调整，马鞍村的集体经济已经完成了所有权与经营权的分离。除农田外，集体所有的经济林示范区、蔬菜基地、自来水厂、苗圃等都已经承包出去。村民在就业、迁徙和投资等方面已经打破了村的概念和范围。就村民就业而言，主要分为三类：第一类是在村、镇企业事业单位就业；第二类是从事非农产业的个体经营；第三类是自己投资兴办私营企业。真正以农业为主的村民已经没有了。

2008 年，马鞍村经济情况较 2000 年又有了较大的发展（见表 6-2）。

表 6-2　1986 年、2000 年、2008 年马鞍村经济情况

| 经济指标＼年份 | 1986 | 2000 | 2008 |
|---------------|------|------|------|
| 工业产值(万元) | 568 | 4806 | 42915 |
| 农业产值(万元) | 532 | 775 | 1158 |
| 上缴税金(万元) | 43 | 364 | 2719 |
| 务工人数(人) | 235 | 379 | 862 |
| 务农人数(人) | 2577 | 1953 | 211 |
| 从事第三产业人数(人) | 98 | 211 | 573 |
| 人均年收入(元) | 856 | 4886 | 10800 |

资料来源：《胡埭镇志》，方志出版社，2010，第 88 页。

从表 6-2 中可以看出，2008 年，马鞍村工业产值已超过 4.2 亿元，较 2000 年增加近 8 倍；农业产值达 1158 万元，较 2000 年增幅不大；务工人数由 2000 年的 379 人增加到 862 人，务农人数却由 2000 年的 1953 人降至 211 人，从事第三产业人数也由 2000 年的 211 人增加到 573 人。从农民就业方式的变化可以看出，工业化巨大影响的最直接反映就是农民人均年收入从 2000 年的 4886 元跃升至 2008 年的 10800 元。

## （三）村集体经济实力薄弱

马鞍村工农业的快速发展是无锡城镇化的一个缩影，但是由于与无锡典型的"苏南模式"发展路径不一致，马鞍村集体经济长期营养不良，在滨湖区 98 个村级（含社区）行政单位中的经济排名情况一直不太理想，总是在倒数第 15 名左右的位次徘徊（见表 6-3）。

表 6-3　2009 年与 2010 年马鞍村在滨湖区 98 个村级（含社区）
行政单位中的经济排名情况

单位：万元，位

| 指标 | 2009 年 | | 2010 年 | |
| --- | --- | --- | --- | --- |
| | 金额 | 位次 | 金额 | 位次 |
| 总收入 | 159 | 86 | 160 | 85 |
| 集体总资产 | 1091 | 88 | 936 | 89 |
| 经营性资产 | 762 | 76 | 528 | 87 |
| 集体净资产 | 689 | 82 | 592 | 87 |
| 工商业收入 | 19311 | 72 | 31000 | 63 |

资料来源：无锡市滨湖区委农村工作办公室。

从表 6-3 中可以发现，马鞍村的工商业收入在 2009 年、2010 年分别达到 19311 万元、31000 万元，分别排第 72、63 名，处于滨湖区 98 个村级（含社区）行政单位经济排名的较后位置，同时集体总资产及净资产排在 80 多名。这一方面说明马鞍村经济相对活跃，另一方面也说明私营经济的活跃程度大于集体经济，但私营经济的总量还不大，产业结构也不尽合理，否则其提高经济排名的能力就不是表格中反映的情况了。这从另一个角度反映出马鞍村经济结构虽有所改善，但总体上对提高农民人均净收入的作用还不够。

2004 年、2008 年马鞍村经历了分化组合，但 1998~2008 年，变化的是行政隶属，不变的是农户人均净收入在胡埭镇排名靠后（见表 6-4），其为倒数第 1~4 位（2004 年因并村之故，排名倒数第 5，但不影响总体走势），这是马鞍村集体经济孱弱、私营经济不强的一个直接反映。

**表 6-4　1998~2008 年马鞍村农户人均净收入及其在胡埭镇排名情况**

单位：元，位

| 年份 指标 | 人均净收入 | 排位 | 年份 指标 | 人均净收入 | 排位 |
|---|---|---|---|---|---|
| 1998 | 3693 | 倒 1 | 2004 | 6605 | 倒 5 |
| 1999 | 4283 | 倒 3 | 2005 | 7399 | 倒 4 |
| 2000 | 4344 | 倒 2 | 2006 | 8139 | 倒 4 |
| 2001 | 4601 | 倒 2 | 2007 | 9359 | 倒 4 |
| 2002 | 4878 | 倒 2 | 2008 | 10800 | 倒 4 |
| 2003 | 5315 | 倒 2 | | | |

注：在排名方面，因并村之故，村数目有变化，所以用“倒数”。
资料来源：《胡埭镇志》，方志出版社，2010，第 417 页。

拆迁安置使农民变成了市民，加快了城乡一体化的进程，改善了农民的生活习惯和生活方式，增加了农民收入，改变了村民的支出方式。2003 年开始，马鞍村先后经历了 5 次拆迁，具体情况见表 6-5。

**表 6-5　马鞍村（阖闾村）拆迁安置情况**

单位：户，平方米

| 拆迁时间 | 拆迁原因 | 拆迁户数 | 拆迁面积 | 安置户数 | 安置面积 | 安置去向 |
|---|---|---|---|---|---|---|
| 2003 年 | 环太湖公路项目 | 48 | 12890 | 48 | 8476 | 花汇苑 |
| 2005 年 | 十八湾生态修复项目 | 15 | 3292 | 15 | 2199 | 花汇苑 |
| 2007 年 12 月 | 闾江口二期项目 | 142 | 36617 | 142 | 30530 | 富安花园 |
| 2008 年 3 月 | 614 所项目 | 37 | 11162 | 37 | 9065 | 富安花园 |
| 2008 年 4 月 | 闾江口一期项目 | 25 | 5925 | 25 | 5051 | 富安花园 |

资料来源：《胡埭镇志》，方志出版社，2010，第 132 页。

马鞍村"三农"之一的农业因失去土地的支撑而面临着消失的问题。2010年，当地政府对马鞍村进行水稻直补、农资综合补贴的情况（见表6-6）说明马鞍村在城市化的潮流中正逐步丧失农村的特征。

表6-6　2010年马鞍村水稻直补、农资综合补贴情况

| 组数(个) | 农户数(户) | 水稻直补 | | 农资综合补 | | 总计(元) |
|---|---|---|---|---|---|---|
| | | 面积(亩) | 金额(元) | 面积(亩) | 金额(元) | |
| 13 | 203 | 410 | 8200 | 410 | 55907.25 | 64107.25 |

资料来源：无锡市滨湖区委农村工作办公室。

## 二　马鞍村农户收入变化及其影响因素

为了更好地了解农户的收支情况，我们在马鞍村发放了100份调查问卷，进行了40次入户访谈，得到了较为详细的数据。

### （一）土地减少，农业产出非常少

1998年以来，马鞍村城镇化经历了由波及渐趋深化的过程，土地在农民增收过程中的作用越发不明显，即使在2006年国家取消了农业税后，马鞍村农户来自农业的收入也随着土地减少而更加微少。

1998年，随着无锡城市建设的不断扩大，城市近郊的蔬菜基地不断缩小。为了保持蔬菜基地的动态平衡，"菜篮子工程"扩大到马鞍村。当年，由市和郊区政府补贴（平均每亩地2000元左右），马鞍村开辟了180亩蔬菜基地，1999年又扩建了80亩。因为种菜太辛苦并且利润不高，村民都不愿意种植，所以菜地由来自苏北的25位农民承包。村委会为了留住这些农民，不仅为其提供住房和安置其子女在马鞍村小学就读，而且每亩菜地租金包括水电费和农业税加在一起，仅收200元左右。村里基本无利可图，但这些菜农的收入也不高。村民对此也没有什么意见，一是自己对种植业已经不感兴趣；二是他们知道若非如此，不足以留住这些人。

无锡市滨湖区委农村办公室提供的统计资料表明，1998~2003年，马鞍村农业从业人员数量缓慢减少，土地投入与产出都处于较低水平（见表6-7和表6-8）。

表6-7 1998~2003年马鞍村农业情况统计（一）

| 年份\指标 | 耕地面积(亩) | 水田面积(亩) | 旱田面积(亩) | 桑田面积(亩) | 人口数(人) | 农户数(户) |
|---|---|---|---|---|---|---|
| 1998 | 2029 | 1466 | 103 | 0 | 2226 | 716 |
| 1999 | 2029 | 1466 | 103 | 0 | 2206 | 746 |
| 2000 | 2025 | 1451 | 103 | 0 | 2164 | 740 |
| 2001 | 2019 | 1443 | 103 | 0 | 2144 | 740 |
| 2002 | 2011 | 1437 | 103 | 0 | 2153 | 740 |
| 2003 | 2007 | 1428 | 103 | 0 | 2166 | 742 |

资料来源：无锡市滨湖区委农村工作办公室。

表6-8 1998~2003年马鞍村农业情况统计（二）

| 年份\指标 | 粮食总产量(吨) | 水稻产量(吨) | 小麦产量(吨) | 水稻亩产量(公斤) | 小麦亩产量(公斤) |
|---|---|---|---|---|---|
| 1998 | 1221.2 | 883.7 | 337.50 | 862.008 | 257.5 |
| 1999 | 943.48 | 751.10 | 192.38 | 730 | 160 |
| 2000 | 786 | 746 | 40 | 514 | 201 |
| 2001 | 777 | 737 | 40 | 511 | 205 |
| 2002 | 794 | 754 | 40 | 525 | 205 |
| 2003 | 790 | 758 | 32 | 531 | 210 |

注：粮食总产量包括豆类、薯类产量在内。

资料来源：无锡市滨湖区委农村工作办公室。

2006~2010年马鞍村基本情况见表6-9。

表6-9 2006~2010年马鞍村基本情况

| 指标\年份 | 2006 | 2007 | 2008 | 2009 | 2010 |
|---|---|---|---|---|---|
| 农户数(户) | 750 | 715 | 628 | 628 | 555 |
| 耕地面积(亩) | 1721 | 1410 | 1210 | 1210 | 975 |
| 人口数(人) | 2449 | 2326 | 2019 | 2019 | 1777 |
| 企业数(个) | 32 | 32 | 32 | 32 | 34 |
| 集体资产总额(万元) | 478 | 465 | 595 | 1091 | 972 |

资料来源：本表数据由马鞍村村会计提供。

表6-9反映了马鞍村2006~2010年在农户数、耕地面积、人口数方面整体呈现减少的趋势，这显现出城市化的影响，一方面拆迁占地导致人口搬迁和流动，另一方面集体经济停滞不前。

## （二）集体经济收入十分有限

私营企业的快速发展造成集体经济不够强大，农户尽管可以通过进厂打工获取一定的收入，但集体分红及集体福利显然有限。

1997 年以后，无锡开始了新一轮的集体企业转制，绝大部分集体企业转为股份制企业或私营企业。在政府提倡大力发展私营企业后，马鞍村再次掀起了私人办厂的高潮。在 2000 年后短短的三四年间，新办的私人企业就有 11 家，占全村所有企业的 40%，一方面，其规模远远超过了原来的企业；另一方面，其大多集中在锻造行业。2010 年，在马鞍村的企业中，仅锻造厂就有 9 家，占全村企业总数的 39%，马鞍村已经成为胡埭地区的"锻造之乡"。而 1998～2003 年马鞍村工业情况见表 6－10。

表 6－10　1998～2003 年马鞍村工业情况统计

| 年份\指标 | 企业数（个） | 职工数（人） | 产值（万元） | 销售收入（万元） | 利润（万元） | 固定资产净值（万元） | 农、副、工三业总产值（万元）/其中工业产值（万元） |
|---|---|---|---|---|---|---|---|
| 1998 | 14 | 175 | 1150 | 1094 | 36 | 750 | 1868/1150 |
| 1999 | 14 | 164 | 1093 | 1100 | 32 | 743 | 1825/1093 |
| 2000 | 15 | 169 | 1555 | 1575 | 53 | 758 | —/1555 |
| 2001 | 17 | 181 | 2475 | 2491 | 74 | 788 | —/2475 |
| 2002 | 22 | 198 | 2905 | 2683 | 81 | 865 | —/2905 |
| 2003 | 23 | 220 | 4186 | 4205 | 125 | 956 | —/4186 |

资料来源：马鞍村村委会。

2004 年 3 月 31 日，马鞍村并村前的资产评估结果是：①资源性资产为农业用地 1411.34 亩，工业用地 89.74 亩；②非资源性资产 442.67 万元，负债 35 万元，净资产 407.67 万元，其中非经营性资产 329.41 万元，经营性资产 78.26 万元。

2008 年、2009 年马鞍村各类企业营业收入分别达到 19311 万元、34333 万元；而村集体资产总额分别是 595 万元、1091 万元。

## （三）村集体经济造血功能不强

2000 年以来，马鞍村是当地政府的扶贫帮困对象，农户收入大幅度增加的外部环境十分不利，马鞍村经济造血功能不强。

从 2000 年开始，鉴于马鞍村各项经济指标在全区中落后的局面，滨湖区政府加大了对马鞍村的扶贫力度，责成由区政府的一个局、一个富裕村、一个效益好的企业，共同帮助马鞍村脱贫，即"三一"扶贫计划，促使马鞍村尽快实现脱贫的目标。帮助马鞍村脱贫的"三一"扶贫计划，由区计经局、河埒乡的蠡虹村和无锡电子元件厂负责。其中区计经局负责牵头，开展"引资""引项"工作，帮助马鞍村调整产业结构，并从财力上加大支持力度；"三一"扶贫计划初步决定筹集 100 万元，原则上上述三个单位各出资 30 万元，所缺的 10 万元，由郊区政府补足。2000 年 5 月，"三一"扶贫计划引进了"无锡市马鞍铸钢厂"、"无锡市明亮玻璃制品厂"及"石化通用设备附件厂第二车间"三个企业，并增设 400kW 风棚一台。2000 年 7 月，上述三个企业全部投产，给马鞍村增添了新的活力。

但是，由于马鞍村缺乏集体企业，脱贫仍然是一件困难的事情。马鞍村集体收入 2001 年为 67.50 万元，2002 年为 73.20 万元，2003 年为 78.24 万元，2004 年达到 90.5 万元，但仍然没有达到脱贫的标准。

对于马鞍村的扶贫，除了上述措施外，滨湖区政府还从 2001 年起，每年年终给予马鞍村村委会 3 万～4 万元的补贴。从 2004 年起，马鞍村对老年人（男性 55 岁以上、女性 50 岁以上）每月发放 50 元的生活补贴，因为这部分开支由滨湖区政府承担 20%，所以滨湖区政府的年终补贴也就没有了。

从总量上来看，马鞍村财务收入曾经有过三次较大幅度的增长，分别是 1991 年、1993 年和 1997 年。前两次比上年增长近 1 倍，由于 1996 年财政年度调整和企业改制等特殊情况，1997 年的财务收入增长不具可比性。1991 年的增长，主要来自管理费收入的急剧提高，马鞍村的财务收入在 60 万元的水平上停留两年后，就达到了 111 万元，这主要来自集体资产收入。

马鞍村的财务收入绝大部分来自工业（管理费收入实际上间接来自工业，管理费收入的主要部分实际来自生产用电中高于供电局收费水平的收费），其中以对市场依存度较高的少数民用企业为主，这种财务结构与传统的以农业收入为主的财务结构有很大不同，它的特点是变化速度快、幅度大，增长具有突然性和不稳定性，即存在着增长突然下滑的可能性。在

2008 年、2009 年，马鞍村集体收入分别为 181 万元、186 万元，呈现缓慢增长的趋势。

从结构上看，集体资产收入和管理费收入是该村财务收入的两大支柱，这两项收入占该村财务收入的一半以上，最高时为 90% 以上（见表 6-11）。其中集体资产收入在 1993 年以后有了较大幅度的增加，这与该村工业的发展进度和规模基本吻合。1993 年之后马鞍村几个工厂的生产都有比较大的增长，效益比较好。而马鞍村水电费的收入逐年稳步上升，这是严格管理的结果，同时也从一个侧面反映出企业生产效益的增长。

表 6-11　1996～2003 年马鞍村集体资产收入和管理费收入在村财务收入中所占比例

单位：%

| 指标＼年份 | 1996 | 1997 | 1998 | 1999 | 2000 | 2001 | 2002 | 2003 |
|---|---|---|---|---|---|---|---|---|
| 集体资产收入占村财务收入的比例 | — | 46 | 59 | 59 | 50 | 49 | 60 | 75 |
| 管理费收入占村财务收入的比例 | 28 | 7 | 26 | 32 | 12 | 19 | 9 | 15 |

资料来源：马鞍村村委会。

2008 年、2009 年，马鞍村村级可支配收入分别为 32 万元、130 万元，村级总支出分别为 192 万元、306 万元，村级总负债分别为 13 万元、402 万元。马鞍村财务面临入不敷出的局面。

### （四）2010年马鞍村农户收入特征

#### 1. 马鞍村处于城镇化进程中，财产性收入是主要收入

在对 100 户调查户的收入进行数据处理后，可以发现马鞍村农户总收入均值达 235966.6 元，其中财产性收入是主要收入，均值为 177635 元，经营性收入和工资性收入相当，均值都在 26000 元左右，而转移性收入均值不到 5000元（见表 6-12）。农户人均总收入，及其纯收入和人均纯收入与此相对应，收入结构相似，见表 6-13 和表 6-14。

表 6-12　2010 年马鞍村农户总收入情况

单位：元

| 指标 | 家庭总收入 | 经营性收入 | 工资性收入 | 财产性收入 | 转移性收入 |
|---|---|---|---|---|---|
| 均值 | 235966.6 | 26603.0 | 26840.7 | 177635.0 | 4887.9 |
| 中值 | 74390 | 9000 | 20000 | 0 | 1120 |

资料来源：2011 年《无锡、保定农户收支调查》问卷数据库。

表 6-13　2010 年马鞍村农户人均总收入情况

单位：元

| 指标 | 人均总收入 | 人均经营性收入 | 人均工资性收入 | 人均财产性收入 | 人均转移性收入 |
|---|---|---|---|---|---|
| 均值 | 77335.6 | 7418.7 | 8819.9 | 59434.1 | 1662.9 |
| 中值 | 22987.5 | 2683.3 | 5900 | 0 | 350 |

资料来源：2011 年《无锡、保定农户收支调查》问卷数据库。

表 6-14　2010 年马鞍村农户纯收入和人均纯收入情况

单位：元

| 指标 | 家庭纯收入 | 经营性收入 | 工资性收入 | 财产性收入 | 转移性收入 |
|---|---|---|---|---|---|
| 均值 | 229392.1 | 23087.6 | 26840.7 | 174575.9 | 4887.9 |
| 中值 | 70640 | 7440 | 20000 | 0 | 1120 |
| 指标 | 人均纯收入 | 人均经营性收入 | 人均工资性收入 | 人均财产性收入 | 人均转移性收入 |
| 均值 | 75483.2 | 6261.9 | 8819.9 | 58738.5 | 1662.9 |
| 中值 | 21712.5 | 2015.8 | 5900 | 0 | 350 |

资料来源：2011 年《无锡、保定农户收支调查》问卷数据库。

### 2. 马鞍村农户平均收入高于无锡市2村平均收入

与无锡市 2 村整体水平相比，马鞍村在家庭总收入、人均总收入、家庭纯收入、人均纯收入方面略微高出一些，这应该是企业收入的拉动以及拆迁所致。

在访谈中，农户王某某认为，打工的现在一年也就赚 3 万～5 万元。他们每天的工资也就 100 元。有技术的可以多赚一些，比如车工、钳工什么的，一年可以赚 5 万元，没技术的赚得就少一些。一点技术不会、只会干苦力活的，一年有的也就赚 1 万元。即便这样，没技术的工作也不好找。村民蔡某某有两个儿子，大儿子 32 岁，在铸造厂上班，是操作工，每个月 3000 多元，大儿媳上班的时候每月也就赚 1000 多元；小儿子 30 岁，在工厂打工，是工艺师，负责器件的光洁修理，小儿媳在一个铸钢厂当会计，年收入大概 2 万元，铸钢厂在镇上，离家不远，为的是方便照顾家里。村民包某某孙女 24 岁，在湖山村的一个铸钢厂当会计，年收入 1.5 万元左右。

从表 6-15 中可以看出，在 2010 年无锡市 2 村农户总收入中，财产性收入是主要收入，接着是经营性收入和工资性收入。

表 6-15　2010 年无锡市 2 村农户总收入情况

单位：元

| 指标 | 总收入 | 经营性收入 | 工资性收入 | 财产性收入 | 转移性收入 |
|---|---|---|---|---|---|
| 均值 | 195205.7 | 41145.7 | 31671.8 | 116863.3 | 5524.9 |
| 中值 | 71641 | 10600 | 23700 | 0 | 1160 |

资料来源：2011 年《无锡、保定农户收支调查》问卷数据库。

2010 年无锡市 2 村农户人均总收入情况见表 6-16。

表 6-16　2010 年无锡市 2 村农户人均总收入情况

单位：元

| 指标 | 人均总收入 | 人均经营性收入 | 人均工资性收入 | 人均财产性收入 | 人均转移性收入 |
|---|---|---|---|---|---|
| 均值 | 59283.1 | 11357.8 | 9529.2 | 36768.9 | 1627.2 |
| 中值 | 19221.5 | 2975 | 6250 | 0 | 380 |

资料来源：2011 年《无锡、保定农户收支调查》问卷数据库。

在无锡市 2 村纯收入中，财产性收入是主要收入，接着是经营性收入和工资性收入，转移性收入较少（见表 6-17）。

表 6-17　2010 年无锡市 2 村农户纯收入情况

单位：元

| 指标 | 家庭纯收入 | 经营性收入 | 工资性收入 | 财产性收入 | 转移性收入 |
|---|---|---|---|---|---|
| 均值 | 181709.4 | 29543.88 | 31671.8 | 114968.8 | 5524.9 |
| 中值 | 666108 | 83358 | 23700 | 0 | 1160 |

资料来源：2011 年《无锡、保定农户收支调查》问卷数据库。

表 6-18 反映了 2010 年无锡市 2 村农户人均纯收入情况。

表 6-18　2010 年无锡市 2 村农户人均纯收入情况

单位：元

| 指标 | 人均纯收入 | 人均经营性收入 | 人均工资性收入 | 人均财产性收入 | 人均转移性收入 |
|------|-----------|---------------|---------------|---------------|---------------|
| 均值 | 55693.34 | 8174.54 | 9529.2 | 36362.4 | 1627.2 |
| 中值 | 18135.4 | 22754 | 6250 | 0 | 380 |

资料来源：2011 年《无锡、保定农户收支调查》问卷数据库。

### 3. 影响农户收入的多重因素

户主的文化程度对家庭收入存在很大的影响。其中，小学文化程度户主的家庭人均总收入为 34066.5 元，高中文化程度户主的家庭人均总收入为 37976.1 元，职业高中文化程度户主的家庭人均总收入为 139878.3 元，基本呈现文化程度对收入的正向影响。但奇怪的是初中文化程度户主的家庭人均总收入出人意料地低，仅为 12087.0 元。其中一个访谈可以作为特例，包某某的二儿子文化程度不高，仅为初中。包某某对二儿子不是很满意，或许有一些特殊原因，二儿子 37 岁了，还没有结婚，没有固定班上，也不愿意上班，有时打打零工，帮助他的朋友管理酒店什么的。表 6-19 展示了 2010 年马鞍村户主的文化程度对家庭人均总收入的影响情况。

表 6-19　2010 年马鞍村户主的文化程度对家庭人均总收入的影响情况

单位：元

| 文化程度 | 均值 | 极小值 | 极大值 |
|---------|------|--------|--------|
| 小学 | 34066.5 | 1159 | 10500.3 |
| 初中 | 12087.0 | 800.9 | 38565 |
| 高中 | 37976.1 | 2957.5 | 311196 |
| 职业高中 | 139878.3 | 12980 | 399043 |

资料来源：2011 年《无锡、保定农户收支调查》问卷数据库。

答卷人的婚姻状况对家庭收入的影响也很大。已婚的答卷人的家庭人均总收入总体稳定，为 23952.7 元，未婚的答卷人似乎独立性更大，家庭人均总收入为 10 万多元，丧偶的答卷人的家庭人均总收入为 4 万多元，离婚的答卷人的家庭人均总收入仅为 3395 元，最低。表 6-20 展示了 2010 年马鞍村答卷人的婚姻状况对家庭人均总收入的影响情况。

表 6 - 20　2010 年马鞍村答卷人的婚姻状况对家庭人均总收入的影响情况

单位：元

| 婚姻状况 | 均值 | 极小值 | 极大值 |
|---|---|---|---|
| 已婚 | 23952.7 | 800.9 | 399043 |
| 未婚 | 100241.1 | 9137.6 | 191344.5 |
| 丧偶 | 44954.7 | 20222 | 75263 |
| 离婚 | 3395 | 3395 | 3395 |

资料来源：2011 年《无锡、保定农户收支调查》问卷数据库。

答卷人的健康状况对家庭收入的影响也不小。其中健康答卷人的家庭人均总收入达 27637.7 元，患病有劳动能力答卷人的家庭人均总收入为 19569.6 元，患病无劳动能力答卷人的家庭人均总收入仅为 16206.8 元。表 6 - 21 展示了 2010 年马鞍村答卷人的健康状况对家庭人均总收入的影响情况。

表 6 - 21　2010 年马鞍村答卷人的健康状况对家庭人均总收入的影响情况

单位：元

| 健康状况 | 均值 | 极小值 | 极大值 |
|---|---|---|---|
| 健康 | 27637.7 | 800.9 | 399043 |
| 患病有劳动能力 | 19569.6 | 1159 | 75263 |
| 患病无劳动能力 | 16206.8 | 1003 | 38565 |

资料来源：2011 年《无锡、保定农户收支调查》问卷数据库。

答卷人的文化程度也能影响其家庭收入水平，其中未上学可读写答卷人的家庭人均总收入为 5016.8 元，小学文化程度答卷人的家庭人均总收入为 27389.7 元，初中文化程度答卷人的家庭人均总收入为 12209.6 元，高中文化程度答卷人的家庭人均总收入为 37921.9 元，职业高中文化程度答卷人的家庭人均总收入为 198956.8 元，而大专及以上文化程度答卷人的家庭人均总收入有些低，为 5728.8 元。表 6 - 22 展示了 2010 年马鞍村答卷人的文化程度对家庭人均总收入的影响情况。

表 6－22　2010 年马鞍村答卷人的文化程度对家庭人均总收入的影响情况

单位：元

| 文化程度 | 均值 | 极小值 | 极大值 |
|---|---|---|---|
| 未上学可读写 | 5016.8 | 3955.5 | 6078.2 |
| 小学 | 27389.7 | 1159 | 399043 |
| 初中 | 12209.6 | 800.9 | 38565 |
| 高中 | 37921.9 | 5603.3 | 311196 |
| 职业高中 | 198956.8 | 12980 | 392546 |
| 大专及以上 | 5728.8 | 2320 | 9137.6 |

资料来源：2011 年《无锡、保定农户收支调查》问卷数据库。

在马鞍村，因为私营企业多为粗加工业（如针织业）企业，所以就业培训的重要性没法体现出来。接受就业培训答卷人的家庭人均总收入仅为11492.8 元，而未接受就业培训答卷人的家庭人均总收入为 27684.0 元。在将来的城市化浪潮中，这种状况是不可持续的。表 6－23 展示了 2010 年马鞍村答卷人接受就业培训与否对家庭人均总收入的影响情况。

表 6－23　2010 年马鞍村答卷人接受就业培训与否对家庭人均总收入的影响情况

单位：元

| 接受就业培训与否 | 均值 | 极小值 | 极大值 |
|---|---|---|---|
| 否 | 27684.0 | 800.9 | 399043 |
| 是 | 11492.8 | 1267.6 | 33264 |

资料来源：2011 年《无锡、保定农户收支调查》问卷数据库。

答卷人从事的行业对家庭收入的影响很大。马鞍村劳动力从事最多的行业是制造业，从事制造业的答卷人占 32%；从事农作物种植业的答卷人次之，占 27%；从事其他行业的答卷人占 16%。而从事农林牧渔业，建筑业，批发零售业，住宿餐饮业，居住服务业，交通运输、仓储和邮政业等行业的答卷人占比为 1%～3%。综合可以发现，从事非单纯农作物种植业的比例高达 70% 以上，这对家庭收入影响很大。表 6－24 展示了 2010 年马鞍村答卷人从事的行业对家庭人均总收入的影响情况。

表 6-24　2010 年马鞍村答卷人从事的行业对家庭人均总收入的影响情况

单位：元

| 主要从事行业 | 均值 | 极小值 | 极大值 |
|---|---|---|---|
| 未选择 | 12493.5 | 2957.5 | 39575 |
| 农作物种植业 | 37990.2 | 1003 | 399043 |
| 农林牧渔业 | 6446.7 | 6446.7 | 6446.7 |
| 制造业 | 26761.1 | 800.9 | 392546 |
| 电力、燃气、水生产及供应业 | 10155.3 | 2312 | 17998.5 |
| 建筑业 | 9860.6 | 3884.8 | 20050 |
| 交通运输、仓储和邮政业 | 7190 | 7190 | 7190 |
| 批发零售业 | 7745.9 | 7559.8 | 7932 |
| 住宿餐饮业 | 11090 | 8022.5 | 14157.5 |
| 居住服务业 | 11054.3 | 10612 | 11496.7 |
| 其他服务业 | 10855 | 6570 | 15140 |
| 其他行业 | 27390.8 | 2320 | 191344.5 |

资料来源：2011 年《无锡、保定农户收支调查》问卷数据库。

在从业方式上，打工的答卷人占 50%，自己经营、不付任何人工资或报酬的答卷人占 33%。显而易见，高达 83% 的马鞍村村民改变了传统的从业方式，很大一部分村民已经从农业中走了出来。表 6-25 展示了 2010 年马鞍村答卷人的从业方式对家庭人均总收入的影响情况。

表 6-25　2010 年马鞍村答卷人的从业方式对家庭人均总收入的影响情况

单位：元

| 答卷人的从业方式 | 均值 | 极小值 | 极大值 |
|---|---|---|---|
| 未选择 | 25357.7 | 1159 | 191344.5 |
| 自己经营、不付任何人工资或报酬 | 32637.6 | 1003 | 399043 |
| 打工 | 22168.1 | 800.9 | 392546 |
| 雇主 | 12241 | 12072 | 12410 |

资料来源：2011 年《无锡、保定农户收支调查》问卷数据库。

家庭有无耕地也是影响家庭收入的一个重要因素。家庭无耕地的答卷人占 43%，家庭人均总收入为 34332.8 元；家庭有耕地的答卷人占 57%，家庭人均总收入为 19543.6 元。表 6-26 展示了 2010 年马鞍村答卷人家庭有无耕地对家庭人均总收入的影响情况。

表 6 - 26　2010 年马鞍村答卷人家庭有无耕地对家庭人均总收入的影响情况

单位：元

| 有无耕地 | 均值 | 极小值 | 极大值 |
|---|---|---|---|
| 无 | 34332.8 | 1267.6 | 392546 |
| 有 | 19543.6 | 800.9 | 399043 |

资料来源：2011 年《无锡、保定农户收支调查》问卷数据库。

政治面貌对家庭收入也有较大影响。其中答卷人的政治面貌为党员的占 5%，家庭人均总收入为 10787.3 元；群众居多，占 92%，家庭人均总收入为 25313 元；共青团员占 2%，家庭人均总收入为 100978.2 元，收入最高；民主党派成员占 1%，家庭人均总收入为 5603.3 元，收入较低。表 6 - 27 展示了 2010 年马鞍村答卷人的政治面貌对家庭人均总收入的影响情况。

表 6 - 27　2010 年马鞍村答卷人的政治面貌对家庭人均总收入的影响情况

单位：元

| 政治面貌 | 均值 | 极小值 | 极大值 |
|---|---|---|---|
| 中共党员 | 10787.3 | 2501.6 | 25267.6 |
| 群　众 | 25313 | 800.9 | 399043 |
| 共青团员 | 100978.2 | 10612 | 191344.5 |
| 民主党派 | 5603.3 | 5603.3 | 5603.3 |

资料来源：2011 年《无锡、保定农户收支调查》问卷数据库。

家庭就业者越多，家庭总收入越高。多 1 个就业者年均增收 11042.2 元，多 2 个就业者年均增收 52474.3 元，多 3 个就业者年均增收 47248.0 元。表 6 - 28 就反映了这种趋势。

表 6 - 28　2010 年马鞍村家庭就业者增加后年均增收情况

单位：元

| 指标 | 多 0 个就业者 | 多 1 个就业者 | 多 2 个就业者 | 多 3 个就业者 | 多 4 个就业者 |
|---|---|---|---|---|---|
| 年均增收 | 6014.3 | 11042.2 | 52474.3 | 47248.0 | 22664.5 |

资料来源：2011 年《无锡、保定农户收支调查》问卷数据库。

## 三 马鞍村农户支出变化及其影响因素

### (一)20世纪90年代农户的消费情况

新中国成立初期,政府的奋斗目标是实现四个现代化,农村亦要发展到"楼上、楼下,电灯、电话"。改革开放20年后,这些在马鞍村都变成了现实。

20世纪90年代末,富裕起来的马鞍村开始了新一轮的楼房建造热。从总体情况来看,平屋基本被消灭,有的楼房两层、三层,最高的楼房有四层,在前吴巷就有两栋四层楼。马鞍村早在1964年就有了电灯。1995年,马鞍村在胡埭镇的14个村中成为第一批"农村电话小康村"。20世纪90年代,马鞍村的消费支出变化可以从衣食住行等方面表现出来。

据村民吴文勉介绍,当时,服装设计师、时装表演、服装厂,这些过去听都没听过的关于"衣着"的新鲜词一个接一个出现,电视里、广播里的服装广告和信息亦不断出现,服装店、衣裳摊简直如雨后春笋一样,几乎占领了大半个市场。尤其是年轻妇女,"衣着"成为她们日常生活中的头等大事,什么季节穿什么衣,什么场合换什么装,几乎成为她们的研究主题。西装、夹克衫不分男女老幼都穿。第一,20世纪90年代不穿短裤不穿衬衫的现象绝迹了;第二,补丁衣服同样成为历史遗留物;第三,衣价的差距拉大了。另外,在一年一度的向贫困地区捐献旧衣的活动中,不少人家一捐就是一蛇皮袋,一件补丁衣服都没有不说,连七八成新的都不在少数。金戒指、金项链在20世纪80年代中期走进村民家庭以后,现在已经成为家庭生活中很普遍、很普通的消费品了,甚至钻石戒指也已经进入少数家庭。马鞍村村民在饮食习惯方面大致和周边的村民相同,喜吃稻米,尤其是粳米,兼吃面食。在副食中,蔬菜在农村是自种自吃,花色品种亦较多,如韭菜、黄瓜、茄子、冬瓜、丝瓜、苋菜、长豆荚等。秋冬白菜、菠菜吃得较多,其中青菜、苋菜食用期较长,番茄、包菜、大白菜、花菜这些蔬菜,引进较晚。肉类以猪、牛、鸡、鸭肉为主,胡埭镇农贸市场上野兔、野鸡、鹌鹑、牛蛙等亦有出售。

由于马鞍村内有两个国营水泥厂,运水泥的车辆来往频繁,村里出地,厂里出钱，先后修筑了白药山水泥厂到胡埭镇的白胡路和湖山水泥厂到刘闾路的湖山路。1995 年，马鞍村村委会又自己出资修筑了一条由蔡巷至茶场接刘闾路的马鞍村道。这样全村共有东、西、南、北 4 条柏油路面的主干道，全长约 17 公里，大大改善了交通面貌。各自然村之间的村道，亦都加宽至 4 米左右，一般都铺上了石子，村民雨天基本上不走泥泞路。从 2000 年开始，主干道又开始铺设水泥路。2004 年下半年，"91 路"公交车开通，并在马鞍村设立了停靠站，结束了马鞍村不通公共汽车的历史。1985 年以来，摩托车在马鞍村已逐渐出现，2010 年前后它已基本替代了自行车，有两三台摩托车的人家亦不在少数。2003 年，马鞍村村民摩托车的户拥有率已达 90%，前吴巷 40 多户中，仅 4 户没有，而且拥有 2 台摩托车的有 5 户。在摩托车普及的基础上，汽车也开始进入马鞍村农民家庭。在 1987 年第三次无保调查时，整个马鞍村都没有一辆运货的卡车，更不用说轿车了。20 世纪 90 年代后期以来，汽车开始进入村民家庭，一开始是运货卡车，后来就是轿车，原来常用的拖拉机在不断减少。2003 年，全村拥有运货卡车 45 辆，轿车 71 辆（见表 6 - 29），平均每个村民拥有轿车 3.3 辆。

表 6 - 29　1999 年与 2003 年马鞍村机动车数量统计

单位：辆

| 年份 \ 指标 | 轿车 | 运货卡车 | 拖拉机 | 摩托车 | 合计 |
|---|---|---|---|---|---|
| 1999 | 21 | 22 | 80 | 608 | 731 |
| 2003 | 71 | 45 | 37 | 987 | 1140 |

资料来源：武力、吴文勉《马鞍村的百年沧桑》，中国经济出版社，2006，第 189 页。

20 世纪 90 年代以来，在电视机逐渐普及的同时，音响、录像机、VCD 机也进入大部分农民家庭。1993 年，马鞍村东片的 7 个自然村率先装上了有线电视。1998 年，马鞍村普及了有线电视，这大大丰富了村民的文化生活。

另外，距村很近的胡埭镇，娱乐设施发展得更快、更齐全，电影院、卡拉OK、舞厅等应有尽有。在闲暇时，村民除了在家看电视、打牌、玩麻将外，不少家庭还外出旅游，村民的文化生活更加丰富多彩。

### （二）21世纪第一个十年农户的生活消费情况

2010年，马鞍村农户在生活消费支出方面有了大的提高。

家庭生活消费支出达76880.9元。在消费结构方面：食品支出超过1万元，占家庭生活消费支出的1/7左右；医疗保健支出达4536.1元，交通和通信支出达8473.7元，衣着支出达2871.4元。表6-30就反映了2010年马鞍村家庭生活消费支出情况。

表6-30 2010年马鞍村农户生活消费支出情况

单位：元

| 指标 | 金额 |
| --- | --- |
| 生活消费支出 | 76880.9 |
| 食品支出 | 10067.4 |
| 衣着支出 | 2871.4 |
| 居住支出 | 46801.9 |
| 家庭设备用品及维修服务支出 | 2134.1 |
| 交通和通信支出 | 8473.7 |
| 文化教育娱乐用品及服务支出 | 1996.3 |
| 医疗保健支出 | 4536.1 |
| 其他商品和服务支出 | 0 |

资料来源：2011年《无锡、保定农户收支调查》问卷数据库。

家庭人均生活消费支出达25903.0元，人均食品支出达3169.7元，人均交通和通信支出达2704.3元，而人均居住支出达16049.0元，占家庭人均生活消费支出一半还多，这值得我们注意。表6-31反映了2010年马鞍村家庭人均生活消费支出情况。

表6-31 2010年马鞍村农户人均生活消费支出情况

单位：元

| 指标 | 金额 |
| --- | --- |
| 人均生活消费支出 | 25903.0 |
| 人均食品支出 | 3169.7 |
| 人均衣着支出 | 917.7 |
| 人均居住支出 | 16049.0 |

续表

| 指标 | 金额 |
|---|---|
| 人均家庭设备用品及维修服务支出 | 679.1 |
| 人均交通和通信支出 | 2704.3 |
| 人均文化教育娱乐用品及服务支出 | 691.4 |
| 人均医疗保健支出 | 1691.9 |
| 人均其他商品和服务支出 | 0 |

资料来源：2011 年《无锡、保定农户收支调查》问卷数据库。

### （三）收入对农业生产经营性支出的影响

总收入变化情况对家庭农业生产经营性支出具有影响。我们以 3000 元为一个收入单位对马鞍村农户不包括土地宅基地补偿的人均总收入进行分类，在 10 个分类项中，家庭农业生产经营性支出分别为 0 元、0 元、533.3 元、701.4 元、416.9 元、1331.8 元、346.3 元、862.5 元、241.4 元和 3022.2 元，总体水平为 1395.6 元（见表 6－32）。

表 6－32　2010 年马鞍村农户不包括土地宅基地补偿的人均

总收入分类对农业生产经营性支出的影响情况

单位：元

| 不包括土地宅基地补偿的人均总收入分类 | 租种集体或他人土地的租金 | 企业占地所支付的土地使用费 | 农业生产经营性支出 | 固定资产投资支出 | 生活消费支出 | 转移性支出 | 财产性支出 |
|---|---|---|---|---|---|---|---|
| 低于3000元 | 0 | 0 | 0 | 0 | 8914 | 0 | 0 |
| 3000～6000元 | 0 | 0 | 0 | 0 | 63938 | 11150 | 0 |
| 6001～9000元 | 0 | 0 | 533.3 | 0 | 49741.3 | 4200 | 0 |
| 9001～12000元 | 0 | 0 | 701.4 | 0 | 31783.8 | 4734.7 | 0 |
| 12001～15000元 | 0 | 0 | 416.9 | 0 | 51735.5 | 6509.2 | 0 |
| 15001～18000元 | 0 | 0 | 1331.8 | 0 | 39600.8 | 7889.1 | 0 |
| 18001～21000元 | 0 | 0 | 346.3 | 0 | 64023 | 18395 | 28750 |
| 21001～24000元 | 1800 | 0 | 862.5 | 0 | 103294.8 | 10356.3 | 1800 |
| 24001～27000元 | 0 | 0 | 241.4 | 0 | 53170 | 9448.6 | 12857.1 |
| 高于27000元 | 140.7 | 1312.5 | 3022.2 | 0 | 69411.9 | 9700.9 | 13953.2 |
| 总体 | 189 | 420 | 1395.6 | 0 | 58350.1 | 8903.2 | 7809 |

资料来源：2011 年《无锡、保定农户收支调查》问卷数据库。

我们看到这样一个现象：6000 元及以下收入家庭几乎没有农业生产经营性支出，而农业生产经营性支出与家庭不包括土地宅基地补偿的人均总收入之间不存在显著的正相关关系，人均总收入高的家庭并不见得农业生产经营性支出就高。其中有两个值得注意的原因：一是农业生产经营性支出并不是城镇化相对发达地区农户支出的主要部分；二是无地或把土地转包出去的农户的收入也不高。

在农户不包括土地宅基地补偿的人均纯收入中，农业生产经营性支出也出现跟上面分析一致的现象（见表 6 – 33）。

表 6 – 33 2010 年马鞍村农户不包括土地宅基地补偿的人均
纯收入分类对农业生产经营性支出的影响情况

单位：元

| 不包括土地宅基地补偿的人均纯收入分类 | 租种集体或他人土地的租金 | 企业占地所支付的土地使用费 | 农业生产经营性支出 | 固定资产投资支出 | 生活消费支出 | 转移性支出 | 财产性支出 |
|---|---|---|---|---|---|---|---|
| 低于 3000 元 | 0 | 0 | 0 | 0 | 8914 | 0 | 0 |
| 3000～6000 元 | 0 | 0 | 0 | 0 | 63938 | 11150 | 0 |
| 6001～9000 元 | 0 | 0 | 1058.3 | 0 | 34677.2 | 2513.3 | 0 |
| 9001～12000 元 | 0 | 0 | 696.2 | 0 | 37757.7 | 6229.7 | 0 |
| 12001～15000 元 | 0 | 0 | 964.6 | 0 | 47192.6 | 5606.9 | 0 |
| 15001～18000 元 | 0 | 0 | 632 | 0 | 49552.7 | 8948 | 23000 |
| 18001～21000 元 | 0 | 0 | 0 | 0 | 67607.3 | 18197.5 | 0 |
| 21001～24000 元 | 1800 | 1125 | 943.8 | 0 | 92613.5 | 9947.5 | 2925 |
| 24001～27000 元 | 0 | 0 | 241.4 | 0 | 53170 | 9448.6 | 12857.1 |
| 高于 27000 元 | 145.2 | 1064.5 | 3098.7 | 0 | 70076.8 | 9907.4 | 14113 |
| 总体 | 189 | 420 | 1395.6 | 0 | 58350.1 | 8903.2 | 7809 |

资料来源：2011 年《无锡、保定农户收支调查》问卷数据库。

农户人均支出出现类似情况。但是在 10 个分类项中，在总体上，人均农业生产经营性支出是 300.7 元，而人均转移性支出为 2582.6 元，人均财产性支出为 2391.3 元，人均住房支出为 2283.3 元，人均工商业经营性支出为 6964.2 元，人均农业生产经营性支出仅比人均固定资产投资支出高，不及其余四项支出（见表 6 – 34）。而人均农业生产经营性支出在人均生活消费支出的 16983.8 元中仅占 1.8%，可见人均农业生产经营性支出在人均生活消费支出中的比例微乎其微。当然，农户人均纯收入中人均农业生产经营性支出情况与此相类。

表6-34  2010年马鞍村农户不包括土地宅基地补偿的人均
总收入分类对人均支出的影响情况

单位：元

| 不包括土地宅基地补偿的人均总收入分类 | 人均转移性支出 | 人均财产性支出 | 人均住房支出 | 人均农业生产经营性支出 | 人均工商业经营性支出 | 人均固定资产投资支出 | 人均生活消费支出 |
|---|---|---|---|---|---|---|---|
| 低于3000元 | 0 | 0 | 0 | 0 | 0 | 0 | 4457 |
| 3000～6000元 | 2840.8 | 0 | 0 | 0 | 0 | 0 | 24462.5 |
| 6001～9000元 | 925.8 | 0 | 0 | 133.3 | 0 | 0 | 10880.7 |
| 9001～12000元 | 1329.8 | 0 | 0 | 195.82 | 0 | 0 | 9614.5 |
| 12001～15000元 | 1772.8 | 0 | 0 | 135.2 | 0 | 0 | 15225.1 |
| 15001～18000元 | 2278 | 0 | 0 | 498.8 | 0 | 0 | 10018.9 |
| 18001～21000元 | 5997.2 | 14375. | 14375. | 173.1 | 0 | 0 | 21132.8 |
| 21001～24000元 | 2566.7 | 257.1 | 0 | 191.4 | 5416.7 | 0 | 23417.1 |
| 24001～27000元 | 2598 | 3690.5 | 3690.5 | 53.8 | 0 | 0 | 14377.3 |
| 高于27000元 | 2923.2 | 3007.6 | 2734.4 | 512.2 | 20408.9 | 0 | 21503.6 |
| 总体 | 2582.6 | 2391.3 | 2283.3 | 300.7 | 6964.2 | 0 | 16983.8 |

资料来源：2011年《无锡、保定农户收支调查》问卷数据库。

将马鞍村农户按家庭人均生活消费支出九等分，每3000元为一个单位，各组家庭人均农业生产经营性支出分别为663.9元、209元、117.2元、103.8元、172.5元、2343.3元、89.6元、0元、113.3元（见表6-35）。显而易见，人均农业生产经营支出在农户人均生活消费支出中是微小的。

表6-35  2010年马鞍村农户人均支出情况

单位：元

| 人均生活消费支出分类 | 人均转移性支出 | 人均财产性支出 | 人均住房支出 | 人均农业生产经营性支出 | 人均工商业经营性支出 | 人均固定资产投资支出 | 人均生活消费支出 |
|---|---|---|---|---|---|---|---|
| 3000～6000元 | 1036.7 | 0 | 0 | 663.9 | 0 | 0 | 4784.2 |
| 6001～9000元 | 1592.4 | 2600 | 2500 | 209 | 1672.2 | 0 | 7373.1 |
| 9001～12000元 | 2380.4 | 735.3 | 735.3 | 117.2 | 0 | 0 | 10431.5 |
| 12001～15000元 | 1835.1 | 952.4 | 952.4 | 103.8 | 6285.7 | 0 | 13353.8 |
| 15001～18000元 | 3552.9 | 412.5 | 0 | 172.5 | 33750 | 0 | 16425.6 |

续表

| 人均生活<br>消费支出分类 | 人均转移<br>性支出 | 人均财产<br>性支出 | 人均住房<br>支出 | 人均农业生产<br>经营性支出 | 人均工商业<br>经营性支出 | 人均固定资<br>产投资支出 | 人均生活<br>消费支出 |
|---|---|---|---|---|---|---|---|
| 18001～21000 元 | 3336.2 | 128.6 | 0 | 2343.3 | 0 | 0 | 19078.9 |
| 21001～24000 元 | 1965.7 | 0 | 0 | 89.6 | 0 | 0 | 21834.5 |
| 24001～2700 元 | 4300 | 0 | 0 | 0 | 0 | 0 | 24734.5 |
| 高于 27000 元 | 4128.8 | 9826.9 | 9705.9 | 113.3 | 2549 | 0 | 40208.2 |
| 总体 | 2582.6 | 2391.3 | 2283.3 | 300.7 | 6964.2 | 0 | 16983.8 |

资料来源：2011 年《无锡、保定农户收支调查》问卷数据库。

### （四）富裕户示范性消费作用明显

在马鞍村消费支出方面，存在着典型的富户带动贫户的消费取向，贫困家庭主动向较高消费看齐，而富裕户对统计数据的拉升贡献很大。

村民张某某家里有母亲、妻子、女儿、他共四人。女儿 13 岁，妻子经商，在无锡梦之岛通信器材城有一个店铺。租金每年 17 万元，年营业额 100 多万元，雇了 5 个工人，每年纯收入大约为 12 万元。2005 年他买了一台现代车，上下班需要半个小时。2009 年他给妻子也买了一台小轿车。女儿在镇中心小学上六年级，每年花销 6000 元左右。每年人情世故支出至少 8000 元，家里有 3 部手机，每月话费 500 多元。每年带妻子、孩子出去旅游 1 次，3 人 5 天，花费 1 万多元。每年穿衣花费 1 万多元。他每年花销大约 5 万元（其实算下来不止这个数）。

村民蔡某家是典型的三口之家，他在铸造厂上班，妻子在袜厂工作，女儿在无锡第四医院上班。全家年收入 6 万多元。妻子、女儿一般在单位吃饭，他回家做饭、吃饭。一个月的伙食花销 600 多元。手机费每月 50 元左右。每年花销在 3 万元左右。他认为跟过去比现在幸福得多，当然这没法跟老板们比，但比父辈生活好多了。

村民吴某某是一个普通农户。孙女在镇上上初中。儿子在加工厂上班，每年能挣 4 万元，儿媳妇在一个小配件厂上班，每年能挣 2 万元。每年家庭花销差不多 3 万元。其中孩子上学每年 2000 多元，人情世故支出每年 5000 多元。家里有 2 辆电动车，1 部固定电话，3 部手机，加上电费、水费，这些花销也要 1 万元左右。另外，买菜等日常花销也需要 1 万元。

村民陆某某家里三口人，她、丈夫和儿子。丈夫在惠山区打工，做木门工作，她在胡埭镇一家企业打工。家庭总花销 3 万多元。儿子上学每年 1 万元。

这几年看病平均每年花费 1 万多元（有社保，可报销），衣服花费 1000 多元。吃用等花费大约 1 万元。

村民王某某办了一个铸造厂，主要从事来料加工，厂子年均利润为 30 多万元，他家一年花销 10 多万元。

村民张某的女儿在南京审计学院上大四，每年花销大约 2 万元。家用花销相对少些，青菜自种自吃。另外人情世故每年差不多也要花掉 1 万元。丈夫办了一个小型加工厂，购置了一辆轿车，车上每年的花销也要 3 万多元。她家年均消费至少 8 万元。

村出纳王某认为，马鞍村具有典型的穷村富户结构，像前吴巷的 60 多户人家中 1/3 是老板，最多的资产几千万元，最少的也有几十万元。他们的消费观念和生活方式对村民的影响比较大。

### （五）"量入为出"消费观念的影响

各类消费支出占总收入的一半左右，说明马鞍村农户支出水平在可持续范围之内，"量入为出"的消费观念也为村民的财富积累打下了基础。

根据 2008 年胡埭镇居民消费支出的抽样调查，食品支出占总收入的 12.02%，衣着支出占总收入的 7.68%，住房支出占总收入的 6.88%，高档商品支出占总收入的 7.79%，医疗支出占总收入的 3.12%，文化娱乐支出占总收入的 6.7%，保健食品支出占总收入的 3.64%。居民各类消费支出占总收入的 48.83%，整体情况不错。

村民包某某是劳动模范，搞果树种植，年收入 24 万多元，果树每年产值估计为 30 万元。家里开支全由他管，年花销大约 10 万元。2010 年，他家装修了房子，花了 24 万元，仅家电就花了 8 万多元。这些全由种植业的收益支付。大儿子给人开车，年收入 3 万元；小儿子年收入也就 3 万元，他们都不给家里交钱。包某某家庭负担还是比较大的。

## 四　马鞍村农户收支变化情况的考察

通过对马鞍村 1997～2010 年农户收入和支出的考察，我们能够了解非"苏南模式"下的村庄经济的发展变化。

马鞍村的经济表现出"温州模式"的特点，私营经济相对发达，但低端制造业的产业结构无法提高整体村民的收入水平，去"苏南模式"的发展特点并没有带来经济的飞速发展和村民收入的显著提高。同时，由于毗邻无锡近郊以及受村中富户消费的影响，马鞍村农户的消费支出增长很快，一些普通家庭在攀比下难以为继。"穷村富户"使马鞍村经济发展的结构不尽合理，农户在收入、支出方面不具有增长的可持续性。

## （一）城镇化短期红利造成农户收入短期内快速提升

马鞍村农户收入增长最主要的来源不是发达的工业，而是城市化浪潮的波及以及征地拆迁的补偿，地缘优势的红利不具有持续性。被占用或征用土地的农户不仅获得了较好的经济补偿，而且能在现代化的住房小区中得到安置。这种财富神话具有很大的迷惑性和吸引力，以至于在调研过程中，马鞍村远离镇工业区的蔡巷、集贤村等村民小组的农户不断向我们求证，何时拆迁，补偿几何。

王某家拆迁补偿了 60 多万元，三套安置房合计 285 平方米，这还只是一个中等收入的水平。村民吴某某认为，自己家里没有钱，不是老板就没钱。有村民认为现在拆迁补偿的钱来得容易也好花，不是创业挣来的不会珍惜。

表 6 - 36 展示了是 1997 年与 2010 年马鞍村农户人均总收入水平及其结构比较情况。

表 6 - 36　1997 年与 2010 年马鞍村农户人均总收入水平及其结构比较

| 指标 | 人均总收入 | 人均工资性收入 | 人均经营性收入 | 人均转移性收入 | 人均财产性收入 |
|---|---|---|---|---|---|
| 1997 年（元/%） | 6058.3/100 | 2996.8/49.5 | 2594.1/42.8 | 382.8/6.3 | 84.3/1.4 |
| 2010 年（元/%） | 67006.7/100 | 12232.7/18.3 | 4533.9/6.8 | 2353.2/3.5 | 47886.9/71.5 |
| 1997～2010 年绝对差距（元） | 60948.7 | 9235.9 | 1939.8 | 1970.4 | 47802.6 |
| 1997～2010 年相对差距（倍） | 10.1 | 3.1 | 0.7 | 5.1 | 567.1 |
| 1997~2010 年实际年均增长（元） | 4688.4 | 710.5 | 149.2 | 151.6 | 3677.1 |
| 1997~2010 年实际年均增长率（%） | 20.31 | 11.43 | 4.39 | 14.99 | 62.88 |

资料来源：1997 年数据来自《第四次无锡、保定农村调查》问卷数据库；2010 年数据来源于 2011 年《无锡、保定农户收支调查》问卷数据库。

从表 6 - 36 的比较可以看出，1997～2010 年，该村人均总收入实际年均增长 4688.4 元，实际年均增长率为 20.31%。其中人均财产性收入增长最快，实际年均增长 3677.1 元，实际年均增长率为 62.88%。其他人均收入增长由快到慢依次为人均转移性收入、人均工资性收入和人均经营性收入。而人均财产性收入占比增长迅速，可见城镇化浪潮所带来的拆迁补偿收入对农户收入增长具有重要意义。1997 年，人均工资性收入占家庭人均总收入的近一半，达49.5%，而 2010 年，人均财产性收入占家庭人均总收入的 71.5%，人均工资性收入只占家庭人均总收入的 18.3%，这也反映了这一问题。

表 6 - 37 展示了 1997 年与 2010 年马鞍村农户不包括土地宅基地补偿的人均纯收入水平及其结构比较情况。

**表 6 - 37　1997 年与 2010 年马鞍村农户不包括土地宅基地补偿的人均纯收入水平及其结构比较**

| 指标 | 人均纯收入 | 人均工资性收入 | 人均经营性收入 | 人均转移性收入 | 人均财产性收入 |
|---|---|---|---|---|---|
| 1997 年（元/%） | 4705.8/100 | 2996.8/63.7 | 1241.8/26.4 | 382.8/8.1 | 84.3/1.8 |
| 2010 年（元/%） | 65394.6/100 | 44168.5/67.5 | 12169.4/18.6 | 6835.1/10.5 | 2221.6/3.4 |
| 1997～2010 年绝对差距（元） | 60688.8 | 41171.7 | 10927.6 | 6452.3 | 2137.3 |
| 1997～2010 年相对差距（倍） | 13.9 | 13.7 | 9.8 | 17.9 | 26.3 |
| 1997～2010 年实际年均增长（元） | 4668.4 | 3167.1 | 840.6 | 496.3 | 164.4 |
| 1997～2010 年实际年均增长率（%） | 22.44 | 22.99 | 19.19 | 24.82 | 28.62 |

资料来源：1997 年数据来自《第四次无锡、保定农村调查》问卷数据库；2010 年数据来源于 2011 年《无锡、保定农户收支调查》问卷数据库。

从表 6 - 37 的比较可以看出，1997～2010 年，该村农户不包括土地宅基地补偿的人均纯收入实际年均增长 4688.4 元，实际年均增长率为 22.44%。其中人均财产性收入增长最快，实际年均增长率为 28.62%，但是实际年均增长倒数第一，为 164.4 元。除人均财产性收入外，实际年均实际增长率从大到小依次为人均转移性收入、人均工资性收入和人均经营性收入。而人均经营性收入实际年均增长 840.6 元。可见，不包括土地宅基地补偿，在农户纯收入增长的结构中，财产性收入、转移性收入、经营性收入及工资性收入的重要性差不多。

## （二）农户农业生产经营性支出几乎消失

在支出方面，马鞍村农户的农业经营性支出整体占比不大，这说明了城镇化对马鞍村的显著影响。拆迁征地或小块土地的转包成为一个大趋势，农户的收入对土地的依附作用越来越小。随着少地或无地农户越来越多，政府对村民进行就业安置及就地转化的任务越来越重。

表 6 - 38 展示了是 1997 年与 2010 年马鞍村农户人均生活消费支出及其结构比较情况。

表 6 - 38　1997 年与 2010 年马鞍村农户人均生活消费支出及其结构比较

| 指标 | 人均食品支出 | 人均衣着支出 | 人均居住/服务支出 | 人均家庭设备用品及维修服务支出 | 人均交通和通信支出 | 人均文化教育娱乐用品及服务支出 | 人均医疗保健支出 | 人均其他商品和服务/其他支出 | 人均生活消费支出 |
|---|---|---|---|---|---|---|---|---|---|
| 1997 年（元/%） | 1575.5/39.6 | 267.6/6.7 | 45.3/1.1 | 251.7/6.3 | 414.8/10.4 | 555.9/14.0 | 113.4/2.8 | 755/19.0 | 3979.2/100 |
| 2010 年（元/%） | 4017.5/29.6 | 1019.3/7.5 | 2345.1/17.3 | 770.4/5.7 | 2415.2/17.8 | 1595.3/11.7 | 1424.2/10.5 | 0/0 | 13587/100 |
| 1997～2010 年绝对差距（元） | 2442.0 | 751.7 | 2299.8 | 518.7 | 2000.4 | 1039.3 | 1310.9 | — | 9607.8 |
| 1997～2010 年相对差距（倍） | 2.5 | 3.8 | 51.8 | 3.1 | 5.8 | 2.9 | 12.6 | 0 | 3.4 |
| 1997～2010 年实际年均增长（元） | 187.8 | 57.8 | 176.9 | 39.9 | 153.9 | 80.0 | 100.8 | — | 739.1 |
| 1997～2010 年实际年均增长率(%) | 7.5 | 10.8 | 35.5 | 9.0 | 14.5 | 8.4 | 21.5 | — | 9.9 |

资料来源：1997 年数据来自《第四次无锡、保定农村调查》问卷数据库；2010 年数据来源于 2011 年《无锡、保定农户收支调查》问卷数据库。

从表 6-38 中可以看出，1997～2010 年，该村农户人均生活消费支出实际年均增长为 739.1 元，实际年均增长率为 9.9%。其中，实际年均增长率排在前三位的分别是人均居住/服务支出、人均医疗保健支出、人均交通和通信支出，其实际年均增长率分别为 35.5%、21.5%、14.5%，该村呈现逐渐城市化的趋势。不过人均食品支出在 1997 年和 2010 年仍是家庭人均生活消费支出的大项，分别占家庭人均生活消费支出的 39.6% 和 29.6%，可见"民以食为天"这个道理的重要性。相对差距最大的前两位分别是人均居住/服务支出和人均医疗保健支出，其相对差距分别为 51.8 倍和 12.6 倍，这说明一种新的现代消费观念正在成长。

1997 年与 2010 年马鞍村农户人均经营性支出及其结构比较情况见表 6-39。

**表 6-39　1997 年与 2010 年马鞍村农户人均经营性支出及其结构比较**

| 指标 | 人均农业生产经营性支出 | 人均工商业经营性支出 | 人均固定资产投资支出 | 人均经营性支出 |
|---|---|---|---|---|
| 1997 年（元/%） | 996.8/73.6 | 356.9/26.4 | 0/0 | 1353.7/100.0 |
| 2010 年（元/%） | 240.6/4.1 | 5571.3/95.9 | 0/0 | 5811.9/100.0 |
| 1997～2010 年绝对差距（元） | -756.2 | 5214.4 | 0/0 | 4458.2 |
| 1997～2010 年相对差距（倍） | 0.2 | 15.6 | — | 4.3 |
| 1997～2010 年实际年均增长（元） | -58.2 | 401.1 | 0/0 | 342.9 |
| 1997～2010 年实际年均增长率（%） | -10.36 | 23.54 | — | 11.86 |

资料来源：1997 年数据来自《第四次无锡、保定农村调查》问卷数据库；2010 年数据来源于 2011 年《无锡、保定农户收支调查》问卷数据库。

从表 6-41 中可以看出，1997～2010 年，该村农户人均经营性支出实际年均增长为 342.9 元，实际年均增长率为 11.86%。其中，实际年均增长率排在第一位的是人均工商业经营性支出，其实际年均增长、实际年均增长率分别为 401.1 元、23.54%，而人均农业生产经营性支出的实际年均增长、实际年均增长率分别为 -58.2 元、-10.36%，该村呈现渐渐城市化的趋势，第一产业的重要性在下降。1997 年和 2010 年的数据显示出农业和工商业支出的转换，1997 年人均农业生产经营性支出占人均经营性支出的 73.6%，2010 年人均工商业经营性支出占人均经营性支出的 95.9%，可见城镇化对当地经营性支出具有巨大的影响。而相对差距最大的也是人均工商业经营性支出，其绝对差距、相对差距分别为 5214.4 元、15.6 倍，而人均农业生产经营性支出的绝对差距、相对差距分别为 -756.2 元、0.2 倍，人均农业生产经营性支出在人均经营性支出中的份额呈现下降趋势。

### （三）马鞍村产业发展面临的困境

在集体经济发达之处，私营经济不具有优势；在产业升级换代之时，传统的粗加工锻造业生命力有限，直接影响就是农户的收入无法达到当地平均水平，总是处于落后局面。马鞍村的各项经济指标在滨湖区以及胡埭镇中排名总是靠后，这说明该村传统产业面临着考验。

比如王某某办的工厂是一个铸造厂，主要从事来料加工，厂子里有 15 个工人，占地 3.4 亩，每年产值也就 300 多万元。扩大产能政府不允许，厂房不让盖，机器不让买，这样的小厂子还在烧煤，有点污染环境，尽管没那么严重，但难以再发展。尽管资金问题不太大，镇里也兴办了工业园区，但入园成本太高，动辄上千万元，这样的小厂进不起。有企业主认为，现在生意不太好，主要是因为厂房建的不多了。这可能与拆迁规划有关，因为要拆迁，所以好多建厂房的计划都被搁置了。有的工厂则等待着拆迁，不再扩大规模。

边某某的企业是个锻造业老厂，生产传动轴，科技含量不高。其年产值大约有 500 万元，为当地和周边地区服务。像这样的企业在当地有 15 家。他认为企业最大的困难是政策的问题，具体体现为三个问题。一是资金的问题。现在不仅借不到钱，银行不放贷，而且实行承兑汇票业务也会损失很多钱，有钱的话就可以扩大规模，上新的机器。现在这些都不行了。二是土地问题。没有地，上面不给批，因为这些企业属于高能耗、高污染、低产能企业，技术不高，附加值不高，机器设备老化。三是设备问题。买设备需要很多手续，这要审批那要审批的，麻烦得很，这些企业在夹缝中求生存。增加机器是需要审批的。这些企业最大的愿望就是解决土地问题，没有土地，规模就上不去，技术也跟不上，企业就没有出路。

### （四）地方政府仍着力发展集体经济

类似马鞍村这样具有集体经济实力的村（社区），当地政府还是着力发展其集体经济，以提高村（社区）造血功能、增加农民收入来源。

滨湖区委在 2010 年的 57 号文件中提出，集体财力是村（社区）综合实力的重要体现，也是村（社区）公共开支的主要来源，促进村（社区）集体财力增长，提升村（社区）发展实力，事关区城乡一体化发展、率先实现基本现代化的大局。其提出的发展目标是，到 2012 年，全区村（社区）平均可支配收入达 500 万元。2011 年，马鞍村村民的老年人人均补贴由 230 元增加到 470 元，这靠的就是镇、村两级财政的贡献。

### （五）城乡一体化是提高农户收入的关键

提高农户收入水平的关键是实现城乡一体化发展，以改善民生。滨湖区提出，农村适龄劳动力充分就业率达 93.2%，养老保险综合覆盖率达 93%，新型农村合作医疗筹资水平提高到 395 元/人，农民社保安置覆盖率达 100%。因此，在走向城乡一体化发展的道路上，马鞍村还有很多工作要做。

# 第七章　保定市固上村农户收支的变化

固上村是 1998 年"无锡、保定农村调查"11 个村中的一个。其在保定市属于经济情况稍好的村子，人口数量多，经济规模较大。20 世纪 90 年代以来，固上村的经济发展较快，尤其是农副业的发展取得了不小的进步，农户的收入和支出发生了很大的变化。这种变化既体现在农户收支水平的提高上，也体现在其结构的变迁上。

## 一　固上村基本情况

清苑县固上村位于清苑县东北部、保定市东部、保定 - 安新公路北端，北与臧村镇政府所在地臧村接壤，南与大望亭村及小望亭村相连，西与 2 公里外的大侯村相接，东约 1 公里是前米阳村和后米阳村，距清苑县城约 15 公里、距保定市区约 10 公里，到保定火车站约 20 公里，离京港澳高速公路不到 10 公里。清河和府河在固上村的西南部汇聚成府河，然后向东北流入白洋淀，河面宽 40 余米，水深可达 4 尺，汛期时河水深达 8 尺多，村民多靠此河水浇地。

位于华北平原的固上村地势平坦，土地肥沃，2010 年全村拥有土地 7200 亩，其中村庄占地 1400 亩、耕地 5800 亩。"土改"前，固上村土地面积比现在大很多，仅耕地面积就达 7000 多亩，1949 年时这一数字为 7500 亩，人均可达 3.7 亩，1958 年，"大跃进"时期固上村耕地面积大量缩减，主要原因是在这之前各村一直没有进行清晰的村庄界线划分，1958年，在划分村庄界线时由于测量工具简陋，木犁划线偏向固上村，使固上村土地面积减少了1000多亩。同时原本属于固上村的一片100多亩的棉花地也划给了米阳村，这使固上村土地成了现在的样子。另外，固上村中还有坟地300多亩，虽经"文革"期间、1984年和1988年通过先后三次平坟运动来扩大耕地面积，但由于后期管理不力，旧坟刚平不久新坟又重新垒起。1979年，固上村在村东部新开出一片土地作为新坟地，此后的新坟多落于此。

固上村现有人口（2010年）4253人，980余户，此数字比解放初期增加一倍以上，男女比例基本持平，男性略微高出一点，18~60岁人口约占全村总人口的一半左右。固上村解放初期大约有400多户，2000多人；经过新中国成立初期的调整发展，该村到"大跃进"时期已经增加到500多户，2300多人；"文革"时期增加到570多户，2400多人；改革开放时期上升到605户，2800人；1986年，又继续上升为702户，3050人；据1998年的调查，该村人口上升到890户，3660人，比1987年分别上升26.7%，20%；2010年，全村户数和人口数比1997年分别上升约10.1%和16.2%，由于计划生育政策的影响，1997~2010年人口上升的速度明显低于1987~1997年，但从总体上看，60多年来人口数量一直不断上升。

人口男女比例从新中国成立初期一直较为平衡。20世纪70年代末固上村的老人寿命为70岁左右，20世纪80年代则上升为75岁左右，20世纪90年代则达到80岁，21世纪的第一个十年保持在80岁左右。

在新中国成立前，固上村的家庭人口规模较大，属于传统的家庭模式，随后家庭人口规模逐渐减少。新中国成立前一般家庭有7~8人，最多为13人；在新中国成立后的集体化时期，一般家庭有6~8人；改革开放初期（1978年）户均人口4.6人，1986年户均人口变为4.3人，1997年户均人口则下降到4.1人，到了21世纪，户均人口维持在4.2人左右。2010年，从所调查的101户农户的情况看，首先，家庭人口为5人的农户数量最多，为26户，约占调查样本的25.7%；其次，6口人之家为25户，约占调查样本的24.8%；再次，4口人的家庭有17户，占调查样本的16.8%；复次，2口人的家庭有

10 户，占 9.9%；最后，在调查中家庭人数最多的为 10 人，但仅有 1 户。总体来讲，家庭从传统的大家庭模式不断地向核心家庭模式过渡，小家庭已经成为现今固上村的主要模式，一般是夫妇和自己的 1~2 个孩子以及 1~2 个老人生活在一起，家庭式的养老模式依旧是该村当下的主要养老模式，老人一般会跟家里最小的儿子居住在一起。

20 世纪 80 年代以来，固上村的出生率不断下降。固上村 20 多年来的劳动力比例基本在 50% 左右波动，1987 年有劳动力 1430 人，占总人口的 47%；1995 年有劳动力 2224 人，占总人口的 61%；1997 年有劳动力 2342 人，占总人口的 64%；2010 年有劳动力 2130 人，占总人口的 51%。

1997 年，固上村劳动力的文化程度以小学为主，当时 2342 个劳动力中文盲半文盲的有 10 人，占 0.43%；小学文化的有 2092 人，占 89.3%；初中毕业的有 130 人，占 5.6%；高中毕业的有 105 人，占 4.5%；中专文化水平的有 5 人。在 20 世纪 90 年代末，固上村劳动力的文化程度普遍偏低，不过，与 10 年前相比，文盲半文盲劳动力已大为减少。2010 年，这一情况有所好转，从所调查的 101 个答卷人的文化程度可以看出，文化程度较多为初中，共有 46 人，占 45.5%；小学文化的有 34 人，占 33.7%；高中文化的有 11 人，占 10.9%；大专以上的有 3 人；未上过学的仅有 7 人。

固上村是传统的农业种植村，主业为种植业。农民收入以种植、养殖收入为主。2005 年，村里投入 400 多万元进行了农业综合开发，修建田间道路 15 公里，安装浇地水泵 119 个，铺设浇地管道 5 万米，植树 1 万多棵，这激发了农民种植的积极性，其中有 75 户四季种植大棚蔬菜。

固上村也是养殖大村，共有养鸡户 14 户，鸡存栏 9.8 万只，还有 2 个大型奶牛养殖场，牛存栏约 2800 头，它们均建有现代化的挤奶设备，配有专业的管理人员，制定了严格的规章制度，实行规范化管理，日产奶量约 15 吨，所产奶主要供给伊利和蒙牛集团。

固上村的企业多为小型企业，且年营业额不大。较成规模的企业为保定利海金属有限公司，这是一家合资企业，其大股东是新加坡人，主要生产铁艺栏杆。其他企业多为金属冶炼类企业。

固上村在 1978 年农村改革后发展较快，20 世纪 90 年代，出现了农业、工业制造业、商业服务业齐发展的局面。1995 年，固上村进行了实行家庭联产承包责任制后的第三次土地调整，这为农户实行多种经营创造了条件。1996年，固上村已有 100 多户建起温室大棚，大部分农民在大田里打起了机井，以解决用水紧张问题。1997 年，该村种植结构发生较大变化，性价比较低的棉花很少被种植，在 1997 年总播种面积 708.2 公顷中，粮食作物占用 439 公顷，占总播种面积的 62%；经济作物占用 2.2 公顷，占总播种面积的 0.3%；而蔬菜种植面积则达到 267 公顷，占总播种面积的 37.7%，蔬菜种植已在该村种植结构中占据重要位置。20 世纪 90 年代，固上村掀起了养殖热潮，1997 年该村有养鸡户 100 多户，户均养鸡 2000 多只；该村养牛业也开始兴旺起来，1996 年，该村有奶牛 53 头，1997 年则增至 100 多头；与养殖业相配套的兽药、畜牧、防疫等相关服务行业也发展迅速。

在 1995 年之前，固上村几乎没有工业企业，在 1995 年之后，该村调整了土地，正式将村西路边的一大片土地划出来，将其调整为工业用地，当年兴建的清苑县新兴粉末冶金公司、清苑县康达冶炼厂等企业，带动了村民就业，增加了村民收入。由于工业的发展，商业服务业也有所发展，小商店增加到 5家，机动三轮车、四轮车数量开始增加，维修点也建立起来。

## 二 固上村农户收入变化情况

1997～2010 年，固上村农户总收入增长速度较快。农户总收入指的是农村住户在一年内从各种途径所得到的全部收入之和，既包括现金收入也包括实物收入。该种收入单指农户的毛收入，是没有扣除各项费用或支出前的收入，它反映的是农户经济活动的总量，是考察农户经济活动的重要指标。我们通过各种对比分析发现，固上村农户在这十几年里收入增长巨大。

我们将固上村农户按人均纯收入十等分，然后比较各组的人均总收入变化，并将 1997 年和 2010 年的数据进行对比，结果见表 7-1。

将农户按人均纯收入十等分，等级 1 为最低收入，等级 10 为最高收入，我们发现每个等级的人均总收入均有不同程度的增长，但增长幅度差距较大。总体来讲，处在低收入等级上的人均总收入增长少，而处在高收入等级上的人

表 7 - 1　1997 年与 2010 年固上村不同人均纯收入农户的人均总收入

单位：元，%

| 等级＼指标 | 1997 年 | 2010 年 | 增幅 |
|---|---|---|---|
| 1 | 6332.5 | 6742.1 | 6.5 |
| 2 | 1386.9 | 4393.4 | 216.8 |
| 3 | 1522.9 | 8726.6 | 473.0 |
| 4 | 1864.1 | 10004.9 | 436.7 |
| 5 | 2159.3 | 12517.6 | 479.7 |
| 6 | 2772.1 | 14843.1 | 435.4 |
| 7 | 2926.8 | 17010.1 | 481.2 |
| 8 | 3375.3 | 37736.8 | 1018.0 |
| 9 | 4593.0 | 40869.8 | 789.8 |
| 10 | 14486.9 | 83056.7 | 473.3 |

注：1997 年的样本量为 8066 户，为保定市数据；2010 年样本量为 101 户，为固上村数据；部分统计项在 1997 年没有涉及，故只能用 2010 年固上村的情况和 1997 年保定市情况进行对比，因固上村是保定的一个村子，这样的对比虽比较粗略但具有一定的可比性；该收入经居民消费价格指数平减，下同。

资料来源：1997 年数据来自《第四次无锡、保定农村调查》问卷数据库；2010 年数据来源于 2011 年《无锡、保定农户收支调查》问卷数据库。

均总收入增长多。等级 1 的人均总收入在 13 年中仅增长 6.5%，而等级 8 的人均总收入在 13 年中增长了 1018.0%。等级 1 和等级 2 人均总收入的增幅均小于 300%，除此之外，其余 8 个等级人均总收入的增幅均高于 400%，这说明收入越高者增收越容易，而低收入者则较难提高收入，这容易拉大收入差距，造成贫富分化。另外，众多其他研究也已经证明了这点，因为高收入者拥有更多的生产资源，他们利用市场资源的能力更强，更容易提高收入。

我们按户主（答卷人）① 的年龄将固上村家庭分为五个组别，分别考察各年龄组的家庭人均总收入，结果见表 7 - 2。

从不同年龄组户主（答卷人）的收入变化来看，61 岁及以上年龄组人均总收入增长倍数最小，为 0.64，而 26～35 岁年龄组人均总收入变化最大，增

① 1997 年是按户主统计的，而 2010 年是按答卷人统计的，为了具有对比性，本章将户主与答卷人直接对比，实际情况当然有些出入，但是答卷人情况基本可以反映户主的情况，因为多数答卷人实际上就是户主。

表7-2　1997年与2010年户主（答卷人）年龄分组与固上村农户人均总收入情况

| 年龄分组 | 1997年保定市 | | | 2010年固上村 | | | 增长倍数（倍） |
|---|---|---|---|---|---|---|---|
| | 样本量（户） | 均值（元） | 标准差（元） | 样本量（户） | 均值（元） | 标准差（元） | |
| 18～25岁 | 88 | 2754.6 | 2309.7 | 4 | 9665.5 | 4363.5 | 2.51 |
| 26～35岁 | 1684 | 2893.4 | 4237.2 | 4 | 94510.6 | 137322 | 31.66 |
| 36～45岁 | 2657 | 7993.6 | 57808.8 | 28 | 31460.4 | 66570.5 | 2.94 |
| 46～60岁 | 2713 | 4393.9 | 9894.3 | 53 | 17255.9 | 25524.2 | 2.93 |
| 61岁及以上 | 924 | 3436.8 | 7505.9 | 12 | 5634.8 | 5532.8 | 0.64 |

注：1997年为户主，保定市样本量为8066户；2010年为答卷人，固上村样本量为101户。

资料来源：1997年数据来自《第四次无锡、保定农村调查》问卷数据库；2010年数据来源于2011年《无锡、保定农户收支调查》问卷数据库。

长倍数为31.66，其余年龄组变化情况相差不大，增长倍数均在2左右，总体来看均有较大幅度提升。在固上村或者保定农村地区，18～25岁户主（答卷人）处在刚刚建立或尚未建立家庭时期，其家庭收入均较低，以他们为主的家庭人均总收入变化较小。相对而言，26～35岁户主（答卷人）一般是家庭的顶梁柱，他们的收入能力最强，因此这些户主（答卷人）的家庭人均总收入变化最大。

近些年的研究表明，政治身份与个人或家庭收入具有正相关性。就中国而言，党员身份家庭的收入会较高①。按户主（答卷人）的政治面貌划分的家庭人均总收入情况见表7-3。

表7-3　1997年与2010年户主（答卷人）政治面貌与固上村农户人均总收入情况

| 政治面貌 | 1997年保定市 | | 2010年固上村 | | 增幅（%） |
|---|---|---|---|---|---|
| | 均值（元） | 样本量（户） | 均值（元） | 样本量（户） | |
| 党员 | 5586.5 | 660 | 49384.4 | 18 | 784.00 |
| 团员 | 2301.7 | 61 | — | — | — |
| 群众 | 5141.9 | 7302 | 16757.3 | 83 | 225.90 |

注：1997年为户主，保定市样本量为8023户；2010年为答卷人，固上村样本量为101户；2010年没有团员数据。

资料来源：1997年数据来自《第四次无锡、保定农村调查》问卷数据库；2010年数据来源于2011年《无锡、保定农户收支调查》问卷数据库。

① 杨瑞龙、王宇锋、刘和旺：《父亲政治身份、政治关系和子女收入》，《经济学》（季刊）2010年第3期，第871～890页。

　　对比党员与群众的收入可以发现，1997 年党员家庭的人均总收入高于群众家庭的人均总收入，分别为 5586.5 元和 5141.9 元，党员家庭人均总收入比群众家庭人均总收入多 444.6 元；2010 年，人均总收入依旧是党员家庭高于群众家庭，需要注意的是，党员家庭人均总收入比群众家庭人均总收入增长速度快很多，党员家庭人均总收入增幅为 784.00%，群众家庭人均总收入增幅只有 225.90%，党员家庭人均总收入增幅是群众家庭的 3 倍多。

　　文化程度也是影响家庭收入的重要变量，户主（答卷人）文化程度与固上村农户人均总收入情况见表 7-4。

表 7-4　1997 年与 2010 年户主（答卷人）文化程度与固上村农户人均总收入情况

单位：元，倍

| 文化程度 | 1997 年保定市 | 2010 年固上村 | 增长倍数 |
|---|---|---|---|
| 文盲半文盲 | 2990 | 7996.6534 | 1.67 |
| 小学 | 3732.3 | 13326.327 | 2.57 |
| 初中 | 6023.6 | 19484.821 | 2.23 |
| 高中及中专 | 8452 | 55723.188 | 5.59 |
| 大专及以上 | 1002.7 | 144845.24 | 143.46 |

　　注：1997 年为户主，保定市样本量为 8060 户；2010 年为答卷人，固上村样本量为 101 户。

　　资料来源：1997 年数据来自《第四次无锡、保定农村调查》问卷数据库；2010 年数据来源于 2011 年《无锡、保定农户收支调查》问卷数据库。

　　从户主（答卷人）的文化程度上看，大专及以上文化程度户主（答卷人）的家庭人均总收入变化最大，增长倍数为 143.46，但这可能是有偏差的，因为 2010 年该文化程度的答卷人只有 2 人。除此之外，人均总收入变化最大的是高中及中专文化程度户主（答卷人）家庭，其人均总收入的增长倍数为 5.59，高中以下文化程度（初中、小学、文盲半文盲）户主（答卷人）的家庭人均总收入的增长倍数较为相近，均在 2 左右，可见高中以下文化程度（初中、小学、文盲半文盲）户主（答卷人）的家庭人均总收入并没有明显差别。总之，除了 2010 年比 1997 年人均总收入增加之外，我们也看出文化程度不同能够带来人均总收入的差别，高文化程度户主（答卷人）的家庭收入增长要快，并且文化程度越高收入增长越快。

从户主（答卷人）的从事行业来看，农户人均总收入2010年较1997年有较大变化，户主（答卷人）从事建筑业的家庭人均总收入增长最快，增幅为1751.07%（见表7-5），这是因为该地区的主要行业为建筑业（下面将详细叙述）；其次为户主（答卷人）从事文教卫生行业的家庭的人均总收入，这主要是因为国家加大对教育和医疗的投入力度，从事这一行业的户主（答卷人）的家庭人均总收入大幅度提高，增幅为988.34%；最后增长最慢的是户主（答卷人）从事工业的家庭的人均总收入，这可能是统计的问题，并不能说明从事工业的户主（答卷人）工资水平低，只能说明从事工业的户主（答卷人）的家庭人均总收入增长慢，据访谈得知，从事工业的户主（答卷人）多为特例，如做看门等的工作，且这些人基本是老人。

表7-5　1997年与2010年户主（答卷人）从事行业与固上村农户人均总收入情况

单位：元,%

| 从事行业 | 1997年保定市 | 2010年固上村 | 增幅 |
| --- | --- | --- | --- |
| 种植业 | 2657.6 | 18599.125 | 599.85 |
| 养殖业 | 33713.3 | 55900.492 | 65.81 |
| 工　业 | 17844.2 | 20827.337 | 16.72 |
| 建筑业 | 2655.5 | 49155.106 | 1751.07 |
| 运输业 | 9359.1 | 18398.081 | 96.58 |
| 服务业 | 3628.4 | 12119.571 | 234.02 |
| 文教卫生行业 | 3716.4 | 40446.928 | 988.34 |

注：1997年为户主，保定市样本量为7863户；2010年为答卷人，固上村样本量为101户。
资料来源：1997年数据来自《第四次无锡、保定农村调查》问卷数据库；2010年数据来源于2011年《无锡、保定农户收支调查》问卷数据库。

我们的访谈也能够提供更加详细的说明，如对付某某的访谈：

> 我们一般都在附近村庄和保定市做建筑，很少到远的地方去，因为近处的活就很多了。现在大家生活条件变好，建房的人特别多，因此生意很好。在农村一般儿子结婚均要盖新房，而在农村孩子一般20岁多点就要结婚了，因此盖房的需求很大。村里搞建筑的大概有3家，都是很小的建筑队。我的建筑队大概有20多人，自己有一些简单的机械设备和运输用

车辆。工人都是松散地组织在一起的，没有正式的公司组织形式，在有活的时候大家集合在一起。我负责在外面招揽生意，然后谈好价格后大家一起去干，同时负责提供设备。

村里的人在农闲时多兼职打零工，做零工最多的则为建筑业和装修业。我的建筑队一年可以干9个多月，只在冬天天气太冷无法干活时休息3个月左右。平时工作时一般都会在晚上回到家里来住，早晨有建筑队的车将大家拉到工作地。一年大概能赚五六万吧。①

相反种植业则收入较低且存在自然风险，如对杨某某的访谈，杨某某家中有耕地11亩，全部为其从村里承包的土地。其经营的土地两季轮作玉米和小麦，由于2010年杨某某家的玉米遭到风灾（"棒子被风吹倒了"），小麦亦"被冻死不少"，其收成受到影响。11亩地仅出产了8500斤玉米和7500斤小麦。由于缺钱，杨某某除留下1400斤小麦自己食用外，其余全部出售，共计卖出14500元。而其买种子大概要用1400元。种子用量全村基本差不多：小麦每亩40斤，每斤价格1元8角；玉米每亩4斤半，每斤8元（不过不同玉米种子价格差别较大，贵的每斤10多元），每年每亩地在种玉米和小麦时各施肥1次，共计每亩施肥180斤（化肥1.8袋），总计3000元。每年在种植小麦时机耕1次，机播2次，在收获小麦、玉米时各机收1次，总计3000元（机耕一般每亩60元/次，机播每亩30元/次，机收每亩80元/次）；麦子浇4次水，玉米浇1次水（根据地的情况不同，每次浇水费用不一样），浇水又用了1000元；购买了300元农药用于防虫，总计生产成本8700元。杨某某从国家每年得到了种粮补贴（735元）以及良种补贴（每年110元）。其利润较低。②

从表7-6中看，户主（答卷人）为技术人员的家庭人均总收入变化最大，增长倍数为3.43；其次为户主（答卷人）为工人的家庭的人均总收入，增长倍数为2.53，可见户主（答卷人）为技术人员和工人的家庭的人均总收

---

① 对付某某的访谈，2011年12月16日。
② 对杨某某的访谈，2011年12月16日。

入都有较大程度提高，而户主（答卷人）为技术人员的家庭优势更大。如对王某某的访谈：

> 儿子在本村附近做装修工作，每月收入 3000 多元，儿子是技工因此收入稍微多一些。我本人是壮工收入比儿子低，每天 100 多元。因每月的劳动不满 30 天，收入也就 2000 元以下。①

**表 7 - 6　1997 年与 2010 年户主（答卷人）主要职业与固上村农户人均总收入情况**

单位：元，倍

| 主要职业 | 1997 年保定市 | 2010 年固上村 | 增长倍数 |
|---|---|---|---|
| 个体劳动者(农民、个体商户等) | 4593.1 | 9957.1 | 1.17 |
| 工　人 | 5140.1 | 18170.1 | 2.53 |
| 技术人员 | 3274.6 | 14507.4 | 3.43 |
| 企业主 | 380195.3 | 28116.7 | -0.93 |

注：1997 年为户主，保定市样本量为 7457 户；2010 年为答卷人，固上村样本量为 101 户。
资料来源：1997 年数据来自《第四次无锡、保定农村调查》问卷数据库；2010 年数据来源于 2011 年《无锡、保定农户收支调查》问卷数据库。

　　如对杨某某的访谈，杨某某的两个儿子除了帮杨某某种地外，还在村里兼业打零工。由于没有什么手艺，他们的收入很少，两个人一共每年能给家里赚 15000 元。②

　　从户主（答卷人）有无兼业来看，户主（答卷人）无兼业的农户收入增加更快，增长倍数为 5.2，而户主（答卷人）有兼业的农户的收入增长倍数为 1.5（见表 7 - 7）。不可忽视的一个现象是，1997 年有兼业户主的家庭人均总收入比无兼业户主的家庭人均总收入高，而 2010 年出现相反情况，此时有兼业答卷人的家庭人均总收入比无兼业答卷人的家庭人均总收入低，这可能说明保定市固上村的家庭经营更加专业化。农民多选择从事一种职业，而非身兼数职。

---

①　对王某某的访谈，2011 年 12 月 16 日。
②　对杨某某的访谈，2011 年 12 月 16 日。

表 7 - 7　1997 年与 2010 年户主（答卷人）有无兼业与固上村农户人均总收入情况

| 有无兼业 | 1997 年保定市 | | 2010 年固上村 | | 增长倍数（倍） |
|---|---|---|---|---|---|
| | 均值（元） | 样本量（户） | 均值（元） | 样本量（户） | |
| 无 | 3931.6 | 3466 | 24351.2 | 47 | 5.2 |
| 有 | 6048.6 | 4600 | 15078.0 | 54 | 1.5 |

注：1997 年为户主，保定市样本量为 8066 户；2010 年为答卷人，固上村样本为 101 户。

资料来源：1997 年数据来自《第四次无锡、保定农村调查》问卷数据库；2010 年数据来源于 2011 年《无锡、保定农户收支调查》问卷数据库。

从表 7 - 8 可以看出，1997 年和 2010 年，最高人均总收入的家庭的人口规模相同，均为 3 ~ 4 人，1997 年其人均总收入为 6491.4 元，2010 年其人均总收入为 33481.2 元，但最低人均总收入家庭的人口规模发生了变化，1997 年最低人均总收入出现在 1 ~ 2 人家庭，其人均总收入为 3227.4 元，而 2010 年最低人均总收入出现在 7 人及以上家庭，其人均总收入为 6542.9 元。从增长情况看，人均总收入增长最快的是 3 ~ 4 人家庭，增长最慢的是 7 人及以上家庭。在固上村，3 ~ 4 人家庭是最为核心的家庭，家里拥有 2 ~ 3 个劳动力，劳动人口一般处在劳动旺年，其劳动能力较强，因此收入相对较高，而 7 人及以上家庭往往有更多的老人或者孩子需要照顾，劳动力数量相对较少，因此他们的家庭收入较低，收入增长也较慢。

表 7 - 8　1997 年和 2010 年家庭人口规模与固上村农户人均总收入情况

| 人口规模 | 1997 年保定市 | | 2010 年固上村 | | 年均增长（元） |
|---|---|---|---|---|---|
| | 样本量（户） | 均值（元） | 样本量（户） | 均值（元） | |
| 1 ~ 2 人 | 456 | 3227.4 | 14 | 22081.1 | 1450.28 |
| 3 ~ 4 人 | 4064 | 6491.4 | 28 | 33481.2 | 2076.14 |
| 5 ~ 6 人 | 2978 | 3633.2 | 45 | 13789.2 | 781.23 |
| 7 人及以上 | 568 | 4890.5 | 14 | 6542.9 | 127.11 |

注：1997 年为保定市数据，2010 年为固上村数据。

资料来源：1997 年数据来自《第四次无锡、保定农村调查》问卷数据库；2010 年数据来源于 2011 年《无锡、保定农户收支调查》问卷数据库。

总之，固上村收入经历了大幅增加的过程。固上村收入的大幅度增加与河北省相关投入力度的增大有较大关系。相关资料显示，河北省加大力度推进"工业反哺农业、城市反哺农村"，2010年农资综合直补资金达44.9亿元，粮食直补资金达7.8亿元，粮食作物良种补贴资金达10.63亿元，农机购置补贴资金达6.66亿元，惠农政策的落实有力地促进了农民增产增收。

就业渠道的拓宽，特别是建筑业的兴起也是固上村增收的原因之一。村里大概有一半男性劳动力长期或不定期从事建筑（装修）行业，这个行业的特点是时间自由，离家较近，每天都可以回家睡觉，既可以增加收入又能照顾家庭，工资待遇尚可，基本不存在干活不给钱的现象。这个行业的兴起与农民收入的提高、农村生活条件的改善有很大关系。当然这与农民传统习惯的改变也有很大关联，改革开放前，家庭盖房之类的"大事"均由村民互帮互助共同完成，几乎没有建筑市场存在，但随着市场化的推进，农村固有的互帮互助形式被市场所取代，当被问及为什么都选择市场时，他们的回答是"请人麻烦，市场方便"。此外，畜牧养殖业的发展、工商服务业的兴起等也推动了固上村家庭收入的增加。

## 三　固上村农户收入结构变化

### 1. 总收入结构变化

从收入结构变化中可以看出家庭收入增长的不同渠道。为了增加与第四次无保调查的可比性，我们也将总收入的来源分为基本收入、转移性收入和财产性收入三个主要部分，其中基本收入包括工资性收入和经营性收入[1]。我们期待从整体上了解固上村20世纪末和21世纪第一个十年的家庭人均收入变化情况。1997年与2010年固上村农户人均总收入及其结构情况见表7-9。

---

[1]　关于基本收入、转移性收入和财产性收入等的定义及详细解释请参见中国社会科学院经济研究所"无保"调查课题组《无锡、保定农村调查统计分析报告1997》，中国财政经济出版社，2006。

表7－9　1997年与2010年固上村农户人均总收入及其结构比较

| 指标 | 人均总收入 | 人均工资性收入 | 人均经营性收入 | 人均转移性收入 | 人均财产性收入 |
|---|---|---|---|---|---|
| 1997年(300户,元) | 3351.8 | 496.1 | 2821.0 | 32.7 | 2.0 |
| 来源构成(%) | 100.00 | 14.80 | 84.16 | 0.98 | 0.06 |
| 变异系数 | 2.3 | 0.6 | 2.7 | 3.7 | 11.7 |
| 2010年(101户,元) | 19393.3 | 5834.5 | 12020.4 | 1230.1 | 308.2 |
| 来源构成(%) | 100.0 | 30.1 | 61.9 | 6.3 | 1.6 |
| 变异系数 | 0.4 | 0.8 | 0.3 | 0.4 | 0.3 |
| 1997~2010绝对差距(元) | 16041.5 | 5338.4 | 9199.4 | 1197.4 | 306.2 |
| 1997~2010相对差距(倍) | 5.8 | 11.8 | 4.3 | 37.6 | 154.1 |
| 1997~2010年实际年均增长(元) | 1234.0 | 410.6 | 707.6 | 92.1 | 23.6 |
| 1997~2010年实际年均增长率(%) | 14.46 | 20.88 | 11.80 | 32.19 | 47.33 |

资料来源：1997年数据来自《第四次无锡、保定农村调查》问卷数据库；2010年数据来源于2011年《无锡、保定农户收支调查》问卷数据库。

家庭人均总收入增长迅猛。由表7－9可以看出，固上村家庭人均总收入从1997年到2010年发生了巨大变化，2010年家庭人均总收入是1997年的5.8倍，家庭人均总收入从1997年的3351.8元增加到2010年的19393.3元，即使扣除物价因素，这一变化也是相当可观的。

各项收入均有较大幅度增长，但增长幅度差异明显。以四种人均收入在人均总收入中所占的比重来看，人均转移性收入和人均财产性收入增长幅度较大，分别从0.98%和0.06%增长到6.3%和1.6%，人均财产性收入的增长最快；人均工资性收入增加也较为明显，其比例从14.80%增加到30.1%；人均经营性收入下降较为明显，其比例从84.16%下降到61.9%。总之，人均转移性收入、人均财产性收入和人均工资性收入增加明显，而人均经营性收入则明显下降。

工资性收入是指受雇于单位或个人，靠劳动得到的报酬收入，是在集体组织中劳动得到的收入、在企业得到的报酬收入和其他劳务收入三项收入的总和。固上村的人均工资性收入2010年是1997年的11.8倍，从496.1元增加到5834.5元，实际年均增长410.6元。随着中国市场化、乡村工业化和城镇化的推进，市场对劳动力的需求越来越大，劳动力相对越来越紧缺，劳动力市场价格越来越高，"民工荒"现象不时出现，因此工资性收入快速增长。

经营性收入是指农户所从事的各项生产性活动的收入，包括从事种植业、养殖业、林业、副业、工业、建筑业、运输业、商业、餐饮服务业等经营活动的收入。固上村的人均经营性收入虽然也快速增长，但由于受地区条件限制，其并没有工资性收入增长得快，1997～2010年增长了3.3倍，是所有人均收入构成中增长最慢的，人均经营性收入从2821.0元增加到12020.4元，实际年均增长707.6元。之所以此项人均收入增加较慢，可能是因为受市场环境的影响，农村地区的市场尚未发展起来，各种商业活动的开展环境并不是特别有利。

这两项收入是家庭的基本收入，也是家庭中最重要的收入，在家庭总收入中具有绝对优势，2010年固上村农户人均工资性收入和人均经营性收入在人均总收入中的占比为92.0%，较1997年下降了6.96个百分点，这说明基本收入以外的收入份额有所增加。

转移性收入包括在外人口寄回或带回的收入、城镇亲友赠送的收入、保险赔款、救济金、救灾款、退休金、奖励收入、土地征收补偿收入和其他转移性收入等。其在总收入中所占比例变化较大，2010年是1997年的37.6倍，人均转移性收入从1997年的32.7元增加到2010年的1230.1元，实际年均增长92.1元。这可能是在统计时将在外人口寄回和亲友赠送的收入等计算在内的结果，有的农户在访谈时将子女在外打工所得也归在此类，但从总体来看，此项收入增加是明显的。

财产性收入包括利息、股息、租金、土地出让金、集体财产收入等。财产性收入的增加是巨大的，在各项收入中居首位，2010年是1997年的154.1倍，人均财产性收入从1997年的2.0元增加到2010年的308.2元。财产性收入的大幅增加可能说明农村地区的金融市场已经较为活跃，农民有了更多的投资渠道。在市场化发展过程中，农民的收入渠道已经拓宽，愈加多样化。

### 2. 纯收入结构变化

固上村农户纯收入增长幅度较大。纯收入是指在总收入中扣除了相应的各项费用支出之后，归农户所有的收入，这是考察农民实际收入水平和生活水平的最主要的指标。固上村农户2010年的人均纯收入为11519.1元。相比之下，

1997 年固上村农户的人均纯收入仅为 824.0 元（见表 7 - 10），2010 年高出 1997 年 10695.1 元，实际年均增长 822.7 元，增幅极大。

表 7 - 10　1997 年与 2010 年固上村农户人均纯收入及其结构比较

| 指标 | 人均纯收入 | 人均基本收入 | 人均工资性收入 | 人均经营性收入 | 人均转移性收入 | 人均财产性收入 |
|---|---|---|---|---|---|---|
| 1997 年(1236 户,元) | 824.0 | 806.1 | 496.1 | 310 | 15.9 | 2 |
| 来源构成(%) | 100.00 | 97.83 | 60.21 | 37.62 | 1.93 | 0.24 |
| 2010 年(101 户,元) | 11519.1 | 9998.2 | 5834.5 | 4163.7 | 1230.1 | 290.8 |
| 来源构成(%) | 100.00 | 86.80 | 50.65 | 36.15 | 10.68 | 2.52 |
| 增长倍数 | 12.98 | 11.40 | 10.76 | 12.43 | 76.36 | 144.4 |

　　资料来源：1997 年数据来自《第四次无锡、保定农村调查》问卷数据库；2010 年数据来源于 2011 年《无锡、保定农户收支调查》问卷数据库。

　　家庭人均纯收入变化幅度比人均总收入变化幅度要大，家庭人均总收入增长了 4.8 倍，但家庭人均纯收入增长了 12.98 倍。各项收入也相应大幅增长。

　　从家庭人均纯收入的构成比例来看，人均基本收入比例下降、人均转移性收入和人均财产性收入比例增加，人均基本收入比例从 1997 年的 97.83% 下降到 2010 年的 86.8%，人均转移性收入和人均财产性收入分别从 1997 年的 1.93% 和 0.24% 上升到 2010 年的 10.68% 和 2.52%。在人均基本收入中人均工资性收入的比例下降幅度较大，从 1997 年的 60.21% 下降到 2010 年的 50.65%，人均经营性收入的比例略微下降一点，由 1997 年的 37.62% 下降到 2010 年的 36.15%。

　　从增长幅度来看，财产性收入和转移性收入依旧增长最快，经营性收入和工资性收入也有很大增长。

### 3. 农业收入结构变化

　　农业收入在家庭总收入中占 17.1%，虽然农业收入比例较小，但农业在农村的重要性是不容忽视的，农业收入依旧是大多数家庭的主要收入来源。同时农业也是绝大多数家庭的社会保障渠道，即使已经打工多年的农户也依旧保留着自己的土地，一旦他们的工作丢失，他们就会回到土地上去，虽然土地的收益很低，但这是他们生存的一道坚固防线。

农业收入在平稳中有所增长，人均农业收入从 1997 年的 2772.4 元增加到 2010 年的 3324.03 元，共增长 551.63 元，年均增加 42.43 元，实际增幅为 19.89%。在人均农业收入中人均副业收入所占比例较小，因此不做重点讨论。我们仅就农业中重要的两种形式（种植业和养殖业）来分析，发现人均种植业收入的增长幅度明显高于人均养殖业收入的增长幅度，它们的实际增幅分别为 40.46% 和 12.12%，前者比后者高出 28.34 个百分点。从金额来看，人均种植业收入每年增加约 23.74 元，人均养殖业收入每年增加约 18.74 元，种植业发展更快。从各项收入在人均农业收入中所占比例来看，人均种植业收入所占比例从 1997 年的 27.51% 上升到 2010 年的 32.23%，而人均养殖业收入所占比例则从 1997 年的 72.46% 下降到 2010 年的 67.77%（见表 7 - 11）。

表 7 - 11 1997 年与 2010 年固上村农户人均农业收入及其结构比较

| 指标 | 人均农业收入 | 人均种植业收入 | 人均养殖业收入 | 人均副业收入 |
|---|---|---|---|---|
| 1997 年(1236 户,元) | 2772.4 | 762.8 | 2009.0 | 0.6 |
| 来源构成(%) | 100.00 | 27.51 | 72.46 | 0.02 |
| 2010 年(101 户,元) | 3324.03 | 1071.46 | 2252.57 | — |
| 来源构成(%) | 100.00 | 32.23 | 67.77 | — |
| 1997~2010 年实际增幅(%) | 19.89 | 40.46 | 12.12 | — |

注：2010 年没有统计农业副业收入，因为此时的副业已经很难和其他产业区分开来；1997 年和 2010 年的林业收入均为 0，本表不再列出。

资料来源：1997 年数据来自《第四次无锡、保定农村调查》问卷数据库；2010 年数据来源于 2011 年《无锡、保定农户收支调查》问卷数据库。

但从两种农业的重要性来说，养殖业在 1997 年和 2010 年一直处于绝对重要的位置，人均养殖业收入在人均农业收入中所占份额一直超过 2/3。养殖业收入高于种植业收入说明固上村的经济在 20 世纪 80 年代之后有较大发展，经济结构较为合理。从全国发展趋势来看，当经济发展到一定程度时，养殖业在农业中所占比重必然要上升，固上村的情况正好符合这种趋势，但同时我们也应该反思 2010 年人均养殖业收入所占比例下降的现象。

我们的访谈材料也许对理解这一问题有所帮助。

固上村的养殖业主要以养鸡和养牛为主。2010 年，规模以上的养鸡场（鸡有 7000 只以上）有五六家，有 2000 只鸡以上的有 20 多家，其他零散的养殖户或时养时停的有若干家。其实固上村在本地区并不是养鸡最集中的地区，该村附近望亭村的养鸡户要更多一些，那里的养殖户最多可一户养鸡 10 万多只。

固上村有两个大型奶牛托管厂（以下简称"养牛场"），其中我们采访的这个占地 10 多亩，原为荒地，养牛场地价很便宜，每月仅 500 多元租金。养牛场的经营方式：养牛场为个人承包经营，为农户提供场地，养牛户将自家的牛放到养牛场统一管理，养牛场负责饲料购买、粪便处理和挤奶、防疫等工作，并对农户进行技术指导，农户可选择自己饲养也可由养牛场全部代管，但奶农最后要将所产牛奶卖给养牛场，养牛场有专业的储奶设备，最终将牛奶卖给伊利或者蒙牛这样的大厂家。该养牛场已有 5 年多历史，初建时投入 400 多万元，现有奶牛 1000 多头，分属 20 多户农户，每户农户最少拥有二三十头奶牛，多则拥有上百头奶牛。

其中，养奶牛的支出和收入为：每天大概有一半的奶牛产奶，每天产奶 10 吨左右，每公斤牛奶 3.5 元左右，因此每天可得奶钱 3.5 万元。一般奶牛生长两年后开始产奶，一天产奶 40~50 斤。以每斤 1.5 元的价格将牛奶卖给托牛所。厂里有技术员 3 名，工作人员 20 多名，其中挤奶工 15 名，工人工资 2000~3000 元。奶牛的寿命一般为 4~5 年，淘汰后当作肉牛出售。每头牛每天大概消费饲料 20 斤，每斤 2.7 元。该养牛场每年用电需花费 7000 多元。

饲料价格在 1.2 元/斤左右。饲料包括玉米、麦麸、豆粕、棉粕、花生饼、含微量元素饲料等，除饲料外还有草，一头牛一天大概要吃 4 元钱的草。在免疫方面，口蹄疫疫苗免费，给牛治病，打针、输液要视情况收费。新出生的小公牛基本都卖掉，价格在 600 元左右，小母牛出售价格在 1000 元左右。小母牛有时候也会留下自己养。购入一头即将产奶的成牛价格在 1 万元左右。因此正常情况下一头奶牛一年可以收入 5000 多元。[①]

我们还对王某某的养鸡情况进行了访谈（其养鸡量为 1.3 万只）。

---

① 对兴旺奶牛托管厂的访谈，2011 年 12 月 17 日。

养鸡的成本收益如下。

饲料支出。小鸡和大鸡对饲料的需求有所差异，小鸡大概每天需要 1 两左右饲料，大鸡则每天需要 2.5 两饲料，一般小鸡饲养两个月左右即可长成大鸡，因此 1.3 万只鸡每天的饲料消耗量为一吨多；每斤饲料价格为 1.18 元，这里的价格为混合好的饲料价格，既包括纯粮食饲料也包括预混料，因此每天的饲料支出为 2000 多元。

雏鸡从北京购买，一只 4 元左右，饲料包括玉米、预混料、豆粕等，它们每斤 1.2 元，每只鸡每天吃 2.5 两，每天每只鸡消耗饲料 0.3 元；一般鸡的寿命为 500 天左右，消耗饲料 150 元，加上水、电、人工费，每只鸡的费用为 155 元。

鸡蛋收入。鸡大概饲养到 120 天时开始下蛋，到 150 天时处于盛蛋期，在整个生命周期中其大概可产蛋 350 天，按整个生命周期 80% 的时间计算产蛋情况，一只鸡可产蛋 270 个，每个鸡蛋 0.15 斤，共 40.5 斤，以鸡蛋 2010 年的价格每斤 4.0 元计算，可以卖 162 元。这样算来利润空间非常有限。鸡蛋价格会对利润产生较大影响，2000～2010 年鸡蛋价格波动较大，最低价格出现在 2005～2006 年，最低价格为每斤 1.5 元左右；最高价格出现在 2010 年三四月份，大概为 4.8 元每斤。

另外一个计算方法是，当所有鸡到盛产期时（鸡长到 150 天时），每天有 80%～90% 的产蛋率，即 100 只鸡会有 80～90 只鸡产蛋，这是较为普遍的。因此对王某某家来说，盛产期时每天可产蛋 1.1 万个。一般 360 个蛋可以装一箱，因此每天可产蛋 30 箱左右。每箱蛋可卖 160 元左右。

2010 年和 2011 年卖鸡蛋较为赚钱，而以前基本不赚钱，因为这两年鸡蛋价格较高。

鸡蛋产下来之后，他自己装箱，然后有小商贩上门来收，这些鸡蛋一般运往石家庄、北京等地。调查中王某某也表示，现在媒体报道的最多的是降低农产品价格，说从地头到餐桌的差价太大，实际上超市里卖的鸡蛋价格和他卖出的价格差不多，比如现在他卖出的鸡蛋是 3.8 元/斤，超市价格几乎一样，在菜市场会稍贵一点，大概 4 元/斤，并没有加多少价。

疫苗防疫支出。养殖业最大的问题就是对疫病的防治，村里很多家的鸡经常会因疫病而死掉很多，因此村里流行一句话——"家有万贯，带毛的不算"，就是说养殖业看似很多钱在那儿，但它们随时都可能化为乌有；疫苗有很多一部分是由镇里发的，免费，国家对这个事情很重视，他们随时可以到镇里去要疫苗，镇里签字之后，他们到县里去领。一般两个月要打一次疫苗。虽然疫苗是免费的，但也存在很大问题，即疫苗经常为假的，这个问题让养殖户苦不堪言。本来疫苗是治病防病用的，到头来却是假的，这让人很无奈。国家对这些疫苗缺乏监管，也没有技术员对此问题及时进行处理。其他治病等的费用要自己出，每年为鸡治病要花费 1.5 万元左右。

雇工支出。王某某家雇了两个人，一人负责喂鸡和拣鸡蛋，月薪大概为2000 元，是长期工，每天至少要工作 8 个小时，时间较为自由但较累。另外一人是非长期的，只负责除粪，每月 1000 元。他同时还负责另外两家养鸡场的铲粪工作，因此他每月能挣到 2000 多元。我们做问卷调查时恰好遇到了被雇用的铲粪工人，据他讲，工作非常累，并且脏，一般年轻人都不愿意干（他 40 多岁的样子）。

淘汰鸡收入。蛋鸡寿命大概 550 天，之后会当作肉鸡处理，以当前价格计算，一只鸡 6 元，有时也按斤处理，最贵时每斤 4.8 元。

水消费支出。在冬天成年鸡的水消费量是饲料用量的 2 倍左右，即大概半斤水，夏天则会更多一些。因此王某某家的 1.3 万只鸡，一天消耗水量为 3 吨左右，这个数字是相当大的，在缺水较为严重的华北平原，这是一个严重的问题。

鸡粪处理收入。一般 20 天左右起一次粪，一次正好为一车，大概 7 立方米，鸡粪可当作肥料卖掉，一车 300 元左右。实际上鸡粪价格不抵起粪费用，起一车粪一个人需五六天，每天要 90 元，总共四五百元，因此是不合算的，但粪总是要处理的。因此王某某养鸡一年（好年景）可以挣几万元，但他说"很累呀"。①

总体而言，在家庭人均总收入中，人均工资性收入所占比例大幅增加（由 1997 年的 14.80% 提高到 2010 年的 30.1%），人均财产性收入所占比例增长幅度极大（由 1997 年的 0.06% 提高到 2010 年的 1.6%），人均经营性收入所占比例有所下降（由 1997 年的 84.16% 下降到 2010 年的 61.9%），人均转

---

① 对王某某的访谈，2011 年 12 月 16 日。

移性收入所占比例增长快速（由 1997 年的 0.98% 提高到 2010 年的 6.3%），总之就是人（劳动者本身）的收入和"钱"（财产性）的收入在总收入中发挥更大作用，特别是"钱"的作用。

## 四 固上村农户消费支出变化情况

### 1. 农户消费水平的变化

家庭生活消费支出是指用于家庭生活方面的支出，既包括现金支出，也包括实物折价支出。我们从多角度对固上村家庭生活消费支出变化情况进行全方位的了解。

我们将固上村人均纯收入十等分，从表 7-12 中可以看出，家庭生活消费支出变化最大的是等级 9 的家庭，增长倍数是 15.49，等级 1 家庭的生活消费支出增长最慢，增长倍数是 2.91。从中也可以看出，低收入等级的家庭的生活消费支出增长慢，这和收入是相关联的，等级 1、2、3 家庭的生活消费支出增长较低，生活消费支出变化几乎与收入等级变化呈同方向的趋势。在收入处于较低水平时，农户的生活消费水平是由收入水平决定的。

表 7-12 1997 年与 2010 年固上村不同人均纯收入农户的生活消费支出情况

单位：元，倍

| 等级 \ 指标 | 1997 年保定市 | 2010 年固上村 | 增长倍数 |
|---|---|---|---|
| 1 | 1063.6 | 4157.4 | 2.91 |
| 2 | 884.4 | 5819.1 | 5.58 |
| 3 | 1084.2 | 7693.9 | 6.10 |
| 4 | 1104.9 | 12537.3 | 10.35 |
| 5 | 1273.9 | 9414.1 | 6.39 |
| 6 | 1343.3 | 13038.1 | 8.71 |
| 7 | 1568.4 | 15754.3 | 9.04 |
| 8 | 1751.4 | 15739.3 | 7.99 |
| 9 | 1898.7 | 31312.2 | 15.49 |
| 10 | 2870.9 | 29161.8 | 9.16 |

注：2010 年固上村的数据不包括土地宅基地补偿的收入。

资料来源：1997 年数据来自《第四次无锡、保定农村调查》问卷数据库；2010 年数据来源于 2011 年《无锡、保定农户收支调查》问卷数据库。

　　1997 年保定市人均生活消费支出最高的农户是户主文化程度为高中及中专文化程度的农户，其人均生活消费支出为 1597.9 元，最低的是户主文化程度为大专及以上文化程度的农户，其人均生活消费支出为 608.3 元；2010 年固上村人均生活消费支出最高的是答卷人文化程度为小学文化程度的农户，其人均生活消费支出为 13015.7 元，最低的是答卷人为文盲半文盲的农户，其人均生活消费支出为 4356.5 元，1997 年和 2010 年文化程度最高的户主（答卷人）的家庭人均生活消费支出均较低（见表 7－13），可能是因为他们有较为固定的工作，如在政府部门工作，政府部门经常会发一些生活用品，如食用油、洗衣粉等，他们的家庭负担可能也较小，但在 2010 年他们的家庭生活消费支出已经提高了[①]。从变化的程度来看，大专及以上文化程度户主（答卷人）的家庭人均生活消费支出增长是最快的，增长倍数是 11.2，可见它们的消费能力是很强的。小学文化程度户主（答卷人）的家庭消费能力次之，它们是固上村最主要的群体，人均生活消费支出增长最慢的是文盲半文盲文化程度的户主（答卷人）的家庭。

表 7－13　1997 年与 2010 年户主（答卷人）文化程度与
固上村农户人均生活消费支出情况

单位：元，倍

| 文化程度 | 1997 年保定市 | 2010 年固上村 | 增长倍数 |
|---|---|---|---|
| 文盲半文盲 | 1409.0 | 4356.5 | 2.1 |
| 小　学 | 1351.9 | 13015.7 | 8.6 |
| 初　中 | 1589.2 | 12899.9 | 7.1 |
| 高中及中专 | 1597.9 | 8821.5 | 4.5 |
| 大专及以上 | 608.3 | 7408.0 | 11.2 |

　　资料来源：1997 年数据来自《第四次无锡、保定农村调查》问卷数据库；2010 年数据来源于 2011 年《无锡、保定农户收支调查》问卷数据库。

　　家庭完整程度也会影响家庭生活消费支出，从统计上看，2010 年，固上村已婚答卷人的家庭人均生活消费支出为 11888.09 元，而丧偶答卷人的家庭人均生活消费支出仅为 4381.36 元，且仅有 2 户。2010 年，在固上村，有人接受过培训的家庭的人均生活消费支出为 7157.45 元，而没有人接受过

_____

　　① 这里有样本偏差的问题，因为大专及以上户主（答卷人）只有 2 户。

培训的家庭的人均消费支出为 12416.31 元，没有人接受过培训的家庭的人均消费支出反而更高。可见培训在农村并没有起到作用，这和培训对收入的影响是一样的。①

家庭成员所从事的行业在一定程度上决定家庭的收入，同样也直接影响家庭的消费，具体情况见表 7-14。

表 7-14 1997 年与 2010 年户主（答卷人）从事行业与
固上村农户人均生活消费支出情况

单位：元，倍

| 从事行业 | 1997 年保定市 | 2010 年固上村 | 增长倍数 |
|---|---|---|---|
| 种植业 | 1246.6 | 11384.7 | 8.1 |
| 畜牧业 | 2340.9 | 16027.8 | 5.8 |
| 制造业 | 2291.9 | 14885.0 | 5.5 |
| 建筑业 | 1375.2 | 7179.8 | 4.2 |
| 交通运输、仓储和邮政业 | 2017.2 | 4657.7 | 1.3 |
| 文教卫生行业 | 1580.8 | 2431.6 | 0.5 |

注：其他行业，如住宿餐饮业、居住服务业等跟 1997 年没有对比性，所以没有列出。
资料来源：1997 年数据来自《第四次无锡、保定农村调查》问卷数据库；2010 年数据来源于 2011 年《无锡、保定农户收支调查》问卷数据库。

在可比较的行业中，户主（答卷人）从事种植业的家庭人均生活消费支出变化最大，2010 年为 1997 年的 9.1 倍，人均生活消费支出从 1997 年的 1246.6 元上升到 2010 年的 11384.7 元，而户主（答卷人）从事文教卫生行业的家庭人均生活消费支出变化最小，2010 年仅为 1997 年的 1.5 倍。

答卷人自己经营②的家庭要比在答卷人外出打工的家庭消费高很多，2010 年，答卷人自己经营的家庭人均生活消费支出为 14296.8 元，答卷人外出打工的家庭人均生活消费支出为 9175.5 元，前者高出后者 5121.3 元。

家庭人口规模对生活消费有一定的影响，既具有规模节约效应也有规模不合理的浪费效应。我们将固上村家庭分为四组，分别为 1~2 人家庭、3~4 人

---

① 这里并没有得出"培训没用"的结论，很有可能是培训并不到位，农民并没有从职业培训中得到应有的技巧。我们访谈时也发现，农民所谓的培训也许就是某个政府技术员或商家简单地讲讲某种作物的种植方法或开个小会，缺乏长期性、系统性。

② 从事自家农业种植或养殖的称为自己经营。

家庭、5~6人家庭和7人及以上家庭。

2010 年人均生活消费支出最少的为 7 人及以上家庭，其人均生活消费支出为 6585.3 元，人均生活消费支出最多的为 1~2 人的家庭，其人均生活消费支出为 23855.8 元（见表 7-15），可见人口越少的家庭人均生活消费支出越高，这体现出规模节约效应，在一定人数之内的一个家庭通常只拥有一个大件物品，如家用电器——冰箱、洗衣机等，那么人口少的家庭人均承担的费用就高，而人口多的家庭人均承担的费用就少。在人均生活消费支出变化中，变化最大的为 1~2 人家庭的，年均增长 1701.1 元，生活消费支出变化最小的属 7 人及以上家庭，其人均生活消费支出年均增长408.0 元。

表 7-15　1997 年和 2010 年人口规模与固上村农户人均生活消费支出情况

单位：户，元

| 人口规模 | 1997 年保定市 | | 2010 年固上村 | | 年均增长 |
|---|---|---|---|---|---|
| | 均值 | 样本量 | 均值 | 样本量 | |
| 1~2 人 | 1741.6 | 456 | 23855.8 | 14 | 1701.1 |
| 3~4 人 | 1632.9 | 4064 | 10180.4 | 28 | 657.5 |
| 5~6 人 | 1280.8 | 2978 | 10543.5 | 45 | 712.5 |
| 7 人及以上 | 1281.1 | 568 | 6585.3 | 14 | 408.0 |

资料来源：1997 年数据来自《第四次无锡、保定农村调查》问卷数据库；2010 年数据来源于 2011 年《无锡、保定农户收支调查》问卷数据库。

在不同户主（答卷人）年龄分组的家庭人均生活消费支出变化情况中，变化最大的是 61 岁及以上年龄组家庭的，我们发现该组家庭人均生活消费支出年均增长 1052.9 元，而年均增长最少的为 26~35 岁年龄组家庭的（见表 7-16），这可能是因为 61 岁及以上年龄组家庭在医疗、购买营养品等方面花费更多，所以它们的消费增量最高。这种现象和按户主（答卷人）年龄分组的家庭收入水平相对应，26~35 岁分组正好是年均收入水平最高的年龄组，也许是因为他们消费减少了，所以其收入才增加得更快。

表 7-16　1997 年与 2010 年户主（答卷人）年龄分组与

固上村农户人均生活消费支出情况

单位：户，元

| 年龄分组 | 1997 年保定市 | | 2010 年固上村 | | 年均增长 |
|---|---|---|---|---|---|
| | 均值 | 样本量 | 均值 | 样本量 | |
| 25 岁及以下 | 9561.6 | 4 | 1208.3 | 88 | 642.6 |
| 26～35 岁 | 6363.7 | 4 | 1234.5 | 1684 | 394.6 |
| 36～45 岁 | 9647.2 | 28 | 1620.0 | 2657 | 617.5 |
| 46～60 岁 | 12662.6 | 53 | 1552.7 | 2713 | 854.6 |
| 61 岁及以上 | 15061.7 | 12 | 1374.4 | 924 | 1052.9 |

资料来源：1997 年数据来自《第四次无锡、保定农村调查》问卷数据库；2010 年数据来源于 2011 年《无锡、保定农户收支调查》问卷数据库。

　　2010 年，在固上村农户日常消费中占主要地位的是居住消费，固上村农户人均居住消费支出在人均日常消费支出中占 42.6%，居住支出占比较大可能与近些年该村盖房、装修热有关。居住支出在所有支出中是最多的；人均饮食支出，即人均主副食支出，在人均日常消费支出中占 24.0%。人均交通支出和人均通信支出所占比例分别占 9.8% 和 8.9%，这两方面的支出也较 1997 年大为提高，因为随着电话、手机、电脑的普及，固上村基本每个成年人都有一部手机（个别老年人没有），所以通信支出增加。人均教育支出占 8.5%。而人均文化支出只占 0.7%[①]（见表 7-16），这说明固上村文化娱乐活动非常单一，农民的文化娱乐活动基本只有看电视这一种，其他的就是传统的串门、打麻将等。

表 7-17　2010 年固上村农户人均日常消费支出情况

单位：元，%

| 指标 | 主副食 | 居住 | 耐用品 | 日杂 | 交通 | 通信 | 教育 | 文化 | 合计 |
|---|---|---|---|---|---|---|---|---|---|
| 人均消费支出 | 3073.4 | 5443.7 | 442.8 | 269.0 | 1252.9 | 1131.7 | 1081.9 | 87.4 | 12782.8 |
| 占比 | 24.0 | 42.6 | 3.5 | 2.1 | 9.8 | 8.9 | 8.5 | 0.7 | 100.0 |

资料来源：2011 年《无锡、保定农户收支调查》问卷数据库。

---

①　在访谈中每次问到文化活动时，他们都诧异地笑，好像那些事情不是他们应该做的一样，离他们很远。

另外，经营工商服务业家庭的人均生活消费支出远大于没有经营工商服务业家庭的人均生活消费支出，2010 年，它们的人均生活消费支出分别为 47861.2 元和 11738.4 元，这可能是因为经营工商服务业的家庭需要处理更多的人际关系等，其人均生活消费支出会更多。

2010 年，固上村共有 83 户有人情世故方面的支出，人均人情世故支出为 941.6 元，最多的为 4000 元，最少的为 83.3 元。在 1998 年的调查中，人情世故支出分为赠送农村亲友和赠送城镇亲友两项，合计人均 16.8 元。2010 年，固上村农户在人情世故方面的支出要远远大于 20 世纪 90 年代末的相关支出，这也许是因为现在的生活水平提高，农村居民有更强的能力，也许是因为他们的经济往来更多①。

在人情世故支出增加的同时，人情世故收入也大幅增加，2010 年人均人情世故收入为 845.1 元，最高为 3333.3 元，最低为 50 元。一个有意思的事是，在 101 户中有 83 户送出了人情钱，但只有 13 户得到了别人的赠送②。而且送出的钱要多于从别人那里收到的钱。而 1997 年这方面的收入人均只有 16.4 元。

### 2. 农户消费支出结构的变化

随着中国经济的发展，中国农村居民的消费标准也由注重"吃饱、穿暖、够用、能住"变为注重"吃得好、穿得漂亮、用得方便、住得舒适"，消费心态由"将就"变为"讲究"，消费结构发生了一系列变化。固上村农户的消费结构也发生了部分变化。

从家庭人均总支出构成来看，固上村农户人均总支出为 15860.9 元，其中人均生活消费支出占 74.02%，占绝大部分，人均经营性支出（人均农业生产经营性支出和人均工商业经营性支出）占 15.88%，人均转移性支出占 9.99%，人均财产性支出仅占 0.11%（见表 7-18）。

---

① 当然这里需要说明的是，1998 年调查的仅仅是对农村亲友和城镇亲友的赠送，而在农村，实际情况是亲朋好友之间的婚丧嫁娶的礼金，在很多当地人看来，不是赠送，而是一种礼节，也就是说 1998 年的调查可能会使他们误解，因此他们所填的赠送数额较少，但即使算上这个原因，2010 年人情世故方面的支出也还是比 1997 年要高出很多。

② 通过了解当地的文化得知，大家都愿意说自己送出了钱，而不愿意说自己得到了钱，这可能就是"面子"观念吧。

表7-18　2010年固上村农户人均总支出及其构成情况

单位：元，%

| 指标 | 人均总支出 | 人均转移性支出 | 人均财产性支出 | 人均农业生产经营性支出 | 人均工商业经营性支出 | 人均生活消费支出 |
|---|---|---|---|---|---|---|
| 均值 | 15860.9 | 1584.6 | 17.4 | 1781.7 | 737.8 | 11739.4 |
| 占比 | 100.00 | 9.99 | 0.11 | 11.23 | 4.65 | 74.02 |

资料来源：2011年《无锡、保定农户收支调查》问卷数据库。

除去经营性、财产性和转移性支出以外，从可比的日常消费项目上看，生活消费支出在总支出中增长最快。1997~2010年，人均生活消费支出实际年均增长594.6元；在衣、食、住、行等方面的消费支出中，人均食品支出增长最快，实际年均增长157.0元，人均交通和通信支出次之，实际年均增长119.0元，然后是人均文化教育娱乐用品及服务支出，实际年均增长68.1元（见表7-19）。

表7-19　1997年与2010年固上村农户人均生活消费支出及其结构比较

| 指标 | 人均食品支出 | 人均衣着支出 | 人均居住/服务支出 | 人均家庭设备用品及维修服务支出 | 人均交通和通信支出 | 人均文化教育娱乐用品及服务支出 | 人均医疗保健支出 | 人均其他商品和服务/其他支出 | 人均生活消费支出 |
|---|---|---|---|---|---|---|---|---|---|
| 1997年（300户，元） | 492.1 | 55.8 | 10.3 | 24.8 | 4.8 | 78.9 | 99.1 | 18.0 | 783.8 |
| 来源构成（%） | 62.8 | 7.1 | 1.3 | 3.2 | 0.6 | 10.0 | 12.6 | 2.3 | 100.0 |
| 变异系数 | 0.3 | 0.9 | 1.1 | 2.1 | 7.1 | 1.7 | 1.9 | 2.0 | 0.5 |
| 2010年（101户，元） | 2533.4 | 849.9 | 1260.8 | 586.7 | 1551.2 | 963.8 | 767.2 | 0 | 8513.0 |
| 来源构成（%） | 29.8 | 10.1 | 14.8 | 6.9 | 18.2 | 11.3 | 9.0 | 0 | 100.0 |
| 变异系数 | 1.0 | 1.0 | 0.9 | 1.7 | 3.7 | 6.3 | 3.5 | — | 1.6 |
| 1997~2010年绝对差距（元） | 2041.3 | 794.1 | 1250.5 | 561.9 | 1546.4 | 884.9 | 668.1 | — | 7729.2 |
| 1997~2010年相对差距（倍） | 5.1 | 15.2 | 122.4 | 23.7 | 323.2 | 12.2 | 7.7 | 0 | 10.9 |
| 1997~2010年实际年均增长（元） | 157.0 | 61.1 | 96.2 | 43.2 | 119.0 | 68.1 | 51.4 | — | 594.6 |
| 1997~2010年实际年均增长率（%） | 13.4 | 23.3 | 44.7 | 27.6 | 55.97 | 21.2 | 17.1 | — | 20.1 |

注：本表只是对可比项进行比较，因此总量并非各分项之和，如2010年的居住支出就没有包括进来。

资料来源：1997年数据来自《第四次无锡、保定农村调查》问卷数据库；2010年数据来源于2011年《无锡、保定农户收支调查》问卷数据库。

食品支出在总消费支出中所占比重称为恩格尔系数,随着家庭收入的增加,家庭食品支出在总消费支出中所占的比重应该越来越小,其他休闲性的娱乐性支出比重越来越大。1997 年固上村的恩格尔系数为 54.01%,2010 年其为 31.49%,大为降低。当恩格尔系数为 50% ~60% 时,居民生活水平为温饱,当恩格尔系数为 30% ~39%时,居民生活水平为富裕,这说明固上村居民生活水平已经从温饱转向了富裕。

## 五 固上村农户生产经营性支出

农户生产经营性支出是指农户为进行生产经营所支出的全部费用,包括农业生产经营性支出、工商业经营性支出和固定资产投资支出。

2010 年,固上村农户人均农业生产经营性支出为 7871 元,而人均工商业经营性支出为 29505 元(见表 7 - 20),工商业经营性支出较高,这和固上村工业较多有关,需要说明的是,这可能并不是普遍现象,很可能是因为访谈时该村新增工商业项目较多。

表 7 – 20 2010 年固上村农户经营性支出情况

单位:户,元

| 指标 | 样本量 | 人均 | 户均 |
| --- | --- | --- | --- |
| 农业生产经营性支出 | 101 | 7871 | 40715 |
| 工商业经营性支出 | 101 | 29505 | — |
| 固定资产投资支出 | 101 | 352 | 1980 |

资料来源:2011 年《无锡、保定农户收支调查》问卷数据库。

按家庭人均总收入将农户分为十个组,每个组的人均经营性支出情况见表 7 - 21。

表 7 – 21 2010 年固上村按家庭人均总收入分组的农户人均经营性支出情况

单位:元

| 家庭人均总收入分组 | 人均农业生产经营性支出 | 人均工商业经营性支出 | 人均固定资产投资支出 |
| --- | --- | --- | --- |
| 低于 3000 元 | 473 | 0 | 0 |
| 3000 ~6000 元 | 6717 | 0 | 0 |
| 6001 ~9000 元 | 621 | 0 | 0 |
| 9001 ~12000 元 | 1221 | 375 | 0 |

续表

| 家庭人均总收入分组 | 人均农业生产经营性支出 | 人均工商业经营性支出 | 人均固定资产投资支出 |
|---|---|---|---|
| 12001～15000 元 | 1556 | 482 | 0 |
| 15001～18000 元 | 3099 | 0 | 71 |
| 18001～21000 元 | 580 | 0 | 0 |
| 21001～24000 元 | 606 | 6400 | 767 |
| 24001～27000 元 | 13931 | 29667 | 0 |
| 高于 27000 元 | 28265 | 142412 | 1562 |

资料来源：2011 年《无锡、保定农户收支调查》问卷数据库。

在农户农业生产经营性支出中，人均最高的是高于 27000 元组，为 28265元，24001～27000 元组的人均农业生产经营性支出次之，为 13931 元。但是出乎意料的是，3000～6000 元组的农户人均农业生产经营性支出非常高，达到6717 元，随家庭人均总收入增加而变化的农户人均农业生产经营性支出大体呈 W形，即两端和中间较高，其余较低。在人均工商业经营性支出中，很多组为 0，只有中间两组和高收入家庭组有一定支出，其支出水平与收入水平大体一致。人均固定资产投资支出的情况与人均工商业经营性支出的情况基本类似。

我们按家庭人均纯收入从低到高将农户分为 10 组后，在比较它们各自的农业生产经营性支出和固定资产投资支出后发现，农业生产经营性支出出现跟表 7 - 21 类似的 W 形，并且家庭人均纯收入最低组的农户农业生产经营性支出最高（见表 7 - 22）。

表 7 - 22　2010 年固上村按家庭人均纯收入分组的农户农业生产
经营性支出和固定资产投资支出情况

单位：元

| 按家庭人均纯收入从低到高分组 | 农业生产经营性支出 | 固定资产投资支出 | 按家庭人均纯收入从低到高分组 | 农业生产经营性支出 | 固定资产投资支出 |
|---|---|---|---|---|---|
| 1 | 159661.0 | 18000.0 | 6 | 9107.0 | 0 |
| 2 | 3712.0 | 0 | 7 | 3101.8 | 0 |
| 3 | 3737.0 | 0 | 8 | 3766.0 | 500.0 |
| 4 | 10221.3 | 1000.0 | 9 | 98115.9 | 0 |
| 5 | 15645.5 | 0 | 10 | 94684.1 | 454.5 |

注：不包括土地宅基地补偿收入。

资料来源：2011 年《无锡、保定农户收支调查》问卷数据库。

2010 年固上村按家庭人均生活消费支出分组的农户农业生产经营性支出和固定资产投资支出情况见表 7 - 23。

表 7 - 23　2010 年固上村按家庭人均生活消费支出分组的农户农业
生产经营性支出和固定资产投资支出情况

单位：元

| 按家庭人均生活消费支出分组 | 租种集体或他人土地的租金 | 农业生产经营性支出 | 固定资产投资支出 |
|---|---|---|---|
| 低于 3000 元 | 0 | 16995 | 0 |
| 3000 ~ 6000 元 | 26 | 49044 | 4947 |
| 6001 ~ 9000 元 | 39 | 41784 | 0 |
| 9001 ~ 12000 元 | 0 | 14212 | 154 |
| 12001 ~ 15000 元 | 0 | 5990 | 0 |
| 15001 ~ 18000 元 | 4500 | 152535 | 0 |
| 18001 ~ 21000 元 | 2200 | 87642 | 0 |
| 21001 ~ 24000 元 | 0 | 0 | 0 |
| 高于 24000 元 | 0 | 47981 | 1000 |

资料来源：2011 年《无锡、保定农户收支调查》问卷数据库。

家庭农业生产经营性支出最高的为 15001 ~ 18000 元组农户，其农业生产经营性支出为 152535 元，远远高于其他组，这可能与其租种集体或他人土地租金较多有关。

固上村农户人均经营性支出大幅度提高，人均农业生产经营性支出从 1997 年的 2503.0 元增加到 2010 年的 7870.5 元，增加了 5367.5 元；而人均工商业经营性支出增长得更快，从 1997 年的 0 元增加到 2010 年的 29505.1 元（见表 7 - 24），2010 年，固上村工商业已经具备一定的规模。1997 ~ 2010 年，固上村农户人均经营性支出实际年均增长 2709.6 元，实际年均增长率为 23.2%，这也是固上村人均收入增加的主要原因。

表 7 - 24　1997 年与 2010 年固上村农户人均经营性支出及其结构比较

| 指标 | 人均农业生产经营性支出 | 人均工商业经营性支出 | 人均固定资产投资支出 | 人均家庭经营性支出 |
|---|---|---|---|---|
| 1997 年(300 户,元) | 2503.0 | 0 | 0 | 2503.0 |
| 变异系数 | 3.2 | — | — | 3.2 |
| 来源构成(%) | 100.0 | 0 | 0 | 100.0 |
| 2010 年(101 户,元) | 7870.5 | 29505.1 | 352.3 | 37727.9 |

续表

| 指标 | 人均农业生产经营性支出 | 人均工商业经营性支出 | 人均固定资产投资支出 | 人均家庭经营性支出 |
|---|---|---|---|---|
| 变异系数 | 3.1 | 8.0 | — | 6.2 |
| 来源构成（%） | 20.9 | 78.2 | 0.9 | 100.0 |
| 1997～2010年绝对差距（元） | 5367.5 | 29505.1 | 352.3 | 35224.9 |
| 1997～2010年相对差距（倍） | 3.1 | — | — | 14.1 |
| 1997～2010年实际年均增长（元） | 412.9 | 2269.6 | 27.1 | 2709.6 |
| 1997～2010年实际年均增长率（%） | 9.21 | — | — | 23.2 |

注：1997年的农业生产经营性支出包括种植业、养殖业、林业、副业支出；工商业经营性支出包括工业、建筑业、运输业、商业、饮食业、服务业和其他经营支出。

资料来源：1997年数据来自《第四次无锡、保定农村调查》问卷数据库；2010年数据来源于2011年《无锡、保定农户收支调查》问卷数据库。

## 六 固上村农户的贫富差距及其影响因素

通过上面的研究发现，在固上村，户主的年龄、户主的身份、户主的文化程度、家庭结构、家庭年龄结构、户主有无兼业收入、户主所从事职业或行业、户主的政治身份、家庭人口规模等都是影响家庭收入和消费的因素，并且这些因素在收入或消费变化中的影响程度是不同的。就每个家庭而言，这些因素也是家庭间贫富分化的主要来源。总体而言，26～35岁、党员、高学历、家庭劳动力多、从事如建筑业等被认为是"好职业"的职业等都是高收入的象征。

近些年，城乡收入差距扩大引起了国内外的广泛关注，然而农民内部收入差距扩大的现象也不容忽视，我们简略地分析了固上村农户总体收入差距和贫富差距的影响因素。为了研究家庭贫富差距的影响因素，我们将家庭按人均总收入从低到高分成5组，并分别计算各组的相关收入。

通过计算发现，人均总收入最低组的人均总收入为2541.0元，人均总收入最高组的人均总收入为68515.5元（见表7－25），人均总收入最高组的人均总收入约是人均总收入最低组人均总收入的27倍，可见固上村收入差距非常大[①]。

--------

① 通过计算知，固上村101户样本户的基尼系数为0.66。

表 7 - 25　2010 年固上村按家庭人均总收入高低分组的人均总收入及其构成情况

单位：元

| 按家庭人均总收入高低分组 | 人均总收入 | 人均经营性收入 | 人均工资性收入 | 人均财产性收入 | 人均转移性收入 |
|---|---|---|---|---|---|
| 1 | 2541.0 | 521.9 | 1532.8 | 120.2 | 366.0 |
| 2 | 5245.6 | 1139.3 | 3018.1 | 397.4 | 690.8 |
| 3 | 8060.0 | 1348.7 | 5346.6 | 472.5 | 892.3 |
| 4 | 13446.9 | 2713.6 | 8222.4 | 352.5 | 2158.4 |
| 5 | 68515.5 | 54953.7 | 11267.7 | 207.8 | 2086.3 |

注：1 为人均总收入最低组，5 为人均总收入最高组。

资料来源：2011 年《无锡、保定农户收支调查》问卷数据库。

从收入构成上看，基本收入与总收入的变化趋势一致，只是财产性收入和转移性收入偏差较大，经营性收入和工资性收入没有变化。由此再次证明，家庭收入主要由经营性收入和工资性收入两部分决定。

在人均财产性收入方面，最高的为家庭收入组 3，而非最高人均总收入组；随人均总收入增长，人均财产性收入总体呈"倒 U 形"结构，家庭收入组 3 的人均财产性收入最高，家庭收入组 2、4 次之，家庭收入组 1、5 最低，最低的仅为 120.2 元，最高的为 472.5 元。人均转移性收入最高的虽然出现在家庭收入组 4，但其人均转移性收入与家庭收入组 5 相比并没有明显的优势，仅高出 72.1 元，人均转移性收入变化情况和分组情况基本吻合。最为特殊的是人均财产性收入，这可能有两个原因，一方面事实确实如此，人均总收入高的家庭组的人可能把钱投入生产或经营中去，因此人均财产性收入低；另一方面则极有可能是人均总收入高的家庭组并没有真实地反映其人均财产性收入。

人均总收入高的家庭组的收入之所以高，是因为它们有较高的工商业经营性收入与非农收入。在人均工商企业经营毛收入方面，只有家庭收入组 4、5 有这项收入，家庭收入组 1、2、3 的这项收入都为 0，且家庭收入组 4、5 的这项收入非常高，家庭收入组 5 的这项收入约为 21.1 万元（见表 7 - 26）。在人均非农收入与兼业收入中，各组的水平也恰好与分组情况一致，这说明非农收入与兼业收入也是影响家庭收入的主要因素之一。

表 7 - 26　2010 年固上村按家庭人均总收入高低分组的其他人均收入情况

单位：元

| 按家庭人均总收入由低到高分组 | 人均工商企业经营毛收入 | 人均非农收入与兼业收入 | 人均土地出租收入 | 人均利息收入和调整后的房屋租金收入 |
|---|---|---|---|---|
| 1 | 0 | 551.0 | 37.0 | 83.3 |
| 2 | 0 | 984.4 | 4.8 | 310.1 |
| 3 | 0 | 1554.4 | 0 | 472.5 |
| 4 | 4883.1 | 2047.8 | 62.4 | 290.1 |
| 5 | 211038.0 | 6384.1 | 17.1 | 190.7 |

资料来源：2011 年《无锡、保定农户收支调查》问卷数据库。

　　人均土地出租收入则没有明显差异，可见它在人均总收入中所占的比例并不大。人均利息收入和调整后的房屋租金收入同样没有随人均总收入变化显示出明显的规律。

　　总的来看，家庭收入越高，农业收入也越高，但农业收入中种植业和养殖业收入的变化规律并不明显，当然人均总收入最高家庭组除外，在人均总收入最高家庭组中无论是人均农业收入还是人均种植业和人均养殖业收入都处在最高位（见表 7 - 27）。但除了人均总收入最高家庭组以外，其他组分化不明显，如人均种植业收入方面，家庭收入组 2、4 的都有 600 多元，而家庭收入组 1、3 的都只超过了 200 元；人均养殖业收入方面，只有家庭收入组 3 有 296.7 元，其余几组均没有此项收入。

表 7 - 27　2010 年固上村按家庭人均总收入高低分组的人均农业收入及其构成情况

单位：元

| 按家庭人均总收入由低到高分组 | 人均农业收入 | 人均种植业收入 | 人均养殖业收入 |
|---|---|---|---|
| 1 | 314.5 | 314.5 | 0 |
| 2 | 629.9 | 629.9 | 0 |
| 3 | 556.4 | 259.7 | 296.7 |
| 4 | 641.1 | 641.1 | 0 |
| 5 | 11679.0 | 2599.1 | 9079.9 |

资料来源：2011 年《无锡、保定农户收支调查》问卷数据库。

　　另一项重要差异体现在答卷人的个性特征上，答卷人的特点是家庭收入存在差距的重要原因。

　　经统计，固上村答卷人为已婚者的家庭人均总收入为 23764.1 元，高于丧偶家庭人均总收入的 11811.4 元。关于答卷人的健康状况，101 个答卷人的健康状况为：83 人身体健康，约占 82.2%；12 人患病但有劳动能力，约占 11.9%；6 人患病且无劳动能力，约占 5.9%。答卷人身体健康的家庭人均总收入为 26492.1 元，答卷人患病但有劳动能力的家庭人均总收入为 8449.3 元，答卷人患病且无劳动能力的家庭人均总收入为 12671.0 元，总体而言健康的答卷人的家庭人均总收入要比患病的答卷人高。

　　在固上村，仅有 13 人接受过就业培训，约占 12.9%。在 13 个接受过就业培训的人中，8 人接受就业培训的地点为本乡镇或社区，2 人接受就业培训的地点为本县或街道，3 人接受就业培训的地点为外地。在就业培训的组织机构方面，9 人参加了当地政府部门组织的就业培训，2 人参加了商业培训机构组织的就业培训，2 人参加了就业企业组织的就业培训。在就业培训内容方面，1 人接受的是机械操作就业培训，2 人接受的是建筑业就业培训，2 人接受的是其他就业培训，1 人接受的是汽车修理就业培训，5 人接受的是种植养殖业就业培训，2 人接受的是家政服务业就业培训。没有人接受过就业培训的家庭的人均总收入比有人接受过就业培训的家庭高，二者分别为 25055.4 元和 13183.8 元。

　　答卷人在本村居住时间平均为 51.2 年，答卷人一年在家居住时间平均为 11.9 个月，最短为 4 个月，最长为 12 个月，答卷人在家居住时间较长可能跟答卷人多数为老年人有关。

　　答卷人从事行业最多的为种植业（占 68.3%，69 人）；其次为建筑业（6.9%，7 人）；再次为畜牧业（6 人）；其余依次为制造业（4 人），居住服务业（3 人），批发零售业（2 人），文教卫生、住宿餐饮、交通运输业（各 1 人），等等。在从业方式中，自己经营、不付任何人工资或报酬的有 79 人，打工的有 15 人，未做选择的有 6 人，雇主的仅有 1 人。从从业地点来看，86 人在本村，5 人在本乡镇以内，2 人在本乡镇以外本县以内，2 人在本县以外本市以内，1 人在本市以外本省以内，5 人未做选择。在答卷人的主要职业中，85 人为个体劳动者，9 人为工人，2 人为企业主，1 人为技术人员，4 人未做选择。从答卷人所从事的职业来看，家庭收入最高的主要从事批发零售业，人均总收入为 265703.8 元，家庭收入最低的主要从事住宿餐饮业，人均总收入为 5495 元。答卷人每年兼业收入均值为 23720 元，最小值为 2400 元，最大值为 12 万元。固上村答卷人从事非农产业的年实际收入均值为 38659 元。

固上村绝大部分家庭都有耕地，在 101 户中有 98 户有耕地，有耕地的家庭的收入高于没有耕地的家庭的收入，没有耕地的家庭主要是老年人家庭，他们的土地已经转给自己的儿子或者用于出租，因为农村土地是按照人口分配的。

经营养殖业的家庭的收入远高于没有经营养殖业的家庭的收入，两者的人均总收入分别为 75439.8 元和 20823.6 元，前者高于后者 54616.2 元，高出 2 倍多，可见养殖业的收入还是相当可观的，但是养殖业也存在一定的风险，即遇到疫病时损失会很大，受市场的影响也较大，入门门槛较高，因此没有一定经济实力的家庭很难从事养殖业。从访谈中可知，从事养殖业也是很辛苦的事，一般一家老小都参与其中，每天从早忙到晚，随着劳动力成本的增加，雇工支出对他们来说也是不小的压力。

经营工商服务业，如开杂货店、小吃店、汽车修理店等的家庭人均总收入一般会很高，调查得知，在固上村的 101 户农户中，7 户从事工商服务业的家庭人均总收入高达 139423.8 元，而没有从事工商服务业的家庭人均总收入仅有 14896.8 元，前者是后者的 9.4 倍，它们的差距相当大。由此可以看出，光靠农业是很难发家致富的，致富还必须要向农业以外的工商业拓展。

工资性收入已经是家庭收入的主要来源，固上村调查样本中家庭中有两个人有工资性收入的，其家庭人均总收入最高，达到 46442.5 元，家庭中有四个人有工资性收入的次之，其家庭人均总收入为 33920.0 元，家庭中有一个人有工资性收入的，其家庭人均总收入最少，为 14817.9 元。

调查最后得出，从收入结构和收入种类来看，固上村贫富分化的主要原因是，收入高的家庭采取了以工商业为主要表现形式的家庭经营模式，并且他们的农业也经营得较好，种植业与养殖业并举，另外其工资性收入表现得也较为强劲。也就是说，这些家庭一般都在各行业全面发展，各方面的共同发展才能有较好的收入。当然这一分析较为粗略，并没有考虑户主（答卷人）的个体差异，如户主（答卷人）的年龄、性别、学历等，但我们从中也可以大略地看出一些规律。

# 第八章　保定市南邓村农户
# 收支的变化

南邓村属于典型的北方地区村庄。随着新农村建设等国家政策的实施,其经济面貌发生了变化。在这一历史进程中,该村的农户收支水平和结构也发生了变化。工资性收入在农户收入中的占比越来越大。而人情世故等方面的支出给农户的生活消费支出带来了一定的压力。

## 一　温仁镇南邓村概述

农民收入增加是生活水平提高的关键,也是国家全面建成小康社会的难点和重点。在中国,这个问题为各级党委和政府所关注。农民收支受多种因素的影响,如地理位置、资源禀赋及要素配置等。

温仁镇南邓村是保定市清苑县东南部边界处的一个普通村庄,原属王盘镇,后因王盘镇撤销,而划归温仁镇。这个村离周边主要城市都不算远,如距保定市30多公里,距清苑县城20余公里,距蠡县县城15公里,距温仁镇党委政府所在地5公里。由于路况和交通工具的改善,现在村庄周边的干道和公路都比较畅通。随着农民收入的增加和机动车辆的推广普及,村民的交通工具也进行着更新换代,如今村中不少村民都买了轿车或者电动三轮车,交通通行比较方便。据不完全统计,村子里有小轿车的家庭占1/3左右,而机动三轮车或四轮车在村中的普及率在85%以上。

南邓村属于典型的北方地区村庄,如果没有在村口放置村庄名字的标志,那么你很难在众多拥有类似建筑和道路等设施的村庄中发现它。这种在北方地区无明显特征的状况在很大程度上决定了生活在其中的农民的生产生活方式。

随着国家社会主义新农村建设政策的实施和农民收入的增加，南邓村的村居建设发生了许多新的变化，其显著特征就是新民居大量涌现，并在结构造型方面较以前有较大的改观，村子里的道路建设和公共设施建设都有新的变化。但由于缺少科学统一规划，南邓村呈现向四周带状无序发展的趋势。一方面该村中间出现了大量荒废的房子，21世纪以来，由于村民建新房，旧有房基地小，村民不断将房子从村庄中部迁盖到村南北的农田上，村庄变得越来越长，村中间却有不少旧房和废弃破房，残垣断壁随处可见，这也就是所谓空心村的问题，既不美观，也浪费了大量的土地资源，但在一定程度上反映了农户住房选址观念的变化。另一方面是村子向四周扩张的步子一直没有停止，有的房子建在了耕地边上，建筑形状各异，显得有些凌乱。由于农民把住房看作身份和地位的象征，很多村民把盖房子作为人生的一件大事，特别是家中有男孩的家庭，家长更是把为孩子盖房娶媳妇作为自己必须完成的人生使命，许多农民忙碌辛苦大半辈子，积攒多年的积蓄大多花在盖房子上。村民们盖房子，只要是条件许可，房子院子就往高处大处盖，就我们在村中所看到的情况而言，大多数新房有高墙深院，特别是院子门口，大多有那种很大的能够进出小汽车的大铁门。

农村的公共产品和公共服务提供状况对农民收支状况改善有着重要的影响。21世纪以来，社会各方面特别是来自上级政府的持续投入，使南邓村村民的交通通信和生活设施等方面的情况大为改善。据南邓村村支部书记刘彦秋介绍，村子里修了柏油路，村中的主路不再是一下雨就满是泥水的泥巴路了，现在路两边有了排水设施，下很大的雨时也不怎么积水。村子通往外面的公路四通八达，交通方便多了。几乎家家都有手机，有的家庭做到了人手一部。互联网在南邓村的发展也很快，现在农村上网的家庭也在增多，特别是家里有年轻人的家庭，据不完全统计，南邓村上网的家庭数有200户到300户的样子，有年轻人的家庭大多会上网。村子里早已用上了自来水，村里自己打的井，水质也较好，使用比较方便，但由于受供水能力的限制，村里的水井供应自来水的时间是有规定的，一天里集中几个时间段放水。

据南邓村的老人讲，南邓村所在的地区原来水资源非常丰富，地下水位浅，水质好。随着农业灌溉用水和工业用水以及人们生活用水的大量增加，再加上有些工厂如小造纸厂、小塑料厂等对地下水资源的污染，南邓村的地下水位不断下降，并且水质也变差了。

随着生活用水和农业用水的增加，有的农户为了用水方便，也开始自发打井，其费用由机井周边的几户农民负担，村集体没有补助。不过，随着该地区地下水位的下降，现在有的家庭井已经打到了地下 100 多米。农民农田灌溉主要是抽取地下水，村里原来有几十眼机井，但由于水位的持续下降，以及缺乏管理等，现在这些机井大多接近报废了。村子附近原来有一条河流，由于水量持续减少，现已经干涸了，村民在河床的有些地方种上了庄稼。

如果单纯从人口数量来说，那么南邓村在本县算比较大的村庄。根据南邓村村委会提供的数字，2011 年，南邓村共有 2264 人，比 1997 年的 1949 人增加了 315 人，14 年间人口增长了 16.2%，年均增长 1.1% 左右；有 700 多户，比 1997 年的 489 户增加了 200 多户，户数增加的比例要远远大于人口增加的比例。但是，南邓村每户的人口数量出现了下降的趋势，2011 年，平均每户的人数比 1997 年的 4 人减少了 1 人，这说明农村家庭出现了小型化的趋势，核心家庭在农村大量涌现，深刻地影响着农村的社会文化，使传统的农村社会文化发生剧烈的变化。实际上，因为同在一个村子，有很多家庭名义上是一户，但实际上已婚子女和老人一起过，一个家庭两户人家的情况也比较多。

中国共产党作为执政党，其在村庄的基层组织——党支部发挥着引领全村社会经济等的重要作用。一般说来，党组织建设状况直接影响到村子的发展。党组织在南邓村的发展基础比较好。2010 年调研时全村有 63 名中共党员，据村支书介绍，南邓村每年也适当发展新党员，党组织也定期不定期地组织各种党员活动。书记和主任都是连续多年的村两委成员，岁数都在 60 岁左右，可谓德高望重。在我们进行调研的时候，适逢村里换届选举，书记和主任又重新当选，村两委的一届任期为 3 年。现在的村两委成员都在本村土生土长，是长期在村里工作的村民，他们对村里事务的熟悉和经验威望等是其他人所不能相比的。但在迅速变革的市场经济条件下，新知识、新事物不断涌现，如何通过加强党组织建设，让年轻党员成长起来并发挥重要作用，做到各个年龄段的党员合理搭配，发挥各方面的优势，从而扬长避短是一个不容回避的问题。

南邓村村两委是村中各项公共事务的领导者和组织者，据了解，南邓村村委会、村支部共有 6 个由县财政予以负担补助的编制。其中每个人每个月的补助数额不算太多，书记、主任每月都是 650 元，其余 4 人每人每月 325 元。除此之外，村中还有几个人在村两委工作，由于没有来自上级的财政经费，他们的补助由村里自筹予以解决，村委会主任赵启发介绍：

> 公家给的这几百元钱根本做不了什么，但是自己除了农忙时间外还是会把大部分时间花在村里的事务上来。在村里服务了那么长时间，乡里乡亲的，都有感情了，对村中每家的情况都比较熟悉。

南邓村的村办企业原来有几家，起初经营还算不错，后来由于经济大环境的变化，以及经营不善等，都解散了。现在村集体没有什么企业，村上的主要收入来源是企业占地收入，村里这样的土地共 50 多亩，每亩每年的收入大概 1200 元，这是 1999 年南邓村重新划分土地时留出来的，这部分土地大多在公路边上，交通比较方便，现在地价多年没有调整，周边村子的地价都在涨，村中打算提高一下占地收入。现在村里的主要支出事项是修建村中的道路和提供公共服务等，村内道路修建虽然有来自上级的拨款，但村中要有一定比例的支出与之配套，因为南邓村村集体没有什么钱，只好借钱，所以欠下了十几万元的债务。现在南邓村村集体向农民收钱变得很难，村中修路采取一事一议的方式，村集体在征得村民的同意后，向镇里申请，镇里再向上级有关部门集中申请。村中修路需要村集体出一半的资金，由于村集体没有钱，只好向村民集资，但上级文件规定每次向村民集资每人最多不超过 20 元，上级部门根据村民的集资情况给予一定的配套资金。对南邓村来说，这是一笔必须争取的资金，但因为资金有限，村里的路一次不能修好，所以村里的道路几乎年年都在修。

由于村中财力有限，村子没有能力对办公条件和办公设施进行更新改造。对比无锡村庄的情况，南邓村和无锡玉祁镇玉东村形成了鲜明的对比，南邓村村两委所在地让人不能感到浓郁的现代化气息，在略显颓废的院落里，一排灰暗的平房横在那里，其中的一块牌子上挂着村两委人员组成名单。我们去调研时虽然已是严冬，但屋内没有暖气设施，虽然书记和主任的办公室各有一台电暖器在运转，但功率并不大，辐射范围很有限，面积不大的屋子里面仍比较冷，屋内只有桌子椅子之类的。院子的一角凌乱地堆放着一些施工用的电线杆等，据村民介绍，这是村中电路施工用的；院子里没有绿色的植物，在冬日灰冷的氛围下，显得没有生机活力。由于已近年底，到村委会办事的村民比较多，他们多半骑自行车前来，把自行车往村委会门口一放就进屋办事去了，另外偶尔也有些小轿车停在院子中。

总体上，南邓村经济还是以农业为主，农业中又以种植业为重。南邓村村支书刘彦秋介绍，现在南邓村种植粮食的土地面积在大幅度减少，主要是因为种植粮食不赚钱。现在农民转而大量种植利润比较高的葡萄、西瓜等水果。据介绍，葡萄收成好的时候一亩地能赚1万多元，而就这里传统种植的小麦和玉米而言，小麦一亩地的产量为1000斤就算高产，而玉米一亩地的产量为1500斤就算高产，一亩地除去种子、化肥、农药、灌溉等的花费之外，一年也只有几百元的收入。由于每家每户的土地很少，粮食的价格较低并且波动很小，总的来说土地的收入很有限。农民对于种植什么是理性的，能在有限的土地里做到产出最大化，南邓村村民认为，种植利润高的葡萄、西瓜等是合理的。随着粮食价格的放开，现在村民主要从市场购买粮食。经过调查后初步估计，现在南邓村的葡萄和西瓜等非粮食作物的种植面积有1500多亩，占全村耕地面积的3/4多。

随着社会主义市场经济的观念深入人心，农民的观念发生了深刻的变化，大部分农民不再把种粮看作农民的本分，而是什么赚钱做什么。现在粮食买卖都市场化了，可以到市场上去买粮食，但没有钱什么也买不到。现在农民更多地考虑比较收益，他们担心的不是能否收获粮食，而是能否赚到钱。由于具有良好的经济效益，村里葡萄的种植面积有了较大规模的提高，已经远远超过小麦、玉米的种植面积。大部分农民反映，如果一亩地种植小麦、玉米，那么什么都算上一亩地的纯收入也不到1000元，而一亩葡萄在长势好、市场好的时候，其纯收入近5000元。当我们问到农民是否会因为种植了葡萄等经济作物，而被取消国家粮食直补时，有的村民回答说，国家的粮食直补都是按土地面积发放的，到目前为止还没有停发任何村民的粮食直补。农民是理性的，他们会算自己的经济账。但个体农民的理性是否会对国家粮食生产产生影响，是否会影响到国家粮食安全等，则是一个值得重视和研究的问题。在调研中，我们也发现，由于每家每户的土地面积都很小，在农村机械化程度大大提高的情况下，如何有效地提高机械利用效率也是一个突出的问题。

## 二　南邓村农户收入变化情况

### （一）南邓村农户收入总体变化情况

量入为出是几千年来农民恪守的过日子的基本原则之一。在现代经济学中，收入是消费的前提，无论何种消费，都是以一定的收入为前提的。农户总收入是指农户年内从各种来源得到的全部收入之和。由于总收入是没有扣除各种支出的全部收入，其基本可以从价值形态上反映出农户经济活动的总体情况。随着中国经济的快速发展，以及惠农政策的出台，和全国大部分农户相似，南邓村农户的收入也水涨船高。1997～2010年，南邓村农户总收入有了较大幅度的提升，依据1997年的十等分划分标准，如果把2010年的农户收入也十等分的话，那么每等分的农户总体收入水平都有了显著增加，但是每等分的收入增加水平有着显著的不同。家庭总收入是家庭中所有成员收入的总和，为了计算和统计的方便，本章分别用人均总收入和人均纯收入来反映农户的总收入和纯收入。

农户人均总收入指的是农村居民人均当年从各个来源得到的总收入，是没有扣除获得收入所发生的费用后的收入总和的人均值。农户人均纯收入指的是按农村人口平均的农户纯收入，反映的是一个国家或地区农村居民收入的平均水平。从表8-1、表8-2、表8-3中可以看出，无论是农户人均总收入还是农户人均纯收入，过去十几年中南邓村都有大幅度的增长，其中人均经营性收入在农户人均总收入中的比重下降，而农户人均总收入中人均工资性收入、人均财产性收入以及人均转移性收入等的比重大幅上升。受农村土地资源等条件的约束，农民们更多地把增加收入的重点放到了非农产业方面，通过打工获取工资性收入已经成为大多数农户增加自己和家庭收入的主要方式。

表 8 - 1 1997 年与 2010 年南邓村农户人均总收入及其结构比较

| 指标 | 人均总收入 | 人均工资性收入 | 人均经营性收入 | 人均转移性收入 | 人均财产性收入 |
|---|---|---|---|---|---|
| 1997 年(156 户,元) | 2773.8 | 589.9 | 2094.5 | 81.5 | 7.9 |
| 来源构成(%) | 100.0 | 21.3 | 75.5 | 2.9 | 0.3 |
| 变异系数 | 1.3 | 1.1 | 1.8 | 4.3 | 9.3 |
| 2010 年(100 户,元) | 9413.8 | 4322.4 | 4265.2 | 703.0 | 123.2 |
| 来源构成(%) | 100.0 | 45.9 | 45.3 | 7.5 | 1.3 |
| 变异系数 | 1.6 | 1.3 | 3.3 | 2.8 | 3.8 |
| 1997~2010 绝对差距(元) | 6640.0 | 3732.5 | 2170.7 | 621.5 | 115.3 |
| 1997~2010 相对差距(倍) | 3.4 | 7.3 | 2.0 | 8.6 | 15.6 |
| 1997~2010 年实际年均增长(元) | 510.8 | 287.1 | 167.0 | 47.8 | 8.9 |
| 1997~2010 年实际年均增长率(%) | 9.9 | 16.6 | 5.6 | 18.0 | 23.5 |

注:2010 年数据换算成 1997 年的可比价格。

资料来源:1997 年数据来自《第四次无锡、保定农村调查》问卷数据库;2010 年数据来源于 2011 年《无锡、保定农户收支调查》问卷数据库。

表 8 - 2 1997 年与 2010 年南邓村农户不包括土地宅基地补偿的人均纯收入及其结构比较

| 指标 | 人均纯收入 | 人均工资性收入 | 人均经营性收入 | 人均转移性收入 | 人均财产性收入 |
|---|---|---|---|---|---|
| 1997 年(156 户,元) | 1654.4 | 589.9 | 975.1 | 81.5 | 7.9 |
| 来源构成(%) | 100.0 | 35.7 | 58.9 | 4.9 | 0.5 |
| 变异系数 | 1.0 | 1.0 | 1.0 | 1.1 | 1.1 |
| 2010 年(100 户,元) | 8125.4 | 4322.4 | 2981.0 | 703.0 | 119.0 |
| 来源构成(%) | 100.0 | 53.2 | 36.7 | 8.7 | 1.5 |
| 变异系数 | 1.0 | 1.0 | 2.1 | 2.2 | 3.1 |
| 1997~2010 年绝对差距(元) | 6471.0 | 3732.5 | 2005.9 | 621.5 | 111.1 |
| 1997~2010 年相对差距(倍) | 4.9 | 7.3 | 3.1 | 8.6 | 15.1 |
| 1997~2010 年实际年均增长(元) | 497.8 | 287.1 | 154.3 | 47.8 | 8.5 |
| 1997~2010 年实际年均增长率(%) | 13.0 | 16.6 | 9.0 | 18.0 | 23.2 |

注:2010 年数据换算成 1997 年的可比价格。

资料来源:1997 年数据来自《第四次无锡、保定农村调查》问卷数据库;2010 年数据来源于 2011 年《无锡、保定农户收支调查》问卷数据库。

表 8 - 3　1997 年与 2010 年南邓村不同人均纯收入农户的人均总收入情况

单位：元

| 等级 \ 指标 | 1997 年保定市 | 2010 年南邓村 |
|---|---|---|
| 1 | 6332.5 | 5402.3 |
| 2 | 1386.9 | 5909.2 |
| 3 | 1522.9 | 13829.5 |
| 4 | 1864.1 | 14294.3 |
| 5 | 2159.3 | 28502.5 |
| 6 | 2772.1 | 17443.4 |
| 7 | 2926.8 | 19754.4 |
| 8 | 3375.3 | 23929.3 |
| 9 | 4593.0 | 26320.3 |
| 10 | 14486.9 | 79231.0 |

注：1997 年样本量为 8066 户，为保定市数据；2010 年样本量为 100 户，为南邓村数据；有的统计项在 1997 年没有涉及，故只能用 2010 年南邓村的情况和 1997 年保定市的情况进行对比，因南邓村是保定市清苑县所属的一个村子，这样的对比虽较为粗略但具有一定的可比性。收入数据未经统一价格处理，下同。

资料来源：1997 年数据来自《第四次无锡、保定农村调查》问卷数据库；2010 年数据来源于 2011 年《无锡、保定农户收支调查》问卷数据库。

从农户收入来源来看，1997 年农户人均总收入为 2773.8 元，其中人均经营性收入为 2094.5 元，占当年农户人均总收入的 75.5%；2010 年农户人均经营性收入为 4265.2 元，占当年农户人均总收入 9413.8 元的比例为 45.3%，比 1997 年下降了约 30 个百分点。而农户人均总收入中的人均工资性收入从 1997 年的 589.9 元增加到了 2010 年的 4322.4 元，增长了 6.3 倍，人均工资性收入占农户人均总收入的比例由 1997 年的 21.3% 上升到 2010 年的 45.9%（见表 8 - 1），约占农户人均总收入的一半，这说明人均工资性收入已经取代人均经营性收入成为农户人均总收入的主要部分，人均经营性收入在农户人均总收入中的地位下降，这从一个侧面反映出农户经营模式在市场经济条件下变得不适应和出现了困难。

从表 8 - 1、表 8 - 2 中可以看出，人均工资性收入在改变农户人均纯收入结构中的颠覆性作用。这种变化很大程度来源于 20 世纪 90 年代以来中国工业化、城市化的大力推进。在工业化、城市化推进的过程中，农村、农业和农民的生产、生活方式也发生了重大变化。随着农村生产技术的改进和农业生产效率的提高，农村出现了大量的所谓剩余劳动力。由于这些劳动力在农业领域的劳动边际收益基本为零，为了扩大收入来源，越来越多的农村剩余劳动力通过进入乡镇企业、外出务工和从事非农经营进入了非农产业领域。

农民非农产业就业有多种形式，收入来源也呈现多元化的趋势，但主要是打工工资收入、非农经营收入等，从南邓村调查情况来看，农民的非农收入已经大大超过农业收入。另外，按人均纯收入将农户十等分组，从低到高排列，等级 1 为最低收入，等级 10 为最高收入，经过对比可以发现，南邓村每个等级的人均纯收入均有不同程度的增长，但增长幅度差异较大。从总体来讲，处在最低收入等级上的家庭人均纯收入增长幅度最小，而处在最高收入等级上的家庭人均纯收入增长幅度最大。最低收入等级的人均纯收入甚至出现了负增长，人均纯收入增长最快的是等级 5，其人均纯收入增长近 12 倍。人均纯收入增长最多的是原来人均纯收入最高的等级，这从一个侧面证明了农村收入分配中马太效应的存在，即收入越高者增收越容易，而低收入者则较难提高收入，这样造成的结果是收入差距的拉大，贫富差距的扩大。因为高收入者拥有更多的收入来源，在市场经济环境下他们参与资源配置的能力更强，更易于提高收入。怎样有效地提高农村低收入群体的收入水平，防止农村基尼系数的扩大，在现阶段仍然是一个问题。

在适龄劳动人口中，参与创造社会财富的人越多，创造的社会财富就越多，生活水平总体上也会提高越多，人口红利说的就是这个道理。年龄结构对农户收入的影响是很大的。从不同年龄户主（答卷人）的家庭人均总收入变化来看，18～25 岁年龄组的家庭人均总收入变化较小，增长倍数为 2.65，而 26～35 岁年龄组的家庭人均总收入变化较大，增长倍数为 4.07，36～45 岁年龄组的家庭人均总收入变化最小，增长倍数为 0.14（见表 8-4）。一般来说，36～45 岁是一个人一生中年富力强的时期，此时一个人的收入水平应该提高较快，但统计数据显示 36～45 岁年龄组是家庭收入增长最慢的群体，这背后的原因值得深入思考。46～60 岁年龄组的家庭人均总收入增长倍数为 2.14，人均总收入变化最大的是 61 岁及以上年龄组的家庭，人均总收入增长倍数为 9.96。18～25 岁为刚刚建立或尚未建立家庭时期，此时是户主（答卷人）走上社会寻求独立生活的开始，他们的家庭收入较低，一般需要父母的帮助。

表 8－4　1997 年与 2010 年户主（答卷人）年龄分组与南邓村农户人均总收入情况

| 年龄分组 | 1997 年保定市 | | | 2010 年固上村 | | | 增长倍数（倍） |
|---|---|---|---|---|---|---|---|
| | 样本量（户） | 均值（元） | 标准差（元） | 样本量（户） | 均值（元） | 标准差（元） | |
| 18～25 岁 | 88 | 2754.6 | 2309.7 | 5 | 10048.3333 | 4181.11040 | 2.65 |
| 26～35 岁 | 1684 | 2893.4 | 4237.2 | 7 | 14673.1548 | 6001.86576 | 4.07 |
| 36～45 岁 | 2657 | 7993.6 | 57808.8 | 21 | 9077.3300 | 5879.01514 | 0.14 |
| 46～60 岁 | 2713 | 4393.9 | 9894.3 | 39 | 13818.2965 | 15403.95660 | 2.14 |
| 61 岁及以上 | 924 | 3436.8 | 7505.9 | 28 | 37667.8423 | 59306.72227 | 9.96 |

注：1997 年为户主，保定市样本量为 8066 户，2010 年为答卷人，南邓村样本量为 100 户。

资料来源：1997 年数据来自《第四次无锡、保定农村调查》问卷数据库；2010 年数据来源于 2011 年《无锡、保定农户收支调查》问卷数据库。

影响人力资本的一个关键因素是受教育水平。从户主（答卷人）的文化程度来看，不同文化程度群体的家庭收入水平并不符合社会发展的趋势。从一般意义上说，受教育程度越高收入水平应该越高，这是一般趋势。在农村发展的特定阶段，可能会出现文化程度低而收入增加快的现象。如果这种现象成为一种常态，那么社会主义新农村建设目标的实现将成为一句空话。在这次调研的数据整理中，南邓村收入变化最大的是文盲半文盲文化程度户主（答卷人）家庭，它们的收入提高最快。而高中及中专文化程度户主（答卷人）的家庭人均总收入变化最小（见表 8－5），扣除物价水平上涨等因素，他们的家庭人均总收入基本上是在原来的收入水平上前进了一小步，其原因是多方面的，这可能是因为文化程度相对较高的农民大多已经走出农村，到附近城市工作，留在村里的文化程度相对较高的家民很少，所以我们从数据中并不能看出明显的趋势。总之，不同文化程度的群体，家庭人均总收入都有所增加，受教育水平在农村并不是影响农民收入水平的根本因素，除了样本数量和选择等方面的原因外，在农村，头脑灵活程度、从事行业的不同和适应环境变化能力等都可能带来收入水平的变化。

表 8 – 5　1997 年与 2010 年户主（答卷人）文化程度与南邓村农户人均总收入情况

单位：元，%

| 户主(答卷人)文化程度 | 1997 年保定市 | 2010 年南邓村 | 增幅 |
|---|---|---|---|
| 文盲半文盲 | 2990 | 24755.9286 | 728 |
| 小学 | 3732.3 | 14908.1111 | 299 |
| 初中 | 6023.6 | 24540.8993 | 307 |
| 高中及中专 | 8452 | 14280.2077 | 69 |

注：1997 年为户主，保定市样本量为 8060 户；2010 年为答卷人，南邓村样本量为 100 户。

资料来源：1997 年数据来自《第四次无锡、保定农村调查》问卷数据库；2010 年数据来源于 2011 年《无锡、保定农户收支调查》问卷数据库。

如表 8 – 6 所示，行业差别是造成中国居民收入差距的重要因素之一，对于农民来说，从事行业对其收入增长至关重要。从可对比的行业来看，南邓村从事不同行业的户主（答卷人）的家庭人均总收入 2010 年较 1997 年有较大变化，我们通过比较发现，其中有两个行业对应的农户人均总收入出现了负增长，分别为养殖业和工业。

表 8 – 6　1997 年与 2010 年户主（答卷人）从事行业与南邓村农户人均总收入情况

单位：元，%

| 从事行业 | 1997 年保定市 | 2010 年南邓村 | 增幅 |
|---|---|---|---|
| 种植业 | 2657.6 | 11069.5335 | 317 |
| 养殖业 | 33713.3 | 10617.0833 | – 69 |
| 工 业 | 17844.2 | 9053.7500 | – 49 |
| 建筑业 | 2655.5 | 14196.9583 | 435 |
| 运输业 | 9359.1 | 12670.0000 | 35 |
| 服务业 | 3628.4 | 4876.8000 | 34 |
| 文教卫生行业 | 3716.4 | 7637.1429 | 105 |

注：1997 年为户主，保定市样本量为 7863 户；2010 年为答卷人，南邓村样本量为 100 户。

资料来源：1997 年数据来自《第四次无锡、保定农村调查》问卷数据库；2010 年数据来源于 2011 年《无锡、保定农户收支调查》问卷数据库。

在南邓村调研过程中，我们发现村子里养殖户并不是很多，真正成规模的是一个养牛户，其也只有不到 20 头牛。已是 73 岁的刘文增和老伴主要负责为儿子养牛，在村子里养了 18 头牛。儿子 2010 年 54 岁，生有两女一男，儿子的两个女儿已经结婚出嫁了，小孙子还没成家，这也就是这几年的事。当我们问起老人这么大年龄怎么还干这么重的养牛活时，老人笑了，说，这是在替儿子养的。栏里 2010 年一共有 18 头牛，它们全是肉牛，是 8 月份从张北买来的，每头 4800 元，差不多 1 岁大。牛要养到明年 5 月份才能出栏，那时每头牛能长到 1000 斤，可卖 6800 元。每头牛也就赚 1500 元。该村养殖户比较少，很难形成规模效益，也很难有规范化的社会服务。牛饲料的购置、牛看病等都面临着较高的成本问题。

南邓村的工业发展情况也不容乐观。据南邓村村委会主任赵启发介绍，南邓村有几个厂子，规模都不是很大，但全部是个人办的，村办企业已经没有了。原来村里乡镇企业红火的时候，也有几个不错的厂子，但后来都无果而终。在调研过程中，很多人都不愿提及村办企业的事情，仿佛压根就没有这回事。现在南邓村的工厂以家庭工厂为主。

除了外出打工外，村里也有不少人自己办起企业，自己做老板。这些企业一般规模不大，技术含量也比较低，产品主要与农民的生产生活相关。自己创业做老板，虽然劳心劳神，还要承担一定的风险，但毕竟收益也多得多，据南邓村的抽样调查，在经营正常的情况下，答卷人自己做雇主的家庭人均总收入是答卷人打工的家庭人均总收入的 4 倍左右，是答卷人自己经营、不付任何人工资或报酬的家庭人均总收入的 2.7 倍左右（见表 8-7）。在农村，土地和劳动力价格都很便宜，只要找到好的项目，产品适销对路，就能赚到钱。在该项调研时，网络的推广特别是网购才刚刚开始，南邓村农户基本上还没有受到相关的影响。随着交通和通信的发展，特别是网络的推广，任何一个地方的企业，都必须直面本行业最优秀企业的竞争，这对地方企业的发展是个严峻的挑战。

表 8-7 2010 年答卷人从业方式与南邓村农户不包括
土地宅基地补偿的人均总收入情况

单位：元

| 从业方式 | 均值 |
| --- | --- |
| 未做出选择 | 6389.2756 |
| 自己经营、不付任何人工资或报酬 | 12718.3268 |
| 打工 | 8841.6852 |
| 雇主 | 34773.3333 |

资料来源：2011 年《无锡、保定农户收支调查》问卷数据库。

　　家庭工厂主要是指由个人投资创办，以家庭成员为主要劳动力，以来料加工、来料装配为主业，以单家独户或几家联户为单位，以自家（或租赁）房屋和场地为主要场所，从事生产、加工的工业实体。它们一般规模比较小，生产工艺相对简单。现在南邓村村里的企业主要是织布厂、预制板厂、面粉厂、钢材加工厂和煤厂等，厂房主要分布在村头靠大路的两侧，规模都不是很大，设施也相对简陋。在原来卖方市场的环境下，这些小企业还有比较大的生存空间，随着人们消费水平的提高和大企业的不断发展及营销网络的延伸，这些小企业逐渐失去了竞争优势，普遍出现了产品滞销、经营业绩下滑等问题。

　　从事其他行业（如种植业、建筑业、运输业和文教卫生行业等）的农民收入都有不同程度的增加，其中增加最明显的是种植业和建筑业。从事建筑业的农民收入增长最快，这与建筑业准入门槛较低、技术含量不高、中国建筑业发展的黄金时期（1998 年以来的十多年）有关。保定市及清苑县及其周边存在着大量的就业机会，只要农民愿意出去，就能找到工作。另外，随着农民生活水平的提高，农户自身的建房需求增加，农民对装修的需求也大量增加，这些都增加了农民的就业机会，需求的大量增加使得熟练工人短缺起来，一些从事建筑业的农民的收入提高也顺理成章。不过，我们在这次调研过程中发现了新的问题，随着房地产限购政策的出台，以及过去几年存量商品房的大量供给，房地产产能过剩的现象很明显，就业市场特别是建筑业等行业出现了大量农民工就业不足等问题，依靠在建筑工地打工为主要收入来源的农村家庭面临着收入增长缓慢甚至负增长的窘境。有的家庭面临着生活困难的问题，特别是年轻家庭的贫困现象凸显。这是政府制定农村政策时需要注意的问题。

## （二）南邓村村民来源于种植业的收入

　　作为农民命根子的土地现阶段仍然是南邓村农民最主要的生产资料。据1998 年的调查资料，1997 年南邓村有土地 2600 亩，其中耕地 2095 亩，人均耕地 1.07 亩。随着人口的增加和土地非农用途的增加，2010 年南邓村人均土地不足 1 亩，且分配存在着不合理的因素，每户土地不到 3 亩地。因上一次分地是几年前，按当时的人口计算为人均 1 亩地，不过在那次分地之后到南邓村落户的人都没有土地，这造成了很多新结婚的年轻人一家几口只有 1 亩地的情况。南邓村村民土地上种植的农作物原来以小麦和棉花等为主，但后来由于假冒伪劣农药产品太多，根本消灭不了不断更新换代的棉虫灾害，农民只能眼睁睁地看着棉花被棉虫祸害而束手无策，有的年份甚至血本无归。几年下来，棉花在南邓村的土地上基本消失了。

近几年，农业生产成本加大，农民种植利润减少，种植粮食比较收益更小。农资价格高位上涨，生产成本增加，导致农民增收压力增大。国家强农惠农政策和农产品涨价的增收实惠部分被抵消。在粮食作物方面，南邓村村民现在一般种植小麦和玉米，间或种些杂粮，虽然国家对农民种粮给予了一系列的优惠政策，如取消农业税，并且还有粮食直补和农业综合补贴，农民的负担比征收农业税时代大大减轻了，但南邓村的农民似乎对种植粮食并没有多大兴趣，一般将粮食种植列为经济作物种植之后的选择。农民是最实际的，简单算一笔账，他们就能看出种什么能使自己的利益最大化。农民也许不了解国内外的粮食供给形势，但他们绝对懂得比较收益，在没有外界干预的情况下，能使自己利益最大化的品种就是他们选择去种的品种。以这里传统种植的小麦和玉米为例，小麦每亩地的产量为 1000 斤就算高产，而玉米每亩地的产量最多能到 1500 斤，一亩地除去种子、化肥、农药、灌溉等花费之外，一年也就只有几百元的收入，但他们认为，现在做什么不能挣几百元，为什么还要在田地里搭上很多时间，花费不少精力。国家粮食直补是按亩数来补的，有地就有直补收入的政策显然对农民种植什么形成不了约束。有的村民介绍，附近村庄的好多农民也选择种植经济作物而不愿种植粮食。

据调查，南邓村的经济作物主要为西瓜和葡萄，且以葡萄为主。西瓜投入更大，需要的技术也更复杂，并且投入的时间也更多。南邓村的葡萄种植技术已经相当成熟，且被种植葡萄的农户所掌握。西瓜和葡萄价格弹性相对较大，赶到年成好的时候，一亩地收入一万元没有问题，即使在年成差的时候，也有两三千元的收入。对于家里有劳动力的农户来说，只要把西瓜或者葡萄伺弄好了，收入就不比在建筑工地上打工少很多，还落得个自由轻快。

从葡萄的生长周期方面来讲，种葡萄前两年见不到什么收益。第一年是种上葡萄幼苗，第二年还不能结很多果实，到第三年才能结出大量的果实来，只有那时候才能卖到钱。种葡萄费事，冬天埋上，开春刨出来，然后浇水。到秋天结果，然后还得剪枝，立冬的时候还要把葡萄埋上，防止冻死。来年开春再刨出来，再浇水。葡萄树一般能结果十来年，十来年后，还可以再种小葡萄苗。有的村民也表示，如果种葡萄不行了，卖不上价了，那么还可以种别的，到时候再看，现在种葡萄还能挣到钱，他们也不考虑那么多了。

至于很多村民不种西瓜的原因，主要是因为种西瓜太麻烦。4 亩地，得耽误两个人。另外，种西瓜的效益也不行。有村民就说，种西瓜 1 亩地毛收入也就 3000 元左右，如果除去成本，那么剩不了多少钱，因此不种西瓜。当然，按照人家种瓜的人说呢，种瓜合适。为啥呢？种瓜三个月就收钱，这葡萄得一年。种瓜还能种别的，能套种玉米，夏季种菜也行。人家会种的都种两茬。种瓜需要有瓜炕，还要育苗。天天都得烧火，还得看着温度。种葡萄比种麦子、玉米麻烦点，但比种瓜轻松些，就剪枝、插枝、打药、浇水等。

但是受到南邓村土地规模所限，每家每户只有那么多地，村民都忙自己的，这形不成规模种植，自然就没有规模效益。据了解，南邓村种植葡萄最多的农户的地有 5 亩左右，少的也就 1 亩。各家各户都忙自己的，很少有联合起来的，同样的劳动被各家各户所重复，表面上大家都很忙，但是实际上投入产出效率很低。现在农业生产大多实现了机械化，如果实行规模种植，那么可能全村 1000 多亩的葡萄有 30 人就够了，但现在 300 人的时间和功夫都花在上边，多余的人的边际收益基本为零。农村中农民之间的联系也不像以前了，南邓村的好多农民家都是高墙深院，虽然大家都熟悉，平常也会串门，但大家很少有生产或者生活中的合作，结果是家家户户都忙自己那几亩地，都打自己的小算盘，有限的一些土地资源还形不成合力。农民不但在种植方面形不成规模效益，而且在面对市场时同样没有谈判能力，由于各家种植面积有限，他们只能面向许多分散的客户，有的农民还亲自到集市上去卖葡萄和西瓜。由于土地的有限、家里劳动力的缺乏，他们什么都得亲力亲为，分工合作意识相对较差。

每年西瓜和葡萄成熟的季节，也会有水果贩子到村子里来收西瓜和葡萄，但价钱压得相对较低。南邓村村民为了使葡萄尽快脱手，有时还做出竞相压价的行为。另外，别的村的农民看到种植水果比种粮食合算，也改种西瓜、葡萄，这样就扩大了葡萄、西瓜的供给，它们的价格更难上去了。

王建发是南邓村专门种西瓜的农民。他自己有两个温室大棚，主要用于西瓜育苗。为了保持温度，大棚需要经常通过烧火加温。大棚里整整齐齐地摆放着西瓜苗，一颗西瓜苗装一个袋，袋是没底的，里边有沙土。在这里把苗育好之后，他就将它们移栽到地里。种西瓜要比种粮食费事多了，需要大量的人工。西瓜的收益受到价格的影响很大，但只要保住每斤5毛钱就没有问题，这样1亩地就能有2000元的纯收入。如果价格低，那么收入就会少一些。在收获的时候，他自己把西瓜摘了，装上自己的车，然后到市场上去卖。南邓村周边农村集镇市场点很多，也有很多商人来地里买瓜，东北的客商挺多的，并且都是大车。种西瓜1亩地投资需要500～600元，包括种子、化肥、农药等。西瓜种子需要年年购买，这都是人家科学研究好的，西瓜种子最贵的时候达到4分钱一粒。另外，瓜园管理也是一件很烦琐的事情，需要投入很多的时间和精力，但是干什么活都得花费时间和精力，自己种西瓜种出了门道，他对于别的没有太大的兴趣。南邓村农民几乎家家都有来自土地的收入，土地资源有限，而人口却在增加，来自种植业的收入在大多数农户收入中的比重不断下降。

在调研中我们注意到，农民的收入和中国经济的大环境是息息相关的。有的农民的收入很不稳定，特别是一些从事周期性比较强的行业的人，收入不稳定的风险更是突出，如从事建筑业的，这在村民中占很大比例。当房地产市场饱和时，这部分的后续收入就成为一个突出的问题。如何建立一种使农民收入稳定增长的机制仍是一个充满挑战性的问题。

# 三　南邓村农户消费支出变化情况

农民的消费是受收入水平制约的，特别是受当期收入水平的制约。随着农村经济的多年发展，农民的生活方式和消费方式出现了明显变化，农民从开始的解决温饱，逐渐向吃好、吃精、注重营养、追求方便的方向发展。作为中国北方农村的一个缩影，南邓村和其他农村一样，农户的消费支出方式和结构都发生了较大的变化。农村恩格尔系数出现了明显的下降趋势。农民的饮食习惯及消费观念也在不断发生变化。农民不仅在食品消费上注重营养，而且在食品消费方式上也追求多样化和方便化，蔬菜、水产品、肉和奶类、蛋类等食物消费量增加。在吃之外的其他消费上，变化就更为显著。

## （一）南邓村农户消费总体变化情况

居民消费通常分为基本生存型消费和享受型消费两种类型，基本生存型消费包括"食品、衣着和居住"等生活必需消费支出部分；享受型消费包括"家庭设备用品及维修服务、交通和通信、文化教育娱乐用品及服务、医疗保健和其他商品和服务"等消费支出。判断居民消费结构是否趋向优化，可依据经济学理论的"基本生存型消费比重是否下降，享受型消费比重是否增长"来进行判断。根据调查情况，现在农民的消费支出结构正在发生变化，但这种变化在各地的表现并不一样。具体到南邓村来说，就大多数农民而言，基本生存型消费比重普遍下降，享受型消费缓慢增长，各个不同收入水平群体之间消费支出存在较大的差异，其中要注意的一个现象是部分青年农民的基本消费支出情况。

从表8-8中可以看出，不同人均纯收入等级的家庭生活消费支出变化是不同的，其中生活消费支出变化最大的是等级5的家庭，生活消费支出增长倍数为30.59，等级2的家庭生活消费支出增长最慢，增长倍数为5.75，同时这也可以看出低收入家庭的生活消费支出增长慢，消费变化几乎与收入等级变化呈同方向的趋势。收入是消费的前提，农户的生活消费水平最终是由收入水平决定的。要提高农户的消费水平，就必须首先提高他们的收入水平。

根据不完全统计，2010年，南邓村农户的人均生活消费支出为4710.6元。其中，居于人均生活消费支出第一位的是人均食品支出，由于在统计上没有严格界定食品支出的界限，这部分支出包括烟酒方面的支出项目，但整体上影响不大；人均食品支出占人均生活消费支出的27.0%，该比重虽然相比1997年大幅降低，但仍位列第一。其次是人均居住/服务支出，占24.1%，这说明农民在盖房子、装修房子方面的投入还是十分大的，这和我们调查时的主观感受是一致的，这里的农户宁愿在吃和穿戴方面差一些，也要把住房搞得很气派。其他依次为人均医疗保健支出、人均衣着支出、人均交通和通信支出等

表 8 - 8　1997 年与 2010 年南邓村不同人均纯收入农户的生活消费支出情况

单位：元，倍

| 等级＼指标 | 1997 年保定市 | 2010 年固上村 | 增长倍数 |
|---|---|---|---|
| 1 | 1063.6 | 8353.9 | 6.85 |
| 2 | 884.4 | 5969.8 | 5.75 |
| 3 | 1084.2 | 14363.6 | 12.25 |
| 4 | 1104.9 | 10836.9 | 8.81 |
| 5 | 1273.9 | 40236.6 | 30.59 |
| 6 | 1343.3 | 20769.8 | 14.46 |
| 7 | 1568.4 | 15713.1 | 9.02 |
| 8 | 1751.4 | 13349.0 | 6.62 |
| 9 | 1898.7 | 17844.4 | 8.40 |
| 10 | 2870.9 | 32602.9 | 10.36 |

资料来源：1997 年数据来自《第四次无锡、保定农村调查》问卷数据库；2010 年数据来源于 2011 年《无锡、保定农户收支调查》问卷数据库。

（见表 8 - 9）。21 世纪以来，由于人们对外交流交往的增加，以及手机和互联网的普及，农户在交通和通信方面的支出 2010 年相比 1997 年增长明显。目前，南邓村中手机已经基本普及，几乎人手一部，有的还有多部手机，农民特别是青年农民对信息经济是十分看重的，不断扩展自己的交往范围，用电话联系非常普遍，此外许多农民家庭安装了宽带。

另外，物价水平的上升对农村居民的生活也造成了很大影响。大多调查户认为当前农村整体物价高得难以接受，什么东西价格都在涨，但钱越来越难挣。现在农村生活自给自足的部分比过去少多了，农民除了自己种的小麦、玉米等粮食作物外，别的都需要从市场上购买，由于农村商业网点少，购买生活消费品等不是很方便，这些支出也不比在城市里生活少。菜、蛋、奶都要从市场上购买，农村市场上的东西不但少而且质量也比较差，价格有时还比城市市场的贵很多。现在村子里也有了集市，许多村民就在村集市上多购买一些，这样就省了不少交通费。南邓村现在隔天一集，许多村民每次赶集买菜、日用品的支出都要几十元，一个月下来光这些花销就三百多元。农户消费现在主要看重价格，质量方面只要不过期，外观无明显瑕疵就行了。他们对品牌和质量的关注虽然也重视，但还处在一个相对低的水平上。

表 8 – 9　1997 年与 2010 年南邓村农户人均生活消费支出及其结构比较

| 指标 | 人均食品支出 | 人均衣着支出 | 人均居住/服务支出 | 人均家庭设备用品及维修服务支出 | 人均交通和通信支出 | 人均文化教育娱乐用品及服务支出 | 人均医疗保健支出 | 人均其他商品和服务/其他支出 | 人均生活消费支出 |
|---|---|---|---|---|---|---|---|---|---|
| 1997 年(156 户,元) | 510.3 | 96.1 | 11.9 | 25.4 | 19.6 | 86.7 | 148.7 | 32.0 | 930.8 |
| 来源构成(%) | 54.8 | 10.3 | 1.3 | 2.7 | 2.1 | 9.3 | 16.0 | 3.4 | 100.0 |
| 变异系数 | 0.2 | 0.7 | 0 | 0.6 | 1.4 | 1.1 | 0.1 | 0.8 | 0.1 |
| 2010 年(100 户,元) | 1272.8 | 422.6 | 1137.3 | 281.1 | 420.3 | 265.9 | 910.5 | 0 | 4710.6 |
| 来源构成(%) | 27.0 | 9.0 | 24.1 | 6.0 | 8.9 | 5.6 | 19.3 | 0 | 100.0 |
| 变异系数 | 0.6 | 1.0 | 0.9 | 1.7 | 1.0 | 3.1 | 1.3 | — | 0.5 |
| 1997 ~ 2010 年绝对差距(元) | 762.5 | 326.5 | 1125.4 | 255.7 | 400.3 | 179.1 | 761.8 | | 3779.7 |
| 1997 ~ 2010 年相对差距(倍) | 2.5 | 4.4 | 95.3 | 11.1 | 21.5 | 3.1 | 6.1 | 0 | 5.1 |
| 1997 ~ 2010 年实际年均增长(元) | 58.7 | 25.1 | 86.6 | 19.7 | 30.8 | 13.8 | 58.6 | — | 290.7 |
| 1997 ~ 2010 年实际年均增长率(%) | 7.3 | 12.1 | 42.0 | 20.3 | 26.6 | 9.0 | 15.0 | — | 13.3 |

注：2010 年数据换算成 1997 年的可比价格。

资料来源：1997 年数据来自《第四次无锡、保定农村调查》问卷数据库；2010 年数据来源于 2011 年《无锡、保定农户收支调查》问卷数据库。

南邓村农户每家的支出情况都有差异。每家的支出情况因人口数和人口年龄结构不同而有很大的不同。但无论在什么情况下，对绝大多数农户来说，勤俭持家是主要的美德，量入为出是中国绝大多数农民生活的基本法则之一。在所调查的农户中，借钱用于日常生活开支的几乎没有，农户借钱一般都是用于盖房或者看病之类的非支出不可的地方。如果在农村到了借钱用于日常消费支出的地步，那么可能不用过多长时间，这个人的信用就会破产，变得无钱可借。不过我们在调研时发现，现在农村的生活成本越来越高，农村的商品化和市场化程度大大提高了，但是农民在快速发展的工业化、城镇化、信息化和农业现代化面前还有许多不适应的地方，显然他们还没有完全准备好。不少村民反映，现在挣钱越来越难，但花钱非常容易。现在买什么都花钱，除了粮食之外，别的吃的、用的几乎全从市场上购买。没有钱是绝对不行的。有的村民在接受我们调研时就声称：现在什么物价都在涨，冬天烧煤取暖得千把块，一家人添置衣服也要千把块，人情世故一年也要三四千元，加上吃、住、行等，你看一年可不就要上万元。

## （二）南邓村村民的养老和看病医疗问题

随着中国进入老龄化社会，养老问题越来越为大家所关注。随着中国城市化进程的加快以及大量农村青年涌入城市，农村老年人的养老问题越来越成为一个重要问题。南邓村基本上没有什么地方病，岁数较大的村民患的一般都是老年人的常见病，如糖尿病、高血压等，南邓村村民的平均寿命70多岁，其中超过100岁的老人村中有一位，现在身体还很健康，和儿子生活在一起。

### 1. 南邓村村民的养老问题

据不完全统计，南邓村60岁以上的老人有200多人，占全村总人口2264人的近10%。按人口学统计标准，南邓村已经是老龄化村庄，养老是一个南邓村村民不得不重视的问题。在南邓村，养老方式基本上还是以家庭养老为主。所谓家庭养老，即以家庭为单位，由家庭成员（主要是年轻子女或孙子女）赡养年老家庭成员的养老方式。养老内容主要是经济上供养，生活上照料，精神上慰藉三个方面。在所调查的20户左右中，家里大部分都有两个孩子，一个孩子的比较少，家中没有儿女的只有1户，这个人叫刘景华，兄弟四人，他一直未婚，是村中的老光棍儿，也是五保户。现在他主要在村委帮忙，村里给他一部分补助。据刘景华自己介绍，他现在主要在村委帮忙，干些零活，一个人在家憋闷，也没有什么意思，平常都在村委待着。他的收入大致如下：村里每年给他1500元补助，另外他是村里的五保户，每季度国家发放470元，加上别的一些零碎收入，一年有5000元左右。用他自己的话说就是够用了。

南邓村一般是老人和子女中的一个住在一起，两个老人单独过的比较少。老人在儿女家主要帮儿女做家务，包括做饭和接送小孩上下学等。现在的年轻人在外面都比较忙，很少有专门时间来料理家务，而家务又必须有人去做，小孩必须有人管，请保姆没有那个实力，也不太放心。将小孩托付给自己的老人最放心，年轻人也多愿意和老人在一起。前些年老人和儿女在一起闹别扭的还很多，三五天就有吵架的，现在大多数年轻人都在外面挣钱，家里无人照料，和老人在一起，老人能照顾家。另外现在年轻人的观念也改变了不少，感觉老人养育自己不容易，应该孝敬父母。老人最怕的是晚年寂寞，因此也乐意和自己的孩子住一起，老少同堂，其乐融融，自己的晚年生活也充实了许多，现在绝大部分的南邓村老人和儿女生活在一起，从南邓村的实际情况看，家庭养老是最能满足老人精神慰藉需求的养老方式。

### 2. 南邓村村民的看病医疗问题

看病难、看病贵一直是困扰农村和农民的问题，许多农民因病致贫、因病返贫，大多数农民因为不堪沉重的医疗负担而放弃治疗。

从表 8 - 10 中可以看出，2010 年，南邓村农户用于医疗保健的支出均值为 4356.1000 元，占家庭消费支出很大比重。如果有的家庭有人生大病得重病，那么该家庭可能会陷入贫困。从访谈的农户情况来看，家里人都健康的农户收入水平相对较高，幸福感也较强，他们对未来收入增加的信心较足。而家里有病人的农户则表现得有些焦虑和不安，对未来收入增加也没有多少信心。

表 8 - 10　2010 年南邓村农户医疗保健支出及其构成情况

单位：户，元

| 指标 | 医疗保健支出 | 到医院<br>看病买药的支出 | 住院的支出 | 购买<br>保健品的支出 |
| --- | --- | --- | --- | --- |
| 样本数 | 100 | 100 | 100 | 100 |
| 均　值 | 4356.1000 | 2783.0000 | 1524.0000 | 49.1000 |
| 标准差 | 5220.59865 | 3440.73357 | 3723.17666 | 284.42781 |

资料来源：2011 年《无锡、保定农户收支调查》问卷数据库。

现阶段随着人们生活水平的提高和对健康问题的关注，大家对医疗问题也越发关注。政府想民众之所想，急民众之所急，经过多年的实践与探索，推出了解决农民医疗问题的新型农村合作医疗。现在参加新型农村合作医疗成了南邓村村民的共识，全村几乎所有人都参加了新型农村合作医疗。2010年，参加新型农村合作医疗的每个人一年也就缴纳 30 元，但如果得了大病，那么可以报销的部分还是很可观的，它能够切实解决患病群众的一些实际困难，在现实中还是很受农民欢迎的。不过在调查中，也有部分村民对新型农村合作医疗提出了看法，主要是存在机制不太灵活，如只有住院才可以报销，门诊报销比例很少，部分病不可以报销，报销有限额，一些有门路的人把指标用完后，别人就无法报销了等问题。这些问题需要在以后的工作中予以解决和完善。

### （三）南邓村农户生产消费支出情况

农户的生产消费支出大致可以分为两个部分，一方面是从事农业生产活动的消费性支出；另一方面是从事非农生产经营性活动的消费性支出。1997 年与 2010 年农户人均经营性支出情况见表 8 - 11。

**表 8 - 11　1997 年（保定市）与 2010 年（南邓村）农户人均经营性支出情况**

单位：户，元

| 指标 | 均值 | 样本量 | 标准差 |
|---|---|---|---|
| 1997 年保定市 | 21449.2373 | 201 | 169681.0000 |
| 2010 年南邓村 | 5007.7467 | 100 | 39336.6981 |

资料来源：1997 年数据来自《第四次无锡、保定农村调查》问卷数据库；2010 年数据来源于 2011 年《无锡、保定农户收支调查》问卷数据库。

由表 8 - 12 可以看出，1997 年，该村农户人均农业生产经营性支出为 746.7 元，而 2010 年，这项支出减少为 590.1 元，农户的人均农业生产经营性支出出现了绝对额的减少，这一方面反映了农户农业生产经营性支出规模的缩小，另一方面反映出农户其他方面经营性支出的增加，农户不再把农业生产经营活动看作增收致富的主要途径。农户从事农业生产经营活动的支出主要是种子和农资等方面的支出，农户大多反映，现在农产品价格上涨幅度远远低于实际农资价格的上涨幅度，种粮食不挣什么钱。对此，我们认为，必要时政府应向其发放临时性价格补贴，以保障在物价上涨的情况下，农民家庭经营性收入不至于降低。要通过增加政府补贴项目，大幅度提高农民种粮综合补贴和农机购置补贴标准，增加各级财政对农田水利基本建设的资金投入，稳定和提高农民的种粮积极性，增加农民农业生产经营性收入。

表 8-12　1997 年与 2010 年南邓村农户人均经营性支出及其结构比较

| 指标 | 人均农业生产经营性支出 | 人均工商业经营性支出 | 人均固定资产投资支出 | 人均经营性支出合计 |
|---|---|---|---|---|
| 1997 年(156 户,元) | 746.7 | 0 | 91.4 | 38.1 |
| 　变异系数 | 2.2 | — | 5.5 | 2.5 |
| 　来源构成(%) | 89.1 | 0 | 10.9 | 100.0 |
| 2010 年(100 户,元) | 590.1 | 3412.1 | 4.0 | 4006.2 |
| 　变异系数 | 1.0 | 9.2 | — | 7.9 |
| 　来源构成(%) | 14.7 | 85.2 | 0.1 | 100.0 |
| 1997~2010 年绝对差距(元) | -156.6 | 3412.1 | -87.4 | 3168.0 |
| 1997~2010 年相对差距(倍) | 0.8 | — | — | 4.8 |
| 1997~2010 年实际年均增长(元) | -12.0 | 262.5 | -6.7 | 243.7 |
| 1997~2010 年实际年均增长率(%) | -1.8 | — | — | 12.8 |

资料来源:1997 年数据来自《第四次无锡、保定农村调查》问卷数据库;2010 年数据来源于 2011 年《无锡、保定农户收支调查》问卷数据库。

2010 年,南邓村农户人均工商业经营性支出为 3412.1 元,而 1997 年这项支出为 0。原来保定工商业经营主要由集体进行,农户只是作为集体的分子参与到工商业的经营活动中去。随着集体经济的分散化和乡镇企业的衰落,农户经营主体的地位开始凸显出来。农户从事非农业生产经营活动的消费性支出主要体现在原料支出、劳动力支出和土地租金等方面。南邓村从事非农业生产经营活动的企业大多是"两头在外",即原材料和消费市场都依靠外地,受市场波动影响比较大,虽然工人大多是本地人,但现在工资低了没有人愿意干,现在几个企业都是有活时招人,没活时把工人遣散回家,工人没有所谓的五险一金,也没有任何补助。企业在有活的时候招人,这样再招来的工人可能完全不是上一波人了,还得重新培训,企业内部熟练工人比较少,由于企业大多规模较小,很难有钱进行技术革新。企业只能进行简单地扩大再生产,在国内市场饱和、转向买方市场的情况下,村内的企业也跟着别的企业走国际市场,主要向非洲一些比较落后的国家和地区出口产品。而国际市场更加不可捉摸,如村内纺织企业的老板就说不清突然失去国外市场订单的原因。加入国际市场,从事国际贸易,他们需要更多的专业知识和技能。

# 四 南邓村农户收支现状及改善意见

## （一）南邓村农户收支现状分析

21世纪以来，南邓村经济社会发展取得了一定的成就，农村居民从中获益很多，收入水平也显著提高。但是，其中也存在着一些比较突出的问题，如农村居民收入增长明显滞后于经济的发展，农村居民收入在国民收入分配中的比重不断下降。城乡居民之间收入差距总体呈现扩大趋势。农村居民内部之间的收入差距不断扩大。一些年轻人家里土地少，负担重，又没有什么手艺，生活比较困难，这成为影响农村社会发展的不稳定因素。因此，努力通过各种途径使农户收入增加，缓解农村居民收入差距扩大趋势，消除不和谐因素，是推动南邓村社会主义新农村建设的重要内容。

当前，农村居民中间存在的收入差距问题不仅影响经济的协调发展，而且已经对农户的心理造成不良影响。当前，如何提高居民收入水平，缩小收入差距已经引起各级政府的高度关注。温家宝曾指出，改革收入分配制度，不仅要通过发展经济，把社会财富这个"蛋糕"做大，而且要通过合理的收入分配制度把"蛋糕"分好，坚持和完善按劳分配为主体，多种分配方式并存的分配制度，兼顾效率与公平，走共同富裕的道路。

### 1. 农村居民收入呈现稳定增长态势

改革开放前，南邓村农户收入来源单一，收入水平不高。改革开放后，随着农村价格改革和家庭联产承包责任制的推行，农村居民有了多种收入渠道，人均收入水平逐步提高。在全面建设小康社会的背景下，国家连续几年发布"中央一号"文件，把"三农"问题放在了一个更为重要的位置。国家启动了社会主义新农村建设工程，加大对"三农"的投入力度。另外，中国城市化和工业化进程还在深入推进中，农民通过出去打工、自己经营等方式参与到这一进程中去，以贡献自己的才智，增加自己的收入。随着南邓村村民收入来源的多元化，农民收入总体上有了稳定的增长。

现代工业与传统农业在生产力方面存在显著差异。这种生产力水平的天然差异引起农户收入差距的扩大。工业化组织和生产的特点是劳动、资本、技术投入大，资本周转快，资本利润率高。与之相对应的是，参与这种工业化生产的劳动、资本、技术就能获得较高的收入。由于农业人口多，人均占有土地资源少，农业机械化现代化水平难以提高，大大制约了生产力水平，从根本上决定了依靠土地资源不可能获得较高的收入。再加上农业生产受天气等自然条件影响大，农业产量变化大，进而引起农产品价格大起大落，不利于农民收入提高。这不仅拉大了城乡居民收入差距，而且使农村内部中从事第二、第三产业的农户收入快速增长，而以从事农业为主的农户增收缓慢，导致农村居民内部收入差距扩大。政府通过大力推进城镇化和工业化，使农村人口不断转移出去。同时政府通过加大对"三农"的改革支持力度，提高从事农业生产农户的比较收益等措施，建立了农户收入稳定增加机制。

### 2. 贫富差距成为农村居民最关心的社会问题

21世纪以来，南邓村农村居民收入基本保持两位数的增长速度，而农村居民家庭却没有感觉到收入的明显增加，反而一再说"钱毛了"，什么东西都要花钱买，没有钱什么事情也办不成。现在农村的货币化程度大大增加，而农民货币收入增加的渠道虽然已经大为拓展，但仍然有限，这使很多农民认为家庭收入状况没有变得更好。大多数农户认为当前社会贫富差距较大，很多农户认为这种差距"不太合理或很不合理"，这说明大多数农村居民不满意当前的收入分配，认为贫富差距过大，自己应该获得更多的收入。在调研中，我们也发现确实存在着收入差距过大的问题，虽然同住在一个村子，富裕的农户和贫困的农户财产和收入可能相差几十倍。

随着人们收入来源的多元化，农村居民内部开始出现贫富分化加剧的现象，并呈现富者愈富、穷者愈穷的趋势。贫富差距已成为农村居民最关心的社会问题之一。受访农村居民在反映自身及家庭目前最担心的问题时，认为钱不好赚的比例高达一半以上。中低收入群体对预期收入的下降和对未来生活的担忧，极易导致对社会不满情绪的产生，这成为建设社会主义和谐社会的消极因素。收入分配问题已成为农户当前最关注、最亟须解决的重大社会问题，是影响社会稳定的主要因素之一，是解决当前重大社会问题和促进社会发展的关键点。

其实居民收入差距是经济发展到一定阶段必然会出现的社会现象。库兹涅茨倒 U 形假说和邓小平关于先富带动后富的理论都指出，居民收入差距是经济发展过程中的正常现象，是社会经济发展到一定阶段的产物。随着工业化、城镇化的发展，居民收入差距逐步扩大，这种扩大趋势一直持续到工业化中期，到了工业化后期，收入差距才开始缩小。在调研中，我们感觉农户总体生活水平都在提高，但是在他们家里遇到意外事情时，农户的收支会发生较大变化。在收入总体水平不断提高的大趋势下，农户的收入水平会低于经济增长速度，且农村居民家庭之间收入差距不断扩大的现象不利于经济社会的协调可持续发展。

全面建成小康社会，解决包括农户收入在内的居民收入差距过大问题无疑是一项重要工作，其中的关键是明确采取什么方式和手段才能使小康社会建设更为有效。

### （二）改善南邓村农户收支的几点意见

根据社会发展的一般规律，人们的收入水平在总体上是和他们的受教育水平、修养水平成正比的。在农户的土地等生产要素很难增加的情况下，从根本上解决南邓村农户的收入问题最终还要依靠全体村民素质的提高。但是从整体上说，南邓村农民整体素质还不高，还不能适应新形势下市场经济发展的要求。其突出表现在以下几个方面。一是文化素质较低。据调查分析，在农村劳动力中，初中及以下文化程度的占 70% 左右，高中文化程度的约占 20%，大专及以上文化程度的不到 10%。二是思想僵化，因循守旧比较严重。在农村产业结构调整中，农民思路狭窄，鲜有运用高科技来发展农业的事例，存在依赖政府心理，怕担风险，什么事情不敢冒头，不能适应市场经济的发展要求。三是多数农民不了解和未掌握市场行情，对市场需要什么，既不去研究，也不去调查，跟风的现象比较多。针对上述存在的问题，需要从以下几个方面加以解决。

第一，针对南邓村土地资源等的约束，最终解决农民收入的办法仍是大力发展教育，提高人力资本水平，实现农村村民向现代城市市民的转变。在统筹城乡发展中，政府必须加大对农村教育资源的投入和配置力度，努力缩小城乡教育差距造成的城乡人力资源差距。在提高人力资源素质的同时，政府也要使其较快适应人力资源市场的需求变化，从而使其学习适应市场需要的技能，为其获得稳定的工资性收入创造条件。

现阶段南邓村村民必须更新观念。首先，村两委领导成员的观念必须更新，并带动村民观念的更新。在市场经济条件下，虽然竞争激烈，但很多时候竞争是人们理念思想等方面的竞争，思路决定出路。其次，要大力吸收农民中的能人进村两委，使各方面的人才结合起来，形成合力，并以此推动农村经济的发展。再次，要增加对青壮年农民的职业技能培训，提升他们在劳动力市场的竞争力，以提高他们将来的收入水平。根据南邓村的调查资料，有人接受过就业培训的农户的人均总收入要比没有人接受过就业培训的农户的人均总收入高 1 倍左右。

第二，探索农民组织的方式和形式。现在中国的社会主义市场经济已经发展到了一个新阶段，单靠个体农民的力量已经无法寻得进一步的发展机会了。农民要想继续发展，必须走合作的道路。南邓村农户可以联合起来，组织各种形式的农业合作社，通过整合现有的土地和人力等资源，使生产要素在全村范围内得以优化配置，然后可以与周边的村镇联合起来，扩大规模效益和提高劳动效率，最终实现村民整体福利的提高。

第三，完善农村社会保障制度。农村相对城市在许多方面还存在差距，养老、医疗、教育等问题仍时刻困扰着农民，这使他们不得不节衣缩食，增加储蓄以备不时之需。国家在进行社会主义新农村建设、推动城乡一体化等方面已经做了大量的工作，但是要实现我们的既定目标，政府还要在现有基础上更好地建立健全与城镇接轨的基本养老、基本医疗、教育保障以及最低生活保障等覆盖全市农村的社会保障体系。消除农民在生产生活中的后顾之忧，激发广大农民的生产和创造活力，增加农户收入，促进农村消费市场的大发展，增强本地区经济发展的活力，从而为地区经济持续快速健康发展提供有力支持。

从整体上看，南邓村村民的收支状况已经开始出现转折。但是如果仅仅依靠现在的耕作方式和组织形式，那么南邓村村民很难实现"到 2020 年收入倍增"的目标，也很难实现全面建设小康社会的既定目标。南邓村村民要想在收入方面有一个大幅度的提高，就必须扬弃现有的生产组织方式，找准本村经济下一步发展的增长点和着力点，以使彼此有效组织起来，推动本村经济的转型升级。当然，这一切仍然需要放到国家工业化、城镇化、信息化、农业现代化和绿色化的总体发展 10 思路上去实现。

# 第九章　无锡、保定农户收支状况比较

农户收入结构是指农户收入的来源、水平和构成情况，主要体现了农民扩大再生产和改善生活条件的能力。收入结构的内容和形式，主要受到产业结构、分配结构、交换结构、消费结构和所有制结构的影响。农户消费支出结构则是指在一定的社会经济条件下，农户在消费过程中消费的各种消费资料的比例关系，体现了消费的具体内容、水平和质量，反映了农户消费需要的满足状况，农户消费支出结构的变化是对农户生活状况变迁的一种描述。

本课题组在第一章至第八章中分别对无锡、保定的社会经济发展状况、农户收支水平和结构，无锡、保定4村农户收支状况做了详细考察和分析。在此基础上，本章围绕农户收入、支出水平和结构，对无锡、保定两地农户收支状况做纵横两种比较分析。首先，对2010年无锡、保定的农户收支水平和结构做横向比较，考察其异同点，总结其地域特征；其次，对1998年和2011年两次调查的结果进行纵向比较分析，总结其变化特点。

## 一　2010年无锡、 保定农户收入水平和结构比较分析

### 1. 2010年无锡、保定农户人均总收入及其结构比较

2010年，本课题组对无锡、保定4个村的401户农户做了调查，在无锡对马鞍村和玉东村2个村做了调查，调查农户200户，在保定对南邓村和固上村2个村做了调查，调查农户201户。此次调查中的总收入由经营性收入、工资性收入、财产性收入

和转移性收入 4 项内容组成。为正确分析影响无锡、保定两地农户收入变化的因素，须对农户的收入构成进行分析。本章中没有特殊说明的话，无锡、保定数据均指无锡 2 村、保定 2 村的数据。首先，对无锡、保定两地农户人均总收入进行比较。

表 9-1 显示，2010 年无锡农户人均总收入为 63343.0 元，按照各收入来源对总收入的贡献率排序，从高到低分别是人均财产性收入（37038.8 元，58.5%）、人均工资性收入（14996.0 元，23.7%）、人均经营性收入（8071.1 元，12.7%）和人均转移性收入（3237.1 元，5.1%）。2010 年，保定农户人均总收入为 19614.3 元，按照各收入来源对总收入的贡献率排序，从高到低依次为人均经营性收入（12054.3 元，61.5%）、人均工资性收入（6188.0 元，31.5%）、人均转移性收入（1142.8 元，5.8%）和人均财产性收入（229.3 元，1.2%）。两地相比较，人均工资性收入和人均转移性收入所占比例相差不大，差距最大的是人均财产性收入占比，无锡地区农户各收入来源中对总收入贡献最大的是财产性收入，其人均财产性收入占比高达 58.5%，是保定地区农户该人均收入占比 1.2% 的近 50 倍，原因是随着无锡地区城市化建设进程的加快，土地宅基地的补偿收入改变了农户的总收入构成的传统份额。另外，人均经营性收入占比的差距也较大，保定地区农户人均经营性收入占比高达 61.5%，是无锡地区人均经营性收入占比 12.7% 的 4.8 倍。

表 9-1　2010 年无锡、保定农户人均总收入及其结构比较

| 指标 | | 人均总收入 | 人均经营性收入 | 人均工资性收入 | 人均财产性收入 | 人均转移性收入 |
|---|---|---|---|---|---|---|
| 无锡 | 样本数（户） | 200 | 200 | 200 | 200 | 200 |
| | 均值（元） | 63343.0 | 8071.1 | 14996.0 | 37038.8 | 3237.1 |
| | 贡献率（%） | 100.0 | 12.7 | 23.7 | 58.5 | 5.1 |
| | 标准差（元） | 88833.4 | 22191.4 | 12692.6 | 82842.7 | 8046.4 |
| | 变异系数 | 1.4 | 2.7 | 0.8 | 2.2 | 2.5 |
| 保定 | 样本数（户） | 201 | 201 | 201 | 201 | 201 |
| | 均值（元） | 19614.3 | 12054.3 | 6188.0 | 229.3 | 1142.8 |
| | 贡献率（%） | 100.0 | 61.5 | 31.5 | 1.2 | 5.8 |
| | 标准差（元） | 37965.3 | 35133.9 | 6374.4 | 691.9 | 2492.2 |
| | 变异系数 | 1.9 | 2.9 | 1.0 | 3.0 | 2.2 |
| 无锡-保定（元） | | 43728.7 | -3983.2 | 8808.0 | 36809.5 | 2094.4 |
| 无锡/保定（倍） | | 3.2 | 0.7 | 2.4 | 161.5 | 2.8 |

资料来源：笔者根据 2011 年《无锡、保定农户收支调查》问卷数据库中数据计算而得。

从两地各项人均收入的变异系数来看，2010年无锡农户人均总收入的变异系数为1.4，其构成项的变异系数按从高到低顺序排列，分别是人均经营性收入（2.7）、人均转移性收入（2.5）、人均财产性收入（2.2）和人均工资性收入（0.8）。2010年，保定农户人均总收入的变异系数为1.9，其构成项的变异系数按从高到低顺序排列，分别是人均财产性收入（3.0）、人均经营性收入（2.9）、人均转移性收入（2.2）和人均工资性收入（1.0）。两地相比较，除了人均转移性收入以外，其他各项收入的变异系数，保定的都比无锡的要大。也就是说，无锡的农户人均总收入比保定的高，且农户人均总收入间的相对差距较小。

从两地农户各项人均收入的绝对差距来看，2010年的农户人均总收入无锡比保定高出43728.7元，除了在人均经营性收入方面，保定高出无锡3983.2元外，其他各项人均收入都是无锡高于保定，人均财产性收入高出36809.5元，人均工资性收入高出8808.0元，人均转移性收入高出2094.4元。相对差距和绝对差距呈同样倾向。2010年的农户人均总收入无锡是保定的3.2倍，除了在人均经营性收入方面，无锡只有保定的67%外，其他各项人均收入无锡与保定的相对差距都大于1，相差最大的是人均财产性收入，无锡竟是保定的161.5倍，其次是人均转移性收入，无锡是保定的2.8倍，即便是在差距最小的工资性收入方面，无锡也是保定的2.4倍。

由于农户总收入并没有扣除农户的生产和非生产经营费用支出、缴纳税款和上交承包集体任务金额等支出，因此它并不是最常用的反映农户实际收入水平的综合性指标。接下来，本章主要对无锡、保定两地农户人均纯收入的异同做比较分析，并总结其特点。

### 2.2010年无锡、保定农户人均纯收入及其结构比较

（1）农户人均纯收入及其结构

从表9-2中可知，2010年无锡农户人均纯收入为61050.2元，按照各收入来源对纯收入的贡献率排序，和人均总收入的情况一致，从高到低分别是人均财产性收入（37023.3元，60.6%）、人均工资性收入（14996.0元，24.6%）、人均经营性收入（5793.8元，9.5%）和人均转移性收入（3237.1元，5.3%）。2010年，保定农户人均纯收入为12467.4元，按照收入来源对

纯收入的贡献率排序，和人均总收入情况不同的是，占据首位的不是人均经营性收入，而是人均工资性收入（6188.0元，49.6%），人均经营性纯收入（4920.6元，39.5%）由第一位降为第二位，人均转移性收入（1142.8元，9.2%）居第三位，居第四位的是人均财产性纯收入（216.1元，1.7%）。无锡地区农户人均财产性收入较高的原因是快速的城镇化建设进程，如果剔除该因素所带来的土地宅基地补偿，那么无锡农户的人均纯收入则仅为25045.0元，其中人均财产性收入为1018.1元，比重仅为4.1%。按照各收入来源对不包括土地宅基地补偿的纯收入的贡献率排序，从高到低分别是人均工资性收入（59.9%）、人均经营性收入（23.1%）、人均转移性收入（12.9%），以及贡献率最小的人均财产性收入。

表 9 - 2　2010 年无锡、保定农户人均纯收入及其结构比较

| | 指标 | 人均纯收入 | 不包括土地宅基地补偿的人均纯收入 | 人均经营性收入 | 人均工资性收入 | 人均财产性收入 | 人均转移性收入 | 不包括土地宅基地补偿的人均财产性收入 |
|---|---|---|---|---|---|---|---|---|
| 无锡 | 样本数（户） | 200 | 200 | 200 | 200 | 200 | 200 | 200 |
| | 均值（元） | 61050.2 | 25045.0 | 5793.8 | 14996.0 | 37023.3 | 3237.1 | 1018.1 |
| | 贡献率1（%） | 100.0 | — | 9.5 | 24.6 | 60.6 | 5.3 | — |
| | 贡献率1位次 | — | — | 3 | 2 | 1 | 4 | — |
| | 贡献率2（%） | — | 100.0 | 23.1 | 59.9 | — | 12.9 | 4.1 |
| | 贡献率2位次 | — | — | 2 | 1 | — | 3 | 4 |
| | 标准差（元） | 86487.9 | 18415.7 | 10503.9 | 12692.6 | 82844.0 | 8046.4 | 3571.5 |
| | 变异系数 | 1.4 | 0.7 | 1.8 | 0.8 | 2.2 | 2.5 | 3.5 |
| 保定 | 样本数（户） | 200 | 200 | 200 | 200 | 200 | 200 | 200 |
| | 均值（元） | 12467.4 | 12457.4 | 4920.6 | 6188.0 | 216.1 | 1142.8 | 206.1 |
| | 贡献率1（%） | 100.0 | — | 39.5 | 49.6 | 1.7 | 9.2 | — |
| | 贡献率1位次 | — | — | 2 | 1 | 4 | 3 | — |
| | 贡献率2（%） | — | 100.0 | 39.5 | 49.7 | — | 9.2 | 1.7 |
| | 贡献率2位次 | — | — | 2 | 1 | — | 3 | 4 |
| | 标准差（元） | 24207.3 | 24198.8 | 21585.8 | 6374.4 | 703.2 | 2492.2 | 691.9 |
| | 变异系数 | 1.9 | 1.9 | 4.4 | 1.0 | 3.3 | 2.2 | 3.4 |
| 无锡 - 保定（元） | | 48582.8 | 12587.6 | 873.2 | 8808.0 | 36807.2 | 2094.4 | 812.0 |
| 无锡/保定（倍） | | 4.9 | 2.0 | 1.2 | 2.4 | 171.3 | 2.8 | 4.9 |

资料来源：笔者根据 2011 年《无锡、保定农户收支调查》问卷数据库中数据计算而得。

从不包括土地宅基地补偿的人均纯收入的构成来看，2010年无锡、保定两地农户人均纯收入的结构性差异较小，其人均纯收入在收入来源方面的共同点有3点。①构成比例由高到低的顺序完全一致。②人均纯收入主要靠人均工资性纯收入和人均经营性纯收入来拉动。③人均转移性纯收入和不包括土地宅基地补偿的人均财产性收入所占比重在10%以下，对农户人均纯收入的影响不大。不同点有2点。①虽然人均工资性纯收入对不包括土地宅基地补偿的人均纯收入的影响最大，但它所占比例在两地不同，在无锡地区该比例高达59.9%，比保定地区的高出10.2个百分点。②从在不包括土地宅基地补偿的人均纯收入中贡献率位居第二的人均经营性纯收入的情况来看，保定地区所占比例高出无锡地区16.4个百分点。

为什么有上述两点差异性？根据此次调查结果可知，无锡农户的工资性收入主要来自在当地工矿企业工作所得，农村剩余劳动力在当地即可就业，且一年中的工作时间较稳定，外出打工的很少，相反，外地人来无锡打工的倒是很多。从访谈中了解到，无锡的年轻人大多把自己的结婚对象锁定在本地，外地户籍人员很难进入他们的选择范围，其中原因之一就是在本地工商企业从事工作的所得报酬较高，且无须远离家乡，能够享受其乐融融的亲情，用被采访者自己的话来说是幸福指数较高。

农户经营性收入主要由农业生产经营性收入和工商业经营性收入构成，无锡地区的城镇化建设，使得以农业经营为基础的农户经营性收入大幅下降，占比为23.1%的经营性收入基本上来源于个人工商业经营性收入这一部分，农户中从事小型制造业经营的占大部分。例如，此次调查采访的马鞍村就有6个锻造业加工厂，并且各个企业间都保持着很好的联系，以马鞍村为主的锻造业工厂还联合其他一些地方的企业组成了锻造协会，协会中共有十几家企业成员。它们组成协会的主要目的是为了交流信息，创建企业共赢平台。另外，协会还规定，不能随便接纳本协会中其他工厂跳槽来的工人，这就使得各工厂对工人的待遇更加透明化且差别很小，从而保证了人力资源的可持续性发展，发挥了行业组织对农村工业发展的推动作用，可以说无锡在推进城镇化建设的同时也促进了农村工业化程度的提高。

保定农户的工资性收入主要分为两部分，一部分是在本地厂矿企业工作的所得，从业人员主要是年轻女性，大多在纺织厂、织布厂等棉纺织业工厂工作，受纺织行业市场行情的影响较大，工作时间不是很稳定，忙的时候一天工作十几个小时，闲的时候几个月赋闲在家。另一部分为外出打工所得，从业人员主要是年轻男性，大多从事的是建筑业、装修业、电器水暖等行业，工作时间随雇用他们的老板承揽工程多少而不同，好的时候可外出打工7～8个月，但也有几个月没有工作只能待在家里的时候。相对来说，工作时间和工资性收入不是很稳定。

保定农户的人均经营性收入占比虽然比无锡高出16.4%，但主要原因是保定从事种植业和养殖业的农户占比较高。此次调查结果表明，保定农户从事种植业和养殖业的经营性收入占其总经营性收入的77.4%，且农户从事种植业和养殖业的人均收入是其从事工商业企业经营的人均收入的3.4倍。保定地区工商业企业主要是小卖部、小型建筑材料加工厂、棉纺织工厂等，与无锡相比较工业化程度较低，且没有形成具有优化、共享资源功能的行业组织。

从变异系数大小来看，除了人均转移性收入之外，其他各项人均收入指标的变异系数都是保定比无锡要大，也就是说，保定农户人均纯收入之间的差距比无锡农户的大。无锡农户不包括土地宅基地补偿的人均纯收入的变异系数为0.7，而保定的则高达1.9，保定地区农户之间的收入不平衡明显甚于无锡地区。两地的共同点是农户人均纯收入最主要的来源人均工资性收入的差距较小。在农户人均经营性收入方面的不同点非常明显，相比无锡1.8的变异系数，保定的则达到了4.4，主要原因如下。无锡农户的经营性收入主要源于家庭经营工商企业所得，加上行业组织所发挥的互动保护作用，使得各企业间的发展较为均衡。保定农户的经营性收入主要来源于单纯的种植业或养殖业。在采访过程中得知，种植业和养殖业的特殊性，使得专业从事种植业和养殖业的农户有时往往投入整个家庭的劳动力，而影响种植业和养殖业收入的非人为不确定因素较多，如不可预测的自然气候、疫情灾情等。另外，因没有相对规范的行业组织的指导调整作用，从事种植业和养殖业的农户对市场饱和程度的敏感度不高，导致供过于求的现象时有发生，在各类成本不变的情况下，供过于求直接导致收入锐减。除此之外，与农业经营相比，从事工商业企业经营的农户比重虽然较低，但所获利润相比单纯的种植业或养殖业要高，从而拉大了农户之间在纯收入方面的差距。

从不包括土地宅基地补偿的人均纯收入来看，2010 年无锡是保定的 2.0 倍，绝对差距为 12587.6 元；就对两地农户人均纯收入影响最大的人均工资性收入来看，无锡是保定的 2.4 倍，绝对差距为 8808.0 元；差距最大的是人均财产性收入，无锡是保定的 4.9 倍，绝对差距为 812.0 元，对于这种差距，我们认为主要源自土地出租收入和家庭股票利息等财产性收入方面。

（2）十等分组的农户人均纯收入

按照家庭不包括土地宅基地补偿的人均纯收入对 2010 年无锡、保定农户十等分组，并根据各组人均纯收入的变异系数排序，结果见表 9 - 3。首先以 0.10 和 0.30 为分界线，对无锡、保定十等分组的变异系数做划分。无锡的变异系数低于 0.10 的共有 5 组，且均匀分布在第 4 组至第 10 组中；变异系数为 0.10 ~ 0.30 的共有 3 组，分布于第 2、3 组以及第 9 组中；变异系数高于 0.30 的有 2 组，分布在人均纯收入位居前两位的第 9 和第 10 组中。保定的变异系数低于 0.10 的仅有第 6 组；变异系数为 0.10 ~ 0.30 的共有 6 组，分布得也较为均匀，位于除了第 6 组外的第 2 ~ 8 组；变异系数高于 0.30 的有 2 组，分别是人均纯收入位居前两位的第 9 组和第 10 组。

表 9 - 3 2010 年无锡、保定农户基于十等分组的不包括土地宅基地补偿的
人均纯收入的变异系数比较

| 无锡 | | | 保定 | | |
|---|---|---|---|---|---|
| 十等分组位次 | 变异系数 | 样本数（户） | 十等分组位次 | 变异系数 | 样本数（户） |
| 7 | 0.06 | 20 | 6 | 0.08 | 20 |
| 6 | 0.06 | 20 | 7 | 0.12 | 20 |
| 8 | 0.07 | 20 | 5 | 0.14 | 20 |
| 5 | 0.07 | 20 | 2 | 0.18 | 20 |
| 4 | 0.10 | 20 | 4 | 0.19 | 20 |
| 2 | 0.13 | 20 | 8 | 0.21 | 20 |
| 9 | 0.14 | 20 | 3 | 0.21 | 20 |
| 3 | 0.14 | 20 | 9 | 0.31 | 20 |
| 1 | 0.34 | 20 | 10 | 0.70 | 20 |
| 10 | 0.43 | 20 | 1 | — | 20 |

资料来源：笔者根据 2011 年《无锡、保定农户收支调查》问卷数据库中数据计算而得。

从总体情况来看，无锡各组间的收入差距较保定小，其变异系数在0.14之下的人均纯收入分组均匀主要分布于第2～8组；保定变异系数在0.3以下的人均纯收入分组虽然也均匀分布于第2～8组，但各组间收入差距较无锡大。在无锡和保定两地，一方面，收入与平均水平接近的农户数量最多，且这些农户间的收入差距较小；另一方面，收入与平均水平相差较大的人均纯收入最少和最高分组中的农户数量比重较小，大约为20%～30%，但是其内部的收入差距最大。

表9-3中数据反映的是无锡、保定两地十等分组内部农户收入差距的分布情况，体现的是两地农户内部收入差距的趋向走势。那么这种农户内部收入差距在具体数值上又是如何的呢？对两地农户进行比较，它们又有何种特点？为解答这些问题，此处计算十等分组中相同等级无锡分组和保定分组农户人均纯收入的绝对差距、相对差距，并分别按照绝对差距和相对差距排序，结果见表9-4。由于保定第1组含有特殊值，在此不对其进行比较。我们来看绝对差距的情况，无锡、保定农户人均纯收入的绝对差距是12587.6元，高于此值的有4组，分别是第10组（13085.5元）、第9组（13329.1元）、第7组（14367.0元）和第8组（15235.7元）。也就是说，两地农户人均纯收入间绝对差距较大的几组主要为人均纯收入位于前4位的组。低于此值的有5组，分别是第2组（8769.3元）、第3组（9949.7元）、第4组（10321.2元）、第5组（10648.9元）和第6组（12318.6元）。也就是说，两地农户人均纯收入间绝对差距较小的几组主要为人均纯收入位于后5位的组。那么，是否就可以认为无锡、保定两地农户人均纯收入之间的差距主要是由高人均纯收入组之间的差距导致的呢？

**表9-4　2010年无锡、保定基于十等分组的不包括土地宅基地补偿的人均纯收入的绝对差距、相对差距比较**

单位：元，倍

| 绝对差距 | | 相对差距 | |
|---|---|---|---|
| 十等分组 | 数值 | 十等分组 | 数值 |
| 2 | 8769.3 | 10 | 1.2 |
| 3 | 9949.7 | 9 | 1.6 |
| 4 | 10321.2 | 8 | 2.0 |
| 5 | 10648.9 | 7 | 2.3 |

续表

| 绝对差距 | | 相对差距 | |
|---|---|---|---|
| 十等分组 | 数值 | 十等分组 | 数值 |
| 6 | 12318.6 | 6 | 2.3 |
| 10 | 13085.5 | 5 | 2.3 |
| 9 | 13329.1 | 4 | 2.7 |
| 7 | 14367.0 | 3 | 3.2 |
| 8 | 15235.7 | 2 | 3.5 |

资料来源：笔者根据2011年《无锡、保定农户收支调查》问卷数据库中数据计算而得。

为回答此问题，对两地十等分组农户人均纯收入的相对差距进行分析。从相对差距的情况来看，无锡、保定两地农户人均纯收入的相对差距是2.0倍，高于此值的有7组，分别是第8组（2.0倍）、第7组（2.3倍）、第6组（2.3倍）、第5组（2.3倍）、第4组（2.7倍）、第3组（3.2倍）和第2组（3.5倍）。也就是说，两地农户人均纯收入相对差距较大的几组主要是人均纯收入处于中等水平和低水平的7个组。低于2.0倍的分别是第10组（1.2倍）、第9组（1.6倍）。

从十等分组农户人均纯收入的绝对差距和相对差距对比来看，两者呈相反方向排列，绝对差距较大的高排名分组的相对差距较小，而相对差距较大的低排名分组的绝对差距较大，我们认为这主要是因为绝对差距有随着各组人均纯收入的增大而变大的倾向，所以绝对差距适合于人们对经济差距的认识方面的直观对比，相对差距适合于不同地区指标间的差距比较。因此，在认识无锡、保定各农户组群人均纯收入间的绝对差距的基础上，本章主要从相对差距的角度来比较其特点，我们认为，无锡、保定两地高收入组群间的相对差距较小，中等收入组群和低收入组群间的相对差距较大。基于此，为缩小两地间的经济差距，建议在保持两地高收入组群纯收入稳定增长的基础上，注重加快提高保定中低收入组群的增收能力。

（3）不同人口规模农户的人均纯收入

从表9-5中数据可知，2010年无锡3~4人规模的农户比重最大（41.5%），其次依次是5~6人规模农户（37.5%）、1~2人规模农户

（17.0%）、7 人及以上规模农户（4.0%）。2010 年，保定 5～6 人规模的农户比重最大（37.8%），其次依次是 3～4 人规模农户（29.4%）、1～2 人规模农户（20.4%）、7 人及以上规模农户（12.4%）。从家庭人口规模来看，两地农户主要以 3～4 人和 5～6 人规模农户为主。

表 9 - 5  2010 年无锡、保定不同人口规模农户的不包括土地宅基地
补偿的人均纯收入比较

| 无锡 | | | | | |
|---|---|---|---|---|---|
| 家庭常住人口规模 | 样本数（户） | 比重（%） | 均值（元） | 标准差（元） | 变异系数 |
| 1～2 人 | 34 | 17.0 | 35420.1 | 30524.9 | 0.9 |
| 3～4 人 | 83 | 41.5 | 23015.4 | 9873.8 | 0.4 |
| 5～6 人 | 75 | 37.5 | 22637.8 | 17749.2 | 0.8 |
| 7 人及以上 | 8 | 4.0 | 24918.0 | 11706.3 | 0.5 |
| 保定 | | | | | |
| 家庭常住人口规模 | 样本数（户） | 比重（%） | 均值（元） | 标准差（元） | 变异系数 |
| 1～2 人 | 41 | 20.4 | 17203.0 | 31636.8 | 1.8 |
| 3～4 人 | 59 | 29.4 | 14264.7 | 15675.5 | 1.1 |
| 5～6 人 | 76 | 37.8 | 8646.6 | 27766.4 | 3.2 |
| 7 人及以上 | 25 | 12.4 | 11994.4 | 10764.0 | 0.9 |

资料来源：笔者根据 2011 年《无锡、保定农户收支调查》问卷数据库中数据计算而得。

从不同人口规模农户的人均纯收入来看，无锡 1～2 人规模农户的人均纯收入最高（35420.1 元），5～6 人规模农户的人均纯收入最低（22637.8 元）。保定的情况和无锡相同，也是 1～2 人规模农户的人均纯收入最高（17203.0 元），5～6 人规模农户的人均纯收入最低（8646.6 元）。从我们的调查可知，1～2 人规模农户主要以劳动能力较强的年轻夫妇为主，家庭收入大多源自非农业工资性收入，其收入相对较高。5～6 人规模农户主要由年轻夫妇 2 人加上 1～2 个小孩子和年长父母 2 人构成，是典型的"上有老下有小"的家庭，此种类型的家庭中处于劳动旺年的劳动力仅有年轻夫妇 2 人，因此其人均纯收入较低。

从变异系数来看，无锡和保定的情况大为不同，无锡不同人口规模农户的人均纯收入的变异系数都没有超过 1，而保定除了 7 人及以上规模农户以外，其他各人口规模农户人均纯收入的变异系数都大大超过 1，这说明保定各人口规模农户间的收入差距比无锡要大。此外，两地还表现出一个相反的趋向，在无锡，人均纯收入最高的 1~2 人规模农户对应的变异系数最高（0.9），在保定，人均纯收入最低的 5~6 人规模农户对应的变异系数最高（3.2）。

（4）不同年龄答卷人的家庭人均纯收入

从表 9-6 可知，2010 年，在无锡答卷人的 5 个年龄组中，25 岁及以下年龄组的家庭人均纯收入最高，其次是 46~60 岁年龄组，接着是 26~35 岁年龄组和 61 岁及以上年龄组，最低组是 36~45 岁年龄组，最高组和最低组家庭人均纯收入的相对差距是 1.7 倍。在保定答卷人的 5 个年龄组中，26~35 岁年龄组的家庭人均纯收入最高，其次是 36~45 岁年龄组，以下依次是 46~60 岁年龄组、25 岁及以下年龄组，最低组是 61 岁及以上年龄组，最高组和最低组家庭人均纯收入的相对差距是 4.1 倍。

表 9-6 2010 年无锡、保定不同年龄答卷人的不包括土地宅基地补偿的
家庭人均纯收入比较

单位：元，倍

| 无锡 | | | | 保定 | | | |
|---|---|---|---|---|---|---|---|
| 年龄层次 | 均值 | 标准差 | 最高组/最低组 | 年龄层次 | 均值 | 标准差 | 最高组/最低组 |
| 36~45 岁 | 22200.5 | 8639.9 | | 61 岁及以上 | 6466.3 | 10045.9 | |
| 61 岁及以上 | 22515.9 | 24390.3 | | 25 岁及以下 | 7940.4 | 3253.6 | |
| 26~35 岁 | 25050.9 | 13568.6 | | 46~60 岁 | 10807.7 | 25115.7 | |
| 所有年龄层 | 25153.8 | 18477.6 | 1.7 | 所有年龄层 | 12457.4 | 24198 | 4.1 |
| 46~60 岁 | 27646.3 | 20681.9 | | 36~45 岁 | 18147.0 | 28243.9 | |
| 25 岁及以下 | 36813.5 | 28182.6 | | 26~35 岁 | 26391.9 | 34366.4 | |

资料来源：笔者根据 2011 年《无锡、保定农户收支调查》问卷数据库中数据计算而得。

从两地最高组和最低组家庭人均纯收入的相对差距来看，无锡的相对差距比保定的相对差距要小很多。从各年龄组别家庭人均纯收入的排序来看，两地的共同点是 61 岁及以上年龄组的都属于家庭人均纯收入较低组。其他各年龄组的情况并没有呈现一定的规律性，甚至出现相反的情况。例如，无锡 25 岁及以下年龄组和 46~60 岁年龄组均是家庭人均纯收入高出本地总体水平的较高收入组，保定 25 岁及以下年龄组和 46~60 岁年龄组均是家庭人均纯收入低于本地总体水平的较低收入组，无锡 36~45 岁年龄组是家庭人均纯收入低于本地总体水平的最低收入组，保定 36~45 岁年龄组是家庭人均纯收入高于本地总体水平的较高收入组。为什么会出现上述情况？这或许说明答卷人年龄情况与家庭人均纯收入之间没有必定的联系，或许说明答卷人年龄情况与家庭人均纯收入之间的关系因为地域差异而有所不同。而这也留给我们一个继续深入研究的空间。

（5）不同文化程度答卷人的家庭人均纯收入

表 9-7 显示，在不同文化程度答卷人所占比例方面，2010 年无锡和保定的情况基本一致，即文盲半文盲和初中文化程度答卷人所占比例在 70% 以上，高中/职高和大专及以上文化程度答卷人所占比例较小，在 30% 以下。但从具体数据来看，它们之间还是有些差别的。例如，无锡文盲半文盲和初中文化程度答卷人所占比例为 71.0%，而保定的则高达 90.1%，保定比无锡高出 19.1个百分点；无锡高中/职高和大专及以上相对较高文化程度答卷人的比例约为29%，相比之下，保定的仅为 10%，无锡比保定高出 19 个百分点。也就是说，无锡答卷人整体的文化程度比保定高。

表 9-7　2010 年无锡、保定不同文化程度答卷人的不包括土地宅基地补偿的
家庭人均纯收入比较

| 文化程度<br>（无锡） | 样本数<br>（户） | 样本比重<br>（%） | 均值<br>（元） | 标准差<br>（元） | 变异系数 | 最高组/最低组<br>（倍） |
|---|---|---|---|---|---|---|
| 文盲半文盲 | 44.0 | 22.0 | 18802.3 | 19024.6 | 1.0 | |
| 初中 | 98.0 | 49.0 | 23476.0 | 15522.3 | 0.7 | 1.5 |
| 高中/职高 | 44.0 | 22.0 | 28837.7 | 20427.6 | 0.7 | |
| 大专及以上 | 14.0 | 7.0 | 26376.7 | 8880.1 | 0.3 | |

续表

| 文化程度<br>（保定） | 样本数<br>（户） | 样本比重<br>（%） | 均值<br>（元） | 标准差<br>（元） | 变异系数 | 最高组/最低组<br>（倍） |
|---|---|---|---|---|---|---|
| 文盲半文盲 | 95.0 | 47.3 | 10404.5 | 11385.5 | 1.1 | |
| 初中 | 86.0 | 42.8 | 12371.8 | 19011.1 | 1.5 | 7.0 |
| 高中/职高 | 18.0 | 9.0 | 14591.5 | 61124.1 | 4.2 | |
| 大专及以上 | 2.0 | 1.0 | 72921.9 | 40201.7 | 0.6 | |

资料来源：笔者根据 2011 年《无锡、保定农户收支调查》问卷数据库中数据计算而得。

接下来我们观察一下文化程度与人均纯收入的分布情况，在无锡不同文化程度答卷人中，家庭人均纯收入低于总体水平的是文盲半文盲和初中文化程度的答卷人，家庭人均纯收入高于总体水平的是高中/职高和大专及以上文化程度的答卷人。从上述总体分布情况来看，保定和无锡是相同的。从最高组与最低组家庭人均纯收入的相对差距来看，无锡最高组（高中/职高）的家庭人均纯收入是最低组（文盲半文盲）的 1.5 倍，在无锡，不同文化程度答卷人家庭人均纯收入之间的差距表现得不是很突出。保定最高组（大专及以上）的家庭人均纯收入是最低组（文盲半文盲）的 7.0 倍，在保定，不同文化程度答卷人家庭人均纯收入之间的差距表现得很突出，基本上呈高文化程度高收入的分布走向。从变异系数来看，无锡各文化程度答卷人的家庭人均纯收入差距较小，变异系数为 0.3 ~ 1.0；保定各文化程度答卷人的家庭人均纯收入差距较大，变异系数为 0.6 ~ 4.2；其中，高中/职高文化程度群组内部的家庭人均纯收入差距最大，变异系数高达 4.2，大专及以上文化程度群组内部的家庭人均纯收入差距最小。

（6）从事不同行业的答卷人的家庭人均纯收入

表 9 - 8 显示，2010 年，在无锡从事不同行业的答卷人中，家庭人均纯收入低于总体水平的是从事建筑业、住宿餐饮业、种植业的答卷人，高于总体水平的是从事制造业、批发零售业、交通运输业、养殖业及居住服务业的答卷人；其中，从事建筑业的答卷人的家庭人均纯收入最低（17245.6 元），从事居住服务业的答卷人的家庭人均纯收入最高（47786.7 元），后者是前者的 2.8 倍。在保定，家庭人均纯收入低于总体水平的是从事养殖

业、交通运输业和种植业的答卷人，高于总体水平的是从事住宿餐饮业、居住服务业、制造业、建筑业及批发零售业的答卷人；其中，从事养殖业的答卷人的家庭人均纯收入最低（5240.5元），从事批发零售业的答卷人的人均纯收入最高（29816.9元），后者是前者的5.7倍。无锡、保定的共同点在于，种植业都属于所从事的答卷人的家庭个人均纯收入低于总体水平的行业，不同点可总结为两方面。第一，无锡从事建筑业的答卷人的家庭人均纯收入最低，保定从事建筑业的答卷人的家庭人均纯收入则位居各行业分组的第二位。第二，无锡从事养殖业的答卷人的家庭人均纯收入位居各行业分组的第二位，但保定从事养殖业的答卷人的家庭人均纯收入却是各行业分组中最低的。

表9-8 2010年无锡、保定从事不同行业的答卷人的不包括
土地宅基地补偿的家庭人均纯收入比较

单位：元，倍

| 主要从事行业（无锡） | 均值 | 标准差 | 最高组/最低组 | 主要从事行业（保定） | 均值 | 标准差 | 最高组/最低组 |
|---|---|---|---|---|---|---|---|
| 建筑业 | 17245.6 | 9779.0 | | 养殖业 | 5240.5 | 71823.4 | |
| 住宿餐饮业 | 20566.4 | 8059.9 | | 交通运输业 | 11168.8 | 14780.3 | |
| 种植业 | 21365.9 | 21335.2 | | 种植业 | 12236.0 | 21480.1 | |
| 全行业 | 25058.7 | 18410.6 | | 全行业 | 12457.4 | 24198.8 | |
| 制造业 | 26996.8 | 18507.4 | 2.8 | 住宿餐饮业 | 12718.8 | — | 5.7 |
| 批发零售业 | 28458.1 | 13787.5 | | 居住服务业 | 14449.1 | 6088.9 | |
| 交通运输业 | 30489.5 | 18917.6 | | 制造业 | 18486.3 | 13133.9 | |
| 养殖业 | 35966.7 | — | | 建筑业 | 21984.6 | 27458.4 | |
| 居住服务业 | 47786.7 | 43011.6 | | 批发零售业 | 29816.9 | 31442.0 | |

资料来源：笔者根据2011年《无锡、保定农户收支调查》问卷数据库中数据计算而得。

（7）不同从业方式的答卷人的家庭人均纯收入

表9-9显示，从从业方式不同的答卷人的家庭人均纯收入来看，在无锡，打工者的家庭人均纯收入最低，雇主的家庭人均纯收入最高，后者是前者的2倍。从变异系数来看，无锡打工者内部的收入差距最小，自己经

营、不付任何人工资或报酬组群内部收入差距最大。保定的情况和无锡相同，也是打工者的家庭人均纯收入最低，雇主的家庭人均纯收入最高，但是后者是前者的 6.1 倍。变异系数的情况也相同，也是自己经营、不付任何人工资或报酬组群内部收入差距最大，变异系数高达 2.1。可见，无论是在无锡还是在保定，农户成员的从业方式与其人均纯收入之间确实有一定的关联性。

表 9 - 9　2010 年无锡、保定不同从业方式答卷人的不包括土地宅基地补偿的家庭人均纯收入比较

| 从业方式（无锡） | 均值（元） | 标准差（元） | 变异系数 | 最高组/最低组（倍） | 从业方式（保定） | 均值（元） | 标准差（元） | 变异系数 | 最高组/最低组（倍） |
|---|---|---|---|---|---|---|---|---|---|
| 打工 | 24592.9 | 14153.1 | 0.6 | | 打工 | 11158.7 | 6350.4 | 0.6 | |
| 自己经营、不付任何人工资或报酬 | 26011.7 | 22602.5 | 0.9 | 2.0 | 自己经营、不付任何人工资或报酬 | 12192.5 | 25575.8 | 2.1 | 6.1 |
| 雇主 | 50339.1 | 42095.9 | 0.8 | | 雇主 | 67821.0 | 47415.3 | 0.7 | |

资料来源：笔者根据 2011 年《无锡、保定农户收支调查》问卷数据库中数据计算而得。

## 二　2010 年无锡、保定农户生活消费支出及其结构比较分析

### 1. 农户人均生活消费支出及其结构比较

从表 9 - 10 可知，2010 年无锡农户人均生活消费支出是 15692.9 元，保定的是 9033.4 元，无锡和保定农户人均生活消费支出的绝对差距是 6659.5 元，相对差距是 1.7 倍。两地农户人均生活消费支出的变异系数分别是 0.8 和 1.6，也就是说，相对于保定，无锡农户在生活消费支出方面的差异性更小，这和上一节中收入方面的比较具有一致性。

表 9 - 10　2010 年无锡、保定农户人均生活消费支出及其结构比较

| | 指标 | 食品支出 | 衣着支出 | 居住/服务 | 家庭设备用品及维修服务支出 | 交通和通信支出 | 文化教育娱乐用品及服务支出 | 医疗保健支出 | 其他商品和服务支出 | 生活消费支出 |
|---|---|---|---|---|---|---|---|---|---|---|
| 无锡 | 样本数（户） | 200 | 200 | 200 | 200 | 200 | 200 | 200 | 200 | 200 |
| | 贡献率（%） | 31.5 | 8.1 | 15.0 | 5.4 | 20.7 | 10.4 | 8.8 | — | 100.0 |
| | 贡献率位次 | 1 | 6 | 3 | 7 | 2 | 4 | 5 | — | — |
| | 均值（元） | 4950.3 | 1277.9 | 2355.4 | 845.3 | 3241.0 | 1639.8 | 1383.3 | 0 | 15692.9 |
| | 标准差（元） | 3348.8 | 1809.4 | 3057.6 | 1492.5 | 9203.5 | 3544.8 | 3277.6 | 0 | 12591.0 |
| | 变异系数 | 0.7 | 1.4 | 1.3 | 1.8 | 2.8 | 2.2 | 2.4 | — | 0.8 |
| | 恩格尔系数（%） | 40 | | | | | | | | |
| 保定 | 样本数（户） | 201 | 201 | 201 | 201 | 201 | 201 | 201 | 201 | 201 |
| | 贡献率（%） | 23.6 | 6.9 | 16.6 | 4.8 | 24.0 | 6.3 | 17.8 | — | 100.0 |
| | 贡献率位次 | 2 | 5 | 4 | 7 | 1 | 6 | 3 | — | — |
| | 均值（元） | 2131.5 | 620.5 | 1499.2 | 433.1 | 2169.6 | 567.0 | 1612.4 | 0 | 9033.4 |
| | 标准差（元） | 2002.5 | 624.8 | 1333.5 | 751.7 | 9961.7 | 3638.9 | 5249.3 | 0 | 14322.7 |
| | 变异系数 | 0.9 | 1.0 | 1.7 | 1.7 | 4.6 | 6.4 | 3.3 | — | 1.6 |
| | 恩格尔系数（%） | 30 | | | | | | | | |
| 无锡 - 保定（元） | | 2818.8 | 657.3 | 856.2 | 412.2 | 1071.3 | 1072.9 | -229.1 | — | 6659.5 |
| 无锡/保定（倍） | | 2.3 | 2.1 | 1.6 | 2.0 | 1.5 | 2.9 | 0.9 | — | 1.7 |

资料来源：笔者根据 2011 年《无锡、保定农户收支调查》问卷数据库中数据计算而得。

　　从农户人均生活消费支出的各构成项的变异系数来看，在食品、衣着、居住及家庭设备用品及维修服务这些满足人们基本生活需求方面，两地农户没有太大的差异，差异主要表现在交通和通信、文化教育娱乐用品及服务、医疗保健这三方面。这表明，无锡和保定两地农户在生活消费支出方面呈现的趋势基本是相同的，即农户在吃穿住基本生存型消费方面的差距较小，两地内部和两地之间差异性较大的主要是满足农户更高生活需求的发展型消费和享受型消费，并且保定在这方面的不均衡性更高。

　　从农户恩格尔系数来看，无锡和保定分别是 40% 和 30%，按照联合国对恩格尔系数的划分标准，30%~40% 属于相对富裕状态。可见，无锡和保定的

农户均处于富裕阶段，但无锡农户的恩格尔系数比保定要高，这主要是因为在城市化进程中无锡农户的主食不再只来源于自有农地，大多从市场购买；在保定，由于大多农户还保留有耕地，其主食主要由自有农地供给。

从农户人均生活消费支出的构成比例来看，在无锡，从高到低依次是人均食品支出（31.5%）、人均交通和通信支出（20.7%）、人均居住/服务支出（15.0%）、人均文化教育娱乐用品及服务支出（10.4%）、人均医疗保健支出（8.8%）、人均衣着支出（8.1%）、人均家庭设备用品及维修服务支出（5.4%）。保定地区的情况是人均交通和通信支出（24.0%）、人均食品支出（23.6%）、人均医疗保健支出（17.8%）、人均居住/服务支出（16.6%）、人均衣着支出（6.9%）、人均文化教育娱乐用品及服务支出（6.3%）、人均家庭设备用品及维修服务支出（4.8%）。从排名顺序来看虽然两地有些不同，但没有非常大的变化，从各构成项所占比例情况来看，差距较大的是人均食品支出、人均文化教育娱乐用品及服务支出、人均医疗保健支出，无锡的人均食品支出占比比保定高出7.9个百分点，其原因同两地恩格尔系数差异存在的原因。人均文化教育娱乐用品及服务支出占比无锡比保定高4.1个百分点，这主要是因为无锡在文化娱乐支出方面高于保定。从此次调查可知，无锡农户用于购买图书音像制品及娱乐服务的支出人均1238.7元，而保定的仅为362.1元。人均医疗保健支出占比则是保定高出无锡9.0个百分点。为何医疗保健支出方面会出现如此大的差异性？其原因何在？对此，我们有必要就具体情况展开比较分析。

图9-1显示，2010年，在农户人均医疗保健支出中人均医药支出所占比重方面，无锡和保定基本持平；在人均住院支出占比方面，保定高出无锡5.4个百分点，但在人均保健品支出占比方面，则是无锡高出保定5.2个百分点。由此有两点推论。①保定农户健康状况没有无锡好，或许这会影响到其收入水平。②无锡农户的保健意识比保定农户高，或许因此其住院支出占比比保定低。当然，这只是从此次调查数据得到的初步推断，其深层原因还有待更深入的再调查和分析。

### 2. 十等分组的农户生活消费水平

表9-11显示，2010年，无锡地区农户人均生活消费支出差距较大的组

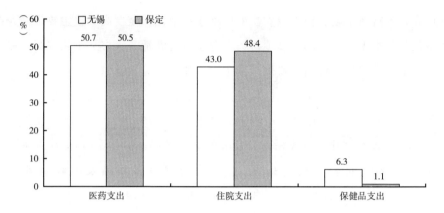

**图 9 – 1　2010 无锡、保定农户人均医疗保健支出构成**

资料来源：笔者根据 2011 年《无锡、保定农户收支调查》问卷数据库中数据计算
而得。

别为收入水平高的 9～10 组和收入水平低的第 1 组、第 4 组；在保定，农户人
均生活消费支出差距较大的组别主要为收入水平高的第 8～10 组。相比较可
知，无锡农户生活消费支出的不均衡性主要体现在高、低收入组别这两端，保
定的则主要体现在高收入组别中，但是从整体差异来看，保定农户人均生活消
费支出的不均衡性远远高于无锡农户。

**表 9 – 11　2010 年无锡、保定不同收入水平农户的人均生活消费支出比较**

| 按农户不包括土地宅基地<br>补偿的纯收入十等分组（无锡） | 变异系数 | 按农户不包括土地宅基地<br>补偿的纯收入十等分组（保定） | 变异系数 |
| --- | --- | --- | --- |
| 7 | 0.37 | 5 | 0.38 |
| 3 | 0.44 | 2 | 0.48 |
| 2 | 0.46 | 6 | 0.49 |
| 8 | 0.48 | 4 | 0.56 |
| 6 | 0.66 | 3 | 0.56 |
| 5 | 0.80 | 1 | 0.71 |
| 总体 | 0.80 | 7 | 0.83 |
| 1 | 0.81 | 9 | 0.84 |
| 9 | 0.83 | 10 | 1.32 |
| 4 | 0.84 | 8 | 1.48 |
| 10 | 0.86 | 总体 | 1.59 |

资料来源：笔者根据 2011 年《无锡、保定农户收支调查》问卷数据库中数据计算而得。

从农户人均生活消费支出的绝对差距来看，除最高收入组之外，各组别的情况都是无锡高于保定（见表 9 - 12），且以全组呈现的总体绝对差距为界，高、中收入组别和低收入组别相对均匀地分布于两侧，即绝对差距高于总体水平的大多是高、中收入组别，绝对差距低于总体水平的大多是低收入组别。从相对差距来看，除了最高收入组外，各组别的相对差距均大于总体水平。其中，中、低收入组别的相对差距大于高收入组别，这与绝对差距的情况相反。考虑到绝对差距和相对差距各自不同的特征，本章在进行比较时，主要关注相对差距的变化趋势。可见，在生活消费支出水平方面，高收入组别的差距相对中、低收入组别的差距要小一些，这与前文分析的纯收入方面的比较情况基本一致。

表 9 - 12　2010 年无锡、保定不同收入水平农户的人均生活消费
支出的绝对差距和相对差距比较

单位：元，倍

| 绝对差距 | | 相对差距 | |
|---|---|---|---|
| 十等分组 | 数值 | 十等分组 | 数值 |
| 10 | - 159.2 | 10 | 1.0 |
| 3 | 5731.7 | 总体 | 1.7 |
| 1 | 5771.7 | 7 | 1.8 |
| 2 | 5995.2 | 8 | 2.0 |
| 4 | 6358.8 | 9 | 2.0 |
| 总体 | 6659.5 | 5 | 2.1 |
| 7 | 6939.1 | 4 | 2.1 |
| 5 | 7842.6 | 6 | 2.2 |
| 6 | 8421.1 | 3 | 2.2 |
| 9 | 9348.6 | 2 | 2.3 |
| 8 | 11223.3 | 1 | 2.4 |

资料来源：笔者根据 2011 年《无锡、保定农户收支调查》问卷数据库中数据计算而得。

### 3. 不同人口规模农户的生活消费支出

表 9 - 13 显示，在无锡不同人口规模农户中，人均生活消费支出最高的是 1～2 人规模的小农户，其次依次是 7 人及以上规模农户、3～4 人规模农户，

5～6人规模农户的人均生活消费支出最低，出现两头高中间低的倾向。在保定不同人口规模农户中，人均生活消费支出水平与家庭人口规模明显呈现反向关系，1～2人规模农户的人均生活消费支出最高，其次是3～4人规模农户，位居第3位的是5～6人规模农户，7人及以上规模农户的人均生活消费支出最低。无论从绝对差距还是从相对差距来看，无锡和保定两地7人及以上规模农户人均生活消费支出的差距均为最大，绝对差距高达11316.3元，相对差距是3.1倍。此外，1～2人规模农户人均生活消费支出的相对差距最小。从消费结构来看，在无锡，除7人及以上规模农户是人均交通和通信支出占比最高以外，其他人口规模农户都是人均食品支出占比最高。在保定，1～2人和5～6人规模农户的人均交通和通信支出占比最高，3～4人和7人及以上规模农户的人均食品支出占比最高。

表9-13　2010年无锡、保定不同人口规模农户的人均生活消费支出及其结构比较

| 市 | 常住人口规模 | 食品支出（%） | 衣着支出（%） | 居住/服务支出（%） | 家庭设备用品及维修服务支出（%） | 交通和通信支出（%） | 文化教育娱乐用品及服务支出（%） | 医疗保健支出（%） | 生活消费支出（元） | 生活消费支出：无锡-保定（元） | 生活消费支出：无锡/保定（倍） |
|---|---|---|---|---|---|---|---|---|---|---|---|
| 无锡 | 1～2人 | 34.1 | 9.1 | 24.4 | 6.1 | 10.4 | 7.8 | 8.1 | 22085.9 | 7332.8 | 1.5 |
| | 3～4人 | 28.7 | 7.8 | 14.5 | 6.0 | 19.6 | 13.6 | 9.8 | 15258.5 | 7110.6 | 1.9 |
| | 5～6人 | 33.6 | 7.9 | 9.3 | 4.1 | 27.9 | 8.4 | 8.7 | 13157.4 | 5354.8 | 1.7 |
| | 7人及以上 | 29.0 | 7.7 | 8.8 | 4.8 | 34.7 | 10.9 | 4.0 | 16800.8 | 11316.3 | 3.1 |
| | 总体 | 31.5 | 8.1 | 15.0 | 5.4 | 20.7 | 10.4 | 8.8 | 15692.9 | 6659.5 | 1.7 |
| 保定 | 1～2人 | 18.3 | 4.2 | 11.1 | 2.2 | 30.0 | 9.3 | 24.9 | 14753.0 | | |
| | 3～4人 | 28.1 | 8.3 | 23.8 | 5.1 | 18.2 | 6.5 | 10.0 | 8147.8 | | |
| | 5～6人 | 23.1 | 7.4 | 16.4 | 6.7 | 24.8 | 3.4 | 18.3 | 7802.7 | — | |
| | 7人及以上 | 33.4 | 11.3 | 16.9 | 6.5 | 14.5 | 4.9 | 12.5 | 5484.4 | | |
| | 总体 | 23.6 | 6.9 | 16.6 | 4.8 | 24.0 | 6.3 | 17.8 | 9033.4 | | |

资料来源：笔者根据2011年《无锡、保定农户收支调查》问卷数据库中数据计算而得。

#### 4. 不同年龄答卷人的家庭生活消费支出

从人均生活消费支出水平来看，在无锡，25岁及以下答卷人的家庭人均生活消费支出最多，是28999.3元，其次依次是46～60岁、61岁及以上、

26~35 岁和 36~45 岁。在保定，36~45 岁答卷人的家庭人均生活消费支出最多，是 13062.50 元，其他依次是 26~35 岁、46~60 岁、25 岁及以下和 61 岁及以上。无锡的特点是除了 25 岁及以下年龄组外，46~60 岁年龄组的家庭人均生活消费支出也高于总体水平，26~45 岁、36~45 岁和 61 岁及以上年龄组的家庭人均生活消费水平低于总体水平。保定的特点与无锡不同，最年轻的 25 岁及以下年龄组和最年长的 61 岁及以上年龄组的家庭人均生活消费支出低于总体水平，26~45 岁的中青年年龄组的生活消费支出高于平均水平，即均匀地呈现两头低中间高的特点。

表 9-14　2010 年无锡、保定不同年龄答卷人的家庭人均生活消费支出及其结构比较

| 市 | 年龄层次 | 食品支出(%) | 衣着支出(%) | 居住/服务支出(%) | 家庭设备用品及维修服务支出(%) | 交通和通信支出(%) | 文化教育娱乐用品及服务支出(%) | 医疗保健支出(%) | 生活消费支出(元) | 生活消费支出：无锡-保定(元) | 生活消费支出：无锡/保定(倍) |
|---|---|---|---|---|---|---|---|---|---|---|---|
| 无锡 | 25 岁及以下 | 19.5 | 8.7 | 4.8 | 4.8 | 52.8 | 3.3 | 6.0 | 28999.3 | 21260.6 | 3.7 |
| | 26~35 岁 | 29.1 | 9.6 | 11.2 | 5.8 | 29.6 | 9.3 | 5.3 | 14721.5 | 3466.5 | 1.3 |
| | 36~45 岁 | 32.6 | 9.0 | 14.2 | 3.8 | 11.6 | 17.6 | 11.2 | 12462.8 | -599.7 | 1.0 |
| | 46~60 岁 | 36.1 | 6.7 | 19.2 | 6.3 | 20.6 | 3.2 | 7.9 | 17654.3 | 9426.7 | 2.1 |
| | 61 岁及以上 | 26.9 | 8.9 | 14.4 | 5.5 | 12.2 | 21.9 | 10.3 | 14804.8 | 9173.3 | 2.6 |
| | 总体 | 31.4 | 8.2 | 15.0 | 5.4 | 20.9 | 10.6 | 8.5 | 15695.3 | 6661.9 | 1.7 |
| 保定 | 25 岁及以下 | 34.0 | 8.5 | 27.1 | 10.9 | 9.2 | 1.2 | 9.1 | 7738.7 | | |
| | 26~35 岁 | 28.5 | 8.9 | 17.6 | 6.4 | 19.4 | 2.8 | 16.4 | 11254.9 | | |
| | 36~45 岁 | 21.3 | 5.9 | 14.1 | 2.5 | 37.7 | 12.8 | 5.6 | 13062.5 | | |
| | 46~60 岁 | 23.3 | 7.4 | 16.6 | 5.9 | 19.3 | 3.2 | 24.2 | 8227.6 | | |
| | 61 岁及以上 | 25.2 | 6.3 | 19.6 | 4.7 | 7.9 | 1.5 | 34.8 | 5631.6 | | |
| | 总体 | 23.6 | 6.9 | 16.6 | 4.8 | 24.0 | 6.3 | 17.8 | 9033.4 | | |

资料来源：笔者根据 2011 年《无锡、保定农户收支调查》问卷数据库中数据计算而得。

从两地不同年龄组家庭人均生活消费支出的绝对差距和相对差距来看，除了 36~45 岁年龄组以外，其他各年龄组的家庭人均生活消费支出均是无锡高于保定，其中差距最大的是 25 岁及以下年龄组，无锡是保定的 3.7 倍，绝对差距高达 21260.6 元。

从消费支出结构来看，无锡 25 岁及以下和 26～35 岁年龄组的人均交通和通信支出在人均生活消费支出中的比例最高，其他年龄组的人均食品支出比例最高。保定 25 岁及以下和 26～35 岁年龄组的人均食品支出比例最高，36～45 岁年龄组的人均交通和通信支出比例最高，46～60 岁和 61 岁及以上年龄组的人均医疗保健消费支出比例最高。两地的共同特点是：食品、交通和通信、居住这三项消费支出在农户生活消费支出中所占比例都比较高。不同点是：无锡在文化教育娱乐用品及服务方面的人均支出比例高出无锡 4.3 个百分点，而保定在医疗保健方面的人均支出比例高出无锡 9.3 个百分点，其原因可参考"农户人均生活消费支出及其结构比较"中的分析。

### 5. 不同文化程度答卷人的家庭生活消费支出

从人均生活消费支出来看，在无锡，按答卷人文化程度分类，家庭人均生活消费支出从高到低的排列顺序依次是大专及以上、高中、初中、小学、未上学（见表 9-15），这清晰地表现出文化程度与生活消费支出成正比关系。在保定，家庭人均生活消费支出从高到低依次是大专及以上、高中、小学、初中、未上学，除了小学文化程度答卷人的家庭人均生活消费支出比初中文化程度答卷人高出一点儿外，基本上也呈现文化程度与消费支出成正比关系的倾向。

表 9-15　2010 年无锡、保定不同文化程度答卷人的家庭人均
生活消费支出及其结构比较

| 市 | 文化程度 | 食品支出（%） | 衣着支出（%） | 居住/服务支出（%） | 家庭设备用品及维修服务支出（%） | 交通和通信支出（%） | 文化教育娱乐用品及服务支出（%） | 医疗保健支出（%） | 生活消费支出（元） | 生活消费支出：无锡 - 保定（元） | 生活消费支出：无锡/保定（倍） |
|---|---|---|---|---|---|---|---|---|---|---|---|
| 无锡 | 未上学 | 32.8 | 7.0 | 30.7 | 4.0 | 1.5 | 11.9 | 12.1 | 9080.1 | 3960.5 | 1.8 |
| | 小学 | 29.4 | 7.6 | 12.5 | 4.9 | 28.7 | 6.5 | 10.4 | 14387.3 | 6854.0 | 1.9 |
| | 初中 | 31.7 | 8.9 | 16.1 | 6.1 | 15.1 | 12.8 | 9.4 | 15380.5 | 8006.2 | 2.1 |
| | 高中 | 31.3 | 6.6 | 15.6 | 4.2 | 27.7 | 10.3 | 4.3 | 19495.0 | 2531.5 | 1.1 |
| | 大专及以上 | 40.6 | 12.4 | 4.1 | 3.1 | 18.5 | 12.6 | 8.8 | 23330.0 | -42661.5 | 0.4 |
| | 总体 | 31.3 | 8.2 | 14.9 | 5.4 | 20.9 | 10.6 | 8.7 | 15656.0 | 6601.3 | 1.7 |

续表

| 市 | 文化程度 | 食品支出(%) | 衣着支出(%) | 居住/服务支出(%) | 家庭设备用品及维修服务支出(%) | 交通和通信支出(%) | 文化教育娱乐用品及服务支出(%) | 医疗保健支出(%) | 生活消费支出(元) | 生活消费支出：无锡－保定(元) | 生活消费支出：无锡/保定(倍) |
|---|---|---|---|---|---|---|---|---|---|---|---|
| 保定 | 未上学 | 35.9 | 4.9 | 19.6 | 8.8 | 12.6 | 2.0 | 16.1 | 5119.6 | | |
| | 小学 | 23.7 | 7.4 | 21.0 | 5.5 | 20.2 | 3.4 | 18.9 | 7533.2 | | |
| | 初中 | 28.1 | 8.8 | 19.8 | 6.3 | 15.9 | 5.9 | 15.2 | 7374.3 | | |
| | 高中 | 17.3 | 5.1 | 8.1 | 2.0 | 20.2 | 17.0 | 30.3 | 16963.5 | — | |
| | 大专及以上 | 14.3 | 2.2 | 6.2 | 1.3 | 72.4 | 0.6 | 3.1 | 65991.4 | | |
| | 总体 | 23.5 | 6.8 | 16.6 | 4.8 | 24.1 | 6.3 | 17.9 | 9054.8 | | |

资料来源：笔者根据 2011 年《无锡、保定农户收支调查》问卷数据库中数据计算而得。

从两地不同文化程度答卷人的家庭人均生活消费支出的绝对差距和相对差距来看，除了大专及以上文化程度组以外，其他各文化程度组的家庭人均生活消费支出均是无锡高于保定，其中差距最大的是初中文化程度组，无锡是保定的 2.1 倍，绝对差距是 8006.2 元。

从消费支出结构来看，无锡各文化程度组的人均食品支出在人均生活消费支出中的比例最高，尤其是人均生活消费支出最高的大专及以上文化程度组的人均食品占比竟高达 40.6%，我们认为这主要是因为大专及以上文化程度组家庭对饮食营养、质量的要求更高。除了未上学和初中文化程度组以外，无锡其他各文化程度组的人均交通和通信支出在人均生活消费支出中的比例都位居第二位。保定未上学、小学、初中三个文化程度组的人均食品支出在人均生活消费支出中的比例最高，高中文化程度组的人均医疗保健支出比例最高，大专及以上文化程度组的人均交通和通信支出比例最高，高达 72.4%；高中和大专及以上文化程度组之外的其他三组的人均居住/服务支出在人均生活消费支出中的比例都位居第二位。虽然两地各文化程度组别的各消费支出比例不同，但共同点是：食品、交通和通信、居住这三项消费的支出在家庭消费支出中所占比例都是比较高的。

### 6. 从事不同行业的答卷人的家庭生活消费支出

从答卷人从事的行业来看，在无锡，家庭人均生活消费支出水平从高到低依次是居住服务业、种植业、住宿餐饮业、制造业、批发零售业、交通运输业和养殖业，家庭人均生活消费支出最高的居住服务业和最低的养殖业之间的绝对差距是15091.5元。在保定，家庭人均生活消费支出水平从高到低依次是批发零售业、交通运输业、养殖业、种植业、制造业、住宿餐饮业、居住服务业，家庭人均生活消费支出最高的批发零售业和最低的居住服务业之间的绝对差距是22339.7元。从表9－16可看出，无锡和保定两地从事同样行业的答卷人的家庭人均消费支出差异性很大，在无锡，家庭人均生活消费支出较高的居住服务业和住宿餐饮业，在保定却属于家庭人均生活消费支出较低行业；在无锡，家庭人均生活消费支出较低的养殖业、交通运输业、批发零售业，在保定却属于家庭人均消费支出较高行业。也就是说，即使是从事同样的行业，在家庭人均生活消费支出方面，无锡和保定两地农户表现相反。

表9－16　2010年无锡、保定从事不同行业的答卷人的家庭
人均生活消费支出及其结构比较

| 市 | 主要从事行业 | 食品支出（%） | 衣着支出（%） | 居住/服务支出（%） | 家庭设备用品及维修服务支出（%） | 交通和通信支出（%） | 文化教育娱乐用品及服务支出（%） | 医疗保健支出（%） | 生活消费支出（元） | 生活消费支出：无锡－保定（元） | 生活消费支出：无锡/保定（倍） |
|---|---|---|---|---|---|---|---|---|---|---|---|
| 无锡 | 种植业 | 26.4 | 5.0 | 13.4 | 5.6 | 27.4 | 14.9 | 7.3 | 17603.3 | 9450.7 | 2.2 |
| | 养殖业 | 66.7 | 5.6 | 15.6 | 0 | 8.1 | 1.4 | 2.8 | 6000.0 | －5345.7 | 0.5 |
| | 制造业 | 32.4 | 8.4 | 14.7 | 5.0 | 22.5 | 9.7 | 7.2 | 15301.0 | 7165.8 | 1.9 |
| | 交通运输业 | 48.0 | 10.1 | 16.9 | 2.8 | 14.5 | 4.6 | 3.1 | 10182.3 | －15709.7 | 0.4 |
| | 批发零售业 | 44.4 | 9.6 | 17.6 | 2.3 | 12.2 | 11.3 | 2.7 | 10441.4 | －17088.1 | 0.4 |
| | 住宿餐饮业 | 30.8 | 6.7 | 25.5 | 10.4 | 23.7 | 1.5 | 1.4 | 17495.6 | 9587.4 | 2.2 |
| | 居住服务业 | 29.1 | 11.2 | 7.9 | 3.2 | 33.1 | 13.7 | 1.9 | 21091.5 | 15901.7 | 4.1 |
| | 总体 | 31.5 | 8.1 | 15.0 | 4.4 | 20.7 | 10.4 | 8.8 | 15692.9 | 6659.5 | 1.7 |
| 保定 | 种植业 | 23.5 | 7.5 | 19.6 | 4.6 | 22.7 | 8.0 | 14.1 | 8152.6 | | |
| | 养殖业 | 14.0 | 5.9 | 8.6 | 3.7 | 41.8 | 3.8 | 22.3 | 11345.7 | | |
| | 制造业 | 38.8 | 10.1 | 14.9 | 7.5 | 23.6 | 1.8 | 3.2 | 8135.2 | | |
| | 交通运输业 | 20.9 | 3.8 | 2.1 | 1.5 | 61.0 | 0.8 | 10.1 | 25892.0 | | |
| | 批发零售业 | 17.6 | 3.6 | 3.4 | 0.3 | 66.1 | 5.7 | 3.2 | 27529.5 | － | |
| | 住宿餐饮业 | 36.3 | 12.6 | 21.6 | 5.1 | 6.0 | 7.3 | 11.1 | 7908.3 | | |
| | 居住服务业 | 23.0 | 13.4 | 19.3 | 17.0 | 12.1 | 3.4 | 11.8 | 5189.8 | | |
| | 总体 | 23.6 | 6.9 | 16.6 | 4.8 | 24.0 | 6.3 | 17.8 | 9033.4 | | |

资料来源：笔者根据2011年《无锡、保定农户收支调查》问卷数据库中数据计算而得。

从两地从事不同行业的答卷人的家庭人均生活消费支出的绝对差距和相对差距来看，无锡在养殖业、交通运输业以及批发零售业方面都低于保定，尤其是在批发零售业和交通运输业方面，无锡仅占保定的 38% ~ 39% ；在居住服务业方面，无锡远远高于保定，绝对差距是 15901.7 元，相对差距是 4.1 倍。

从消费支出结构来看，在无锡，家庭人均生活消费支出水平较高行业对应的人均交通和通信支出比例最高，家庭人均生活消费支出水平较低行业对应的人均食品支出比例最高。保定的情况和无锡相同。但是从所占比例来看，它们还是有较大的区别。例如，无锡地区家庭人均生活消费支出水平较高行业对应的人均交通和通信支出比例具体为 27.4% ~ 33.1% ，而保定则为 41.8% ~ 66.1% 。保定地区家庭人均生活消费支出水平较低行业对应的人均食品支出比例具体为 23.0% ~ 38.8% ，而无锡则为 32.4% ~ 66.7% 。也就是说，两地农户在消费支出结构的趋向上虽然有共同点，但在其所占比例方面却呈反向关系。

**7. 不同从业方式的答卷人的家庭生活消费支出**

从答卷人的从业方式来看，在无锡，家庭人均生活消费支出水平从高到低依次是雇主，自己经营、不付任何人工资或报酬，打工，家庭人均生活消费支出水平高于当地总体水平的是雇主和自己经营、不付任何人工资或报酬组，低于当地总体水平的是打工组（见表 9 - 17）。保定的情况和无锡完全相同。

从两地不同从业方式答卷人的家庭人均生活消费支出的绝对差距和相对差距来看，无锡的打工组和自己经营、不付任何人工资或报酬组的家庭人均生活消费支出都高于保定，其中两地打工组之间的支出差距最大，绝对差距是 8727.0 元，相对差距是 2.3 倍。但是，从家庭人均生活消费支出水平最高的雇主组来看，情况恰恰相反，无锡远远低于保定，绝对差距为 - 13611.1 元，相对差距为 0.5 倍。

从消费支出结构来看，在无锡，不同从业方式组别的人均食品支出所占比例最高，位居第二位的是人均交通和通信支出，第三位的是人均居住/服务支出，第四位是人均文化教育娱乐用品及服务支出，这较好地体现了各不同从业

**表 9 - 17  2010 年无锡、保定不同从业方式答卷人的家庭**

**人均生活消费支出及其结构比较**

| 市 | 从业方式 | 食品支出(%) | 衣着支出(%) | 居住/服务支出(%) | 家庭设备用品及维修服务支出(%) | 交通和通信支出(%) | 文化教育娱乐用品及服务支出(%) | 医疗保健支出(%) | 生活消费支出(元) | 生活消费支出：无锡-保定(元) | 生活消费支出：无锡/保定(倍) |
|---|---|---|---|---|---|---|---|---|---|---|---|
| 无锡 | 自己经营、不付任何人工资或报酬 | 30.7 | 6.1 | 15.0 | 4.2 | 24.2 | 12.2 | 7.7 | 15719.1 | 6337.9 | 1.7 |
| | 打工 | 32.0 | 8.5 | 15.6 | 6.1 | 21.0 | 9.9 | 7.0 | 15349.6 | 8727.0 | 2.3 |
| | 雇主 | 38.4 | 9.2 | 14.2 | 2.2 | 21.1 | 12.0 | 3.0 | 16278.3 | -13611.1 | 0.5 |
| | 总体 | 31.5 | 8.1 | 15.0 | 5.4 | 20.7 | 10.4 | 8.8 | 15692.9 | 6659.5 | 1.7 |
| 保定 | 自己经营、不付任何人工资或报酬 | 22.4 | 6.5 | 16.3 | 4.4 | 26.9 | 6.8 | 16.7 | 9381.3 | | |
| | 打工 | 29.9 | 8.4 | 20.4 | 9.7 | 11.6 | 7.2 | 12.9 | 6622.5 | — | |
| | 雇主 | 30.4 | 9.8 | 15.7 | 6.0 | 26.7 | 1.5 | 10.0 | 29889.3 | | |
| | 总体 | 23.6 | 6.9 | 16.6 | 4.8 | 24.0 | 6.3 | 17.8 | 9033.4 | | |

资料来源：笔者根据 2011 年《无锡、保定农户收支调查》问卷数据库中数据计算而得。

方式组别在消费支出结构方面的一致性。保定的情况比较复杂，各项人均消费支出所占比例的排列顺序在各从业方式组别中各有不同，位居前四位的大致是人均食品支出、人均居住/服务支出、人均交通和通信支出、人均医疗保健支出。和无锡相比较有两大不同点：①保定各不同从业方式组别在消费支出结构方面的跳跃性较大；②保定农户的文化教育娱乐用品及服务支出所占比例较小，没有进入前四位，取而代之的是医疗保健支出这一项。可见，两地在文化教育娱乐用品及服务和医疗保健消费支出方面的差异性较大。这或许与两地不同的生活习惯、消费习惯、消费意识有关。

## 三  2010 年无锡、 保定农户经营性支出比较分析

从表 9 - 18 来看，无锡农户经营性支出主要由农业生产经营性支出和工商

业经营性支出组成，保定农户在此基础上还有少量的固定资产投资支出。将农户按照不包括土地宅基地补偿的人均纯收入十等分组，进而比较两地农户在经营性支出水平上的情况。在无锡，农户人均农业生产经营性支出是 152.4 元，除了第 3 组和第 9 组以外，其他各组的人均农业生产经营性支出都低于总体水平，极大值和极小值之间的差距是 640.8 元。从农户人均工商业经营性支出来看，人均纯收入最高的两组——第 9 组和第 10 组的最高，分别是 46959.9 元和 65075 元，远远高于总体水平的 12659.9 元，其他各组的都低于总体水平；其中，人均纯收入较低的第 1 组和第 4 组以及人均纯收入较高的第 7 组没有人均工商业经营性支出，极大值和极小值之间的差距高达 65075.0 元。可见，无锡农户经营性支出的特点是：①农业生产经营性支出远远低于工商业经营性支出，这与无锡推动城镇化建设的地方特点相吻合；②农户在工商业经营性支出方面的差距较大。

表 9 - 18　2010 年无锡、保定农户人均经营性支出比较

| 市 | 按照不包括土地宅基地补偿的人均纯收入十等分组的位次 | 农业生产经营性支出（元） | 按照不包括土地宅基地补偿的纯收入十等分组的位次 | 工商业经营性支出（元） | 按照不包括土地宅基地补偿的人均、纯收入十等分组的位次 | 固定资产投资支出（元） |
|---|---|---|---|---|---|---|
| 无锡 | 4 | 45.8 | 1 | 0 | | |
| | 6 | 47.5 | 4 | 0 | | |
| | 2 | 53.5 | 7 | 0 | | |
| | 10 | 54.1 | 3 | 650.0 | | |
| | 8 | 54.6 | 8 | 1734.0 | | |
| | 7 | 72.1 | 2 | 2164.0 | — | — |
| | 1 | 96.8 | 5 | 4261.7 | | |
| | 5 | 116.3 | 6 | 5754.2 | | |
| | 总体 | 152.4 | 总体 | 12659.9 | | |
| | 3 | 297.2 | 9 | 46959.9 | | |
| | 9 | 686.6 | 10 | 65075.0 | | |
| | 极大值－极小值 | 640.8 | 极大值－极小值 | 65075.0 | | |

续表

| 市 | 按照不包括土地宅基地补偿的人均纯收入十等分组的位次 | 农业生产经营性支出（元） | 按照不包括土地宅基地补偿的纯收入十等分组的位次 | 工商业经营性支出（元） | 按照不包括土地宅基地补偿的人均、纯收入十等分组的位次 | 固定资产投资支出（元） |
|---|---|---|---|---|---|---|
| 保定 | 2 | 503.0 | 1 | 0 | 2 | 0 |
| | 7 | 698.9 | 2 | 0 | 5 | 0 |
| | 3 | 732.5 | 7 | 206.3 | 6 | 0 |
| | 8 | 889.4 | 5 | 228.8 | 7 | 0 |
| | 4 | 1275.8 | 3 | 500.0 | 9 | 0 |
| | 6 | 1319.8 | 4 | 600.0 | 3 | 25.0 |
| | 5 | 1815.3 | 6 | 740.5 | 10 | 59.5 |
| | 总体 | 4321.8 | 8 | 5450.0 | 4 | 91.7 |
| | 9 | 10161.6 | 9 | 12962.5 | 8 | 125.0 |
| | 10 | 10460.0 | 总计 | 16947.9 | 总体 | 179.5 |
| | 1 | 15054.7 | 10 | 142513.1 | 1 | 1500.0 |
| | 极大值－极小值 | 14551.6 | 极大值－极小值 | 142513.1 | 极大值－极小值 | 1500.0 |

资料来源：笔者根据 2011 年《无锡、保定农户收支调查》问卷数据库中数据计算而得。

在保定，农户人均农业生产经营性支出是 4321.8 元，除了第 1 组、第 9 组和第 10 组以外，其他各组的人均农业生产经营性支出都低于总体水平，极大值和极小值之间的差距是 14551.6 元。从农户人均工商业经营性支出来看，人均纯收入最高的第 10 组的最高，高达 142513.1 元，是总体水平的 8.4 倍，其他各组的都低于均值；其中，人均纯收入较低的第 1 组和第 2 组没有人均工商业经营性支出。另外，值得注意的是人均工商业经营性支出的总体水平实际上主要是由第 10 组拉动的，除了该项支出为 0 的两个组别外，另有 5 个组别的支出仅为 206～750 元。有 5 组没有固定资产投资支出，农户人均固定资产投资支出是 179.5 元，高于总体水平的是人均纯收入最低组第 1 组，其该项支出额为 1500 元，其他 4 组的人均固定资产投资指出很少，为 25～125 元。可见，保定农户经营性支出的特点是：①与工商业经营性支出和固定资产投资支出相比较，农业生产经营性支出的比例较高；②中等人均纯收入组的第 3～6

组农户在工商业经营性支出方面的差距不大，拉开差距的主要是人均纯收入较高的第 8 ~ 10 组，尤其是第 10 组。两地的共同点是：人均纯收入最高的第9 ~ 10 组的人均工商业经营性支出也最高。

表 9 – 18 为我们展示了无锡、保定两地不同人均纯收入水平农户的经营性支出情况，包括两地不同组别间的经营性支出水平及其差距情况。那么不同组别内部的情况又如何呢？为回答此问题，我们结合表 9 – 19 进行分析。两地的共同特点包括两个方面。①无锡、保定两地各组别内部在人均农业生产经营性支出方面的差距比在人均工商业经营性支出方面的差距要小，各组别内部的经营性支出差距主要表现在人均工商业经营性支出方面。②两地各组别中内部人均工商业经营性支出差距最小的都是人均纯收入高的第 9 ~ 10 组。另外，与生活消费支出呈现的特点相反的是：无论是在农业生产经营性支出方面还是在工商业经营性支出方面，都是保定高于无锡，其人均值的绝对差距分别是 4169.3 元和 4288.1 元。为何生活消费支出和经营性支出会出现截然相反的状况，或许这也是我们要在现有调查基础上继续深入调查探究的一项课题。

表 9 – 19　2010 年无锡、保定农户人均经营性支出差距比较

| 按照不包括土地宅基地补偿的人均纯收入十等分组的位次（无锡） | | 农业生产经营性支出 | 工商业经营性支出 | 固定资产投资支出 | 按照不包括土地宅基地补偿的人均纯收入十等分组的位次（保定） | | 农业生产经营性支出 | 工商业经营性支出 | 固定资产投资支出 |
|---|---|---|---|---|---|---|---|---|---|
| 1 | 均值 | 96.8 | 0 | 0 | 1 | 均值 | 15054.7 | 0 | 1500.0 |
| | 标准差 | 239.8 | 0 | 0 | | 标准差 | 42303.2 | 0 | 6708.2 |
| | 变异系数 | 2.5 | — | — | | 变异系数 | 2.8 | — | 4.5 |
| 2 | 均值 | 53.5 | 2164.0 | 0 | 2 | 均值 | 503.0 | 0 | 0 |
| | 标准差 | 124.9 | 9677.7 | 0 | | 标准差 | 382.5 | 0 | 0 |
| | 变异系数 | 2.3 | 4.5 | — | | 变异系数 | 0.8 | — | — |
| 3 | 均值 | 297.2 | 650.0 | 0 | 3 | 均值 | 732.5 | 500.0 | 25.0 |
| | 标准差 | 911.1 | 2906.9 | 0 | | 标准差 | 489.5 | 2236.1 | 111.8 |
| | 变异系数 | 3.1 | 4.5 | — | | 变异系数 | 0.7 | 4.5 | 4.5 |

续表

| 按照不包括土地宅基地补偿的人均纯收入十等分组的位次（无锡） | | 农业生产经营性支出 | 工商业经营性支出 | 固定资产投资支出 | 按照不包括土地宅基地补偿的人均纯收入十等分组的位次（保定） | | 农业生产经营性支出 | 工商业经营性支出 | 固定资产投资支出 |
|---|---|---|---|---|---|---|---|---|---|
| 4 | 均值 | 45.8 | 0 | 0 | 4 | 均值 | 1275.8 | 600.0 | 91.7 |
| | 标准差 | 148.4 | 0 | 0 | | 标准差 | 2331.7 | 2683.3 | 312.9 |
| | 变异系数 | 3.2 | — | — | | 变异系数 | 1.8 | 4.5 | 3.4 |
| 5 | 均值 | 116.3 | 4261.7 | 0 | 5 | 均值 | 1815.3 | 228.8 | 0 |
| | 标准差 | 325.8 | 13119.2 | 0 | | 标准差 | 3528.0 | 1005.5 | 0 |
| | 变异系数 | 2.8 | 3.1 | — | | 变异系数 | 1.9 | 4.4 | — |
| 6 | 均值 | 47.5 | 5754.2 | 0 | 6 | 均值 | 1319.8 | 740.5 | 0 |
| | 标准差 | 103.4 | 20605.3 | 0 | | 标准差 | 1749.8 | 2808.9 | 0 |
| | 变异系数 | 2.2 | 3.6 | — | | 变异系数 | 1.3 | 3.8 | — |
| 7 | 均值 | 72.1 | 0 | 0 | 7 | 均值 | 698.9 | 206.3 | 0 |
| | 标准差 | 142.3 | 0 | 0 | | 标准差 | 625.7 | 922.4 | 0 |
| | 变异系数 | 2.0 | — | — | | 变异系数 | 0.9 | 4.5 | — |
| 8 | 均值 | 54.6 | 1734.0 | 0 | 8 | 均值 | 889.4 | 5450.0 | 125.0 |
| | 标准差 | 127.8 | 6137.4 | 0 | | 标准差 | 673.7 | 20166.3 | 559.0 |
| | 变异系数 | 2.3 | 3.5 | — | | 变异系数 | 0.8 | 3.7 | 4.5 |
| 9 | 均值 | 686.6 | 46959.9 | 0 | 9 | 均值 | 10161.6 | 12962.5 | 0 |
| | 标准差 | 2441.5 | 97036.0 | 0 | | 标准差 | 22830.6 | 45527.9 | 0 |
| | 变异系数 | 3.6 | 2.1 | — | | 变异系数 | 2.2 | 3.5 | — |
| 10 | 均值 | 54.1 | 65075.0 | 0 | 10 | 均值 | 10460.0 | 142513.1 | 59.5 |
| | 标准差 | 141.8 | 158945.0 | 0 | | 标准差 | 24017.4 | 514414.0 | 272.8 |
| | 变异系数 | 2.6 | 2.4 | — | | 变异系数 | 2.3 | 3.6 | 4.6 |
| 总体1 | 均值 | 152.4 | 12659.9 | 0 | 总体2 | 均值 | 4321.8 | 16947.9 | 179.5 |
| | 标准差 | 843.3 | 62237.7 | 0 | | 标准差 | 17489.9 | 169008.0 | 2125.6 |
| | 变异系数 | 5.5 | 4.9 | — | | 变异系数 | 4.0 | 10.0 | 11.8 |
| 总体1－总体2（元） | | −4169.3 | −4288.1 | −179.5 | | | | | |
| 总体1/总体2（倍） | | 0 | 0.7 | | | | | | |

资料来源：笔者根据2011年《无锡、保定农户收支调查》问卷数据库中数据计算而得。

## 四　1997 年和 2010 年无锡、保定农户人均总收入比较分析

本章前三节对 2010 年无锡、保定农户收支情况做了横向比较，接下来对 1997 年和 2010 年无锡、保定农户收支情况做纵向比较。2011 年的抽样调查是在 1998 年基础上进行的，虽然在调查过程中尽量保持抽调样本的连续性，但由于两次调查时隔 13 年，抽调样本发生了变化，与 1998 年相比较，2011 年的抽调范围和抽调样本数减少了。为了保证分析的严谨性和可比性，在进行纵向比较之前，本章需要做相关说明。①本章的 1997 年数据，使用调查的无锡 2 村——马鞍村和玉东村以及保定 2 村——南邓村和固上村的数据，不使用调查的无锡 11 村和保定 11 村的大样本数据；2010 年的数据使用调查的无锡 2 村——马鞍村和玉东村以及保定 2 村——南邓村和固上村的数据。②上述数据选择虽然保证了调查范围的一致性和部分抽调样本的连续性，但还存在部分新老抽调样本的增多和减少的情况[①]，因此本章在进行纵向比较时，仅对两地农户的人均收支水平和结构来源的变化进行分析，以总结 13 年来两调查地农户在收支方面发生的变化和展现的趋势。另外，本章在进行纵向比较的时候，各收入项均按可比价格确定。

从表 9－20 可以看出，农户人均总收入增长很快。在无锡，农户人均总收入从 1997 年的 5851.9 元增至 2010 年的 50674.4 元，增长了 7.7 倍，实际年均增长 3447.9 元，实际年均增长率是 18.1%。在保定，农户人均总收入从 1997 年的 3151.1 元增至 2010 年的 15691.5 元，增长了 4.0 倍，实际年均增长 964.6 元，实际年均增长率是 13.1%。

---

① 1997 年数据中，无锡 2 村的样本量分别是 51 户、126 户，合计 177 户；保定 2 村的样本量分别是 156 户、300 户，合计 456 户。2010 年数据中，无锡 2 村的样本量分别是 100 户、100 户，合计 200 户；保定 2 村的样本量分别是 100 户、101 户，合计 201 户。

表 9 – 20  1997 年和 2010 年无锡、保定农户人均总收入及其结构比较

| 市 | 指标 | 人均总收入 | 经营性收入 | 工资性收入 | 财产性收入 | 转移性收入 |
|---|---|---|---|---|---|---|
| 无锡 | 1997 年(177 户,元) | 5851.9 | 2761.5 | 2795.0 | 32.3 | 263.0 |
| | 来源构成(%) | 100.0 | 47.2 | 47.8 | 0.6 | 4.5 |
| | 变异系数 | 1.2 | 2.6 | 0.8 | 5.4 | 3.0 |
| | 2010 年(200 户,元) | 50674.4 | 6456.9 | 11996.8 | 29631.0 | 2589.7 |
| | 来源构成(%) | 100.0 | 12.7 | 23.7 | 58.5 | 5.1 |
| | 变异系数 | 1.4 | 2.7 | 0.8 | 2.2 | 2.5 |
| | 绝对差距(元) | 44822.5 | 3695.4 | 9201.8 | 29598.7 | 2326.7 |
| | 相对差距(倍) | 8.7 | 2.3 | 4.3 | 917.4 | 9.8 |
| | 1997～2010 年实际年均增长(元) | 3447.9 | 284.3 | 707.8 | 2276.8 | 179.0 |
| | 1997～2010 年实际年均增长率(%) | 18.1 | 6.8 | 11.9 | 69.0 | 19.2 |
| 保定 | 1997 年(456 户,元) | 3151.1 | 2567.0 | 529.9 | 4.1 | 50.1 |
| | 来源构成(%) | 100.0 | 81.5 | 16.8 | 0.1 | 1.6 |
| | 变异系数 | 1.0 | 0.9 | 1.0 | 1.0 | 1.3 |
| | 2010 年(201 户,元) | 15691.5 | 9643.4 | 4950.4 | 183.4 | 914.2 |
| | 来源构成(%) | 100.0 | 61.5 | 31.5 | 1.2 | 5.8 |
| | 变异系数 | 1.9 | 2.9 | 1.0 | 3.0 | 2.2 |
| | 绝对差距(元) | 12540.4 | 7076.4 | 4420.5 | 179.3 | 864.1 |
| | 相对差距(倍) | 5.0 | 3.8 | 9.3 | 44.7 | 18.3 |
| | 1997～2010 年实际年均增长(元) | 964.6 | 544.3 | 340.0 | 13.8 | 66.5 |
| | 1997～2010 年实际年均增长率(%) | 13.1 | 10.7 | 18.8 | 34.0 | 25.0 |

资料来源：笔者根据《第四次无锡、保定农村调查》问卷数据库和 2011 年《无锡、保定农户收支调查》问卷数据库中数据计算而得。

从变异系数来看，无锡农户人均总收入的变异系数从 1.2 增至 1.4；人均工资性收入的变异系数基本保持原貌，没有变化；人均经营性收入的变异系数从 2.6 增至 2.7；人均财产性收入和人均转移性收入的变异系数均呈下降趋势，分别从 5.4 和 3.0 降至 2.2 和 2.5。可见，从 1997 年至 2010 年，无锡农户人均总收入之间的差距程度变化并不大。在保定，农户人均总收入的变异系数从 1.0 增至 1.9；人均工资性收入的变异系数和无锡的情况一样，没有发生

变化；人均经营性收入从 0.9 增至 2.9；人均财产性收入从 1.0 增至 3.0；人均转移性收入从 1.3 增至 2.2。两地农户人均总收入和人均经营性收入变异系数的变化趋势大体一致，均呈上升态势，但保定的变化幅度高于无锡，可见，从 1997 年至 2010 年，保定农户人均总收入的差距程度变化要比无锡大。从农户人均财产性收入和人均转移性收入的差距程度变化来看，两地呈相反方向，即无锡呈缩小状，保定呈扩大状。

总收入的各构成项均有大幅度的增长，但增长幅度的差距较大，且各构成项所占比例的变化较大。在无锡，1997 年比例较低的人均财产性收入（0.6%）和人均转移性收入（4.5%）的增长幅度最大，至 2010 年，分别增长了 916.4 倍和 8.8 倍，年均实际增长率高达 69.0% 和 19.2%。所占比例下降的构成项有人均经营性收入和人均工资性收入，分别从 47.2% 和 47.8% 下降至 12.7% 和 23.7%，上升的是人均财产性收入和人均转移性收入，分别从 0.6% 和 4.5% 上升至 58.5% 和 5.1%，其中人均财产性收入占比增长幅度惊人，这是因为部分调查者得到的土地宅基地补偿款大大增加了财产性收入。在保定，构成项中比例上升的有人均工资性收入、人均财产性收入和人均转移性收入，分别从 16.8% 增至 31.5%，从 0.1% 增至 1.2%，从 1.6% 增至 5.8%。下降的则是人均经营性收入，从 81.5% 降至 61.5%，下降了 20.0 个百分点。从增长幅度来看，2010 年，人均工资性收入、人均财产性收入和人均转移性收入分别是 1997 年的 9.3 倍、44.7 倍和 18.3 倍，实际年均增长率分别是 18.8%、34.0% 和 25.0%，年均增长率最高的是人均财产性收入。

从总收入的构成来源看，两地的共同点是：农户财产性收入的增长率最高。两地的不同点体现在两个方面。①虽然两地农户的财产性收入增长率最高，但在各收入比例变化方面大为不同，2010 年无锡的财产性收入取代工资性收入的主导地位，但是在保定，财产性收入所占比例仍然最低。②在保定，占据主导地位的依然是经营性收入。可见，两地财产性收入变化情况的不同最为明显，由于财产性收入中包含土地宅基地补偿这一特殊内容，而无锡又先于保定得益于这一内容，因此还需要比较剔除此项收入后的人均纯收入情况。

## 五 1997 年和 2010 年无锡、保定农户不包括土地宅基地 补偿的人均纯收入比较分析

如表 9 - 21 所示，无锡农户不包括土地宅基地补偿的人均纯收入从 1997 年的 4457.4 元增至 2010 年的 20036.0 元，增长了 3.5 倍，实际年均增长 1198.4 元，实际年均增长率是 12.3%。各构成项也都有不同程度的增长，人 均财产性收入从 1997 年的 32.3 元增至 2010 年的 814.5 元，年均增长率最高，高达 28.2%；年均增长率位居第二的是人均转移性收入，它从 1997 年的 263.0 元增至 2010 年的 2589.7 元，年均增长率是 19.2%；人均经营性收入增长最慢，从 1997 年的 1367.0 元增至 2010 年的 4635.0 元，年均增长率是 9.8%；人均工资性收入从 1997 年的 2795.0 元增至 2010 年的 11996.8 元，年均增长率为 11.9%。保定农户的不包括土地宅基地补偿的人均纯收入从 1997 年的 1122.9 元增至 2010 年的 9965.9 元，增长了 7.9 倍，实际年均增长 680.2 元，实际年均增长率是 18.3%。各构成项的增长顺序和无锡一致：人均财产性收入从 1997 年的 4.1 元增至 2010 年的 164.9 元，年均增长率最高，高达 32.9%；其次是人均转移性收入，从 1997 年的 50.1 元增至 2010 年的 914.2 元，年均增长率是 25.0%；人均工资性收入的增长率位居第三，是 18.8%，它从 1997 年的 529.9 元增至 2010 年的 4950.4 元；人均经营性收入增长最慢，从 1997 年的 538.8 元增至 2010 年的 3936.4 元，年均增长率是 16.5%。

表 9 - 21 1997 年和 2010 年无锡、保定农户不包括土地宅基地补偿的
人均纯收入水平及其结构比较

| 市 | 指标 | 人均纯收入 | 经营性收入 | 工资性收入 | 财产性收入 | 转移性收入 |
|---|---|---|---|---|---|---|
| 无锡 | 1997 年(177 户,元) | 4457.4 | 1367.0 | 2795.0 | 32.3 | 263.0 |
| | 来源构成(%) | 100.0 | 30.7 | 62.7 | 0.7 | 5.9 |
| | 变异系数 | 0.6 | 1.5 | 0.8 | 5.4 | 3.0 |
| | 2010 年(200 户,元) | 20036.0 | 4635.0 | 11996.8 | 814.5 | 2589.7 |
| | 来源构成(%) | 100.0 | 23.1 | 59.9 | 4.1 | 12.9 |
| | 变异系数 | 0.7 | 1.8 | 0.8 | 3.5 | 2.5 |
| | 绝对差距(元) | 15578.6 | 3268.0 | 9201.8 | 782.2 | 2326.7 |

续表

| 市 | 指标 | 人均纯收入 | 经营性收入 | 工资性收入 | 财产性收入 | 转移性收入 |
|---|---|---|---|---|---|---|
| 无锡 | 相对差距（倍） | 4.5 | 3.4 | 4.3 | 25.2 | 9.8 |
| | 1997~2010 年年均增长（元） | 1198.4 | 251.4 | 707.8 | 60.2 | 179.0 |
| | 1997~2010 年实际年均增长率（%） | 12.3 | 9.8 | 11.9 | 28.2 | 19.2 |
| 保定 | 1997 年（456 户,元） | 1122.9 | 538.8 | 529.9 | 4.1 | 50.1 |
| | 来源构成（%） | 100.0 | 48.0 | 47.2 | 0.4 | 4.5 |
| | 变异系数 | 1.6 | 3.4 | 0.9 | 12.6 | 5.9 |
| | 2010 年（201 户,元） | 9965.9 | 3936.4 | 4950.4 | 164.9 | 914.2 |
| | 来源构成（%） | 100.0 | 39.5 | 49.7 | 1.7 | 9.2 |
| | 变异系数 | 1.9 | 4.4 | 1.0 | 3.4 | 2.2 |
| | 绝对差距（元） | 8843.0 | 3397.6 | 4420.5 | 160.8 | 864.1 |
| | 相对差距（倍） | 8.9 | 7.3 | 9.3 | 40.2 | 18.2 |
| | 1997~2010 年年均增长（元） | 680.2 | 261.4 | 340.0 | 12.4 | 66.5 |
| | 1997~2010 年实际年均增长率（%） | 18.3 | 16.5 | 18.8 | 32.9 | 25.0 |

资料来源：笔者根据《第四次无锡、保定农村调查》问卷数据库和 2011 年《无锡、保定农户收支调查》问卷数据库中数据计算而得。

从农户人均纯收入的构成来看，无锡的特点是人均工资性收入一直占据主导地位，人均经营性收入所占比例虽然有所下降，但稳居第二位，人均财产性收入和人均转移性收入所占比例有了大幅度的增加，分别从 1997 年的 0.7% 和 5.9% 升至 2010 年的 4.1% 和 12.9%。保定农户人均纯收入各构成项所占比例的升降顺序和无锡基本一致，人均工资性收入和人均经营性收入占据主导地位，但不同的是人均财产性收入和人均转移性收入所占比例的上升幅度没有无锡大。

从变异系数来看，无锡农户不包括土地宅基地补偿的人均纯收入的变异系数从 0.6 增至 0.7；人均工资性收入的变异系数没有变化，仍然停留在 0.8 的水平上；人均经营性收入的变异系数从 1.5 增至 1.8，年均增长率高于人均纯收入的人均财产性收入和人均转移性收入的变异系数呈下降趋势，分别从 5.4 降至 3.5、从 3.0 降至 2.5。从上述变化来看，1997~2010 年，无锡农户的收入差距变化不大，收入处于较为均衡的状态。除了人均财产性收入以外，保定农户人均纯收入各构成项变异系数的变化趋势和无锡基本一致，但变化幅度高于无锡。其中，人均纯收入的变异系数从 1.6 增至 1.9，人均工资性收入的变异系数从 0.9 增至 1.0，人均经营性收入的变异系数从 3.4 增至 4.4，人均财产性收入和人均转移性收入的变异系数分别从 12.6 降至 3.4、从 5.9 降至 2.2。可见，1997～2010 年，保定农户收入差距的变动幅度比无锡大。

根据上述比较总结两地的共同点，主要包括以下四个方面。①无论是 1997 年还是 2010 年，无锡各项纯收入均高于保定。②人均工资性收入是人均纯收入最主要的来源，与其他各构成项相比较，其变异系数最小，即农户工资性收入间的差距不大。③两地农户人均经营性收入所占比例均有所下降，但依然是构成人均纯收入的稳定来源，其变异系数的上升幅度不大，即农户经营性收入较均衡。④两地农户的人均财产性收入和人均转移性收入所占比例均有较大提高，其变异系数均呈下降趋势，即农户财产性收入和转移性收入间的差距呈缩小趋势。

不同点包括以下几个方面。①保定各项纯收入虽然比无锡低，但增长速度都要快于无锡；同时，保定农户各项纯收入的差距也比无锡大。那么，这是否可以说明无锡和保定两地的发展趋势符合区域经济发展过程中倒 U 形曲线假说这一规律呢？另外，这也带给我们一个新的研究课题，那就是无锡和保定至今虽然还有一定的收入差距，但由于保定各项纯收入的增长速度都要快于无锡，如果现存条件不变，那么发展到一定阶段的话，两地间的收入差距就会收敛，在此基础上，保定有可能超越无锡。如果现存条件发生变化，那么两者间的收入差距是收敛还是扩散，并且会收敛或扩散到何种程度？这越发让我们认识到在已有调查基础上，继续开展跟踪调查的必要性和重要性。

②人均工资性收入所占比例虽然都稳居第一位，但从其所占比例的变化来看，无锡下降了 2.8 个百分点，保定略有上升，上升了 2.5 个百分点；从人均工资性收入的年均增长率来看，保定比无锡高出 6.9 个百分点。这些变化与两地的经济发展状况相关，一方面，无锡的农村企业较保定发达，为农村富余劳动力提供了更多稳定的工作机会；保定的农村企业较少，农村富余劳动力获得稳定工作的机会少，主要从事保障性差的零散工作。另一方面，在无锡，稳定的工作机会，培养了大量技术熟练的劳动者，伴随着人力成本的上升，其工资水平的提升必然减速。在保定，由于农户成员主要从事零散工作，流动性较高，自然会选择流动到工资更高的岗位，但是，高流动性将给持续稳定性就业

带来困难。因此，短期来看，保定的工资性收入的增长率确实比无锡高，但今后是否会继续保持，尚不能下定论。

③人均经营性收入所占比例都稳居第二位，所占比例均有一定幅度下降，但在年均增长率方面，保定明显高于无锡，在变异系数方面，则是无锡低于保定。在调查中，我们发现这种情况与农村富余劳动力的转移方式有关，在无锡，农村富余劳动力转移至企业从事稳定工作的居多，因此从事家庭经营性工作的劳动力相对较少。在保定，家庭经营以从事养殖业和种植业为主，农村富余劳动力的从业方式主要是打零工，他们赋闲时间较长，可以投入家庭经营中，这虽然有利于提高家庭经营性收入，但是其提高依赖于存量积累效应，并未显现增量效应。所以，今后应着重加强保定农户经营性收入的增量效应。

## 六　1997 年和 2010 年无锡、保定农户人均生活消费支出及其结构比较分析

如表 9 - 22 所示，无锡农户人均生活消费支出从 1997 年的 3466.4 元增至 2010 年的 12554.4 元，实际年均增长 669.1 元，实际年均增长率是 10.4%，低于同期农户不包括土地宅基地补偿的人均纯收入的年均增长率 1.9 个百分点。其各构成项都有不同程度的增加，年均增长率最高的是人均医疗保健支出（高达 28.1%），其次依次是人均交通和通信支出（21.6%）、人均居住/服务支出（21.3%）、人均衣着支出（11.3%）、人均家庭设备用品及维修服务支出（11.1%）、人均文化教育娱乐用品及服务支出（8.1%）等，年均增长率最低的是人均食品支出（6.5%）。保定农户人均生活消费支出从 1997 年的 837.1 元增至 2010 年的 7226.7 元，实际年均增长 491.5 元，实际增长率是 18.0%，仅低于同期农户不包括土地宅基地补偿的人均纯收入的年均增长率 0.3 个百分点。其各构成项都有不同程度的增加，年均增长率最高的是人均交通和通信支出（高达 48.7%），其次依次是人均医疗保健支出（44.4%）、人均居住/服务支出（34.7%）、人均衣着支出（16.3%）、人均文化教育娱乐用品及服务支出（14.0%）、人均食品支出（9.9%）等，年均增长率最低的是人均家庭设备用品及维修服务支出（8.7%）。

表 9-22 1997 年和 2010 年无锡、保定农户人均生活消费支出及其结构比较

| 市 | 指标 | 食品支出 | 衣着支出 | 居住/服务 | 家庭设备用品及维修服务支出 | 交通和通信支出 | 文化教育娱乐用品及服务支出 | 医疗保健支出 | 其他商品和服务支出 | 生活消费支出 |
|---|---|---|---|---|---|---|---|---|---|---|
| 无锡 | 1997 年(177 户,元) | 1745.6 | 255.4 | 152.5 | 172.2 | 203.4 | 475.2 | 44.1 | 418.0 | 3466.4 |
| | 来源构成(%) | 50.4 | 7.4 | 4.4 | 5.0 | 5.9 | 13.7 | 1.3 | 12.1 | 100.0 |
| | 变异系数 | 0.1 | 0.9 | 0.4 | 0.1 | 0.2 | 0.2 | 1.3 | 0.4 | 0.05 |
| | 2010 年(200 户,元) | 3960.3 | 1022.3 | 1884.3 | 676.2 | 2592.8 | 1311.9 | 1106.6 | 0 | 12554.4 |
| | 来源构成(%) | 31.5 | 8.1 | 15.0 | 5.4 | 20.7 | 10.4 | 8.8 | 0 | 100.0 |
| | 变异系数 | 0.7 | 1.4 | 1.3 | 1.8 | 2.8 | 2.2 | 2.4 | — | 0.8 |
| | 绝对差距(元) | 2214.6 | 766.9 | 1731.8 | 504.0 | 2389.4 | 836.7 | 1062.5 | — | 9088.0 |
| | 相对差距(倍) | 2.3 | 4.0 | 12.4 | 3.9 | 12.7 | 2.8 | 25.1 | 0 | 3.6 |
| | 1997~2010 年年均增长(元) | 170.4 | 59.0 | 133.2 | 38.8 | 183.8 | 64.4 | 81.7 | — | 699.1 |
| | 1997~2010 年实际年均增长率(%) | 6.5 | 11.3 | 21.3 | 11.1 | 21.6 | 8.1 | 28.1 | — | 10.4 |
| 保定 | 1997 年(456 户,元) | 499.5 | 70.0 | 25.0 | 116.5 | 10.0 | 82.3 | 10.9 | 22.9 | 837.1 |
| | 来源构成(%) | 59.7 | 8.4 | 3.0 | 13.9 | 1.2 | 9.8 | 1.3 | 2.7 | 100.0 |
| | 变异系数 | 0.1 | 0.9 | 0.6 | 0.2 | 2.8 | 0 | 0.2 | 0.2 | 0.2 |
| | 2010 年(201 户,元) | 1705.2 | 496.4 | 1199.4 | 346.5 | 1735.7 | 453.6 | 1289.9 | 0 | 7226.7 |
| | 来源构成(%) | 23.6 | 6.9 | 16.6 | 4.8 | 24.0 | 6.3 | 17.8 | 0 | 100.0 |
| | 变异系数 | 0.9 | 1.0 | 0.9 | 1.7 | 4.6 | 6.4 | 3.3 | — | 1.6 |
| | 绝对差距(元) | 1205.7 | 426.4 | 1174.3 | 230.0 | 1725.7 | 371.3 | 1279.0 | — | 6389.6 |
| | 相对差距(倍) | 3.4 | 7.1 | 47.9 | 3.0 | 173.9 | 5.5 | 118.5 | 0 | 8.6 |
| | 1997~2010 年年均增长(元) | 92.7 | 32.8 | 90.3 | 17.7 | 132.7 | 28.6 | 98.4 | — | 491.5 |
| | 1997~2010 年实际年均增长率(%) | 9.9 | 16.3 | 34.7 | 8.7 | 48.7 | 14.0 | 44.4 | — | 18.0 |

注:2010 年调查时,能够具体归类的尽量归类至具体项目中,因此其他商品和服务项基本为零。2010 年的其他支出与 1997 年的其他支出的统计口径虽然有所不同,但基本属性相同,比较时将其归为一类,考虑到二者统计口径的差异,不对其进行比较。

资料来源:笔者根据《第四次无锡、保定农村调查》问卷数据库和 2011 年《无锡、保定农户收支调查》问卷数据库中数据计算而得。

　　从各构成项所占比例来看，13 年间发生了很大的变化。无锡农户的人均食品支出所占比例下降幅度最大，从 1997 年的 50.4% 降至 2010 年的 31.5%，下降了近 19 个百分点；人均居住/服务和人均交通和通信支出所占比例的上升幅度最高，分别从 4.4% 升至 15.0%、从 5.9% 升至 20.7%。保定的情况和无锡基本一致，人均食品支出所占比例下降幅度最大，从 59.7% 降至 23.6%，降幅高达 36.1 个百分点，升幅最高的是人均交通和通信支出及人均医疗保健支出，其占比分别从 1.2% 升至 24.0%、从 1.3% 升至 17.8%。

　　从农户人均生活消费支出及其各构成项的差距程度来看，无锡和保定两地农户间上述各项支出的差距都在变大。无锡农户人均生活消费支出 1997 年的变异系数仅为 0.05，2010 年升至 0.8。各构成项中，差距程度变化最大的是人均交通和通信支出，其后依次是人均文化教育娱乐用品及服务支出、人均家庭设备用品及维修服务支出、人均医疗保健支出、人均居住/服务支出、人均食品支出，差距程度变化最小的是人均衣着支出。保定农户人均生活消费支出 1997 年的变异系数为 0.2，2010 年升至 1.6。各构成项中，差距程度变化的情况和无锡有所不同，差距程度变化最大的是人均文化教育娱乐用品及服务支出，其后依次是人均医疗保健支出、人均交通和通信支出、人均家庭设备用品及维修服务支出、人均食品支出、人均居住/服务支出，差距程度变化最小的也是人均衣着支出。

　　通过上述纵向比较可知，两地的共同点主要体现在三个方面。①人均生活消费支出及其各构成项均有不同程度的增加，并且年均增长率最低的都是人均食品支出。②各构成项占比的变化情况基本一致，都是人均食品支出所占比例的下降幅度最大，人均交通和通信支出的升幅较大。③人均生活消费支出及其各构成项的差距程度变化情况较为一致：首先，13 年间，差异性更加明显，差距都在或多或少地变大；其次，虽然差距较大的几项支出的位次不同，但基本上是人均交通和通信支出、人均医疗保健支出、人均文化教育娱乐用品及服务支出、人均家庭设备用品及维修服务支出四项。不同点体现在以下方面。①除人均家庭设备用品及维修服务支出外，保定农户人均生活消费支出及其各构成项的增长率都比无锡要高。②保定农户人均食品支出占比的下降幅度比无锡高出 17.2 个百分点，人均交通和通信支出及人均医疗保健支出占比的上升幅度也分别比无锡高出 8.0 个和 9.0 个百分点。③保定农户人均生活消费支出及其各构成项的差距程度变化总体要比无锡更为显著。

可见，在这 13 年间，无锡和保定农户在涉及生活消费的衣食住行方面的基本趋向是一致的，即衣食消费支出占比在慢慢减少，住和行的消费支出已占据主导地位。这也表明，随着经济的发展，人们的消费需求发生了较大的改变，不仅仅局限于满足最基本生活需求，而对现代、高速的交通工具和通信工具、居住以及医疗保健的消费需求也越发旺盛。

## 七　1997 年和 2010 年无锡、保定农户人均经营性支出及其结构比较分析

如表 9 - 23 所示，无锡农户人均经营性支出从 1997 年的 1376.4 元增至 2010 年的 10249.9 元，实际年均增长 682.6 元，实际年均增长率是 6.4%，比同期农户不包括土地宅基地补偿的人均纯收入的年均增长率低近 6 个百分点。其构成项中，人均农业生产经营性支出在减少，从 1997 年的 443.7 元减至 2010 年的 122.0 元，实际年均减少 24.7 元，呈现负增长趋势。当然，这是与无锡推进城镇化建设相关联的。相对应的，人均工商业经营性支出有了大幅度的增加，从 1997 年的 932.7 元增至 2010 年的 10127.9 元，较 1997 年提高 9.9 倍，实际年均增加 707.3 元，实际年均增长率是 20.1%，高于同期农户不包括土地宅基地补偿的人均纯收入的年均增长率 7.8 个百分点。保定农户人均经营性支出从 1997 年的 1921.1 元增至 2010 年的 17159.4 元，实际年均增长 1172.2 元，实际年均增长率是 18.3%，与同期农户不包括土地宅基地补偿的人均纯收入的年均增长率持平。其各构成项都有不同程度的增加，其中增加幅度最大的当属人均工商业经营性支出，从 1997 年的 0 元猛增至 2010 年的 13558.3 元，实际年均增长 1042.9 元。增长幅度居第二位的是人均固定资产投资支出，从 1997 年的 31.9 元增至 2010 年的 143.6 元，增长了 3.5 倍，实际年均增长 8.6 元，实际年均增长率是 12.3%。人均农业生产经营性支出的增长幅度最低，从 1997 年的 1889.2 元增至 2010 年的 3457.4 元，实际年均增长 120.6 元，实际年均增长率是 4.8%。

表 9 – 23　1997 年和 2010 年无锡、保定农户人均经营性支出及其结构比较

| 市 | 指标 | 农业生产经营性支出 | 工商业经营性支出 | 固定资产投资支出 | 人均经营总支出 |
|---|---|---|---|---|---|
| 无锡 | 1997 年(177 户,元) | 443.7 | 932.7 | 0 | 1376.4 |
| | 来源构成(%) | 32.2 | 67.8 | 0 | 100.0 |
| | 变异系数 | 3.2 | 5.9 | — | 4.1 |
| | 2010 年(200 户,元) | 122.0 | 10127.9 | 0 | 10249.9 |
| | 来源构成(%) | 1.2 | 98.8 | 0 | 100.0 |
| | 变异系数 | 5.5 | 4.9 | — | 4.9 |
| | 绝对差距(元) | – 321.7 | 9195.2 | 0 | 8873.5 |
| | 相对差距(倍) | 0.3 | 10.9 | — | 7.4 |
| | 1997 ~ 2010 年年均增长(元) | – 24.7 | 707.3 | 0 | 682.6 |
| | 1997 ~ 2010 年实际年均增长率(%) | – 9.5 | 20.1 | — | 6.4 |
| 保定 | 1997 年(456 户,元) | 1889.2 | 0 | 31.9 | 1921.1 |
| | 来源构成(%) | 98.3 | 0 | 1.7 | 100.0 |
| | 变异系数 | 3.5 | — | 9.3 | 3.5 |
| | 2010 年(201 户,元) | 3457.4 | 13558.3 | 143.6 | 17159.4 |
| | 来源构成(%) | 20.1 | 79.0 | 0.8 | 100.0 |
| | 变异系数 | 4.0 | 10.0 | 11.8 | 7.9 |
| | 绝对差距(元) | 1568.3 | 13558.3 | 111.7 | 15238.3 |
| | 相对差距(倍) | 1.8 | — | 4.5 | 8.9 |
| | 1997 ~ 2010 年年均增长(元) | 120.6 | 1042.9 | 8.6 | 1172.2 |
| | 1997 ~ 2010 年实际年均增长率(%) | 4.8 | — | 12.3 | 18.3 |

　　资料来源：笔者根据《第四次无锡、保定农村调查》问卷数据库和 2011 年《无锡、保定农户收支调查》问卷数据库中数据计算而得。

　　从各构成项所占比例来看，两地农户经营性支出变化很大。无锡农户的人均农业生产经营性支出所占比例从 1997 年的 32.2% 降至 2010 年的 1.2%，下降了 31.0 个百分点。人均工商业经营性支出占比则从 67.8% 升至 98.8%，占据绝对主导地位。保定农户的人均工商业经营性支出从无到有且位居首位，2010 年的占比为 79%；人均农业生产经营性支出占比从 98.3% 降至 20.1%，降幅高达 78.2 个百分点；人均固定资产投资支出占比略有下降，从 1.7% 降

至 0.8%。

从农户人均经营性支出及其各构成项的差距来看，无锡农户和保定农户各有不同程度的变化。在无锡，差距在拉大的是人均经营性支出和人均农业生产经营性支出。但是，增长速度最快的人均工商业经营性支出方面的差距反而在减小，变异系数从 1997 的 5.9 降至 2010 年的 4.9，差距缩小的程度虽然不是很大，但表明无锡农户在工商业经营方面的投入还是在向相对均衡化的方向发展。保定农户间的经营性支出差距均有不同程度的扩大，差距最小的当属传统的农业生产经营性支出，其次是固定资产投资支出，从无到有且位居首位的工商业经营性支出方面的差距最大，2010 年人均工商业经营性支出的变异系数高达 10.0，这说明保定农户在工商业经营方面的投入的均等化程度不高。从访谈中可以了解到，从事工商业经营的中间力量较少，或许这是拉大此项差距的原因之一。

由此可以看出，两地农户的共同点有：①人均经营性支出和人均工商业经营性支出都有不同程度的增长，且保定的增长幅度高于无锡；②人均农业生产经营性支出比例都在下降，人均工商业经营性支出比例都在上升；③人均农业生产经营性支出和人居经营性支出间的差距都有不同程度的扩大。不同点体现在以下方面。①无锡农户的人均工商业经营性支出占据绝对主导地位，且农户间的差距较小，在向相对均等化的方向发展；保定农户的人均工商业经营性支出虽然也占据重要地位，但其不具备绝对主导权，且农户间的差距较大。②无锡农户的人均农业生产经营性支出呈负增长趋势，保定农户的人均农业生产经营性支出增长速度虽然缓慢，但仍有近 5% 的增长速度。③与无锡农户相比，保定农户的人均固定资产投入支出保持相对平稳的状态。

# 后　记

　　2011 年，中国社会科学院科研局批准了国情调研重大项目"无锡保定农户收支调查（1998～2010）"。当年 11 月、12 月，课题组成员前往无锡市、保定市展开调研工作，完成了 4 村 401 户农户收支调查问卷，并对 80 户农户及 4 个村的村干部、所在地的企业家、专业户、商户进行深度访谈，考察了附近的集市，收集了大量的调查材料。2012 年上半年，课题组初步建立了此次调查的数据库。此后，课题组对数据库做了多次调整，并做了统计分析。在统计分析基础上，课题组成员分头撰写相关章节，完成了调研报告初稿，历经数年，终于出版了。

　　调研课题组主持人为时任中国社会科学院经济研究所副所长的刘兰兮研究员、中国现代经济史研究室主任赵学军研究员。课题组成员有中国社会科学院经济研究所隋福民研究员、曲韵副研究员、肜新春副研究员、姜长青副研究员、于文浩副研究员、黄英伟副研究员、王大任副研究员，以及无锡市政协研究室主任汤可可同志、保定市档案局赵静同志。

　　此次调研得到了"中国社会科学院第四次无锡保定调查"主要领导者中国社会科学院经济研究所研究员、中国经济史学会名誉会长董志凯先生及当代中国研究所副所长、研究员武力先生的指导，得到了"中国社会科学院第四次无锡保定调查"主要参与者中国社会科学院经济研究所史志宏研究员、朱文强副研究员、林刚研究员、徐建青研究员、魏明孔研究员等人的大力支持。中国社会科学院经济研究所发展经济学研究室主任魏众研究员、经济增长研究室主任刘霞辉研究员对此次调研的提纲、问卷提出了宝贵的意见。我们深表感谢！

中共无锡市委、无锡市发改委、无锡市农工办、无锡市统计局、无锡市政协研究室、中共保定市委、中共清苑县委，以及无锡市惠山区、滨湖区，清苑县统计局、臧村镇、温仁镇相关部门的领导，都为此次调研提供了诸多便利。我们在此致以诚挚的谢意！

刘兰兮撰写了"导言"，汤可可负责第一章，赵静负责第二章，赵学军负责第三章，隋福民负责第四章，曲韵负责第五章，彤新春负责第六章，黄英伟负责第七章，姜长青负责第八章，于文浩负责第九章。"导言"及第一章、第三章、第五章、第六章由赵学军最后统稿，第二章、第四章、第七章、第八章、第九章由隋福民最后统稿，全书数据由隋福民最后核定。虽然在统稿时已做了大量的工作，但各章仍然保留了撰写者的风格。

不足与错误，敬请大家批评指正。

赵学军谨记

2016 年 8 月

图书在版编目（CIP）数据

城镇化中的农户：无锡、保定农户收支调查：1998～
2011／赵学军等著．－－北京：社会科学文献出版社，
2017.10

ISBN 978－7－5097－9850－8

Ⅰ.①城…　Ⅱ.①赵…　Ⅲ.①城市化－农民家庭收支
调查－研究－无锡、保定－1998－2010　Ⅳ.①F222.34

中国版本图书馆 CIP 数据核字（2016）第 254797 号

## 城镇化中的农户：无锡、保定农户收支调查（1998～2011）

著　　者／赵学军　隋福民　等

出　版　人／谢寿光
项目统筹／周　丽　陈凤玲
责任编辑／陈凤玲　田　康　王春梅

出　　　版／社会科学文献出版社·经济与管理分社（010）59367226
　　　　　　地址：北京市北三环中路甲 29 号院华龙大厦　邮编：100029
　　　　　　网址：www. ssap. com. cn
发　　　行／市场营销中心（010）59367081　59367018
印　　　装／三河市尚艺印装有限公司

规　　　格／开　本：787mm × 1092mm　1/16
　　　　　　印　张：24.25　字　数：392 千字
版　　　次／2017 年 10 月第 1 版　2017 年 10 月第 1 次印刷
书　　　号／ISBN 978－7－5097－9850－8
定　　　价／99.00 元